Kathryn Hendley
Peter H. Solomon, Jr

·

The Judicial System
of Russia

Oxford University Press

2023

Кэтрин Хендли
Питер Х. Соломон — младший

·

Судебная система России

Academic Studies Press

Бостон

2025

УДК 347.97/.99
ББК 67.71
Х38

Перевод с английского М. Харитонова

Серийное оформление и оформление обложки Ивана Граве

Хендли, Кэтрин; Соломон — младший, Питер Х.
Х38   Судебная система России / Кэтрин Хендли, Питер Х. Соломон — младший ; [пер. с англ. М. Харитонова]. — Бостон: Academic Studies Press, 2025. — 424 с.
    ISBN 979-8-887199-76-4 (Academic Studies Press)
    ISBN 979-8-887199-77-1 (Electronic)

В книге «Судебная система России» описывается деятельность судов Российской Федерации, их практическая работа и факторы, влияющие на поведение судей. Авторы находят истоки некоторых современных практик в советском прошлом, но также выявляют новшества последних десятилетий. Придерживаясь социально-правового подхода, Соломон и Хендли уделяют особое внимание поведению различных субъектов (заявителей, ответчиков, адвокатов, прокуроров, обвиняемых, судей) и причинам такого поведения.

УДК 347.97/.99
ББК 67.71

ISBN 979-8-887199-76-4
ISBN 979-8-887199-77-1

Предисловие

Идея для этой книги зародилась более пяти лет назад, в 2017 году, когда Брайант Гарт и Дэвид Лэм попросили соавторов внести вклад в новую серию книг о судебных системах мира и провести анализ российской юстиции. Мы согласились и подготовили проект такой книги, чтобы они могли использовать его при поиске издательства для серии, которым в итоге стало Oxford University Press. Мы оба уже много писали о судах и судьях в России, и у нас были взаимодополняющие сильные стороны. У Хендли — знания частного и гражданского права, отношений между судами и бизнесом, взглядов общественности на судебную систему и разрешения рутинных споров. А у Соломона — знания публичного права (вопросов уголовного закона, конституционных и административных споров) и истории правовых институтов Союза Советских Социалистических Республик (СССР) и его преемников. В то же время мы разделяли твёрдую приверженность социально-правовому подходу и имели многолетний опыт работы с российскими учёными и практикующими юристами (включая судей), чьи исследования и знания «внутренней кухни» отечественного правосудия обогатили нашу работу.

К тому моменту, когда мы начали писать книгу в конце 2020 года, уже вступили в силу поправки в Конституции России, внесённые в том же году. Среди прочего они усилили зависимость судов от президента страны, гарантировав, что судьи не будут действовать против интересов режима. Нам было легко учесть эти изменения в работе, основанной на концепции сосуществования писаных законов и неформальных практик, а также роли последних в условиях постоянного расширения круга запретных тем и действий. К 24 февраля 2022 года мы уже завершили первый вариант книги. При внесении изменений в текст летом 2022 года мы сочли необходимым как описать текущее влияние войны на суды и судей в России, так и спрогнозировать дальнейшие последствия.

Российская Федерация уже исключена из Совета Европы и, соответственно, вышла из-под юрисдикции Европейского суда по правам человека — и тенденция изоляции России от других международных организаций и судов пока себя не исчерпала (см. главу 11). Равным образом продолжаются ограничения свободы слова и протестной активности, исключающие даже упоминание термина «война», не говоря уже о её критике, что влечёт новые репрессии под видом наказаний за уголовные и административные правонарушения (см. главу 6). На горизонте замаячило и использование российских судов для наказания украинских военнослужащих, о чём возвестило Решение Верховного Суда России от 2 августа 2022 года «О признании террористической организацией украинской боевой бригады "Азов"», что фактически поддержало применение российского уголовного закона против военнопленных. Можно также ожидать манипуляций с концепцией военных преступлений, включая баснословные обвинения. Ещё одной характерной чертой военного времени и начала послевоенного периода является легализация политических предрассудков, в результате чего целые категории людей подвергаются стигматизации и репрессиям. Примерами могут служить американцы и канадцы японского происхождения во время Второй мировой войны, а также ряд небольших этнических групп в СССР, таких как поволжские немцы и крымские татары.

Российские судьи, другие работники юстиции и учёные-юристы тоже, вероятно, пострадают — по крайней мере в краткосрочной перспективе — от нового «железного занавеса» между ними и зарубежными коллегами, оказавшись в изоляции от международных стандартов и диалога. Многие прогрессивные элементы в правовой и судебной реформе постсоветской России возникли из идей и практик, принятых за рубежом. Безусловно, их внедрение часто было косвенным и проходило сквозь фильтр взглядов и концепций российских учёных и практиков. Но регулярное сотрудничество между российскими и иностранными юристами в их профессиональных сообществах, в том или ином контексте, приводило к продуктивному обмену мнениями и распространению общих ценностей. Мы опасаемся, что во время войны России с Украиной (да и после неё) этому будет положен конец.

Однако мы не сомневаемся, что история судов и судей в путинской России, которую мы рассказываем в нашей книге, со всеми её плюсами и минусами, противоречиями и конфликтами, — надолго останется руководством по этой части российской действительности.

Особый вклад в эту книгу внесли двое близких коллег. На протяжении многих лет Бен Ноубл и Алексей Трошев держали одного или обоих из нас в курсе актуальных событий в области права, судов и системы правосудия в России и делились своим пониманием этих вопросов. Помимо них, на наши запросы регулярно отвечала Ольга Шварц, делясь своим знанием закулисья происходящих событий. Кроме этого, Алексей и Ольга предоставили критические замечания к первому черновику книги — вместе с Карин Клаус, которая читала рукопись с точки зрения зарубежного эксперта, и редакторами серии: Брайантом Гартом и Дэвидом Лэмом. Мы также благодарны Питеру Маггсу, Джеффу Кану, Итану Майклсону и Алексею Трошеву за помощь с продвижением книги.

Ещё мы бы хотели выразить признательность за вдохновение, которое дало общение не только с этими людьми, но и с другими коллегами, включая Жиля Фаварель-Гаррикеса, Тодда Фогельсона, Ника Ковалева, Марину Куркчиян, Мэтью Лайта, Стюарта Макаули, Лорен Маккарти, Катю Мишину, Ренату Мустафину, Александру Орлову, Уилла Померанца, Марию Попову, Келли Смит, а также, в России, Вадима Волкова и его команду в Институте проблем правоприменения в Санкт-Петербурге (Тимура Бочарова, Арину Дмитриеву, Екатерину Ходжаеву, Марию Шклярук, Кирилла Титаева) и Елену Богданову, Тамару Морщакову,

Леонида Никитинского, Елену Новикову, Эллу Панеях и Ольгу Сидорович.

Исследовательскую помощь оказали Евгения Митрохина и Антон Шириков. Эрин Чуззлес и Майра Сан помогли с форматированием и другими техническими вопросами.

Мы также благодарны за преданную и талантливую работу редакционных и выпускающих команд издательства Oxford University Press, включая Лейн Бергер, Элеанору Хангар, К. Виджаялакшми и Фиону Барри.

Наконец, мы хотели бы отметить преданную и превосходную работу нашего переводчика Михаила Харитонова, а также помощь сотрудников Academic Studies Press.

Список иллюстраций

Список таблиц

Список сокращений

АП	Администрация Президента Российской Федерации
АПК	Арбитражный процессуальный кодекс
АУС	Альтернативное урегулирование споров
ВАС	Высший арбитражный суд
ВС РФ	Верховный суд Российской Федерации
ГК	Гражданский кодекс
ГПК	Гражданский процессуальный кодекс
ЕСПЧ	Европейский суд по правам человека
КАС	Кодекс административного судопроизводства
ККС	Квалификационная коллегия судей
КоАП	Кодекс административных правонарушений
КПСС	Коммунистическая партия Советского Союза
КС РФ	Конституционный суд Российской Федерации
МВД	Министерство внутренних дел
ННФ	Национальный научный фонд
НПО	Неправительственная организация
ОБСЕ	Организация по безопасности и сотрудничеству в Европе
Опрос Левада	Национальный репрезентативный опрос россиян, проведённый Левада-Центром в 2010 году
РЛМИ	Российское лонгитюдное мониторинговое исследование
РСФСР	Российская Советская Федеративная Социалистическая Республика

РФ	Российская Федерация
СССР	Союз Советских Социалистических Республик
УК	Уголовный кодекс
УПК	Уголовно-процессуальный кодекс
ФСБ	Федеральная служба безопасности Российской Федерации
ЮНСИТРАЛ	Комиссия Организации Объединённых Наций по праву международной торговли

Список ключевых персон

Вениамин Яковлев — Председатель Высшего Арбитражного Суда, 1992–2005 гг.

Антон Иванов — Председатель Высшего Арбитражного Суда, 2005–2014 гг.

Руслан Хасбулатов — Председатель Верховного Совета РСФСР, 1991–1993 гг.

Анатолий Кононов — судья Конституционного Суда РФ, 1995–2009 гг.

Ольга Кудешкина — судья в Москве; лишена полномочий после публичной критики председателя суда; оспаривала это в ЕСПЧ; выиграла дело, но не была восстановлена в должности

Вячеслав Лебедев — Председатель Верховного Суда России, 1991–2024 гг.

Тамара Морщакова — судья Конституционного Суда РФ, 1991–2002 гг., заместитель председателя с 1995 по 2002 гг.; после ухода из КС стала профессором права в Высшей школе экономики

Сергей Пашин — руководил судебной реформой в администрации Ельцина; позже был судьёй в Москве; после увольнения стал профессором права в Высшей школе экономики

Александр Руцкой — вице-президент России, 1991–1993 гг.

Валерий Зорькин — Председатель Конституционного Суда РФ, 1991–1993 гг.; судья Конституционного Суда РФ, 1994–2003; Председатель Конституционного Суда РФ, 2003 г. — н. в.

Введение

Суды в России представляют собой загадку. Расхожее мнение рисует их в мрачном свете: глубоко политизированными, безнадёжно коррумпированными и часто некомпетентными. В этом образе есть больша́я доля правды. Влиятельные фигуры в Российской Федерации (РФ) доказали свою способность определять и даже диктовать результаты рассмотрения значимых для них дел — через политическое давление и/или финансовые бенефиты. Требования закона могут уступать местечковым интересам сильных мира сего. Но хотя такие дела доминируют в медийной повестке, создавая стойкий образ судов в глазах многих наблюдателей в России и за её пределами, их реальное количество невелико. Из миллионов дел, которые российские суды рассматривают каждый год, подавляющее большинство представляет интерес только для самих участников процесса. В этих повседневных делах судьи строго следуют закону. Более того, иногда позитивистская приверженность «букве» закона застилает их взгляд, не позволяя увидеть то, что делает право искусством добра и справедливости[1].

Мы понимаем и принимаем эти разносторонние представления о судах в России. На самом деле, мы рассматриваем противоречивую природу российских судов как ответ на дилемму, с которой сталкиваются лидеры авторитарных государств в целом. Компаративное исследование показывает, что авторитарные лидеры нуждаются в законе и судах и ценят их как инструменты управления [Moustafa 2014; Solomon 2015a]. Как минимум им

---

[1] Эта тенденция к позитивизму характерна для судей не только России, но и большинства стран, вышедших из советского коммунистического проекта [Bobek 2008; Moliterno et al. 2018; Open Society Institute 2001].

нужны суды, которые выполняли бы основные функции по разрешению конфликтов и социальному контролю, придавая режиму легитимность. Они также могут благосклонно относиться к роли судов в удержании чиновников в узде и разрешении споров о правах и полномочиях, но только если будут уверены в том, что судьи не станут выносить решения вопреки интересам режима. Фактически перед лидерами авторитарных государств стоит сложная задача — как создать суды, которые вроде бы будут судить справедливо (и легитимно), но без риска того, что они начнут принимать решения, опасные для власти и диктатора? Существует ряд решений данной проблемы, описанных авторами этой книги [Hendley 2022; Solomon 2007a; Соломон 2008; 2015a]. Один из них — подход постсоветской России, когда суды формально независимы и наделены властью, но есть и неформальные «правила игры», которые служат поручительством того, что судьи не будут использовать свои полномочия вопреки интересам режима. Или, говоря иначе, суды в России можно рассматривать как элемент двуликого государства, одна часть которого функционирует нормально, а другая обслуживает интересы лидеров и других влиятельных лиц.

Мы используем метафору «двуликого государства», чтобы понять шизофреническую природу российских судов. Пионером этой концепции был Эрнст Френкель [Fraenkel 1941] при изучении нацистской правовой системы, а позже её использовал Роберт Шарлет [Sharlet 1977] для анализа сталинского правопорядка. Как и тогда, судьи путинского времени следуют закону в большинстве случаев, но не всегда. В соответствии с негласными, но хорошо усвоенными нормами, один и тот же судья может быть готов нарушить или исказить закон в случае, представляющем интерес для влиятельных покровителей, и скрупулёзно следовать закону в обычных делах[2]. Граница между этими двумя категориями со

---

[2]   Представители социальных наук использовали концепцию правового дуализма в своих исследованиях российского права [Bækken 2019; Hendley 2017a; Pomeranz 2019; Sakwa 2010; Trochev, Solomon 2018], а также права других авторитарных стран, включая Китай [Fu 2019; Fu, Dowdle 2020; Pils] и Египет [Ezzat 2021].

временем стала более размытой, приводя нас к переосмыслению дихотомической концепции правового дуализма в сторону её большего разнообразия. Дела, которые затрагивают политически чувствительные вопросы или касаются политических оппонентов Кремля, либо бизнесменов с тугими кошельками, сильнее подвержены внешнему влиянию. Однако, как мы увидим, такое влияние может проявляться не в прямых указаниях, а через более тонкие механизмы.

В рамках серии о судебных системах мира эта книга сосредоточена непосредственно на судах и судьях, но при этом отходит от общепринятой линии исследований постсоветской политики. Эта литература фокусировалась либо на переходном периоде (экономическом или политическом), либо на проблеме гибридных режимов, которые проводят выборы, но в авторитарном стиле. Исследования политики и истории постсоветской России, превосходные в остальных аспектах, либо вообще игнорируют суды, либо рассматривают их как не имеющий значения фактор по причине зависимости или слабости судебной власти. Это касается исследований как путинской России [Barnes 2006; Dawisha 2014; Frye 2021; Gel'man 2015; Hale 2015; Hill, Clifford 2013; Markus 2015], так и ельцинской России [Åslund 1995; Black et al. 2000; Hay, Shleifer 1998; Varese 2001]. Неудивительно, что в громких делах их участники и журналисты склонны к абсолютно некомплиментарным характеристикам судов [Browder 2015; Gessen 2014; Handelman 1995; Politkovskaya 2004; Романова О. 2011; Tompson 2005; Weiss 2013]. Даже если справедливость торжествует, как в случае, когда московская предпринимательница смогла вырваться из лап алчного чиновника, пытавшегося криминализировать её деятельность и прибрать к рукам её бизнес, это выдаётся за случайность [Pomerantsev 2014: 79–104].

Конечно, существует и отдельная область исследований непосредственно российских судов — плоды работы энергичного международного сообщества учёных, изучающих российскую правовую систему. Часто эти исследования сфокусированы на определённом типе суда или правовых институтов. Благодаря им мы многое знаем о Конституционном суде России [Trochev, Solomon 2018; Trochev 2008], судах общей юрисдикции [Горбус и др. 2010], мировых судах [Andrianova 2018; Hendley 2017a] и арбитражных судах [Hendley 1998a, 1998b]. Другие исследования были сосредоточены на роли судов в определённых областях права или спорах. Они могут выделять темы, которые по своей сути являются политическими, такие как электоральные споры [Popova 2012], иммиграционное право [Kubal 2019] или закон об экстремизме [Bækken 2019], или же затрагивать менее экзотические вопросы, такие как договорные споры [Hendley 2010a] и деликты [Bocharov 2021]. Обширная литература по уголовному правосудию охватывает целый диапазон тем: некоторые исследования сосредотачиваются на общих вопросах [Pomorski 2001], другие исследуют применение отдельных специальных законов [McCarthy 2015], а третьи рассматривают реалии уголовного процесса [Paneyakh 2014; Solomon 2012a, 2015a, 2018; Соломон 2012]. У нас также есть великолепные исследования всех перипетий отбора судей и их пребывания в должности в России [Ledeneva 2013; Solomon, Foglesong 2000; Trochev 2006; Volkov, Dzmitryieva 2015].

Помимо этого, существуют и работы по российскому праву и правовой системе в целом, которые уделяют судам лишь часть своего внимания. К ним относятся как учебники, изучающие современную ситуацию [Butler 2021; Maggs et al. 2020], так и исследования историко-правового характера [Pomeranz 2019].

Эта книга опирается на данные работы, обобщая, обновляя и расширяя их, но также она основана на новых исследованиях первичных источников, включая статистику количества судебных дел, опросы общественного мнения и фокус-группы из участников судопроизводства и юристов[3]. Мы применяем социально-правовой подход, сочетая закон на бумаге с законом на практике. Результатом является всесторонний портрет того, как функционируют суды в путинской России, особенно после 2012 года,

---

[3] Если не указано иное, статистика деятельности судов взята с веб-сайта Судебного департамента при Верховном Суде России: URL: http://www.cdep.ru/index.php?id=79 (дата обращения: 31.08.2022).

когда режим стал однозначно авторитарным. Более того, это первое исследование подобного рода за последние два десятилетия — оно обновляет обстоятельный отчёт о российских судах общей юрисдикции, подготовленный 20 с лишним лет назад, и добавляет информацию о других ветвях судебной системы (арбитражных судах и Конституционном суде России) [Solomon, Foglesong 2000]. Отметим, что в предыдущей книге её авторы использовали парадигму переходного периода и искали пути изменения работы судов в лучшую сторону. У нашей книги нет подобных политических целей. Скорее, мы стремимся понять природу судов и судей в авторитарной России.

Наша цель — рассказать историю правосудия в России при Путине, используя, где это уместно, оптику дуалистической правовой системы и в более общем плане обращая внимание на контраст между формальными институтами и неформальными практиками, который сейчас признан важнейшим аспектом правовой и политической реальности в большинстве стран [Ledeneva 2018]. Должное внимание уделено самим судьям, тому, кто они такие, характеру их функций и стимулам, которые воздействуют на их поведение. Мы анализируем распределение власти в судебной системе, включая решающую по своему влиянию роль председателей судов, а также исследуем динамику судейской карьеры и дисциплинарного воздействия на судей. Кроме того, мы изучаем все виды судов: мировых судей, которые занимаются повседневными спорами (в основном образцово), иерархически выстроенные суды общей юрисдикции, рассматривающие более серьёзные споры и правонарушения, систему арбитражных судов, занимающихся экономическими спорами, и, наконец, Конституционный суд России, к компетенции которого относятся конституционные вопросы. Мы рассматриваем практику и влияние каждого из этих элементов судебной системы.

Читателям, желающим получить справочник по эффективному инициированию и ведению процесса в российских судах, мы предлагаем два совета. Первый — обратиться к веб-сайтам судов. У каждого российского суда есть свой сайт со всей необходимой информацией для заинтересованных лиц. Там можно найти адрес суда, контакты судей и сотрудников канцелярии суда. На сайте есть калькулятор для расчёта государственной пошлины за обращение в суд, поисковая система, которая позволяет сторонам определить, какому суду подсудно их дело, расписание предстоящих процессов и архивная информация о делах. Конечно, все эти материалы на русском языке. Это подводит нас ко второму совету — привлечь местного юриста. Наши объяснения того, как суды должны работать и как они фактически работают, изложенные в следующих главах, не в состоянии предугадать все повороты и перипетии будущих дел и дать лучшие правовые стратегии по ведению процесса. Здесь ничто не заменит российского специалиста с юридическим образованием и опытом работы в судах его страны.

План этой книги незатейлив.

Часть I содержит исторический обзор. Глава 1 посвящена наследию прошлого: от царской эпохи до изменений, вызванных Октябрьской революцией 1917 года и десятилетиями советской власти. Глава 2 продолжает нить повествования с 1985 года (начало перестройки) и исследует усилия по реформированию судов от Горбачёва до Путина, включая конституционные поправки 2020 года. Здесь раскрыт зигзагообразный характер этого процесса, когда контрреформы, гармонирующие с растущим авторитаризмом, сосуществуют с мерами по созданию эффективного и справедливого суда.

Часть II начинается со знакомства читателей с ключевыми участниками судебной системы — судьями и адвокатами. Глава 3 рассматривает процесс отбора судей, прослеживая его эволюцию от выборов с одним кандидатом, утверждённым Коммунистической партии, до современной системы, сочетающей рекомендации кандидатов на должность судьи квалификационными коллегиями судей с отбором председателями судов и одобрением в Администрации Президента. Практика советского периода с фиксированными сроками полномочий была заменена для большинства судей на пожизненное назначение с прекращением полномочий только по уважительной причине, но, как мы увидим, это не привело к реальному обеспечению несменяемости. Ибо, как покажет наше последующее исследование ответственности судей, те из них, кто не соблюдает неформальные правила игры, теряют свои должности. Глава 4 обращается к роли юристов в российских судах. Анализ объясняет, как переход от государственного социализма к рыночной экономике открыл новые возможности в частном секторе для людей с юридическим образованием. Он также фиксирует, насколько меньше изменений произошло в сфере уголовной юстиции. Несмотря на усилия по уравниванию возможностей между обвинителями и защитниками, последние продолжают работать в неблагоприятных условиях.

Глава 5 исследует значение судов для российских граждан. Тут мы сталкиваемся с головоломкой, когда рост числа обращений в суды с момента распада Советского Союза идёт рука об руку с постоянным отсутствием доверия к судам по опросам общественного мнения. Анализ основан на нескольких социологических опросах населения и фиксирует разрыв между доверием к российским судам и практикой обращения в них. Готовность обращаться в суды определяется, прежде всего, потребностью, скоростью получения решения и низкой стоимостью судебного разбирательства.

Глава 6 исследует вопрос о том, в каких случаях имеет место внешнее или ненадлежащее влияние на суды, а также механизмы этого влияния. В процессе анализа рассматриваются уголовные дела против государственных служащих, инициированные их руководством; дела, связанные с вопросами политического характера; и дела, как гражданские, так и уголовные, возникающие из бизнес-споров.

Часть III обращается к основным практическим элементам функционирования системы правосудия в России, подробно описывая работу различных видов судов. Глава 7 сфокусирована на мировых судьях, институциональной новации постсоветского периода, манифестированной при Ельцине, но воплощённой в жизнь при Путине. Несмотря на их относительно молодой возраст, эти суды рассматривают подавляющее большинство всех дел, выполняя возложенную на них функцию по снижению нагрузки на районные и областные суды, позволяя им сосредоточиться на более сложных делах. Главы 8 и 9 переводят взгляд на эти районные и областные суды, отдельно изучая динамику уголовного и гражданского процесса. Глава 10 исследует арбитражные суды, которые рассматривают основную массу коммерческих споров. Глава 11 рассматривает конституционную и административную юстицию в РФ, подчёркивая уступки и компромиссы, на которые пошёл Конституционный суд России ради своего выживания в авторитарном государстве.

Мы намерены этой книгой внести вклад не только в изучение судов в России, но и в другие научные области, в том числе те, которые изучают государственное управление в России, постсоветское право и суды, а также в зарождающуюся область исследований права и судов авторитарных государств.

Часть I

ИСТОРИЧЕСКАЯ РЕТРОСПЕКТИВА

Глава 1
Наследие прошлого
Дореволюционный и советский опыт

В современной судебной системе России можно увидеть следы влияния как поздней империи, так и советского строя. С одной стороны, произошедшие в те эпохи возвышение и падение судебной власти, ограничения её независимости и полномочий предвосхитили аналогичные события XXI века. С другой стороны, отдельные правовые институты и элементы судоустройства того и другого периода вошли в систему отправления правосудия при Путине. Так, суд присяжных и мировые судьи царских времён возродились в постсоветской России. В то же время советская сфокусированность на лояльности судей правящему режиму вкупе со всеохватной системой судебной бюрократии, постоянно оценивающей работу судей и ожидающей от них лояльности, то есть соблюдения интересов высокопоставленных лиц при разрешении конкретных дел, также стали частью постсоветской системы управления юстицией.

Эта глава начинается с анализа судов, учреждённых Судебной реформой 1864 года, — они были созданы для обеспечения справедливого и независимого судопроизводства в рамках самодержавного политического порядка. Этот эксперимент, как и следовало ожидать, привёл к конфликтам между судами и царским режимом, что обернулось контрреформами. Далее глава исследует усилия советской власти по обеспечению профессиональной квалификации судей, равно как и их лояльности режиму, что в итоге привело после Второй мировой войны к созданию судебной бюрократии по европейскому образцу и сложной методики оценки судей с помощью количественных показателей. Также в рамках обоих периодов рассмотрены пределы компетенции судебной власти, включая юрисдикцию судов по административным делам, коммерческим спорам и вопросам конституционного характера.

1. Царская Россия: суды и самодержавие

Судебная реформа 1864 года привела к революционным изменениям в российских судах, системе судопроизводства и судоустройства, создав независимые суды с определённой властью, оказавшиеся несовместимыми с автократическим режимом, с которым они существовали бок о бок. Противоречия, возникшие в результате этого, иллюстрируют пределы судебной власти в авторитарном государстве. Мы увидим, что появились зачатки как административной юстиции, так и судебного нормотворчества через толкование законодательства, но вызовы индустриализации не привели к расширению прав и возможностей судов.

До Судебной реформы 1864 года в России существовали слабые (и коррумпированные) суды, основанные на сословных различиях. Судьями были местные именитые люди без юридического образования, служившие по воле правительственных чиновников, а их решения пересматривались губернаторами. Не было гласных или устных процессов, судьи рассматривали уголовные дела в своих кабинетах в рамках чисто инквизиционной процедуры. Напротив, Судебная реформа создала единую систему судов для всего населения и гарантировала большинству судей пожизненное пребывание в должности с увольнением только по обоснованной причине. Она также установила гласный и устный характер судопроизводства, в котором стороны могли быть представлены адвокатами, а также возможность суда присяжных для серьёзных преступлений — нововведение, заимствованное из Англии. Новые формы процесса потребовали участия юридически подготовленных судей, прокуроров и адвокатов, поэтому Судебная реформа привела к быстрому развитию юридических факультетов и росту профессионального уровня юристов. Более того, судьи получили новые полномочия по применению закона, включая обязанность полагаться на свою совесть и — по крайней мере, в высших судах — право толковать закон [Solomon 1997].

Судебная реформа также установила два низовых суда (не входящих в иерархию общих судов, которая начиналась на уровне окружного суда): мировые суды и волостные суды (последние — только для крестьянства). Они рассматривали маловажные гражданские споры и дела о мелких преступлениях — без больших процессуальных издержек и с возможностью устного предъявления иска. В городах были созданы мировые суды, уполномоченные назначать тюремные сроки сначала до 12, а позднее до 18 месяцев. Мировые судьи были штатными государственными служащими с рядовым жалованьем, но не имели юридического образования и избирались земствами (уездными собраниями) [Henderson 1999]. От мировых судей ожидалось, что они будут использовать медиацию, где это возможно, и помогать в просвещении населения. В деревнях крестьянам было разрешено организовывать свои собственные непрофессиональные суды, известные как волостные. В 1889 году бóльшую часть мировых судей заменили земские начальники, которые также отвечали за надзор над волостными судами, которые стали особенно популярными[1].

Разработка и принятие Судебной реформы 1864 года стали исключительным событием, возможным только при особом стечении обстоятельств. Контекстом этому послужила череда реформ, которые исходили из освобождения крестьян и были с ним связаны. Однако процесс реформ стал возможен и благодаря другим составляющим. Одной из них было присутствие в высших правительственных кругах небольшой группы просве-

---

[1] Хотя мировые судьи так и не вернули себе прежнюю роль (систему мировой юстиции восстановили только в 1912 году, за пять лет до конца императорской России), волостные суды процветали. По состоянию на 1905 год в Московской губернии они рассмотрели около 47 000 дел (почти половина из которых были уголовными), в три раза больше, чем земские начальники, которые пришли на смену мировым судьям [Burbank 1997].

щённых людей с юридическим образованием, которые поддерживали идею реформы и помогали писать необходимые для неё законы. Второй составляющей стало признание ключевыми фигурами во власти того факта, что старая система правосудия позорила Россию перед её европейскими соседями. Третьим фактором выступило осознание многими представителями дворянства, лишёнными собственности в результате отмены крепостного права, что защита их новых имущественных прав требует сильного закона и суда. Именно выражение этой озабоченности приближёнными к царю вельможами убедило Александра II в необходимости проведения судебной реформы [Wortman 1976]. Эта мотивация соответствует тому, что Тамир Мустафа называет «сохранением власти», объясняя расширение прав и возможностей судебной власти [Moustafa 2005: 6–9].

Реформа 1864 года создала судебную систему, которая была обречена бросить вызов неограниченной власти монарха. Несомненно, авторы реформы видели это иначе. Они полагали, что независимые суды, укомплектованные специалистами в области права, не только совместимы с самодержавной властью, но и даже укрепят её, обеспечивая соблюдение царских законов. Однако на практике отдельные судебные решения не соответствовали интересам и ожиданиям императора или его приближённых, и стало ясно, что закон больше не является надёжным инструментом в руках автократии. В результате на протяжении десятилетий реализации реформы цари и министры пытались минимизировать потерю своих прерогатив. Они решили изъять политические преступления из ведения обычных судов и передать их военным судам — особенно после 1878 года, когда присяжные оправдали Веру Засулич, хладнокровно стрелявшую в градоначальника Санкт-Петербурга, — и ввести в некоторых частях страны особые правовые режимы усиленной и чрезвычайной охраны. Помимо сужения юрисдикции обычных судов, императорские чиновники предпринимали меры, чтобы держать судей в узде. Так, закон 1885 года предоставил министру юстиции право запрашивать у судей объяснения любых их действий и давать указания относительно решений по завершённым делам или процессуальным вопросам, которых следовало придерживаться в будущем. Этот закон также упростил дисциплинарное производство в отношении судей, расширил круг оснований для их отстранения и позволил министерству переводить судей из одной судебной коллегии или суда в другие [Wagner 1976]. Короче говоря, судьи в России стали подвергаться давлению, что вынудило их быть чуткими к интересам своих бюрократических и политических хозяев.

Реформа 1864 года также ввела в России бледную версию административной юстиции, что, в свою очередь, привело в дальнейшем к многочисленным попыткам усилить её. Граждане получили право предъявлять должностным лицам иски о возмещении материального ущерба (хотя и с согласия начальства ответчиков), но губернские комиссии, рассматривавшие эти иски, состояли только из административных чиновников (не судей), а государство не несло никакой финансовой ответственности, так что истцам приходилось взыскивать компенсацию непосредственно с чиновников. Апелляции на решения комиссий могли направляться в Первый департамент Сената, но и он был скорее административным, чем судебным органом. Впрочем, одно из исследований деятельности Департамента показывает, что его члены действовали так, как если бы они были судьями, и пытались удерживать правительственных чиновников в рамках допустимого. Несмотря на возражения министра юстиции, Департамент стал разрешать общественным организациям обжаловать решения губернаторов, которые, по их мнению, ущемляли их права. В период с 1905 по 1917 год центристские и правые политические партии поддерживали идею реформы административной юстиции, что послужило интеллектуальным подспорьем для недолговечного демократического Временного правительства (февраль — октябрь 1917 года), которое приняло Положение о судах по административным делам [Правилова 2000; Wortman 2005].

В основе многолетней борьбы против закрепления права граждан подавать в суд на должностных лиц лежало твёрдое убеждение, разделяемое как высшими чиновниками, так и большинством учёных-юристов, что судьи никогда не должны стоять выше должностных лиц исполнительной власти [Правилова 2000]. Это отражало как российский опыт, так и традицию гражданского права, особенно в его французской версии.

Официально гражданское право Кодекса Наполеона обесценивало и сводило к минимуму все формы судебного усмотрения, и многие из российских юристов нового поколения предпочитали писаное право правовым доктринам, разработанным судьями. Но, как подчёркивал Мартин Шапиро, применяя законы, судьи были вынуждены толковать их, чтобы заполнить пробелы в законе, так что даже в странах континентальной традиции, таких как Франция, высшие суды в итоге творят право [Shapiro 1981: 136–143]. Джон Мерриман пошёл ещё дальше, утверждая, что именно судьи во Франции разработали деликтное право для этой страны [Merryman 1985: 73].

Почти сразу после Судебной реформы 1864 года Гражданский кассационный департамент Правительствующего Сената заявил, что нижестоящие суды в России обязаны следовать его опубликованным толкованиям закона (будь то в решениях по конкретным делам или разъяснениях судебной практики) во всех аналогичных случаях, рассматривая это как естественное продолжение своей обязанности интерпретировать закон и обеспечивать его единообразие. Многие учёные-юристы возражали, что этот принцип не основан на законе и потенциально опасен, но суды низшей инстанции в целом соблюдали прецеденты, пусть и неохотно, потому что они уважали Департамент, признавали необходимость единообразия и боялись напрасной траты времени, будучи вынужденными повторно рассматривать дела после кассационного пересмотра.

Ярким примером правотворческой деятельности Гражданского кассационного департамента стало его использование интерпретации текста закона для улучшения положения женщин, которые разошлись с мужьями. Писаное право относилось к ним с крайним пристрастием: развод было очень трудно получить, раздельное проживание находилось почти под запретом, и на мужа не налагалось никаких обязательств по содержанию жены. В ряде решений, принятых в 1870–1880-х годах, Гражданский кассационный департамент Сената (по сути, Верховный суд) сначала постановил, что супруги могут договориться о раздельном проживании, если это намерение временное и суды сочтут причины обоснованными, а затем, что нижестоящие суды могут присуждать жене содержание, несмотря на настояния мужа на совместном проживании, если суды найдут, что поведение мужа оправдывает такие меры. Конечно, нижестоящие суды применяли эти постановления непоследовательно и встречали сопротивление со стороны Святейшего синода Русской православной церкви. Законодательство было пересмотрено только в 1914 году, несмотря на множество более ранних комиссий и проектов [Wagner 1994].

Последние десятилетия царского правления стали периодом интенсивного экономического развития России, включая строительство железных дорог, шахт, металлургических заводов и производство оружия. Поскольку часть инвестиций поступала из частного сектора, в том числе из иностранных источников, можно было ожидать значительного усиления роли судов в коммерческих спорах для улучшения защиты прав собственности. Однако этого не произошло. Безусловно, к началу XX века новые коммерческие суды действовали в Москве, Санкт-Петербурге, Одессе и Варшаве; и некоторые споры также рассматривались в судах общей юрисдикции. В 1903 году был издан новый Устав торгового судопроизводства по коммерческим делам, однако его цели и эффект остались неясными [Клеандров 2001]. Но какой бы ни была официальная роль судов, высокопоставленные чиновники в соответствующих министерствах не уважали законы и судебные решения. Например, они настаивали на утверждении уставов корпораций отдельными специальными законами, которые иногда противоречили общим законам, регулирующим этот вопрос. По мнению выдающегося юриста Петражицкого, корпоративное право в России отличалось «бюрократическим произволом» [Петражицкий 1898]. Многие регулятивные предписания только усложняли ведение дел, а чиновники могли по своему усмотрению решать, когда и как их применять. Роль судов была такой незначительной, что в крупном западном исследовании корпоративного права царской России они даже не упоминаются! В нём отмечается лишь фундаментальный конфликт между подходом царских чиновников и основными принципами корпоративной культуры [Owen 1991].

В целом, однако, история судов позднеимперской России отличается тем, что судьи смогли достигнуть определённой независимости вопреки политической системе, а власти были готовы дать подданным доступные площадки для разрешения их споров. Противодействие созданию административной юстиции, ограниченная роль судебного толкования в правотворчестве и отсутствие значимой роли судов в коммерческой сфере отражали продолжающееся недоверие к судам среди царских администраторов и их нежелание уступать значительную власть кому-либо [Попова 2005].

2. Суды на службе режима: от революции до советского синтеза

На протяжении всего советского периода суды предназначались для обслуживания интересов режима, а их судьи находились в зависимости от политической бюрократии [Ginsburgs 1985]. Одновременно с этим был ограничен и мандат судов. Ни конституционная, ни административная юстиция не получили сколько-нибудь значительного развития, хотя временами существовали вариации обеих. После того как экономика стала в основном государственной и плановой, суды играли лишь незначительную роль в её регулировании. Как мы увидим, соответствующие задачи возлагались на прокуратуру (для рассмотрения жалоб на действия должностных лиц) и на органы государственного арбитража (для экономических споров)[2].

Революция 1917 года привела к власти коммунистическую партию большевиков. Её члены занимали неоднозначную, если

---

[2]   При советской власти прокуратура и прокуроры выполняли две основные функции — общий надзор за законностью (эта функция была возложена на прокуратуру с момента её основания Петром I и до 1864 года) и ведение уголовного преследования. В сферу прокурорского надзора входили и действия должностных лиц, включая сотрудников других правоохранительных органов и уголовно-исполнительной системы.

не негативную, позицию по отношению к закону, судам и адвокатам[3]. Хотя многие из них оставались привержены идеалу общества, управляемого без громоздких и предвзятых правовых институтов капитализма, большинство лидеров большевиков, особенно Владимир Ленин, быстро признали полезность права как инструмента управления и стремились развивать законодательство и суды для служения новому режиму [Burbank 1995]. Это означало прежде всего ликвидацию судов царской России и замену их новыми органами, начиная с низшего уровня — «народными судами». Несмотря на название, это были обычные суды, укомплектованные штатными судьями, чьи решения могли быть обжалованы в областных судах и Верховном суде России (позднее и в Верховном суде СССР). Новые суды также стали частью единой судебной системы (единый суд), которая заменила разрозненную систему обычных судов, земских начальников, мировых судов и волостных судов царского периода, а также революционные трибуналы времён Гражданской войны. Границы территориальной подсудности народных судов были близки к сфере деятельности судов общей юрисдикции и в итоге соответствовали районным судам.

Критически важной частью этого проекта стало обеспечение того, чтобы судьи в новых судах были лояльны, если не сказать привержены новому порядку. Достигнутый до революции прогресс в укреплении независимости судов оказался сведён на нет новым советским режимом — традиционное деспотическое подчинение права политической власти было восстановлено. Для назначения судей требовалось одобрение кандидатов представителями Коммунистической партии в различных инстанциях, а сроки пребывания судей в должности на всех уровнях были ограничены, что позволяло подвергнуть политической проверке и вопрос о переназначении (иногда в форме выдвижения кандидатом на безальтернативных «выборах»). Система финансирования судов в основном из местных бюджетов, а не из центрального (которая формально просуществовала пару десятилетий, а на практике

---

[3]   Если не указано иное, этот раздел основан на работе [Solomon 1996].

и дольше), ещё больше укрепляла зависимость судей от политических функционеров в их регионах. Наконец, принятая концепция закона как орудия партийной политики не оставляла места для приверженности идеалу независимости судебной власти, хотя он и был провозглашён в Конституции 1936 года. От судей всегда ожидали, что они будут учитывать текущие политические требования (выраженные в уголовной политике или в рекомендациях партийных чиновников), при этом поддерживая публичный образ беспристрастности для повышения престижа суда.

В 1920-х и начале 1930-х годов традиционный большевистский скептицизм по отношению к праву и формальным юридическим институтам проявлялся в попытках упростить правовые процедуры и приблизить право к населению. Последнее включало проведение показательных процессов на фабриках и создание непрофессиональных судов, таких как товарищеские суды на предприятиях, а также сельские общественные суды, что фактически было возрождением волостных судов [Solomon 1981]. Хотя присяжные заседатели остались в прошлом, стандартный состав суда для уголовных процессов включал двух народных заседателей, сидящих вместе с одним штатным судьёй, с мнением которого они обычно соглашались, за что в народе их прозвали «кивалами». Эта практика сохранялась некоторое время и в постсоветской России.

Отличительной чертой кадрового подхода большевиков к отправлению правосудия было предпочтение лояльности профессионализму. На протяжении всей советской истории руководство предпочитало назначать на должности судей или прокуроров членов партии, а не беспартийных лиц, и до середины 1930-х годов не виделось большой ценности в юридическом образовании у представителей юстиции или в более широком смысле. Упадок юридического образования в 1920-х и начале 1930-х годов привёл к тому, что в 1933–1935 годах из юридических вузов ежегодно выпускалось лишь около 250 человек — в стране с населением 160 миллионов. Большинство из этих выпускников не занимались юридической практикой, не говоря уже о том, чтобы стать официальными представителями закона. Фактически большинство судей, прокуроров и следователей в 1920-х и 1930-х годах не имели даже общего среднего образования, не говоря уже об углублённой юридической подготовке. В силу отсутствия этого элемента они были слабо заинтересованы в юридической карьере, и в их рядах наблюдалась высокая текучка кадров.

Наконец, в середине 1930-х годов, после потрясений коллективизации, разрушительно повлиявших на суды, Сталин и его приближённые осознали, что юридическая грамотность всё-таки имеет значение, и решили возродить и расширить юридическое образование хотя бы для того, чтобы подготовить юристов для судов и других учреждений юстиции. Однако потрясения, вызванные эпохой Большого террора и Второй мировой войной, привели к тому, что реализация этой новой политики началась только после 1945 года. И даже тогда для следователей, прокуроров и судей нормой было получение сначала среднего, а затем высшего юридического образования (заочно или в вечернее время) в процессе службы; лишь небольшое число хорошо подготовленных юристов стало работниками юстиции. Это закономерно способствовало тому, что большинство чиновников, сделавших карьеру в юридических органах и учреждениях в послевоенные годы, не разделяло правовые идеалы, которые могли бы представлять угрозу для их склонности соответствовать ожиданиям начальства.

На протяжении ряда лет советской власти суды и судьи в основном занимались тем же кругом вопросов, что и в царское время, а именно уголовными делами и гражданскими спорами (развод, алименты, жильё, наследование, трудовые споры), и здесь им предоставлялась значительная свобода действий. Однако режим всё чаще направлял эти полномочия в нужное ему русло и использовал указания Верховного суда и политические заявления вне рамок закона, чтобы сообщить судьям, какого поведения от них ждут. Судьи не всегда соответствовали этим ожиданиям — особенно в годы до Второй мировой войны — и принимали решения в соответствии со своим чувством справедливости. Власти иногда рассматривали такое поведение как вызов системе и наказывали судей соответствующим образом [Solomon 1996; Соломон 1998/2008].

Иногда суды в Союзе Советских Социалистических Республик (СССР) действительно обладали политически значимой юрисдикцией. Так, в 1920-е годы Верховный суд СССР отвечал за рассмотрение конституционных споров между республиканскими правительствами и союзной властью, то есть за регулирование советского федерализма. Конституция СССР 1924 года предоставила полную юрисдикцию в большинстве областей права и его применения республиканским правительствам и не допускала непосредственную отмену актов верховных судов республик в Верховном суде СССР. Однако Верховный суд СССР был уполномочен по запросу государственных органов (например, Президиума Центрального исполнительного комитета — законодательного органа) оценивать, соответствуют ли конкретные законы республик общесоюзному законодательству, включая Конституцию, и рассматривать законность административных распоряжений, изданных центральными органами. В обоих случаях роль Верховного суда была только консультативной, решение о действиях на основе интерпретаций Суда принималось Президиумом Центрального исполнительного комитета. Между 1924 и 1929 годами Суд вынес 86 решений о законности ведомственных актов и 11 решений, касающихся законов республик. В большинстве случаев политическое руководство соглашалось с его позицией [Банников 1974; Добровольская 1964; Solomon 1990].

Хотя в итоге к 1934 году Верховный суд СССР фактически утратил даже ограниченную конституционную роль [Митюков 2005: 53–60], он вскоре получил право надзора за нижестоящими судами, а после принятия Конституции 1936 года его юрисдикция по отмене решений других судов стала настолько широкой, что почти любое дело могло быть обжаловано в Верховном суде. Неудивительно, что Суд стал крупным органом, насчитывающим к 1951 году до 71 судьи [Solomon 1990]. Помимо рассмотрения тысяч дел об оспаривании решений судов (коллегиями из трёх судей), Верховный суд СССР (как и его республиканские коллеги) регулярно издавал для судей нижестоящих судов руководящие разъяснения по вопросам применения законодательства. По большей части данные разъяснения основывались на изучении конкретных дел, поступавших в суд, но, как правило, их содержание проверялось, а иногда даже диктовалось, представителями Центрального Комитета Коммунистической партии Советского Союза (КПСС). Эта практика издания Верховным судом указаний для судей нижестоящих судов имела место на протяжении всего советского периода и сохранилась в постсоветской России. Таким образом, Верховный суд (суды) сыграл(-и) большую роль в обеспечении того, чтобы приоритеты центра превалировали над местными.

Такая централизация власти в судебной системе сама по себе была отражением решения, принятого Сталиным и его окружением в середине 1930-х годов, возродить традиционный авторитет закона, чтобы он мог служить инструментом управления и лучше выполнять функцию социального контроля. В этом контексте советское право сводилось исключительно к писаным законам и инструкциям, исходящим от государства, и не имело поползновений на то, чтобы связывать руки руководству страны[4]. Однако возрождение авторитета закона подразумевало отказ от эксперимента с судебной системой без квалифицированных кадров и обеспечение того, чтобы судьи и другие представители юстиции имели юридическое образование. Это позволило им строить юридическую карьеру, что привело к бюрократизации (хотя и не профессионализации) судебной системы. Официальное объяснение расширения роли права и роста значимости отправления правосудия состояло в том, что после завершения строительства социализма новая экономика и общество нуждались в стабильности и порядке, которые могли обеспечить сильные правовые институты [Solomon 1996: гл. 5; Соломон 1998/2008].

---

[4] Как и в большинстве европейских языков, в русском языке термины «право» и «закон» различаются. Первое охватывает понятие справедливости и может включать источники права, выходящие за пределы государства (например, естественное право), в то время как термин «закон» обычно относится к писаным нормам, создаваемым государством [Лившиц 1989]. Это различие возникло ещё в римские времена с терминами «jus» и «lex» (множественное число — *leges*), от которых происходят английские слова «justice» (справедливость) и «legislation» (законодательство).

Руководство также признало полезность закона как источника легитимности режима и его действий. Начнём с того, что одна группа судей областных и республиканских судов, члены специальной коллегии (созданной в 1934 году), наряду с судьями действующей Военной коллегии Верховного суда СССР, с 1934 по 1938 год рассматривали дела о политических или контрреволюционных преступлениях, характерных для эпохи чисток и террора. В то время как большинство таких обвинений рассматривалось в упрощённом порядке печально известными внесудебными «тройками», небольшой процент этих обвинений был рассмотрен в вышеуказанных судах, чтобы узаконить репрессии. Так, Военная коллегия Верховного Суда СССР провела три знаменитых показательных процесса 1936–1938 годов, где ведущие партийные деятели, как действующие, так и бывшие, признавались в участии в самых нелепых заговорах, какие только могла породить фантазия сценаристов[5].

В это же время в декабре 1936 года была обнародована новая Конституция СССР, в значительной степени для того, чтобы придать легитимность — как внутри страны, так и за рубежом — политическому порядку, который был создан в ходе коллективизации и индустриализации. Этот порядок характеризовался крайней централизацией власти внутри правительства и продолжающейся мобилизацией права в политических интересах режима. В отличие от этого, Конституция 1936 года подчёркивала права и обязанности граждан (хотя и с оговорками) и являла миру суды, которые казались нормальными и независимыми, даже при реализации ими государственной политики. Однако механизма для обеспечения действия Конституции не существовало, и значительные её части имели мало общего с реальностью. Например, в Конституции не упоминалась руководящая роль КПСС. Короче говоря, советская конституция 1936 года представляла собой не утверждение права

---

5 Альтернативным механизмом для особенно важных процессов был созыв «специального судебного присутствия». Эта модель использовалась для процесса Промпартии в 1930 году, а позже для процессов маршала Тухачевского (1937 г.) и Лаврентия Берии (1953 г.).

и судебной власти, а, скорее, очередной виток в использовании права и судов в политических целях, теперь включавших легитимацию режима [Solomon 1996: гл. 6, 7; Соломон 1998/2008].

3. Административная юстиция, прокуратура и государственный арбитраж

При советской власти административная юстиция также имела неоднозначную историю. Большевики поначалу рассматривали идею создания административных судов (которую поддерживало Временное правительство), но к середине 1920-х годов отказались от этого шага. Они предпочли наделить прокуратуру полномочиями по рассмотрению жалоб на законность действий должностных лиц и вынесению предписаний об устранении нарушений закона. При Советах прокуратура сочетала функцию обвинения, появившуюся во время Судебной реформы 1864 года, с более ранним мандатом надзирать за законностью государственного управления. Это включало не только реагирование на жалобы, но и проведение выездных проверок государственных предприятий и учреждений без конкретного повода. Со временем, наряду с процедурой обжалования через прокуратуру, появилась возможность судебного рассмотрения отдельных жалоб, в том числе оспаривания ареста имущества для покрытия неуплаченных налогов, штрафов и приостановления действия лицензий по решению органов внутренних дел; действий судебных исполнителей, занимающихся взысканием долгов; жалоб на должностных лиц жилищно-коммунального хозяйства [Solomon 2004a; Старилов 2001].

Расширение границ административного правосудия стало возможным после принятия в 1977 году новой Конституции, заменившей Конституцию 1936 года. Статья 58 Конституции 1977 года закрепила за гражданами право жаловаться в суд на незаконные действия должностных лиц [Sharlet 1978]. Хотя эта Конституция была принята в эпоху Брежнева, она берет своё начало в конституционной комиссии, созданной при Хрущёве в 1962 году, и положения об административной юстиции могут восходить к тому времени [Лукьянова 2001]. К середине 1970-х годов они пользовались значительной поддержкой. С конца 1960-х годов советские правоведы активно обсуждали этот вопрос, и в коммунистических странах Восточной Европы начали появляться различные варианты административной юстиции, кульминацией чего стало учреждение Высшего административного суда в Польше в 1980 году [Oda 1984]. Каким бы ни было её происхождение, статья 58 не имела практических последствий в течение десятилетия, поскольку при Брежневе и его преемниках в соответствующие законы о судах не было внесено никаких изменений, которые позволили бы воплотить в жизнь более широкую форму административной юстиции. Только при Горбачёве, сначала в 1987, а затем в 1989 году, судебный контроль над административными актами значительно расширился.

На протяжении большей части советского периода суды и судьи играли весьма скромную роль в регулировании экономики, ограничиваясь в основном разрешением споров в узкой сфере, не связанной с государственной собственностью. Ибо с 1931 года, когда национализация производства в СССР была почти завершена и полностью установлена государственная плановая экономика, споры между государственными экономическими единицами (предприятиями, учреждениями) были переданы в юрисдикцию не судов, а квазисудебных арбитражных органов — государственного арбитража (для споров между структурами различных ведомств) или ведомственного арбитража (для споров между структурами одного ведомства или министерства). Эти арбитражные органы относились к исполнительной ветви власти и могут быть уподоблены административным судам в США. Отсутствие мотивации к получению прибыли в рамках государственного планирования означало, что денежные убытки были второстепенными проблемами. Споры часто касались распределения вины за несоблюдение договоров (особенно поставок), что влияло на способность ответственного подразделения выполнять свой годовой план — ключ к успеху в государственной экономике. Даже если истинная вина за упущения лежала на государственном плановом бюро или промышленных министерствах, организующих выполнение плана, предприятия-исполнители не могли предъявлять претензий по этому поводу[6]. Юрисдикция арбитражей была ограничена спорами между организациями. Хотя слово «арбитраж» изначально подразумевало орган, который занимается именно арбитражем, а не судебным разбирательством, а лица, принимавшие решения, назывались арбитрами, эти арбитры, заседая в коллегиях из трёх человек, на самом деле разрешали споры, хотя и с обязательством следовать интересам государства, как бы они ни определялись [Hendley 1998b; Клеандров 2001: 25–28; Pomorski 1977].

По мере того как конфигурация советской экономики менялась в последние десятилетия существования СССР, фундаментальные основы некоторых экономических споров мутировали таким образом, что у их сторон пропадала охота обращаться в арбитраж. После смерти Сталина в 1953 году всё бо́льшая часть экономической деятельности в СССР переходила в параллельную или подпольную частную экономику, известную как «вторая экономика» [Grossman 1977]. Многие руководители предприятий сотрудничали с так называемыми «толкачами», задачей которых было добывать дефицитные товары (включая сырьё и запчасти) не мытьём, так катаньем. Власти обычно закрывали на это глаза — до тех пор, пока государственные предприятия выполняли производственные планы [Berliner 1957]. Хотя многие из этих государственных компаний оказывались втянутыми в споры, связанные с их деятельностью во «второй экономике», полулегальный или нелегальный статус такого бизнеса делал опасным обращение к официальному государственному арбитражу.

---

[6] В рамках горбачёвских экономических реформ была предпринята попытка переосмыслить отношения между государственными предприятиями и их бюрократическими хозяевами в промышленных министерствах. В 1987 году был принят закон «О государственных предприятиях», ставший краеугольным камнем перестройки, который разрешал предприятиям подавать иски против министерств, если политика последних негативно сказывалась на деятельности первых. Лишь немногие руководители шли на это, понимая, что распределение дефицитных товаров по-прежнему в руках министерских чиновников.

В результате был разработан набор неформальных механизмов разрешения споров, связанных с теневой экономикой, которые перешли и в постсоветскую эпоху [Pistor 1996].

4. Нормализация после Сталина: уголовное правосудие и не только

Смерть Сталина в 1953 году и процесс десталинизации, запущенный Хрущёвым, имели значительные последствия для судов, особенно, но не только, в сфере уголовного правосудия. Во-первых, политическая полиция (с 1954 года её функции выполнял КГБ) потеряла право рассматривать дела, так что разбирательство обвинений в государственных преступлениях вернулось к обычным судам. С 1953 года и до конца существования СССР в 1991 году суды рассматривали как обычные уголовные, так и громкие политические дела. В результате большое значение приобрели механизмы, обеспечивающие их работу в соответствии с ожиданиями властей[7]. Затем, в 1956 году, Хрущёв вернул республикам юрисдикцию во многих областях права, что означало необходимость разработки новых кодексов. Децентрализации подверглась и система судебных инстанций, так что по общему правилу оспаривание судебных актов заканчивалось в верховных судах республик, а дальнейшее их обжалование в Верховном суде СССР стало возможным только по его усмотрению в случаях, требующих разрешения особых правовых проблем[8]. Ещё одной инициативой Хрущёва, затронувшей суды, стало упразднение Ми-

---

[7] Мы включили в число обычных судов военные трибуналы, которые рассматривали все виды дел, касающихся военнослужащих, а также обвинения против сотрудников правоохранительных органов. Существовало небольшое количество специальных судов, которые рассматривали обычные споры и правонарушения, происходившие в закрытых районах (например, в тех, где размещались ядерные установки).

[8] С утратой своей значительной надзорной роли размер Верховного суда СССР был сокращён до 12 судей в 1957 году. К 1984 году число судей выросло до 20, при этом 15 председателей верховных судов республик присоединились к Пленуму Верховного суда СССР, который собирался несколько раз в год для вынесения постановлений для судей нижестоящих судов [Solomon 1990].

нистерства юстиции в 1956 году, что привело к временной децентрализации системы управления судами (мера, отменённая в 1965 году) [Gorlizki 1996]. В то же время правовая реформа и составление новых кодексов обеспечили устранение сталинщины в уголовной сфере и улучшения во многих областях процессуального и материального права, большинство из которых привели к нормализации работы судов [Berman 1963: гл. 2]. При Хрущёве также произошло возрождение товарищеских судов и других элементов участия общественности в отправлении правосудия [Gorlizki 1998].

Все послесталинские годы судьи были относительно слабыми фигурами в сфере уголовного правосудия. Как и в других странах с инквизиционной традицией, в СССР судебные процессы служили цели подтверждения доказательств, изложенных в письменных материалах предварительного следствия или дознания, и вынесения приговоров. Судьи играли незначительную роль на важнейшем этапе предварительного следствия, которым занимались следователи и прокуроры; у них не было полномочий санкционировать или пересматривать решения о предварительном заключении под стражу, не говоря уже о следственных действиях. Ещё в 1946 году у судей были относительно развязаны руки при оценке доказательств в процессе (по крайней мере, в делах, не связанных с кампанией против того или иного преступления), и они оправдывали 10 % подсудимых. Но с конца 1940-х годов на судей оказывалось давление, чтобы избегать оправдательных приговоров и любых других действий, которые могли бы привести к изменению постановления или приговора при обжаловании (например, вынесение приговоров, не соответствующих текущей политике). В централизованной системе правосудия судьи и другие представители юстиции подвергались оценке, основанной на статистическом анализе их деятельности, в ходе которого особое внимание уделялось частоте отмены и изменения приговоров (так называемая стабильность приговоров). Оценки работы судей влияли на их денежные поощрения (что было важно, так как зарплаты оставались низкими), персональные льготы, предоставляемые через местные органы правосудья и партийных чиновников (квартиры, отпуска), а также на их будущую карьеру — с точки зрения вероятности повышения в должности и риска прекращения полномочий по окончании текущего пятилетнего срока. Неудивительно, что к 1970 году оправдывали не более 1 % от общего числа подсудимых [Solomon 1987]. Как правило, судьи также внимали пожеланиям партийных функционеров в конкретных делах, хотя партийное влияние было больше сосредоточено на прокуратуре и решениях о возбуждении уголовного преследования [Solomon 1992].

Уязвимость судей в позднесоветские годы отражала их зависимость от местных партийных чиновников, Министерства юстиции (и его региональных органов) и вышестоящих судов. Все они в той или иной степени были причастны к предоставлению привилегий, продлению полномочий судей и формированию бюджетов судов. Мало того что средства, предоставляемые центром, были настолько недостаточными, что судам приходилось обращаться за поддержкой на места, так ещё и здания, в которых размещались суды, как правило, были убогими, плохо содержались и иногда использовались совместно с другими органами. Судьи также не располагали такими возможностями взаимодействия, которые могли бы выработать в судейском корпусе чувство локтя. У них не было ассоциаций (за исключением слабых профсоюзов), специальных журналов и исследовательских институтов, посвящённых судам и отправлению правосудия. Как группа, судьи имели низкую самооценку и не пользовались большим уважением в обществе [Ginsburgs 1985; Solomon, Foglesong 2000: гл. 1].

Несмотря на всё это, деятельность судей и судов с 1960-х по 1980-е годы была вполне здравой в делах, которые не имели значения для политических лидеров или интересов других влиятельных лиц. За вычетом наиболее громких случаев, таких как дела против диссидентов, другие дела, связанные с высокопоставленными лицами (почти любой представитель номенклатуры), и дел, получивших большой резонанс, работа судов была предсказуемой [Solomon 1992]. В начале 1960-х годов Джордж Файфер [Feifer 1964] посетил десятки судебных процессов по обычным делам, как уголовным, так и гражданским, и пришёл к выводу, что в среднем интересы правосудия соблюдались по крайней мере так же хорошо, как и в реальной практике судов в Соединённых Штатах (где преобладали сделки о признании вины и конвейерное рассмотрение дел). В своих мемуарах адвокат советской эпохи Дина Каминская описывала, как хорошие адвокаты и честные судьи Верховного суда преодолевали злоупотребления следователей и спайку прокуроров и судей нижестоящих судов в громком деле конца 1960-х годов [Kaminskaya 1982]. На протяжении многих лет Джон Хазард также подчёркивал нормальность большей части судебной практики [Hazard et al. 1977]. Хотя оправдательные приговоры были редкостью, судьи использовали их суррогаты, чтобы показать недостаточность доказательств, включая возвращение дела на дополнительное расследование и вынесение обвинительного приговора за менее тяжкое преступление без наказания в виде лишения свободы (компромиссные решения) [Solomon 1987].

Ещё в 1970-х годах западные учёные, изучавшие советские суды, рассматривали их через призму метафоры «двуликого государства», согласно которой в одних делах имела место нечестная игра, если не откровенное внешнее влияние, в то время как другие (подавляющее большинство) рассматривались нормально и предсказуемо [Hendley 2022; Sharlet 1977]. Однако для советских граждан с юридическим образованием «плохие» дела имели большое значение, наряду с обвинительным уклоном в уголовных процессах и презрением к закону среди простых людей, чья жизнь часто включала использование неформальных практик и избегание закона [Кудрявцев 1975; Yakovlev 1996]. Как только горбачёвская гласность позволила открыто обсуждать эти вопросы, журналисты, учёные-юристы и представители власти подняли их и стали настаивать на проведении реформ, что привело к важным инициативам по укреплению судебной независимости и расширению полномочий судов. Эта история приведена в следующей главе.

Глава 2

(Пере)рождение судебной системы, 1988–2021 годы

К 1985 году суды в Союзе Советских Социалистических Республик (СССР) оставались слабыми и зависимыми органами с ограниченной юрисдикцией в политически значимых вопросах. Эта ситуация вскоре изменилась с началом критического обсуждения вопросов отправления правосудия, и к 1990 году правительства как Советского Союза, так и Российской Федерации приступили к проведению правовой и судебной реформы.

Реформирование судов в постсоветской России оказалось длительным процессом, который не прекращается по сей день и включает в себя конституционные поправки 2020 года. Процесс реформ сосредоточился на двух крупных направлениях — управлении судами (включая критерии отбора, продвижения по службе и дисциплинарной ответственности судей) и судах как таковых (включая количество и виды судов, юрисдикцию, процессуальные нормы, кадровое обеспечение, администрирование и технологии). В рамках судебного управления в 1990-е годы основное внимание уделялось укреплению независимости и власти судов, но с начала правления Путина акцент сместился на подотчётность судей (часто в ущерб независимости) и в конце концов на их подконтрольность. Что касается самих судов, то их постоянной заботой было решение проблемы значительно возросшей нагрузки (посредством создания новых судов и упрощения процедур, как в первой инстанции, так и при оспаривании решений) и повышение эффективности (путём увеличения штата и компьютеризации).

Мы разделим наш обзор на три периода: период становления при Горбачёве и Ельцине (1985–1999 гг.); первые годы правления Путина и достижение устойчивого баланса (2000–2004 гг.); и бо́льшая часть срока пребывания Путина у власти до настоящего времени, которая характеризуется сочетанием реформ и контрреформ, включая конституционные поправки.

1. Формирование российской судебной системы, 1988–1999 годы

Политика гласности Горбачёва, начавшаяся в 1986 году, позволила журналистам откровенно писать о судах и судьях, и тот факт, что советские суды не обладают властью и уважением, а судьи в СССР зависят от множества покровителей, быстро стал общеизвестным. Более того, разоблачая злоупотребления, журналисты, правоведы и чиновники смогли заручиться поддержкой судебной реформы, так что горбачёвское руководство решило сделать укрепление законности частью своей программы демократизации. Так, резолюция Коммунистической партии в июле 1988 года призывала к созданию социалистического правового государства и вместе с этим к реформам судов. Эти реформы включали расширение юрисдикции судов, в том числе судебный контроль за административными актами и создание органа конституционного контроля, изменения в системе назначений судей, а также начало судейского самоуправления в виде квалификационных коллегий судей, которые впоследствии стали играть решающую роль в управлении судейскими карьерами[1].

Когда в середине 1990 года Борис Ельцин стал председателем Верховного Совета Российской Советской Федеративной Социалистической Республики (РСФСР[2]), его правительство уже начало продвигать экономические и политические реформы, выходящие

---

[1] Если не указано иное, данный раздел основан на работах [Solomon 2002, 2004a; Solomon, Foglesong 2000].

[2] РСФСР — аббревиатура для обозначения России в период, когда она была частью Советского Союза.

за рамки принятых правительством СССР. Вскоре этот процесс охватил и правовую сферу. Работа над новой Конституцией России началась в 1990 году, а летом 1991 года российское правительство создало две новые судебные системы — арбитражные суды (ответственные за рассмотрение коммерческих споров и основанные на государственных арбитражных органах, которые ранее входили в состав исполнительной власти) [Pomorski 1977] и отдельный Конституционный суд (обладающий значительно большей юрисдикцией и властью, чем его предшественник в СССР — Комитет конституционного надзора). Более того, в начале 1991 года группа учёных-юристов приступила к разработке предложений по реформе судов. «Концепция судебной реформы» была одобрена Верховным Советом РСФСР осенью 1991 года — в последние месяцы перед распадом СССР [Conception 1994].

Концепция содержала резкую критику существующей судебной системы (особенно в сфере уголовного правосудия) и призывала к серьёзным изменениям, включая пожизненное назначение судей, применение дисциплинарных мер и удаление с должности только по решению коллег, адекватное финансирование судов из федерального бюджета и развитие корпоративных институтов судебной власти. Она также продвигала дальнейшее расширение юрисдикции судов, включая надзор за досудебным содержанием под стражей, более состязательный судебный процесс и введение суда присяжных. Документ особенно критично оценивал полномочия прокуратуры (органа, который совмещал функции обвинения с общим надзором за законностью) и призывал к её сокращению.

В декабре 1991 года один из авторов «Концепции судебной реформы», двадцатидевятилетний юрист по имени Сергей Пашин, был принят на работу в Администрацию президента Ельцина (по настоянию Сергея Шахрая) и назначен ответственным за управление судебной реформой — через отдел судебной реформы, который находился в составе более крупного подразделения, известного как Государственно-правовое управление Администрации Президента. Под его руководством в 1992 году был разработан и одобрен Верховным Советом РФ закон о статусе судей, который предусматривал пожизненное назначение судей после испытательного срока и возлагал на квалификационные коллегии судей значительные полномочия в отношении наделения статусом судьи и его прекращения по определённым причинам (О статусе судей 1992)[3]. Закон также заложил правовую основу для новых институтов судебного сообщества, включая Всероссийский съезд судей и Совет судей на национальном уровне, а также региональные конференции и советы[4]. В 1993 году Пашин также отвечал за разработку и продвижение закона, устанавливающего суды присяжных (на экспериментальной основе в пяти регионах), в период 1994–1995 годов он подготовил проект закона «О судебной системе России». Весной 1995 года Пашин потерял свой пост в Администрации Президента, и инициатива в судебной реформе перешла к Верховному суду и его председателю Вячеславу Лебедеву [Huskey 1997].

В те же годы было разработано несколько вариантов Конституции Российской Федерации, один из которых приняли в декабре 1993 года. Конституция подтверждает принцип независимости судей, а также их несменяемость и неприкосновенность, включая дополнительные гарантии защиты от уголовного преследования. Особенно примечательным (и впоследствии вызывавшим неоднозначное толкование) стало установление примата принципов международного права и всех договоров, подписанных Россией, над другими нормами (предположительно, включая саму Конституцию), а также гарантия доступа российских граждан к международным судам, если это предусмотрено международным соглашением (ч. 4 ст. 15 и ч. 3 ст. 46). Эти положения

---

[3] По словам Вениамина Яковлева (бывшего министра юстиции СССР и первого председателя Высшего арбитражного суда России), этот закон помог остановить отток судей, покидающих свои посты в поисках лучшей оплаты. Также этому способствовало решение установить зарплату председателей трёх высших судов на уровне зарплаты Президента, а зарплаты всех остальных судей как фиксированный процент от зарплат их руководителей. Этот принцип сохранился, но связь с зарплатой Президента «как-то ускользнула» [Яковлев 2003].

[4] В марте 2002 года новый Федеральный Закон «Об органах судейского сообщества» заменил закон о статусе судей в этом аспекте.

станут актуальными, когда Россия присоединится к Совету Европы в феврале 1996 года и попадёт под действие Европейской конвенции по правам человека. Конституция 1993 года также определяет некоторые основные черты Конституционного суда более подробно, чем это сделано для других судов [Конституция 2002]. Примечательно, что Конституция до поправок 2020 года не упоминала надзорные функции прокуратуры (как это делала Конституция СССР 1977 года), оставляя определение функций этого органа законодателю. Когда в 1992 году был принят закон о прокуратуре, этот орган сохранил свои полномочия по общему надзору, но потерял право надзирать за работой судов [Smith 1997]. Этот компромисс останется надолго.

Детализация новой Конституции также требовала закона о судебной системе, и соперничающие проекты предлагали различные решения таких вопросов, как структура судебной системы и место в ней её руководящего органа. В самом начале была выдвинута идея межрегиональных судов, не привязанных к политико-административному делению страны, — концепция, которая была принята для арбитражных судов в 1995 году, но не для судов общей юрисдикции в официальном законопроекте «О судебной системе» 1995 года, продвигаемом Пашиным, — основы для закона 1996 года. Ещё одним нововведением для судебной системы стало возрождение в ней дореволюционного элемента — мировых судей, предусмотренных уже в «Концепции судебной реформы» 1991 года, с последующей разработкой норм о них Министерством юстиции в 1990-х годах. К 1996 году эта идея получила широкую поддержку, отчасти потому, что мировые суды были задуманы как суды субъектов Федерации, многие из которых хотели иметь собственные судебные органы[5]. Хотя мировые суды получили поддержку со стороны федеральной власти и были наделены полномочиями по применению федерального законодательства, регионы получили контроль над

---

[5] Составные части России известны под различными названиями, например, «республика», «область» или «край». Общее название для них — «субъект Российской Федерации».

отбором судей для этих судов. Закон «О мировых судьях» был принят в декабре 1998 года, а фактическое создание большинства мировых судов произошло только в новом тысячелетии [Solomon 2003: гл. 7]. Ещё одним дискуссионным вопросом 1990-х годов было организационное обеспечение деятельности судов. В советское время ответственность за это лежала на Министерстве юстиции, которое имело репутацию учреждения, осуществляющего мелочный контроль над судами и даже лишающего их уже выделенных средств. В 1998 году Председатель Верховного Суда РФ добился передачи данной функции из Министерства юстиции в новый Судебный департамент при Верховном Суде — во имя содействия независимости судебной власти. Ответственность за обеспечение деятельности всех судов общей юрисдикции (за исключением мировых судей) лежит на этом подразделении и его региональных отделениях, которые распределяют средства между районными судами, не являющимися распорядителями бюджета. Арбитражная система, напротив, не вошла в эту схему, сосредоточив организационно-обеспечительные функции в своих различных судах, которые являлись распорядителями бюджетных средств.

На протяжении всей ельцинской эпохи главной проблемой, тесно связанной с независимостью судебной власти, было недостаточное финансирование судов. Конституция 1993 года требовала финансирования исключительно за счёт федерального бюджета, чтобы устранить затяжную зависимость судей от региональных властей. Но в середине 1990-х годов российское правительство не смогло собрать часть запланированных налоговых поступлений, поэтому оно начало практику удержания средств, уже выделенных судам (секвестр). В 1996 году суды получили на 30 % меньше, чем планировалось. Несмотря на то что финансирование судов было включено в защищённую бюджетную категорию, аналогичные сокращения произошли в 1997 и 1998 годах, что вынудило руководителей Верховного и Высшего арбитражного судов пожаловаться в Конституционный суд России (КС РФ). Этот суд, в свою очередь, объявил такие сокращения для судов неконституционными! Затем разразился финансовый кризис, а вместе с ним и споры об исполнении решения КС РФ. В 1999 году новый закон в некоторой степени укрепил финансовую защиту судов — он даже гарантировал своевременные ежеквартальные бюджетные трансферы и предоставил определённые средства для создания новой службы судебных приставов, отвечающих за безопасность судов и исполнение судебных решений. Но денег на содержание новых мировых судей было мало, и большинство обычных судов всё ещё испытывало нехватку денежных средств и продолжало неформальную (и едва ли законную) практику выпрашивания и получения дополнительного финансирования от региональных и местных властей, и даже местных предприятий. Улучшение финансирования судов наступит только в новом тысячелетии, когда нефтяные доходы откроют для российского правительства новые возможности.

2. Путин и новый баланс, 2000–2004 годы

Первые годы президентства Путина стали решающим периодом в развитии управления судебной системой и самих судов (так же, как и для систем сбора налогов и федеративных отношений). Здесь мы рассмотрим три группы изменений, каждая из которых долго сохраняла своё значение: стремление сделать судей более подконтрольными, принятие (после задержек) нового Уголовно-процессуального кодекса, который оказал влияние на работу судов, и выделение новых средств для расширения и улучшения деятельности судов.

Движение к усилению контроля началось с того, что новый президент попросил министра экономического развития Германа Грефа и его аналитический центр подготовить программу приоритетных мер на следующие пять лет, включающую раздел о судах[6]. Вместе с рядом полезных и творческих предложений, проект плана, как сообщается, содержал предложение отменить пожизненное назначение судей и заменить его 15-летними сроками — мерой, направленной на ротацию и обеспечение того,

---

[6]   Обсуждение реформ Козака основано на работах [Solomon 2002, 2004a].

чтобы слабые (и коррумпированные) судьи не укоренялись в системе. Лидеры судебной власти, включая Лебедева (председателя Верховного суда), зычно возражали не только против этого предложения, но и против процесса, где они не были вовлечены в обсуждение и подготовку реформы. К концу 2000 года Путин создал высокопрофильную рабочую группу по судебной реформе под председательством Дмитрия Козака, заместителя главы президентской администрации. Путин также выступил на съезде судей в ноябре со словами о необходимости усиления ответственности судей, и в интервью в том же месяце Козак поддержал данную цель.

За следующие шесть месяцев, в ходе частых встреч, группа Козака подготовила ряд предложений (часть из них касались разработки процессуальных кодексов) и законопроектов об управлении судебной системой, некоторые из которых оказались спорными и были изменены в ходе обсуждения в Государственной Думе. Окончательный пакет мер включал: 1) значительное изменение состава квалификационных коллегий судей (ККС), чтобы одна треть их членов состояла не из судей, а из представителей общественности (в реальности это обычно юристы: практики и учёные) и представителя президента; 2) более сложную процедуру снятия с судьи иммунитета от уголовного преследования через заключение коллегии из трёх судей в вышестоящем суде и согласия ККС — вопреки тому, что изначально реформаторы хотели упростить этот процесс [Solomon 2004b; Соломон 2003]; 3) возрождение для судей как ответственности за административные правонарушения (которая была устранена, чтобы предотвратить злоупотребления со стороны органов внутренних дел), так и мер дисциплинарной ответственности, не существовавших с 1992 года[7]. Новая система предусматривала, что те же судебные коллегии, которые одобряли административные производства против судей, также рассматривали вопросы снятия иммунитета для уголовных дел, и наделяла ККС полно-

---

[7] См. главу 3 для получения дополнительной информации об отборе судей и квалификационных коллегиях судей (ККС).

мочиями налагать дисциплинарные взыскания (ранняя версия предоставляла это право председателям судов). Изменения также включали обязательный выход судей в отставку в возрасте 65 лет (для содействия ротации) и запрет председателям судов занимать этот пост более двух шестилетних сроков подряд (в ранней версии срок составлял четыре года), что положило конец фактически пожизненным административным назначениям.

Поразмыслим о последствиях для отдельных судей и о проблеме внутренней независимости. Ещё до изменений судьи зависели от поддержки председателей своих судов как при получении материальных благ (помощь с отпусками и жильём, премирование), так и при решении вопроса о возможном продвижении судьи по службе или, напротив, его увольнения в случае возникновения повода (будь то невыполнение статистических показателей эффективности работы или стабильности решений, либо игнорирование просьбы о конкретном исходе дела). Теперь председатель суда мог также попросить ККС наложить дисциплинарные меры. Ограничение сроков пребывания в должности председателя суда было едва ли достаточным, чтобы подорвать власть председателя над другими судьями, и в большинстве случаев председатели судов могли добиться от ККС удовлетворения своих просьб.

Потеря иммунитета от административных правонарушений означала, что судья, который не пошёл на поводу у правоохранительных органов (например, отказав в утверждении досудебного задержания или вынеся оправдательный приговор), мог снова столкнуться с преследованиями со стороны органов внутренних дел через провокацию нарушения правил дорожного движения.

Реформы Козака также были направлены на повышение независимости судей и включали в себя отстранение региональных законодательных органов от процесса утверждения кандидатов на должности судей, в том числе при назначении на высшие судебные или административные должности. Это означало, что после одобрения ККС такая кандидатура передаётся либо в Верховный суд, либо в Высший арбитражный суд, а оттуда в Администрацию Президента. Однако если при Ельцине проверка в Администрации Президента (АП) имела небольшое влияние (отклонялось лишь 2 % кандидатов, главным образом из-за признаков потенциальной коррупции), в путинские годы ситуация изменится. Основная проверка в АП проводилась как предварительное рассмотрение кандидатур на должности судей федеральных судов Комиссией при Президенте РФ, в состав которой входили руководители правоохранительных органов, а также представители судебной системы и сотрудники АП с представителями юридических высших учебных заведений. К 2010-м годам комиссия отсеивала 15–20 % кандидатов. В то время как архитекторы процесса отбора судей в 1992 году предполагали, что роль президента будет формальной, десятилетие спустя ситуация начала меняться [Бочаров и др. 2018; Волков и др. 2015: 112].

Когда комиссия Козака начала свою работу, команда президента решила ускорить завершение нового Уголовно-процессуального кодекса (УПК), что неизбежно должно было повлиять на деятельность судов. Работа над новым УПК началась в 1993 году и привела к созданию нескольких конкурирующих проектов, однако сорвалась из-за разногласий между юристами и политиками по поводу того, насколько состязательным должен быть новый процесс. Тем временем в отдельных регионах был запущен эксперимент с судами присяжных, а решения КС изменили порядок уголовного судопроизводства. Наиболее драматичным стало постановление 1999 года, согласно которому завершение судебного процесса возвратом дела на дополнительное расследование является неконституционным. В 2000 и 2001 годах работа над новым УПК возобновилась под руководством Елены Мизулиной в Государственной Думе и Михаила Палеева в АП, к концу 2001 года был разработан и одобрен компромиссный документ, который включал и предложения КС.

Новый УПК сделал сам судебный процесс состязательным, но сохранил инквизиционный досудебный этап (хотя и с судебным надзором и расширенными правами защиты). Судебное разбирательство больше не будет сосредоточено на проверке материалов дела, а потребует от сторон представления доказательств в устной форме, при этом судья будет выступать скорее в роли арбитра, чем лидера в поиске истины. Помимо этого, УПК поддержал принципы состязательности (например, презумпцию невиновности) и отверг поиск объективной истины, но сохранил досудебное расследование, основанное на формировании письменных материалов с минимальным раскрытием информации для защиты. Другие примечательные меры включали необходимость судебного решения для заключения под стражу на досудебной стадии (вместо стандартного обжалования в суде решения прокуратуры об этом) и создание для мировых судов системы апелляций, где, в отличие от кассационного пересмотра, можно было отправить дело на новое рассмотрение. Как мы увидим, этот шаг заложил основу для последующей переработки всего апелляционного процесса. Также было принято решение наконец распространить суды присяжных на все регионы страны [Solomon 2005a; Соломон 2004].

Новый Уголовно-процессуальный кодекс содержал ещё одну новацию, которая окажется значимой, — два способа избежать полного судебного разбирательства через альтернативные или упрощённые процедуры. Один из них заключался в содействии примирению сторон, что вело к прекращению дела, а другой представлял собой форму сделки о признании вины под именем «особый порядок». Примирению сторон особенно способствовали мировые судьи, которые занимались рассмотрением менее тяжких уголовных дел. К 2008 году они рассматривали 40 % уголовных дел, и многие из них решались через примирение, так что эта процедура применялась почти в половине уголовных процессов в мировых судах и 20 % уголовных процессов в целом (см. главу 7). Введение сделок о признании вины в УПК отражало опасения руководства судебной системы, что новый состязательный процесс настолько увеличит продолжительность судебных разбирательств, что суды не смогут справиться с нагрузкой.

Следуя итальянской модели, российская система согласия с обвинением не предусматривала явных сделок. Вернее будет сказать, что в обмен на признание вины, согласие на сокращённое судебное разбирательство (без рассмотрения доказательств) и частичный отказ от права на обжалование обвиняемому гарантировалось, что в обвинительном приговоре наказание не будет превышать двух третей от максимального размера. Хотя изначально это было доступно только для преступлений со сроком лишения свободы не выше пяти лет, право на особый порядок вскоре было распространено на более серьёзные преступления (с максимальным сроком лишения свободы до десяти лет). Эта процедура стала настолько популярной, что к 2010 году почти две трети дел рассматривались в особом порядке, без исследования доказательств в судебном заседании. Фактически к 2013 году только 8 % обвиняемых по уголовным делам проходили через «доказательственный» процесс с возможностью оправдательного приговора [Solomon 2012a, 2015b; Соломон 2012]. Мы вернёмся к практике сделок о признании вины в главе 8, а также к недавней инициативе по сокращению их числа.

Упрощённые процедуры также стали играть заметную роль при рассмотрении гражданских дел — как в судах общей юрисдикции, так и в арбитражных судах, хотя и в разное время. С 1995 года в судах общей юрисдикции бесспорные гражданские конфликты могли рассматриваться судьёй на основании одних письменных заявлений с прилагаемыми документами и быстро разрешаться путём вынесения судебного приказа. Такая процедура использовалась в 40 % гражданских дел в 1997 году и в 50 % в 2011 году (у мировых судей — 70 %). В арбитражных судах схожая «ускоренная процедура» (упрощённое производство) была добавлена в Арбитражный процессуальный кодекс в 2002 году, но она оставалась в основном неактивной до внесения поправки в АПК в 2012 году, которая чётко определила, когда этот инструмент должен применяться [Hendley 2013b]. К 2020 году его использовали почти в 40 % всех дел. Сейчас вариант ускоренной процедуры можно увидеть и в судах общей юрисдикции, хотя не так часто, как судебные приказы [Кривцев 2020: гл. 9, 10].

Третьей составляющей подхода президента Путина к судам в первые годы его правления было выделение значительных (и постоянно растущих) средств на содержание судов — что резко контрастировало с опытом ельцинских лет. Безусловно, и уже запущенные инициативы, такие как создание мировых судов, и новые, такие как распространение судов присяжных, требовали нового финансового обеспечения, но объём нового финансирования значительно превосходил эти потребности. Более того, была разработана Федеральная целевая программа развития судебной системы на 2002–2006 годы — специальный механизм для распределения значительной части нового финансирования (по сообщениям, по предложению председателя Высшего арбитражного суда Вениамина Яковлева). Программа дала возможность планировщикам управлять распределением средств на конкретные цели, увязывать их с более масштабными задачами и оценивать результаты использования. Эта первая программа предусматривала расходы свыше 44 миллиардов рублей на протяжении более пяти лет, что в два с лишним раза превышало общий базовый бюджет судов 2001 года. Хотя эти фонды выделялись отдельно от обычных судебных бюджетов, позднее в них были включены многие расходы, особенно связанные с персоналом и заработной платой. Неудивительно, что общие расходы на суды неуклонно росли с 2002 по 2020 год, увеличившись, по словам главы судебного департамента, в 30 раз [Волков и др. 2015: 32–36].

Первая целевая программа включала, помимо средств на создание и поддержание мировых судов и затрат на организацию судов присяжных (включая оплату труда присяжных), значительное повышение зарплат судей (но, к сожалению, не сотрудников суда) и поддержку учреждения должности помощника судьи для большинства судей, а также больше средств для судебных приставов, найма администраторов судов (в основном для решения вопросов снабжения), ремонта судебных зданий и первых шагов к компьютеризации [Solomon 2008a]. Предоставление помощника каждому судье (кроме мировых судей) было особенно важно. Это повысило способность судей справляться с растущей нагрузкой благодаря созданию команды из трёх человек (судья, его секретарь и помощник) для организации и обеспечения судебных процессов (не считая секретаря судебного заседания, который вёл протокол). Более того, создание должности помощника судьи дало судам возможность нанимать и растить недавних выпускников юридических вузов, что открыло новый путь к назначению судей изнутри системы[8].

Затем последовал второй целевой план для судов на 2007–2012 годы, в котором бо́льшая доля новых расходов предназначалась для строительства зданий судов и компьютеризации. Последняя была связана с главной целью плана — повысить прозрачность и доступность судов. Это означало создание веб-сайтов для судов и обеспечение публикации судебных решений на веб-сайтах или других электронных ресурсах. Также предусматривалось назначение пресс-секретарей в большое количество судов ниже высших инстанций — в надежде на то, что, помогая журналистам, пресс-секретари улучшат освещение работы судов, что приведёт к повышению уровня общественного одобрения и доверия к ним. Когда формальная оценка программы в 2012 году с помощью опросов общественного мнения не зафиксировала значительных улучшений, результаты скрыли, а опросы исключили из элементов оценки целевой программы на 2013–2020 годы.

3. Суды в авторитарном государстве: реформа и контрреформа, 2005–2019

Начиная со второго срока Путина, система судебного управления и организация судов претерпели изменения, отчасти положительные, а отчасти отрицательные — с точки зрения независимости и/или полномочий судебной власти. С началом этого периода наблюдатели внутри страны и за её пределами начали оценивать принимаемые меры через призму метафоры реформ/контрреформ, которую они возродили на основе более ранних оценок опыта поздней империи. Для Тамары Морщаковой, бывшей судьи КС РФ, некоторые из мер по усилению ответственности судей 2002 года представляли собой начало контрреформ, но она, как и один из соавторов этой книги, была в равной степени обеспокоена предлагаемыми изменениями, которые, казалось, представляли собой «угрозы судебной контрреформы»

---

[8] Анализ этой тенденции см. в главе 3.

[Морщакова 2005]. Среди них было предложение о дальнейшем сокращении доли судей в ККС с двух третей до половины и полномасштабное наступление на власть Конституционного суда. Оба эти предложения отвергли, хотя была одобрена и реализована другая спорная мера — переезд Конституционного суда из Москвы в Санкт-Петербург в 2008 году. По крайней мере для юридического сообщества этот шаг означал понижение значения Суда, и как минимум он привёл к потере значительной части его экспертного состава [Там же; Solomon 2005b].

Как мы увидим, позже последуют более серьёзные контрреформы, которые помогут АП получить больший контроль над судами, а также дальнейшие изменения в структуре судов и их деятельности, направленные на повышение эффективности. В данном разделе и в разделе 4 мы анализируем оба этих явления, наряду с утверждением национального суверенитета по отношению к международным судам и конституционные изменения, которые продолжали закабалять суды. Последние события произошли, несмотря на недавнее обнародование рекомендаций экспертов о том, как ускорить прогресс в достижении основных целей судебной реформы. Прежде чем рассмотреть эти вопросы, мы кратко прокомментируем, как президентство Медведева (четыре года в середине двух десятилетий Путина) повлияло на суды.

Президентство Медведева имеет репутацию более либерального, чем Путина, по крайней мере в некоторых областях государственной политики. Как мы более подробно обсудим в главе 6, Медведев решительно поддержал идею защиты бизнеса от полицейского преследования, выраженного в возбуждении уголовных дел с целью вымогательства денег или помощи рейдерам в захвате компаний. С этим был связан проект по «гуманизации уголовного законодательства». Также примечательно признание Медведева в начале его срока полномочий, что внешнее влияние на судебные решения является насущной проблемой. Но реальные меры, принятые в отношении судов в те годы, не были чем-то особенным и представляли собой ту же смесь позитивных и негативных решений, как было ранее и останется в дальнейшем.

К первым мы бы отнесли отмену трёхлетнего испытательного срока для судей, впервые вступивших в должность, чтобы они с самого начала получали постоянное назначение и не подвергались давлению в течение какого-то времени. Другим положительным шагом стало создание специального судебного дисциплинарного органа как последней инстанции для обжалования решений о прекращении полномочий судей, принятых системой ККС. К негативной категории относится решение, принятое в 2009 году, сузить юрисдикцию суда присяжных, исключив из неё обвинения в терроризме и других политических преступлениях. Также в 2009 году было принято решение о лишении Конституционного суда права выбирать своего председателя и заместителя председателя (раз в три года) и передать это право президенту, который будет предлагать их кандидатуры на шестилетний срок для формального утверждения в ныне подневольном Совете Федерации. Такая процедура уже действовала в отношении глав двух других высших судов [Solomon 2013a].

Потеря КС РФ контроля над своим председателем (и перенос ответственности с самих судей на исполнительную власть) представляла собой значительное изменение в управлении судом, делая председателя суда подотчётным президенту страны, а не своим коллегам. Естественно, это стало шоком для членов суда, в результате чего один из них, Анатолий Кононов, выступил с публичной критикой данного решения, что привело к его вынужденной отставке (см. главу 11). До сих пор на посту председателя КС РФ остаётся один и тот же человек — Валерий Зорькин, дважды переназначенный президентом Путиным (в 2012 и 2018 годах).

Оба других высших суда — Высший арбитражный суд и Верховный суд — испытали более травматичные изменения, связанные с усилением подчинения судей исполнительной власти. Решающим событием для обоих судов стало драматичное и неожиданное решение президента Путина в июне 2013 года закрыть Высший арбитражный ауд (ВАС) и переложить ответственность за рассмотрение на высшем уровне жалоб на решения арбитражных судов, которые остались на своих местах, в новую коллегию по экономическим спорам в Верховном суде. Хотя официально это объяснялось необходимостью устранить противоречивые интерпретации закона двумя судами, наблюдатели ясно понимали, что за этим скрывалось нечто большее — будь то восприятие этого суда как слишком независимого или что его председатель, Антон Иванов, протеже Медведева, действует за рамками дозволенного. Одним из последствий этого решения стало перемещение ответственности за финансовые и организационные решения из ВАС в Судебный департамент, который вскоре создал специальный отдел для выполнения этих функций (его финансовая власть была ограничена тем фактом, что даже арбитражные суды первичного звена были бюджетными распорядителями).

Закрытие ВАС преподнесли как слияние с Верховным судом, но на самом деле это было не так. Судей ВАС не перевели в Верховный суд автоматически, они были вынуждены подать заявления на замещение в нём должностей и пройти проверку в специальной квалификационной коллегии, созданной на разовой основе (главным образом из судей, избранных региональными советами судей). Более того, судьи, уже состоявшие в ВС, также вынуждены заново подавать заявления через ту же коллегию, чтобы избежать прекращения полномочий. Это позволило произвести «ротацию» состава обоих судов, что обернулось прекращением полномочий судей, которых их коллеги считали нонконформистами, особенно из ВАС, включая тех, кто критиковал ликвидацию их суда. По мнению некоторых наблюдателей, этот новый отбор судей в ВС представлял собой не что иное, как «чистку», поскольку большинство судей обоих высших судов не только потеряли свои должности в этих конкретных судебных учреждениях, но и вообще перестали быть действующими судьями. Этот процесс, возможно, нарушил конституционные права судей, и 100 депутатов Госдумы (из фракции коммунистов), а также уволенные судьи ВАС попросили вмешаться Конституционный суд, но на этот раз он отказался рассматривать дело на том основании, что поправка в Конституцию, необходимая для ликвидации ВАС, находится за пределами его юрисдикции [Aleksashenko 2018; Solomon 2014].

Подчинение Верховного суда исполнительной власти, воплощённое в требовании ко всем судьям «обновить» свой статус его членов, также нашло отражение утверждённом в 2012 году плане по переводу Верховного суда в Санкт-Петербург вслед за КС РФ. Реализовать эту идею оказалось сложнее, поскольку необходимо было найти или создать рабочие места и помещения уже не для 19 судей и 200 сотрудников, а для 170 судей и более 1000 сотрудников, которых официально насчитывал ВС (не говоря о работниках Судебного департамента, который также должен был переехать). По состоянию на 2023 год подготовка к переезду всё ещё велась, и маловероятно, что он произойдёт в ближайшие годы.

Подчинение судей как Конституционного суда РФ, так и Верховного суда президентской власти продолжилось с введением новых оснований прекращения их полномочий в контексте конституционных поправок 2020 года. Мы обсудим это ниже.

Для судов общей юрисдикции второе десятилетие нового века ознаменовалось значительными изменениями в процессуальных кодексах, что, в свою очередь, привело к созданию новых уровней судебной системы. Отправной точкой стало решение о реформе системы пересмотра актов судов первой инстанции вышестоящими инстанциями — первая из ряда инициатив председателя ВС Лебедева. Сначала в гражданских делах в 2012 году, а затем в уголовных делах в 2013 году существующую практику кассационного пересмотра заменили апелляционным процессом, аналогичным тому, который был введён для пересмотра решений мировых судей районными судьями. В отличие от кассации, которая проверяла только соблюдение процессуальных норм и применение материального права, новая апелляционная процедура позволяла судьям заново оценить доказательства по делу. И если они находили решение (приговор) ошибочным, от них ожидалось, что они примут новое решение самостоятельно, а не отправят дело обратно в суд первой инстанции на новое рассмотрение. Предполагалось, что это изменение покончит с практикой передачи дел между различными судами, которая, по некоторым утверждениям, была пустой тратой времени. Однако существовало несколько исключений из этого правила в уголовных делах, отмену оправдательных приговоров и решений о прекращении дел, а также ситуации, когда нарушения закона не могли быть устранены в суде апелляционной инстанции. В результате из отменённых в апелляции обвинительных приговоров в 2014 году более половины дел были возвращены в суд первой инстанции. Российские юристы разделились во мнениях о том, хорошо это или плохо [Бочаров и др. 2016].

В ожидании того, что апелляционные пересмотры будут занимать больше времени, чем кассационные, с проведением новых судебных разбирательств, а не просто исследования материалов уже рассмотренных дел (и тем, и другим занимаются коллегии из трёх судей), законодатели разрешили назначить ещё 700 судей. Что более важно, они также решили «разгрузить» суды субъектов Федерации, отнеся часть ранее подсудных им преступлений к подсудности районных судов. В их число вошли все преступления, максимальное наказание за которые могло достигать 15 лет лишения свободы (а для некоторых составов и больше), включая убийство без отягчающих обстоятельств, похищение и изнасилование. Но это означало, что для этих преступлений возможность суда присяжных исчезнет, поскольку суды присяжных были доступны только в судах субъектов. В результате количество судебных процессов с участием присяжных в России пошло на спад, так что к 2016 году их количество снизилось до 308 в год, по сравнению с почти 800 пятью годами ранее. Но в том же году начались планы по введению судов присяжных в районных судах, и в конце 2018 года они начали функционировать в некоторых регионах с коллегиями присяжных из шести человек вместо 12, действовавших в судах субъектов [Эхо Москвы 2015; Выжутович 2019]. Мы оценим последнюю форму выражения суда присяжных в РФ в главе 8.

Ещё более важным для судебной системы было предложение председателя Лебедева в конце 2016 года о создании двух новых уровней судебной системы, аналогичных тем, которые уже существовали в арбитражных судах. План состоял в том, чтобы создать новые апелляционные суды, которые бы служили второй инстанцией для пересмотра решений, вынесенных на региональном уровне (ранее это делал Верховный суд), и новых кассационных судов, которые бы заменили президиумы судов субъектов Федерации в кассационном пересмотре дел, которые уже прошли апелляционный пересмотр в районных, региональных или апелляционных судах. Ключевой характеристикой этих судов станет то, что территория их юрисдикции не будет обусловлена границами одного конкретного региона, а охватит несколько регионов, что, как ожидали разработчики, снизит, а то и вовсе устранит политическое влияние местных элит. Это основывалось на том, как была организована система пересмотра решений арбитражных судов (подробнее см. главу 10). По приблизительной оценке Лебедева на тот момент, для этого потребовалось бы 790 новых судей в кассационных судах и 170 в апелляционных судах (а также более двух новых сотрудников на каждого судью). В 2018 году приняли закон о создании новых судов, и к концу 2019 года они приступили к работе. В настоящее время существует пять апелляционных и десять кассационных судов, плюс по одному суду для системы военных судов [Интеллектуал 2019; Пушкарская 2016]. Это была дорогостоящая авантюра, усугублённая продолжающимися огромными расходами на новых судей, сотрудников и здания судов в Крыму, но правительство согласилось.

Ещё одним водоразделом в новейшей истории российских судов стало наделение Конституционного суда в 2015 году правом решать, противоречит ли решение Европейского суда по правам человека (ЕСПЧ) Конституции РФ, и, если это так, запрещать его исполнение. Это утверждение суверенитета представляло собой разрыв с принципом верховенства международно-правовых норм, включённого в часть 4 статьи 15 Конституции РФ, — принципа, который применялся, когда РФ подписала международный договор. Когда Россия ратифицировала Европейскую конвенцию по правам человека в 1998 году, она обязалась соблюдать решения ЕСПЧ, по крайней мере по тем делам, где она выступала одной из сторон. В последующие годы граждане России подали в этот суд много жалоб, больше, чем из любой другой страны. Как правило, Россия исполняла решения суда о выплате небольших денежных компенсаций, но слишком часто оставляла без исправления системные проблемы (например, бесчеловечные условия содержания под стражей до суда). В то же время Россия организовала перевод решений ЕСПЧ на русский язык и их рассылку среди своих судей, некоторые из которых действительно начали их учитывать (по крайней мере, когда на них обращали внимание адвокаты). Смущённое объёмом вынесенных против России решений, её руководство открыло альтернативный путь для жалоб на судебную волокиту, поручив их разбирательство Верховному суду. Но поскольку многие российские юристы специализировались на подаче жалоб в ЕСПЧ, поток дел не иссякал [Trochev 2009; van der Vet 2021].

Политическая реакция на ощутимое подчинение России ЕСПЧ началась в 2010 году, когда суд впервые не согласился с решением самого КС РФ. В деле Маркина КС заявил, что концепция отпуска по уходу за ребёнком для военнослужащих применима только к женщинам, но ЕСПЧ настаивал на том, что она должна применяться одинаково и к мужчинам, чтобы право на отпуск матери дублировалось аналогичным отпуском для отца (ECHR, Case of Konstantin Markin v. Russia). Председатель КС РФ Зорькин был в ярости и настаивал на том, что это решение противоречит российским ценностям (а также её Конституции). В последующие несколько лет идея о том, что толкование КС РФ российской Конституции должно иметь перевес над решениями международных органов по правам человека, с которыми Россия поддерживала отношения, была высказана сенатором Торшиным и депутатами Госдумы, что привело к закону 2015 года, который дал этой позиции нормативное обоснование (см. главу 11). К этому моменту напряжённость в отношениях между Россией и Европой нарастала, но, кроме того, озабоченность вызывало решение ЕСПЧ по рассмотрению дела ЮКОСа, присудившее его акционерам компенсацию в размере 1,8 миллиарда евро (ECHR, Case of OAO Neftania Kompaniia Yukos v. Russia). Другое решение такого рода, принятое по делу Анчугова и Гладкова, касалось права заключённых голосовать на выборах. Само собой разумеется, российские юристы, в том числе Зорькин, пытались оправдать этот новый правовой режим ссылками на конфликты других стран с ЕСПЧ. Но эти слабые, по мнению многих наблюдателей, аргументы не могут скрыть политические мотивы, стоящие за утверждением суверенитета [Kahn 2019; Mishina 2015].

С 2015 года новая позиция России по поводу признания верховенства международного права, установленная КС РФ, применялась только к ЕСПЧ. В конституционных поправках 2020 года, как мы увидим, этот принцип распространили на все международные и иностранные суды, которые могли выносить решения против России.

4. Конституционные поправки 2020 года: контрреформа и идеи судебной реформы

Поправки к Конституции РФ, анонсированные в январе 2020 года и одобренные в июле 2020 года, носили широкий характер и затрагивали многие аспекты политической структуры, а также значение отдельных прав и общих принципов. Конечно, принципы и права, перечисленные в главах 1 и 2, формально остались неизменными, так как их изменение потребовало бы новой Конституции и другой процедуры внесения поправок. Но изменения в главах 3–8, касающихся полномочий Президента РФ или Конституционного суда, имели тот же эффект. По крайней мере, на Западе освещение поправок сосредоточилось главным образом на усилении позиции Президента РФ, которому фактически разрешили баллотироваться ещё на два срока и предоставили ряд новых полномочий. Но в данном случае нашего внимания требуют изменения, затрагивающие суды и судей в целом и Конституционный суд в частности. Большинство этих изменений представляли собой контрреформы, поскольку они умаляли, а не укрепляли независимость судебной власти. Их не ожидали, хотя они и находились в русле уже отмеченной тенденции предыдущего десятилетия к усилению контроля президента над судами[9].

---

[9] Анализ того, какие изменения в Конституции считали целесообразными учёные-юристы, ориентированные на реформы, см. в [Рогов 2020].

Эти изменения выглядят особенно странно, если рассматривать их на фоне серьёзных дискуссий в политических кругах о внедрении пакета реформ, направленных на повышение как независимости, так и эффективности судебной системы. В конце 2016 года Путин дал понять, что хочет предложений в этом направлении (в том числе на съезде судей), и его администрация поручила Центру стратегических разработок под руководством бывшего министра финансов Алексея Кудрина разработать такие предложения в рамках работы над шестилетней программой экономического развития (2018–2024 гг.). Группа исследователей под руководством Марии Шклярук, включающая её бывших коллег из Института проблем правоприменения в Санкт-Петербурге, подготовила впечатляющий набор предложений, которые, в частности, призывали к радикальным изменениям в процедуре назначения судей и роли председателей судов — все эти предложения были предварительно озвучены на встрече в АП в марте 2017 года. Одновременно с этим Лебедев также выдвинул свои собственные идеи, включая отмену требования мотивировать решения по более простым категориям гражданских и коммерческих споров, и, как сообщается, были попытки компромиссного объединения обоих пакетов реформ. Это не сработало, и предложения сторон, даже в слегка изменённом виде, представляли собой совершенно разные программы. Так получилось, что самые радикальные идеи обеих групп не стали законом. Основными изменениями 2019 года оказались требование случайного распределения дел между судьями в суде и обязательная запись заседаний [Корня, Прокопенко 2017; Романова А., Тополь 2018; Симонов 2020].

Предложения команды Кудрина, направленные на повышение независимости судей, представленные в окончательном виде во впечатляющем докладе, включали сокращение срока полномочий председателей судов до четырёх (первоначально — трёх) лет и избрание председателей районных судов их коллегами (как в Украине); передачу многих функций председателей новым уполномоченным судебным администраторам (не тем, которые существовали ранее в России); и создание специального учебного центра для судей (давняя цель). Но самые радикальные идеи предполагали выведение Президента РФ и его Комиссии по предварительному рассмотрению кандидатур на должности судей федеральных судов из процесса большинства судебных назначений (за исключением первого наделения статусом судьи, где участие президента требовалось по Конституции) и переход этой обязанности к сотрудникам Верховного суда. В то же время состав комиссии был бы кардинально изменён за счёт исключения из него высокопоставленных представителей правоохранительных органов и замены их представителями юридического сообщества. Это ускорило бы процесс назначения судей и положило конец странной ситуации, когда полицейские бюрократы проверяют квалификацию будущих судей [Бочаров и др. 2018][10].

На фоне столь позитивных и значимых предложений по судебной реформе, конституционные поправки, касающиеся судов, казались особенно ретроградными. Самым важным изменением стало предоставление Президенту РФ права инициировать по указанным в законе основаниям прекращение полномочий любого судьи в двух высших судах (Конституционном и Верховном), а также в любых кассационных и апелляционных судах (общей юрисдикции, арбитражных и военных), включая их председателей и заместителей председателей, с простым одобрением подконтрольного Совета Федерации. Вне этого процесса остались Высшая квалификационная коллегия судей и Верховный суд — органы, которые доминировали в прежней процедуре. Более того, основания для лишения статуса (а именно «действия, порочащие честь и достоинство судьи») были настолько широкими, что давали президенту карт-бланш для действий против любого судьи, чьё поведение вызывало недовольство (это подтверждается российской судебной практикой). Достаточно плохо было уже то, что судьи должны были избегать недовольства президен-

---

[10] Циничные наблюдатели утверждали, что полиция найдёт другие способы вмешиваться в процесс и что новая роль Верховного суда даст председателям нижестоящих судов больше власти. К 2019 году Кудрин скорректировал свою позицию, сведя эту проблему к децентрализации дальнейшего процесса продвижения судей по службе [Копелевич 2019].

та, если хотели получить повышение по службе (аномалия, которую устранили бы предложения Кудрина), но теперь все высокопоставленные судьи должны были делать это, просто чтобы сохранить свой статус. Этот шаг означал как заметное усиление зависимости отдельных судей от исполнительной власти, так и ослабление судебной ветви власти в целом, что, по мнению критиков, создало крайний дисбаланс.

Другие поправки касались только Конституционного суда и обещали изменить его роль в политической и правовой системах. Безусловно, Суд получил уже упомянутое право пересматривать решения любого международного или иностранного суда в отношении России (а не только в области прав человека) и запрещать их исполнение, если они противоречат Конституции РФ. Это изменение подняло защиту суверенитета, предоставленную законом 2015 года, на конституционный уровень и расширило сферу её действия. Поправки также наделили КС обязанностью по запросу президента (и только его) проверять конституционность законопроектов, одобренных парламентом и ожидающих его подписи. Хотя Путин уже использовал КС в этом качестве неформально (как он признал в своей речи в 2016 году), этот шаг приблизил КС РФ к французскому Конституционному Совету, более слабому органу, который все законы рассматривает *a priori*, а не *ex posteriori*. (Это также дало президенту способ ловко обойти преодоление его вето Думой.) Численный состав суда был сокращён с 19 до 11 судей (без объяснения причин), а граждане потеряли право на обращение в КС РФ без исчерпания всех других средств правовой защиты [Constitution 2020].

Но это было ещё не всё. Изменения в Конституции требуют, разумеется, изменений в федеральных конституционных законах и федеральных законах, чтобы привести их в соответствие с новым текстом. Осенью 2020 года в Госдуму был внесён новый законопроект, касающийся Конституционного суда, который содержал серьёзное изменение, не предусмотренное в самих поправках. Отныне судьям КС будет запрещено публиковать свои мнения: как несогласные, так и совпадающие с принятым решением (но с их собственной юридической аргументацией), даже на сайте суда. Любые письменные особые мнения будут храниться вместе с делом, чтобы потомки могли ознакомиться с ними в архиве! Хотя отсутствие опубликованных особых мнений было частью старой традиции континентального права (например, во французском Кассационном суде), они представляли собой важную часть конституционного дискурса, сопровождающего работу конституционных судов, подобных российскому, который был построен по немецкой модели. В решениях КС РФ часто были особые мнения, особенно судей Кононова и Ярославцева, которые высказывали их даже в политически значимых делах [Морщакова 2020; Пушкарская 2017, 2020]. Мы обсудим это изменение более подробно в главе 11.

Важно напомнить, что конституционные изменения коснулись только высших судов, а подавляющее большинство дел рассматривали судьи более низких уровней судебной системы. На наш взгляд, маловероятно, что их деятельность будет напрямую затронута изменениями на верхнем уровне, хотя гнетущая политическая атмосфера, которую отражали поправки, может оставить свой след. Двуликое государство останется неизменным, несмотря на усиление подконтрольности судей высших судов исполнительной власти.

В то же время небольшие изменения, направленные на улучшение работы судов, могут повлиять на рассмотрение обычных дел, включая новые требования о случайном распределении дел и записи судебных заседаний. Другие возможные реформы, такие как выстраданный проект Лебедева по переводу многих преступлений в новую категорию мелких правонарушений (проступков), при котором осуждение не влечёт за собой судимости, могут дополнительно изменить судебные процедуры.

5. Военная операция в Украине: выход из Совета Европы и политизация судов

24 февраля 2022 года имело два главных последствия для судов. Первое — это (вынужденный) выход России из Совета Европы и юрисдикции ЕСПЧ, объявленный 16 марта. Как мы объясняем

в главе 11, предполагалось, что ЕСПЧ продолжит рассматривать жалобы против России, ранее принятые к производству, а также новые жалобы на нарушения, произошедшие до 16 марта, в случае их подачи до сентября. Эти планы для переходного периода подорвал новый российский закон, принятый в конце мая, который запретил выполнение решений ЕСПЧ, принятых после 16 марта [ИППП 2022; Корня, Рожкова 2022]. Вторым последствием стало расширение роли судов в решении политических вопросов, особенно в отношении протестов, высказываний и политических организаций. Как мы объясняем в главе 6, война усилила текущие процессы по ограничению высказываний и политической деятельности, в том числе посредством законодательных изменений. Однако суды смогли поддержать этот процесс через рассмотрение административных правонарушений и, реже, уголовных дел — так же, как это было ранее.

Сохранялась вероятность того, что российские суды будут участвовать в преследовании захваченных украинских бойцов, либо за предполагаемые военные преступления, либо за их «суррогаты», такие как терроризм. В конце мая Генеральная прокуратура России обратилась в ВС России с заявлением о признании украинского военизированного объединения «Азов» террористической организацией, и 2 августа 2022 года, после заслушивания показаний самопровозглашённых жертв его действий, суд согласился. Это означало, что российские суды могли рассматривать этих конкретных военнопленных как террористов и приговаривать обычных украинских солдат к 20 годам лишения свободы, а организаторов бригады — к пожизненному заключению [Петров И. 2022]. До сих пор единственными, кто осуществлял судебное преследование украинских военнослужащих якобы за военные преступления, были власти самопровозглашённой Донецкой Народной Республики (ДНР), у которой есть свой собственный Уголовный кодекс, который предусматривает смертную казнь, чего нет в его российском аналоге [Чаленко 2022; Lenta.ru 2022]. Осенью 2022 года судьи начали предоставлять привилегии преступникам, согласившимся стать солдатами, давая отсрочку от исполнения приговора осуждённым к обязательным и исправительным работам. Для их коллег, отбывающих наказание в колониях, организовали президентские помилования, несмотря на их сомнительную законность [Ларина 2023; Медиазона 2023].

6. Суды в России сегодня, 2022

Судебная система России преимущественно состоит из трёх иерархических звеньев, подчинённых Верховному суду, и отдельного Конституционного суда (см. рисунок 2.1 для основной организационной схемы). Два главных звена, с которыми мы уже сталкивались, — это суды общей юрисдикции (или обычные суды) и арбитражные суды. Существует также эшелон военных судов (гарнизонные суды, окружные (флотские) суды, апелляционные военные суды, кассационные военные суды), во главе которого Судебная коллегия по делам военнослужащих ВС. Военные суды рассматривают все виды дел, связанные с правами, обязанностями и правонарушениями военнослужащих (включая споры о жилье и пособиях) и граждан, проходящих военные сборы, а также ряд уголовных преступлений (в основном террористической и экстремистской направленности), независимо от того, кем они совершены[11]. Арбитражные суды начинаются с судов первой инстанции на региональном уровне, за ними следуют апелляционные арбитражные суды и кассационные арбитражные суды (ни один из которых не соответствует границам политико-административного деления). До 2014 года арбитражную систему венчал независимый Высший арбитражный суд, но после его упразднения эту роль взяла на себя новая Судебная коллегия по экономическим спорам ВС (см. главу 10).

В первое постсоветское десятилетие обычные суды состояли из районных судов, региональных судов, т. е. судов субъектов Федерации, и Верховного суда. В 2002 году к ним добавили мировых судей (как новый суд низшего уровня), а в 2019 году — апелляционные суды общей юрисдикции и кассационные суды

---

[11] Для обсуждения проблематики военных судов см. [Solomon 2008d] и другие статьи в том же выпуске журнала.

общей юрисдикции между региональными судами и ВС, заимствовав эту модель у арбитражных судов.

Другие суды включают конституционные суды (в республиках) и уставные суды (в остальных субъектах), которым поручено проверять, соответствуют ли региональные нормативные акты их конституциям и уставам [Trochev 2004]. Как мы увидим в главе 11, только 1/6 субъектов решила создать эти суды, и, постепенно теряя значение, они были полностью упразднены в 2022 году. Кроме того, в 2013 году был создан новый специализированный суд по интеллектуальной собственности, слабо связанный с системой арбитражных судов [Udalova, Vlasova 2021]. План создания отдельных административных судов на сегодняшний день не нашёл достаточной поддержки для реализации.

В системе общей юрисдикции большинство дел рассматривается либо в мировых судах, либо в районных судах. Суды субъектов Федерации являются первой инстанцией для небольшой группы уголовных, гражданских и административных дел, как и Верховный суд — для некоторых категорий гражданских и административных дел. Районные суды рассматривают апелляции на решения мировых судей, суды субъектов — апелляции на решения районных судов, а новые апелляционные суды — апелляции на решения судов субъектов. Кассационные пересмотры, которые могут следовать за апелляциями, рассмотренными в любом из этих судов, теперь находятся в ведении новых кассационных судов. Верховный суд обладает ограниченной обязательной юрисдикцией в области апелляционного и кассационного пересмотра и рассматривает большинство своих дел в порядке дискреционного надзора. Его судебные составы из трёх судей формируются в пяти различных коллегиях — по экономическим, военным, гражданским, уголовным и административным делам (также есть отдельная Апелляционная коллегия и Дисциплинарная коллегия); их решения могут быть пересмотрены Президиумом Суда (О Верховном Суде Российской Федерации №3–ФЗК, 5 февраля 2014, с изменениями по 25 октября 2019).

Для обеспечения руководства нижестоящими судами и стимулирования единообразия правоприменения Верховный суд

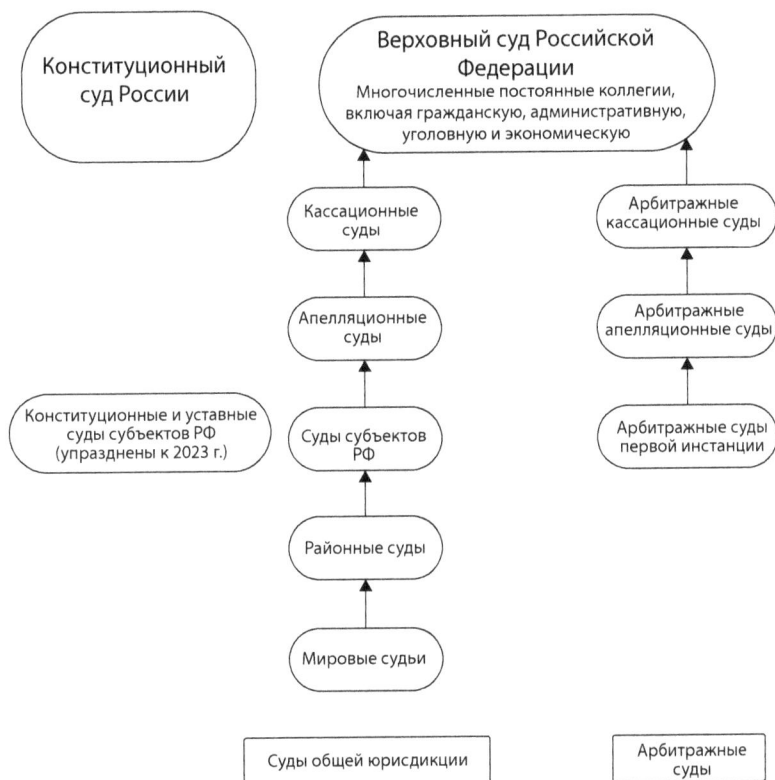

Рисунок 2.1. Организационная структура судов в России
Примечание: Эта сокращённая организационная схема не включает иерархию военных судов, которая состоит из гарнизонных, окружных (флотских), апелляционных и кассационных судов. Также не включён суд по интеллектуальной собственности, который является частью системы арбитражных судов. Верховный суд служит последней инстанцией как для военных судов, так и для суда по интеллектуальной собственности.
Источник: Судебный департамент Верховного Суда Российской Федерации.

продолжает советскую практику издания руководящих разъяснений и информационных писем (одобренных его пленумом). Они не требуют конкретного дела или спора, а основываются на обзорах судебной практики и служат для восполнения пробелов в существующих законах. Теоретически судьи нижестоящих судов должны следовать этим предписаниям, но на практике они часто их вежливо обходят[12]. Также не исключено, что решения Верховного Суда могут служить в качестве прецедентов. Вопрос о том, существуют ли в российском праве прецеденты и должны ли они быть, является предметом споров как среди судей, так и среди учёных-юристов [Koroteev 2013; Pomeranz, Grutbrod 2012]. Председатель Высшего Арбитражного Суда (ВАС) на момент его упразднения, Иванов, был сторонником идеи прецедента и настаивал на том, чтобы решения его суда служили руководством для судей нижестоящих судов [Иванов 2011]. Со временем судьи арбитражных судов стали более уверенно ссылаться на решения в других делах, делая это в 10 % случаев, согласно недавнему исследованию [Савельев 2021]. Кроме того, в разъяснении 2020 года Верховный суд призвал судей судов общей юрисдикции обращать внимание на решения по конкретным делам, а также на свои обзоры судебной практики. Большинство судей этих судов ссылаются на предыдущие решения только по просьбе юристов, отстаивающих свою позицию в конкретных делах.

Мы рассмотрим практику обжалований в главах 7–10, которые посвящены отдельным судам и категориям дел.

7. Управление судами

Чтобы понять, как работают суды в России, а также как происходит отбор, оценка, продвижение и дисциплинарное воздействие на судей, необходимо ознакомиться с органами, которые управляют судами, и корпоративными институтами судебной системы. Как мы увидим, во многих, если не в большинстве случаев они работают рука об руку.

---

[12] Примеры руководящих разъяснений на английском языке см. в [Maggs et al. 2020].

В центре управления судебной системой находятся Верховный суд, Судебный департамент и его региональные подразделения, а также председатели судов вплоть до районного уровня. Как мы видели, в 1998 году Судебный департамент заменил Министерство юстиции в качестве органа, обеспечивавшего суды общей юрисдикции вспомогательным персоналом, а также организационную и финансовую поддержку судов. Судебный департамент является креатурой Верховного суда, и его глава выбирается председателем данного суда с согласия Совета судей. Через свои региональные подразделения Судебный департамент играет особенно важную роль в работе районных судов, которые не имеют статуса распорядителя бюджетных средств. Но даже для судов субъектов Федерации эти структуры Судебного департамента координируют поставки, компьютеризацию, сбор статистики и публикацию решений. До роспуска ВАС в 2014 году арбитражные суды самостоятельно занимались своим администрированием под наблюдением сотрудников данного суда, но после они стали полагаться на органы Судебного департамента. Мировые судьи официально находились в ведении региональных властей, которые должны были выделять средства на организацию их работы, но во многих субъектах Федерации управления судебного департамента помогали администрировать деятельность мировой юстиции на договорной основе. Внутри отдельных судов, несмотря на различные реформы, их председатели остаются необычайно влиятельными, имея ресурсы для управления карьерой как своих судей, так и административного персонала (подробнее об этом в главе 3). Сами председатели фактически подчинены председателям вышестоящих судов, вплоть до верхушки Верховного суда.

Система судебного управления включала, помимо административных институтов, корпоративные структуры судебной власти, предоставлявшие возможности для самоуправления или, по крайней мере, участие судей в управлении. В центре и регионах существует четыре органа: большое представительное собрание — Съезд судей и региональные конференции судей, члены которых избираются судьями и собираются каждые четыре года;

меньший представительный орган — Совет судей и региональные советы, избираемые съездом и конференциями и собирающиеся два раза в год (с президиумом, который собирается четыре раза в год); Высшая квалификационная коллегия и региональные квалификационные коллегии; и Высшая экзаменационная комиссия с её подразделениями. Съезд и совет служат площадками для обсуждения и продвижения политики, служащей интересам судебной системы, в то время как коллегии и комиссии выполняют важнейшие функции в управлении судебными карьерами (отбор, дисциплина, продвижение)[13]. Об их работе мы рассказываем в главе 3.

---

[13] Подробнее см. в [Волков и др. 2015].

Часть II

ЛЮДИ,
ОТНОШЕНИЯ,
ПОЛИТИКА

Глава 3
Судьи и судебная власть
Отбор, дисциплина, карьера

Как мы уже объясняли в главе 2, судебные реформаторы в постсоветский период пытались создать такую систему назначения и пребывания судей в должности, которая бы максимизировала их независимость, по крайней мере от других ветвей власти, и ставила компетентность выше связей. Модель, которую они сначала создали, похожа на то, что можно найти в других странах, но, как мы увидим, её неоднократно изменяли, чтобы усилить влияние как политических лидеров, так и руководителей судебной системы. В то же время неформальные практики, связанные с назначением, дисциплиной и продвижением по службе, помогли гарантировать, что большинство судей будет осторожными конформистами, избегающими принятия дискуссионных решений, которые могут быть отменены.

Даже в последние десятилетия советской власти в России существовала профессиональная судебная система, где свежеиспечённый выпускник юридического вуза после пяти лет работы по специальности имел право стать судьёй. Для этого требовалось избрание населением на прямых выборах после выдвижения кандидатуры региональными судебными чиновниками и партийными функционерами. После первоначального пятилетнего срока почти четверть судей покидали свои посты, часто ради более высокооплачиваемой работы в других местах, хотя некоторых увольняли за некомпетентность. Но основная масса судей оставалась и делала карьеру, а наиболее успешные получали назначение в вышестоящие суды или на позиции с административными полномочиями. Обязанность переизбираться каждые пять лет делала судей уязвимыми для манипуляций извне. Хотя, как и все выборы советской эпохи до 1989 года, выборы судей проводились с единственным кандидатом. Хотя почти все судьи были членами Коммунистической партии и должны были посещать партийные собрания, на которых оглашались приоритеты текущей политики, судьи, не придерживающиеся линии партии, могли оказаться за бортом, когда партийные чиновники отбирали кандидатов. Также система оценивания при выборе судей подчёркивала необходимость поддержания низкого уровня отмены решений [Ginsburgs 1985].

В этой главе мы рассмотрим новую систему назначений и обеспечения дисциплины, которая развивалась в постсоветский период, и её влияние на судейский корпус. Новая система включала меритократическую оценку на начальных стадиях и действительно обеспечила пожизненные назначения, хотя и с возможностью удаления некомпетентных (и чересчур вольнодумных) судей. Однако самое поразительное — это возросшая за последнее десятилетие роль Администрации Президента и его Комиссии по вопросам назначения судей, что свидетельствует о заметной централизации и политизации управления судебными кадрами. Мы начнём с процесса назначений, а затем перейдём к моделям оценки, поддержания дисциплины и продвижения по службе.

1. Назначение судей

Хотя реформаторы с самого начала поддерживали принцип защиты несменяемости, новая система отбора судей с 1992 года предусматривала трёхлетний испытательный срок для впервые назначенных судей районных судов, после чего уже следовало назначение на пожизненный срок. Постоянное назначение требовало прохождения той же многоступенчатой процедуры, что и первое «испытательное» назначение, равно как и последующие назначения в вышестоящие суды или на руководящие должности в судах [Solomon, Foglesong 2000: гл. 4]. Отметим, что пожизненное назначение вскоре было модифицировано введением предельного возраста пребывания в должности — сначала в 2001 году он составлял 65 лет, а спустя несколько лет его повысили до 70.

Конституция 1993 года предусматривала две системы назначения судей: одну для верховных или высших судов, другую для судей всех остальных судов. Так, назначения в Верховный, Конституционный и Высший арбитражный суды производятся Президентом РФ и утверждаются Советом Федерации, некоторые члены которого сами получили назначение от Путина[1]. Все остальные назначения судей различных уровней двух судебных систем (общей юрисдикции и арбитражной, включая руководящие должности), следуют процедурам, которые мы опишем далее [Schwartz, Sykiainen 2012].

Становым хребтом большинства судебных назначений с 1992 года до настоящего времени являются квалификационные коллегии судей (ККС) в регионах. Это органы судебного сообщества, избираемые советами судей, первоначально полностью состояли из судей, а с 2002 года — на 2/3 (оставшаяся треть формируется из представителя президента и выдвиженцев из местной юридической общественности). Первоначальной задачей коллегий был контроль качества путём проверки квалификации кандидатов на судейские должности. Среди прочего они рассматривают результаты специальных экзаменов, проводимых отдельными экзаменационными комиссиями (устные экзамены с решением задач). Со временем (по крайней мере к 2011 году) коллегиям поручили оценивать также этические качества кандидатов посредством изучения данных о трудовой деятельности, доходах и имуществе кандидата и членов его семьи и даже о должностях, занимаемых его близкими, чтобы предотвратить возможный конфликт интересов. Так, судьёй не мог стать тот, у кого член семьи работал юристом, или кто имел активы, происхождение которых не могло быть объяснено, — вопросы, ко-

---

[1] Подробнее об арбитражных судах и Конституционном суде см. главы 10 и 11 соответственно.

торые со временем приобретали всё бо́льшую важность. Кандидатов также проверяли, чтобы отсеять судимых и тех, у кого в семье были родственники, преступившие закон. При рекомендации кандидата на должность члены коллегии придавали и продолжают придавать особое значение мнению председателя соответствующего суда [Dzmitryieva 2021].

Ни один претендент не может получить назначение на должность судьи без одобрения квалификационной коллегии, но это далеко не конец процесса. Промежуточные этапы включали рассмотрение региональным законодательным органом (с 1996 по 2001 год) и одобрение соответствующим высшим судом (Верховным судом или Высшим арбитражным судом, пока он существовал). Заключительный этап процесса — принятие президентом или от его имени решения о назначении, которое стало включать в себя дополнительные проверки деловых связей и этического облика кандидата и членов его семьи. Тем не менее в ельцинские годы президентская проверка была в значительной степени формальностью, так как на этой стадии было отклонено всего 2 % кандидатов. При президенте Путине ситуация радикально изменится.

Для начала этого процесса кандидат на должность судьи районного суда должен быть не моложе 25 лет и иметь не только высшее юридическое образование, но и как минимум пятилетний опыт работы по юридической специальности. На практике новички среди российских судей обычно имеют около десяти лет опыта работы [Volkov, Dzmitryieva 2015: 173]. Как правило, большинство судей, специализировавшихся на уголовных делах (40 % от общего числа в 1997 году), работали в прокуратуре или Министерстве внутренних дел (в основном следователями) до того, как стать судьями. Многие из числа остальных судей работали секретарями суда, но, получив заочное или вечернее юридическое образование, уходили на юридическую работу в бизнес или государственный сектор на пять лет, прежде чем вернуться в судебную систему. Эта модель изменилась, когда с 2002 года в штат судейских служащих была добавлена должность помощника судьи, что привело к появлению отдельной должности помощника для большинства судей. В некоторых частях России должности помощников судьи быстро заполнялись теми, кто надеялся стать судьями в будущем. Среди них были недавние выпускники юридических факультетов, бывшие секретари судов и нынешние студенты юридических факультетов, получающие образование заочно. В Москве и других крупных городах относительно низкие зарплаты (установленные централизованно) для помощников судей наряду с высокой стоимостью жизни затрудняли привлечение квалифицированных сотрудников и приводили к большой текучке кадров. Поскольку председатели судов знали своих сотрудников, многих помощников судей включали в кадровый резерв, создаваемый председателями судов в ожидании вакантных судебных должностей (как для районных судов, так и для мировых судов) [Dzmitryieva 2021]. В результате к 2014 году 2/3 кандидатов на должности судей и более 1/3 вновь назначенных судей районных судов были выходцами из судебной системы (помощниками судей и бывшими мировыми судьями), а к настоящему времени их доля, вероятно, ещё выше. Эта группа включала большинство судей (в основном женщин), которые занимались гражданскими делами. Соответственно уменьшилась относительно небольшая доля новых судей, имеющих опыт работы вне судов, в том числе в качестве адвокатов [Дмитриева, Савельев 2018; Волков и др. 2015: 114–118]. На 2021 год, как и раньше, даже у состоявшихся юристов, но не работавших в аппаратах и канцеляриях судов, практически не было шанса надеть судейскую мантию.

Как мы видели ранее, при Владимире Путине ответственность судей стала целью столь же важной, как и их независимость, и в состав ККС стали входить не только судьи, но и представители президента. Одним из изменений в официальной процедуре назначения стала отмена требования об утверждении кандидатов региональными законодательными органами. Однако региональные политики сохранили своё влияние в ККС неформально, через представителей президента (которые часто проверяли кандидатов) и представителей общественности, назначаемых региональными законодательными органами [Solomon 2008a].

Другое, более значительное изменение заключалось в усилении президентской роли в отборе кандидатов на судейские должности. Это началось с создания Комиссии по вопросам назначения судей, в состав которой вошли ведущие судьи и представители правоохранительных органов. На своих ежемесячных заседаниях комиссия должна была рассмотреть около 200 предстоящих назначений судей. К 2010 году она отсеивала 15 % кандидатов, а к 2017 году этот показатель возрос до 32 %. Как ни странно, комиссия не раскрывала основания отклонения конкретных кандидатов, но, по словам одного из высокопоставленных чиновников АП, распространёнными причинами были ложная или неполная информация о доходах и имуществе (кандидата и его семьи), конфликт интересов (часто в сфере бизнеса), признаки второго (иностранного) гражданства и доказательства административных правонарушений (таких как нарушение ПДД), совершённых кандидатом или его близким. Сотрудники комиссии (работающие в кадровом Управлении АП) часто проводили собственные расследования и обнаруживали факты, которые ККС упустила или проигнорировала. Очевидно, что установление президентского контроля было отчасти направлено на предотвращение коррупции [Dzmitryieva 2021; Кондратьева 2018б][2].

При столь глубоком участии АП в назначении судей трёхлетний «испытательный» срок полномочий с последующим повторением всего процесса для постоянного назначения казался излишним. В 2009 году он был отменён. Другим следствием тренда на централизацию стало более серьёзное рассмотрение кандидатов сотрудниками Верховного суда (особенно для назначений в высшие судебные инстанции и на позиции с административ-

---

[2] По-видимому, после того как специальная квалификационная коллегия по назначению судей в Верховный суд завершила свою работу (это произошло после слияния с ВАС), её новые более жёсткие стандарты в отношении конфликта интересов были приняты многими обычными квалификационными коллегиями, что привело к очень большому числу отказов новым кандидатам на судейские должности. Проблема стала настолько острой, что на IX съезде судей (состоявшемся в конце 2016 года) были внесены изменения в «Кодекс судейской этики», что привело к более разумному толкованию конфликта интересов. Однако этот подход мог и не быть воспринят президентской комиссией, что объясняет резкий рост отклонений ею кандидатов в 2017 и 2018 годах [Кондратьева 2018б; Maggs et al. 2020: 271–275].

ными полномочиями). Также к 2010-м годам стало очевидным, что председатели судов имеют весомое влияние при назначении судей. Масштабное исследование системы назначений определило, что мнение председателя суда имеет решающее значение на первом этапе процесса [Dzmitryieva 2021].

Описанная здесь система назначения применяется не только к судьям районных и региональных судов, но также к мировым судьям и судьям арбитражных судов с небольшими отличиями. Новые судьи обоих видов судов должны сдать квалификационный экзамен и выполнить все требования, предъявляемые ККС, включая проверку на предмет потенциального конфликта интересов. После одобрения ККС кандидаты на должности мировых судей направляют свои досье либо в региональное законодательное собрание, либо в администрацию главы субъекта РФ для проверки перед назначением. Как мы подробнее рассматриваем в главе 7, мировые судьи первоначально назначались на трёхлетний «испытательный» срок, после чего им необходимо было периодически проходить процедуру переназначения, обычно на срок от пяти до десяти лет. В 2021 году закон изменили. В случае повторного назначения по истечении испытательного срока мировые судьи теперь могут находиться в должности до достижения предельного возраста. Большинство из них ранее работали помощниками судей и получили свои посты при поддержке председателя районного суда, который будет курировать их работу в качестве мировых судей [Hendley 2017a: 142–146]. Основное отличие судей арбитражных судов заключается в базовых требованиях к ним. Как члены суда регионального или межрегионального уровня, эти кандидаты должны быть не моложе 30 лет (против 25) и иметь семилетний стаж работы по юридической специальности (против пяти). Эти требования (введённые в 2012 году) по-прежнему ниже, чем для судей Верховного суда, которым должно быть не менее 35 лет вместе с десятилетним опытом работы [Maggs et al. 2020: 275].

Одним словом, к 2021 году большинство новых судей в Российской Федерации — мировые судьи, судьи районных судов и судьи арбитражных судов — пришли из самой судебной системы. До получения статуса судьи они работали секретарями (отдельных судей или судебных заседаний) и помощниками судей. Их сильная сторона заключалась в том, что они знали, как работают суды, и понимали, какие критерии используются при оценке качества судейской работы (подробнее об этом ниже). В целом они не принадлежали к элите юридической профессии. Большинство судей, пришедших изнутри судебной системы, получали юридическое образование заочно [Volkov, Dzmitryieva 2015: 173]. Хотя многие ставят под сомнение качество такого формата обучения, мировые судьи, которые работали секретарями судов, обучаясь на юрфаках заочно, утверждали, что благодаря своему образованию они были лучше подготовлены, чем их коллеги, изучавшие юриспруденцию в очной форме, потому что могли сразу применять свои знания на практике [Hendley 2017a]. Как и в позднесоветский период, большинство судей, и новых, и старых, были женщинами — к 2014 году их доля достигла около 2/3 всех судей. Однако это гендерное соотношение не наблюдается среди судей высших судов или на судебно-административных должностях (в 2016 году женщины занимали только 37 % должностей председателей судов). Большинство судей работали в судах в тех регионах, где они прожили всю свою жизнь, — географическая мобильность была минимальной [Волков и др. 2015: 93–102].

Доступные данные свидетельствуют о том, что этот гендерный дисбаланс вряд ли изменится в ближайшее время. Когда российских студентов-юристов, находящихся на пороге окончания вуза в 2016 году, опросили об их карьерных предпочтениях, женщины проявили больший интерес к профессии судьи, чем их сверстники-мужчины [Hendley 2020b]. Хотя их отношение, казалось бы, закрепляет давние гендерные предубеждения, причины, по которым они хотели стать судьями, выходят за рамки стандартных объяснений, таких как предсказуемый график, который позволяет совмещать работу и семейные обязанности. Вместо этого большинство опрошенных студенток отметили, что работа судьёй является наиболее престижным вариантом карьеры для юриста. Наиболее часто приводимой причиной была власть, которой обладают судьи [Hendley 2021a]. Теперь мы перейдём к оценке судей и её роли в карьерном продвижении и дисциплине.

2. Оценка и продвижение по службе

Формальная оценка работы является главной чертой судебной бюрократии в России с конца 1930-х годов, и хорошие результаты по-прежнему имеют решающее значение для карьеры судьи. Как в советское время, так и на сегодняшний день ключевым критерием хорошего рейтинга судьи остаются статистические данные о его работе. С одной стороны, судьи должны выполнять нормативы по количеству рассмотренных дел и при этом укладываться в сроки, установленные процессуальными кодексами, сводя к минимуму число дел в производстве. С другой стороны, они должны обеспечивать приемлемый уровень устойчивости своих актов, сводя к минимуму количество и долю решений, которые изменяются вышестоящими судами или возвращаются на новое рассмотрение. Среди судей по уголовным делам это называется «стабильность приговоров». В гражданских и административных делах такая двойная морока с быстрым рассмотрением дел и страховкой решений от пересмотра вынуждает судей заранее информировать стороны о доказательствах, необходимых для подтверждения их требований, вместо того чтобы соблюдать принцип состязательности (провозглашённый в Конституции и процессуальных кодексах), который возлагает бремя доказывания на стороны по делу. Хотя закон уполномочивает судей выносить решения против тех, кто приходит на заседания с «голыми» требованиями, судьи неохотно идут на это, опасаясь, что их решения будут отменены в апелляции. Во всех российских судах эти данные об эффективности и показателях отмены судебных актов, а не отдельная оценка навыков ведения судебного процесса или написания решений (как, например, в Германии), определяют качество работы судьи [Hendley 2007, 2017a; Solomon 2007b, 2012b]. Иногда подобная практика может привести к извращённым последствиям.

Статистические оценки судей не только являются неотъемлемой частью их трудовой жизни, но и влияют на их благосостояние. Для начала статистические данные о работе судьи могут иметь значение при получении квалификационного разряда (с финансовыми последствиями), льгот, таких как путёвки на отдых, и помощи председателя суда в получении квартиры или доступа к детскому саду. Далее, статистика играет роль в поддержке продвижения судьи по службе. Наконец, как мы увидим, неудовлетворительная статистика по эффективности или отменам может стать причиной или по крайней мере предлогом для попыток председателя суда добиваться удаления судьи с должности — самой серьёзной меры дисциплинарной ответственности.

Наряду с хорошей статистикой успешный судья должен иметь хорошие отношения с председателем суда, поскольку последний обладает значительной властью. Большинство председателей, которые сегодня занимают свои должности в течение двух шестилетних сроков, лично руководят своими судами, управляя персоналом, утверждая расходы и выполняя множество административных задач, что оставляет мало времени для собственно судейства. Процесс передачи таких обязанностей администраторам судов, хотя и поощряется в рамках обсуждения проектов реформ с иностранными партнёрами, не продвинулся далеко [Solomon 2010]. Хорошие отношения с председателями могут требовать сговорчивости в случае поступления спорадических просьб относительно результата рассмотрения конкретных дел, так как вмешательство влиятельных лиц обычно происходит при посредничестве председателя суда. Безусловно, в большинстве судов председатели могут расписывать конкретные дела судьям, которые, по их мнению, заслуживают доверия, а иногда и заместителю председателя суда — несмотря на введение механизма случайного распределения дел. Ситуация с мировыми судьями неоднородна. Каждый из них стоит особняком, но при этом существует в рамках более широкой иерархии. В ходе полевых исследований Кэтрин Хендли обнаружила, что отношения между мировыми судьями и председателем районного суда, на территории которого находились их участки, варьировались в зависимости от региона. В Москве, например, председатели держали мировых судей на коротком поводке. Там мировые судьи посещали регулярные совещания, где им устраивали разнос за отмену их решений. В других местах мировые судьи не обращали особого внимания на этих председателей.

Короче говоря, система управления судьями в России поощряет их быстро рассматривать дела, предугадывать мнение судей вышестоящих инстанций (а иногда и советоваться с ними) и выполнять указания председателя.

Если судья хорошо зарекомендует себя по всем этим пунктам, он может стать кандидатом на повышение в вышестоящий суд или на руководящую должность. Скорее всего, судья также должен обладать другими качествами. В случае назначения в вышестоящий суд могут пригодиться умение писать решения или наличие учёной степени и публикаций, хотя эти атрибуты формально не обязательны. Повышение до судьи вышестоящего суда или председателя суда проходит через ту же длительную процедуру (с важной ролью Верховного суда и Администрации Президента). Однако продвижение по службе в том же суде (скажем, до главы судебного состава или заместителя председателя) полностью зависит от усмотрения председателя суда. Последний может оценить умение общаться с людьми, что проявляется во взаимодействии судьи с секретарями суда, помощниками судей и ведущими судьями, но лояльность и послушание тоже поощряются. Для перехода в другой суд необходимым условием являются хорошие отношения с текущим председателем суда, а для назначения на должность председателя суда — и с председателем вышестоящего суда. Различные председатели должны как минимум предоставить весомые рекомендации, если не выступать покровителями. Не все, но большинство российских судей стремятся к повышению. Это приносит больше уважения и ресурсов (как формальных, так и неформальных). Однако некоторые судьи довольствуются позицией мирового или районного судьи на протяжении всей своей карьеры, полагая, что в этом случае они с большей вероятностью будут свободны от нежелательного политического давления.

У нас нет данных о том, какие судьи получают повышение по службе, но, помимо уже упомянутых критериев, пол может иметь некоторое значение. По данным на 2014 год, доля женщин в судах субъектов (хотя они всё ещё составляют большинство) на 10 % меньше, чем в районных судах и мировых судах; они составляют менее половины председателей судов и только 35 % судей Верховного суда [Волков и др. 2015: 87–91].

Продвижение на уровень суда региона (или выше) имеет свои явные преимущества. Помимо более высокой заработной платы, сама работа менее обременительна, поскольку кассационное и надзорное производство проходит без участия сторон, и на них не так сильно давит необходимость быстро завершить большое количество дел. В результате судьи указанных судов с большей вероятностью останутся на службе после 20 лет, необходимых для получения полного (и отличного) пенсионного обеспечения (более четверти действующих судей в этих судах относятся к данной категории) [Там же: 144].

Большинство судей всех уровней судов пользуются правом уйти в отставку после 20 лет работы хотя бы для того, чтобы насладиться менее напряжённой жизнью. Благодаря этому средний возраст судей остаётся ниже, чем мог бы, — старше 50 лет менее 1/4 судей. Средний возраст назначения судей составляет 34 года, при этом четверть новых судей начинают работу до 30 лет, а ещё четверть — в возрасте от 30 до 33 лет. Однако судьи в отставке остаются членами судейского сообщества и должны соблюдать те же этические правила, что и действующие судьи. Если они хотят сохранить своё пенсионное обеспечение, их трудовые возможности будут ограничены: они могут снова трудоустроиться в качестве государственных служащих или преподавателей, но не могут заниматься юридической практикой. Судьи остаются субъектами дисциплинарных процедур, к предмету которых мы сейчас и обратимся [Там же: 142–144].

3. Дисциплинарная ответственность и прекращение статуса судьи

Наряду с пожизненным назначением судей, закон «О статусе судей» от 1992 года предусматривал возможность удаления судьи с должности по веской причине, что могло включать как серьёзное нарушение данного закона, так и нарушение судебной этики. Такое освобождение от должности могло произойти только после рассмотрения дела ККС (состоящей исключительно из других судей) по инициативе председателя суда, в котором работает судья. Председатель суда отвечал за обоснование обвинений, а ККС могла проводить собственное расследование, включая вызов новых свидетелей. Решение ККС могло быть обжаловано сначала в Высшую квалификационную коллегию судей (ВККС) или, альтернативно, в суд субъекта РФ, а затем в Верховный суд, за которым было последнее слово, даже для судей арбитражных судов. ВККС также рассматривала попытки отстранить от должности или наложить дисциплинарное взыскание на судей Верховного, Конституционного и Высшего арбитражного судов до 2021 года, когда начала действовать новая процедура, реализующая конституционные изменения 2020 года. В то же время региональные ККС занимались первичным рассмотрением предлагаемых дисциплинарных мер в отношении судей всех других судов любого уровня.

До 2001 года прекращение полномочий было единственной официальной дисциплинарной мерой, которая могла быть применена к судье. Авторы как «Концепции судебной реформы» 1991 года, так и закона «О статусе судей» полагали, что дисциплинарные меры в отношении судей могут быть использованы не по назначению и стать помехой беспристрастному отправлению правосудия, поэтому они предусмотрели иммунитет судей от дисциплинарной ответственности. Однако в 2001 году, когда состав ККС изменился, этот иммунитет исчез, и коллегии получили право налагать «замечание» за нарушения закона или этики, недостаточно серьёзные, чтобы прекращать полномочия судьи[3]. В 2013 году в перечень дисциплинарных мер было добавлено «предупреждение», которое применялось особенно активно в отношении судей, уже получивших замечание. В 2018 году к списку присоединилась ещё более серьёзная мера — «понижение в квалификационном классе», что имело последствия для зарплаты и пенсии. Таким образом, с 2018 года ККС получили

---

[3] В то же время был снят иммунитет от преследования за административные правонарушения (например, связанные с нарушением правил дорожного движения).

возможность применять к судьям четыре дисциплинарные меры. Инициаторами обращений в ККС мог быть широкий круг лиц (в основном это граждане и председатели судов), но их рассмотрение требовало одних и тех же процедур и возможностей обжалования [Schwartz, Sykiainen 2012][4].

Ещё одной изменившейся особенностью дисциплинарной ответственности судей стала верхушка иерархии принятия решений. В период с 2010 по 2014 год вместо Верховного суда как суда последней инстанции по вопросам судейской дисциплины действовал новый орган — Дисциплинарное судебное присутствие, в состав которого вошли шесть судей из Верховного суда и Высшего арбитражного суда (ВАС). В 2014 году, когда ВАС был расформирован, Дисциплинарное присутствие также было упразднено, и в качестве высшего органа по вопросам дисциплинарной ответственности судей вместо него учредили Дисциплинарную коллегию Верховного суда (Закон РФ от 26.06.1992 «О статусе судей в Российской Федерации»).

Первоначальные опасения реформаторов судебной системы о том, что введение дисциплинарных санкций для судей может умерить их пыл в зале суда, оказались не совсем безосновательными. В ходе своих полевых исследований в арбитражных судах до и после того, как ККС наделили этими полномочиями, Хендли заметила значительные качественные изменения в готовности судей к конфронтации с тяжущимися, когда те приходили неподготовленными. Когда она спрашивала судей об этом, они открыто признавали, что смягчали свои критические замечания в зале суда. Судьи говорили ей, что они, хотя и считают своё поведение безупречным, опасаются того, что недовольные стороны спора и/или их адвокаты могут подать жалобу на них председателю суда и в итоге в ККС. Они не боялись упрёков, но беспокоились, что время, потраченное на защиту себя, подорвёт их способность оперативно справляться с рабочей нагрузкой. Это вновь подчёр-

---

[4] См. также (О внесении изменений в статью 11 Закона Российской Федерации «О статусе судей в Российской Федерации» и Федеральный закон «О мировых судьях в Российской Федерации в части уточнения срока полномочии мирового судьи» №63–ФЗ, 5 апреля 2021).

кивает озабоченность российских судей (почти до одержимости) поддержанием космического уровня статистических показателей.

Дополнительно осложняло жизнь судей то, что основания для возбуждения дисциплинарных разбирательств против них включали не только серьёзные проступки, связанные с уголовным преследованием, нарушением судебной этики или фальсификацией судебных документов, но и такие широко очерченные грешки, как волокита, несоблюдение трудовой дисциплины и нарушение норм материального и процессуального права. Эта ситуация предоставляла председателям судов огромную свободу действий при принятии решения о возбуждении дисциплинарного производства. Хотя поправки в закон были направлены на уточнение видов поведения, заслуживающих тех или иных мер, общая формулировка дисциплинарных нарушений оставалась расплывчатой, настолько неясной, что Конституционный суд в своём решении 2011 года предупредил, что наложение дисциплинарных взысканий на судей за простые процессуальные ошибки или действия, входящие в их дискреционные полномочия и не составляющие серьёзных нарушений норм материального или процессуального права, является неконституционным. Один из его членов, Клеандров, пошёл ещё дальше и объявил основания для лишения судей полномочий не соответствующими конституционному принципу определённости. Как мы увидим, в последние годы Верховный суд сталкивался с трудностями в попытках заставить председателей судов и региональные квалификационные коллегии судей действовать разумно и избегать необоснованного наказания судей.

В начале 2000-х годов наиболее известные случаи дисциплинарных взысканий в отношении судей стали примерами злоупотреблений дискреционными полномочиями со стороны председателей судов — сначала в Москве, а затем и в других местах. Три судьи в Москве, не соблюдавшие неформальные правила ведения уголовных дел, были сняты с должности под другими предлогами [Solomon 2007b]. Пашин (судебный реформатор, с которым мы познакомились в главе 2) присоединился к Московскому городскому суду в 1996 году после того, как сыграл ведущую роль в подготовке и продвижении законодательства о судебной реформе. Среди прочего он бросил вызов сложившейся практике работы суда, вынося гораздо больше оправдательных приговоров, чем обычно (до 8 %), приводя настолько веские юридические обоснования, что вышестоящие суды не могли их изменить. В результате Пашин стал непопулярен среди руководства суда, и когда он допустил незначительное процессуальное нарушение, не успев завершить написание приговора перед отъездом на лекцию в Санкт-Петербург, его председатель, Зоя Корнеева, не упустила возможности начать против него дисциплинарное производство. Это, в свою очередь, привело к решению московской ККС в 1998 году о прекращении его полномочий, которое было подтверждено Высшей квалификационной коллегией судей и только позже отменено самим Верховным судом России. Окончательный уход Пашина из судебной системы в 2001 году последовал за другим инцидентом, когда он публично раскритиковал решение другого судьи, что было серьёзным нарушением судебной этики[5]. Другая судья Московского городского суда, Ольга Кудешкина, нарушила по меньшей мере два разных правила — ожидание сотрудничества с влиятельными лицами и запрет одному судье публично критиковать другого, особенно своего председателя. Кудешкина выступила на политически независимой радиостанции «Эхо Москвы» в декабре 2003 года с критикой нового председателя Московского городского суда Ольги Егоровой, заявив, что та дала ей указание обеспечить обвинительный приговор в отношении якобы нечистоплотного следователя МВД после вмешательства высокопоставленного сотрудника Генеральной прокуратуры. Это сочетание неповиновения и разоблачений привело к снятию Кудешкиной с должности. Кудешкина оспорила правомерность лишения статуса судьи в Европейском суде по

---

[5] Пашин продолжил свою карьеру как профессор уголовного процесса, в итоге обосновавшись в Высшей школе экономики, одном из самых престижных университетов Москвы в области социальных наук, где он оставался критиком судебной системы. В декабре 2021 года, на фоне ослабления официальной терпимости к инакомыслию, Пашин был уволен вслед за другим популярным преподавателем, пойдя по стопам уволенных ранее профессоров права. Отметим, что в этот период (2005–2007 гг.) Пашин также работал актёром, исполняя роль судьи в популярной телепередаче «Федеральный судья».

правам человека, где выиграла дело. Она получила компенсацию, но в должности её не восстановили[6]. Наконец, Егорова ходатайствовала о прекращении полномочий судьи районного суда Москвы Александра Меликова в конце 2004 года за якобы «нарушение прав участников процесса, причинение вреда интересам правосудия и подрыв авторитета судебной власти». Эти обвинения в основном были связаны с его мягкими приговорами (условные сроки и оправдания). Как оказалось, большинство его решений не оспаривались прокуратурой, а остальные были подтверждены вышестоящими судами, но Меликов не смог убедить Московскую квалификационную коллегию судей отказать в удовлетворении просьбы Егоровой [Solomon 2007b].

В каждом из этих случаев судьи, которых два председателя Московского городского суда пытались лишить полномочий, вызвали их гнев или по крайней мере недовольство, что привело к поиску предлогов для увольнения. Истории подобного рода можно найти как в Москве, так и в других местах [Schwartz, Sykiainen 2012]. Отчасти из-за таких инцидентов Верховный суд инициировал изменения в законодательстве в 2019 году, лишив председателей судов права напрямую обращаться в ККС, вынуждая их действовать через региональные советы судей. Этот дополнительный уровень проверки, по-видимому, повысил общее качество дисциплинарных инициатив и привёл к снижению числа дел, отклонённых на всех уровнях [Кондратьева 2020б; Романец 2021].

В 2016 году Верховный суд начал процесс повышения согласованности дисциплинарных мер в отношении судей, издав соответствующее постановление, за которым последовали авторитетные исследования практики ККС и Дисциплинарной коллегии суда за 2017–2019 годы [Верховный Суд 2016, 2017а, 2019а]. В 2017 году 27 судей лишились своих постов (почти все из судов общей юрисдикции), 112 получили предупреждения (в основном судьи районных и городских судов, а также мировые судьи), 89 были подвергнуты замечаниям, 22 судьи были факти-

---

6   Для получения подробной информации и интервью с Кудешкиной см. [Ledeneva 2013: 152–215].

чески оправданы. ККС получили восемь запросов на снятие судейского иммунитета для уголовного преследования и одобрили пять из них (ВККС одобрила один). Большинство дисциплинарных взысканий было наложено за «волокиту при рассмотрении дел» или «грубое или систематическое нарушение законов или кодекса судейской этики». На практике многие из них были явно оправданы. Двоих судей уволили за неоднократное появление на работе в нетрезвом состоянии, ещё один судья оказался в отставке за то, что работал на нескольких работах и незаконно получал денежное содержание, другой — за то, что заснул на двух судебных заседаниях, и за то, что в течение трёх лет «испытательного» назначения более половины его приговоров были отменены или изменены; ещё одного судью уволили за то, что тот не рассмотрел 235 дел, не назначил даты слушаний, не написал и не подписал судебные решения, и ещё нескольких — за фальсификацию судебных решений. Одна мировая судья получила предупреждение за получение жилищной субсидии для приобретения дома, принадлежащего её бабушке; другой судья был предупреждён за неоправданные задержки в передаче апелляционных материалов в вышестоящий суд. Однако было несколько случаев, когда судей неправомерно привлекли к дисциплинарной ответственности за ошибки в решениях, позже изменённых вышестоящей инстанцией (описанных как «явно незаконные акты») или за задержки в рассмотрении дел, которые были вне их контроля. Верховный суд в постановлении 2016 года вполне ясно высказался по этому вопросу, но в последующие годы Дисциплинарная коллегия неоднократно напоминала ККС, что случайные ошибки в решениях нормальны и что для того, чтобы заслужить дисциплинарную меру, они должны быть «грубыми и систематическими», если не преднамеренными [Давлятчин 2020; Кондратьева 2018a, 2018b, 2020a].

Заслуживают внимания и два новых события судейской дисциплины. Первое, как объяснил глава Дисциплинарной коллегии Верховного суда на конференции судей, это то, что судьи начали подвергаться наказаниям за нарушения судебной этики, связанные с появлением в социальных сетях, таких как Facebook и ВКонтакте. Высказывания судьи не должны умалять авторитет судебной власти, ставить под сомнение доверие к правосудию и его личную беспристрастность и независимость. В целом, судьи должны быть осторожными и сдержанными, помня, что их личные мнения могут восприниматься как официальные [Вараксин 2021].

Другое изменение судейской дисциплины связано с реализацией конституционной поправки 2020 года, которая возложила ответственность за прекращение полномочий судей высших судов (Верховного, Конституционного, кассационных и апелляционных) на президента (с согласия Совета Федерации). С февраля 2021 года Комиссия при Президенте по предварительному рассмотрению кандидатур на должности федеральных судей, которая уже занималась проверкой назначений судей, начала рассматривать материалы, касающиеся отстранения судей высших судов (заменив Высшую квалификационную коллегию судей) [Давлятчин 2021][7]. Этот шаг гарантировал, что ни один орган, состоящий преимущественно из судей, не будет участвовать в снятии с должностей судей высших судов. Конечно, ККС и Верховный суд продолжают заниматься дисциплинарными вопросами в отношении судей большинства судов, но уже не судей высшего звена.

4. Заключение

Этот обзор процессов назначения, оценки, продвижения по службе и дисциплинарных мер в отношении судей в Российской Федерации даёт три ключевые характеристики положения судей. Во-первых, это сохраняющаяся центральная роль председателей судов в жизни рядовых судей. Возможно, уменьшилось количество преференций, которые председатели могут предоставлять, и с 2001 года их срок полномочий ограничен двумя шестилетними сроками, а не постоянным назначением. Однако они по-прежнему играют ключевую роль в вопросах рекомендации кандидатов, карьерного роста и дисциплинарного воздействия.

---

[7]   Она была переименована в «Комиссию по предварительному рассмотрению вопросов назначения судей и прекращения их полномочий».

Во-вторых, растущая, а к настоящему времени и доминирующая роль Администрации Президента в назначении и продвижении всех судей, а также в контроле дисциплины высших судей, привела к снижению влияния судейского сообщества на эти процессы. Если в 1990-е годы можно было говорить о самоуправляемом судейском сообществе, то сейчас это уже не так.

В-третьих, сохраняется и, возможно, даже возрастает роль показателей, заложенных в оценку всех аспектов карьеры судей, включая продвижение по службе и дисциплинарную ответственность. Одним из таких показателей является эффективность, которая отражается в соблюдении судьями установленных законом сроков рассмотрения дел и в вынесении решений по достаточно большому количеству дел. Другой показатель — предвосхищение решений, которые вышестоящие суды считают правильными, что выражается в уклонении от вынесения решений или приговоров, которые могут быть отменены, или, как говорят в мире уголовного правосудия, в «стабильности приговоров».

В той мере, в какой судьи в Российской Федерации соответствуют этим ожиданиям, они проявляют осторожность и конформизм в принятии решений и работают как хорошо организованные операторы судебной системы. В этом отношении они не сильно отличаются от своих коллег в других странах с континентальной правовой системой. Однако есть разница в степени, если не в сути. В России, в отличие от Германии, не предъявляются высокие требования к качеству написания и аргументации судебных решений и не уделяется большое внимание тому, насколько хорошо они ведут судебные процессы. В итоге судьи в России воспринимаются и действуют скорее как бюрократы, чем как профессионалы своего дела, что для Германии уже не характерно.

Глава 4
Юристы

Подготовка и роль в судах

Поход в суд редко бывает лёгким для обывателей. В России, как и везде, они могут обратиться к юристам, которые помогут им сориентироваться в судебной системе. Конституция гарантирует право на помощь адвоката при уголовном преследовании и предусматривает бесплатное оказание юридической помощи в других случаях, предусмотренных федеральным законом (для неимущих и некоторых иных категорий граждан). Остальные, кто только обдумывает начать тяжбу или уже обратился в суд, сами решают, нанимать им юриста или нет. Вероятность положительного решения зависит от характера дела и базовых убеждений тяжущихся, а также других факторов. Готовность судей бросить спасательный круг неопытным участникам процесса, объяснив, что от них требуется, может помочь отстоять своё тем, кто не склонен нанимать представителей.

У юристов также есть выбор, за какие дела браться. Дуалистическая природа российской правовой системы усложняет их решения. Согласие взяться за рутинное дело, скорее всего, определяется временем, которое оно займёт, и ожидаемым вознаграждением. Но в делах, имеющих политический подтекст, расчёты качественно отличаются. Судя по преследованиям, которым подвергались адвокаты, представлявшие интересы видных противников Кремля, таких как Михаил Ходорковский и Алексей Навальный, большинство адвокатов стараются избегать таких дел, опасаясь возможных последствий, начиная с лишения адвокатского статуса и заканчивая уголовным преследованием. Это подрывает традиционную роль адвокатов в России как посредников между государством и обществом.

В этой главе мы исследуем роль юристов в российских судах. Мы начнём с обзора структуры российской системы юридической помощи и её реорганизации после распада Советского Союза. Это включает обсуждение того, как правозаступники получают образование в России, и их путь к становлению практикующими юристами. Затем мы углубимся в повседневную реальность адвокатов и других юристов в гражданских и уголовных делах, а также бизнес-спорах. Анализ основан на комбинации вторичных источников, включая монографии о различных типах российских юристов, мемуары практикующих адвокатов и результаты социологических исследований.

1. Структура юридической профессии в России

Вопрос о том, существует ли в России целостная юридическая профессия, вызывает много споров. Как и во многих странах континентальной Европы, в России специалисты в сфере права разделены на несколько когорт. Все юристы имеют общий образовательный опыт, но по окончании обучения они расходятся по разным группам. У каждой из них свои профессиональные стандарты. В советское время к ним относились прокуроры, осуществляющие уголовное преследование и надзор за законностью, адвокаты, юристы организаций (юрисконсульты), нотариусы, судьи и юристы органов власти. За исключением адвокатов, все эти юристы работали на государство (как и практически все советские граждане). Адвокаты были более независимы, чем другие юристы, но и они находились под пристальным контролем Коммунистической партии, а их гонорары устанавливались государством. В отличие от Соединённых Штатов, где все практикующие право обычно идентифицируют себя как «lawyers», советские — а теперь и российские — юристы (как и их европейские коллеги) скорее ощущают связь с теми, кто работает в той же сфере, чем с другими юристами в целом. В результате некоторые исследователи утверждают, что они не являются единым сообществом, и предлагают рассматривать сообщество юристов в РФ как «касту с враждующими группировками внутри» [Мишина 2010: 6].

Перейти из одной специализации в другую было практически невозможно на протяжении большей части советского периода, что ещё больше усиливало раздробленность профессиональной идентичности. Выпускников советских юридических вузов по окончании учёбы распределяли на работу, после чего они должны были отработать в месте распределения не менее трёх лет[1]. Большинство из них оставались на одной и той же работе на протяжении всей своей карьеры. Молодой человек, начинавший свой трудовой путь в качестве прокурора, вряд ли мог перейти на работу адвоката по уголовным делам, и наоборот. Когда государство начало терять железную хватку в конце 1980-х годов при Горбачёве, барьеры между специализациями стали ослабевать. Большое количество следователей, прокуроров и юристов организаций в поисках более высокого вознаграждения перешли в расширяющуюся частную практику: юридические кооперативы (позднее — фирмы) или коллегии адвокатов. Более того, фактическая монополия, которую адвокаты имели на представительство граждан в суде, была проигнорирована без каких-либо негативных последствий. Юристы без статуса адвоката и даже студенты юридических факультетов начали представлять интересы частных клиентов [Jordan 2005].

С введением рыночных стимулов при Ельцине роль государства в управлении деятельностью юристов значительно сократилась. Государство больше не диктовало, где выпускники юридических факультетов должны работать, и не устанавливало размер платы за юридическую помощь гражданам. Теперь от молодых людей ожидалось, что они сами найдут себе работу, а опытные юристы могли свободно менять место работы. Некоторые специальности претерпели качественные изменения, а другие появились в России

---

[1]   Учреждения, готовящие юристов, имеют разные названия, включая «факультет» и «институт». Мы используем словосочетание «юридический вуз» для всех них, чтобы облегчить читателям задачу.

впервые за десятилетия. Каждая юридическая специальность пересмотрела свои требования для допуска к профессии. Однако, как и в советскую эпоху, лишь немногие из них установили какие-либо предварительные условия, кроме наличия диплома о высшем юридическом образовании. Только адвокаты, судьи и нотариусы создали профессиональные организации, которые регулировали приём, обычно требуя от кандидатов успешной сдачи сложных экзаменов, наличия минимального стажа работы в юридической сфере и прохождения проверки биографии.

Власть партии рассеялась вместе с Советским Союзом, что фактически привело к приватизации адвокатуры. По мере того как новоиспечённые выпускники юридических вузов и более опытные юристы, заинтересованные в смене карьерного пути, брались за традиционное адвокатское ремесло, представляя интересы граждан и юридических лиц, многие из них не видели нужды преодолевать барьеры, необходимые для получения статуса адвоката. Вместо этого они открывали собственные частные практики или объединялись с юристами-единомышленниками для создания юридических фирм. Такие фирмы не существовали в советскую эпоху. Изначально они были смоделированы по образцу западных юридических компаний, которые приехали в Москву для обслуживания своих корпоративных клиентов, изучающих новый российский рынок. К 2021 году число консультантов, как называют юристов, работающих в частной практике вне адвокатуры, по слухам, достигло сотен тысяч. Из-за отсутствия профессиональной организации, которая могла бы представлять их интересы, исследователям сложно изучать это сообщество. Периодически предпринимаются попытки заставить всех судебных юристов вступить в адвокатуру, но на сегодняшний день они не увенчались успехом.

Две другие категории юристов, которые в постсоветской России перешли из государственного в частный сектор, — это юристы организаций (юрисконсульты) и нотариусы. Логика обоих случаев была одинаковой. Переход к рынку потребовал приватизации большинства государственных предприятий, и с этим изменением их юрисконсульты автоматически превратились из государственных служащих в сотрудников частных компаний. Аналогичным образом изменилась работа нотариусов. Они больше не заверяли сделки, предварительно одобренные партийными чиновниками. В постсоветской России нотариусы стали ключевыми фигурами при оформлении самых разнообразных сделок — от наследства до сделок с недвижимостью и слияний крупных компаний. Таким образом, они вошли в мир частной практики [Mishina 2013].

Профиль юристов, оставшихся в государственном секторе, таких как судьи, прокуроры, следователи и государственные бюрократы, претерпел меньше изменений. Конечно, были проведены реформы, чтобы избавиться от щупалец Коммунистической партии. Например, тяжёлая партийная рука была устранена из процесса отбора судей в пользу более аполитичных квалификационных коллегий судей (ККС)[2]. Получение степени бакалавра права в России занимает четыре года[3], хотя для тех, кто учится заочно, совмещая учёбу с работой, этот процесс может занять на год или два больше. До недавнего времени большинство студентов-юристов в России обучались в заочной форме. Студенты, выбравшие этот вариант, обычно работают полный рабочий день и часто живут далеко от кампуса. Они самостоятельно изучают учебный материал и приезжают на занятия несколько раз в год для интенсивных сессий, включающих лекции и экзамены. Эта практика началась ещё в советскую эпоху, но продолжилась и в постсоветский период. По состоянию на 2014 год, более 70 % российских студентов-юристов обучались заочно, что в последние годы всё чаще подвергается критике [Hendley 2018b]. Так, например, один из российских аналитиков сравнил такой подход с «фабрикой» [Моисеева 2015]. Многие юридические вузы сократили свои заочные программы, ограничив их для тех, кто стремится получить вторую, более продвинутую степень. В результате этого стали набирать популярность дистанционные образовательные программы.

---

[2] Подробнее об отборе судей см. в главе 3.

[3] Россия вышла из Болонской системы образования в 2022 году. — *Прим. ред.*

В учебном плане основное внимание уделяется теории и юридическим наукам, а не практическим занятиям. Студенты уже давно обязаны проходить практику, но она зачастую является формальностью, предоставляя мало возможностей для получения реальных навыков, — понимая это, многие студенты ищут их самостоятельно. Юридические фирмы нанимают студентов последних курсов обучения, и если те проявляют себя с лучшей стороны, остаются работать после окончания учёбы [Hendley 2021b]. Начиная с 1995 года, в российских юридических вузах начали появляться студенческие юридические консультации (клиники), предоставляющие студентам ещё одну возможность для получения практического опыта.

Количество россиян, стремящихся получить юридическое образование и, соответственно, работающих юристами, радикально выросло в постсоветской России. В 1980-х годах в СССР существовало около 50 юридических вузов, что обеспечивало относительно небольшое количество выпускников и приводило к нехватке специалистов во всех областях права. Сочетание возросшего интереса молодёжи к юриспруденции и неспособности государства ограничить доступ новых участников на рынок юридического образования привело к взрывному росту числа юридических учебных заведений. По оценкам бывшего заместителя декана престижного юридического факультета Московского государственного университета их больше 1000 [Maleshin 2017: 297]. Несмотря на то что все юридические вузы номинально подчиняются единому государственному образовательному стандарту, качество обучения заметно разнится [Shepeleva, Novikova 2014]. Государственные учреждения, сохранившиеся с советских времён, продолжают выпускать хорошо подготовленных юристов, но многие новые заведения больше заинтересованы в получении прибыли от платных студентов. Десятилетия, прошедшие после распада Советского Союза в 1991 году, отмечены неоднократными попытками реформировать юридическое образование [Bogdanova 2019]. Тем не менее большинство юридических вузов по-прежнему отдают предпочтение теоретическому обучению вместо практики и зазубриванию материала вместо критического мышления. До недавнего времени юридическое академическое сообщество могло свободно высказывать своё мнение о юридических реформах без страха перед последствиями. Летом 2020 года несколько преподавателей факультета права Высшей школы экономики (который повсеместно признан одной из лучших юридических школ в России), являющихся авторитетными экспертами по конституционному праву, были уволены за отказ поддерживать официальную позицию Кремля в отношении конституционных поправок. Последовали и другие увольнения, когда преподаватели открыто критиковали различные законы. По состоянию на конец 2021 года эта практика, ставящая под сомнение академическую свободу, имеет место только в Высшей школе экономики.

Жалобы на переизбыток юристов стали обычным явлением среди как государственных деятелей, так и адвокатских бонз. Хотя за последнее десятилетие количество организаций, связанных с юриспруденцией, резко возросло, найти работу бывает сложно. По оценкам Министерства образования, только около половины выпускников российских юридических вузов находят работу в сфере права [Ващенко 2018]. Те, кто работал по юридической специальности в студенческие годы, имеют преимущество на рынке труда [Hendley 2021b]. Однако россияне продолжают стремиться к получению юридического образования, привлекаемые возможностью высоких зарплат.

Несмотря на то что прошло три десятилетия с тех пор, как государство уступило контроль над экономикой рынку, работа в государственном секторе по-прежнему остаётся наиболее популярным вариантом для выпускников с дипломом юриста. Согласно опросу студентов-юристов, проведённому накануне их выпуска в 2016 году, 53,3 % тех, кто планировал карьеру юриста, собирался работать на государство, тогда как 46,7 % выбрали частный сектор. Дальнейший анализ выявил разительные отличия между этими двумя группами. Выпускники, ориентированные на работу в государственном секторе, больше доверяют российским государственным институтам, особенно судам. Они сильнее уверены в том, что при разрешении споров российские судьи будут игнорировать политические и финансовые связи участников судебных процессов в пользу закона. Из этого следует, что они с большей готовностью соглашаются с приговорами по известным политизированным делам, в которых пожелания Кремля превалировали над буквой закона. Напротив, выпускники, ориентированные на частную практику, меньше убеждены в легитимности судов. Они менее склонны принимать решения по политизированным делам и чаще признают возможность того, что на судей могут повлиять взятки и/или политические или социальные связи сторон процесса [Hendley 2017a].

2. Роль юристов в уголовном процессе

Учитывая, что в уголовных делах на кону стоит свобода, доступность и качество юридической помощи имеют решающее значение. В России в уголовных процедурах участвуют несколько типов юристов.

2.1. Представители государства

Сотрудники полиции проводят доследственную проверку и регистрируют данные о признаках преступления. Собранные доказательства они передают специальным уполномоченным должностным лицам — следователям, либо, в случае менее серьёзных преступлений, дознавателям, которые принимают решение о возбуждении дела. После возбуждения серьёзного дела следователь проводит предварительное следствие. Он отвечает за подготовку материалов дела, которые должны содержать все доказательства, подтверждающие обвинительное заключение. Готовые дела проверяются прокурорами перед отправкой в суд, но это чаще всего формальность. Во многих случаях прокуроры вмешиваются и инициируют процедуру признания вины, при которой обвиняемые отказываются от своих прав на судебное разбирательство по доказательствам и апелляцию в обмен на послабление в назначении наказания. С 2002 года прокуроры обязаны присутствовать на всех судебных заседаниях, хотя это требование часто игнорируется в простых делах, рассматриваемых мировыми судьями (более подробное обсуждение уголовного процесса см. в главе 8).

Следователи имеют юридическое образование, но, в отличие от французских следственных судей (juges d'instruction), на основе которых смоделирована их роль, они работают не в судах, а в правоохранительных органах, большей частью в МВД и Следственном комитете, который полностью отделился от прокуратуры в 2011 году. Некоторые из них получили свои юридические дипломы на вечернем или заочном обучении, работая в полиции.

Хотя прокуроры поддерживают обвинение судах (в советское время — менее чем в половине уголовных дел), их основная функция на протяжении большей части советского и постсоветского периода заключалась в надзоре за законностью государственного управления, как в целом, так и конкретно за работой милиции (впоследствии полиции), следователей и даже судей. Надзорная функция сделала прокуратуру самым могущественным и престижным юридическим ведомством. Не случайно авторы «Концепции судебной реформы» 1991 года призывали к сокращению надзорной роли прокуратуры, особенно в отношении судов. Когда прокурор представляет одну сторону в уголовном деле и одновременно надзирает за законностью судопроизводства, включая поведение судьи, — это серьёзный конфликт интересов. К счастью, новый закон «О прокуратуре» 1992 года отменил прокурорский надзор в судебных процессах. Несмотря на это, многие судьи продолжали благоволить прокурорам во время судебных процессов и прилагать усилия, чтобы помочь им заполучить обвинительные приговоры.

Работать прокурором более престижно, чем следователем. В ходе опроса, проведённого в 2016 году, при сравнении студентов-юристов дневной и заочной форм обучения обе группы были одинаково заинтересованы в продолжении карьеры в сфере уголовной юстиции[4]. Но студенты-очники, имевшие больше преиму-

---

[4] До 2018 года заочное обучение юриспруденции было очень популярным, и на него приходилось около 70 % всех студентов-юристов [Hendley 2018b]. Эти студенты не посещали занятия; они обучались самостоятельно и сдава-

ществ, чаще стремились стать прокурорами, в то время как студенты-заочники, которые совмещали учёбу с полной занятостью, планировали работать следователями [Hendley 2018a: 269]. Гендерное распределение также отражает эту дифференциацию. Исследование, проведённое в 2017 году, показало, что среди глав прокуратуры 85 субъектов Российской Федерации было только три женщины [Hendley 2021a: 321–322], в то же время женщины преобладают среди следователей [Titaev, Shkliaruk 2016: 120].

Власть российских прокуроров коренится в их традиционном контроле над уголовным процессом и жёсткой независимости, которая сохранилась и в постсоветский период. Однако с отделением следователей от прокуратуры в самостоятельное ведомство (Следственный комитет) в 2011 году и сокращением надзорной роли прокуроров над следователями МВД их роль на досудебной стадии снизилась. Конечно, почти полное отсутствие оправдательных приговоров могло бы наводить на мысль о высокой компетентности и профессиональной силе прокуроров, но это было бы ложное заключение. В 1999 году, проводя исследование о рассмотрении уголовных дел в районных судах Красноярска, Станислав Поморски спросил судей, является ли низкий процент оправдательных приговоров результатом хорошей работы милиции, следователей и прокуроров:

> Качество милицейского следствия оценивалось от плохого до ужасного. Судьи в один голос жаловались, что регулярно получают дела, расследованные очень плохо, полные пробелов, а также процессуальных нарушений. <...> Судебная работа прокуроров была оценена ненамного выше. И снова судьи жаловались на «отсутствие помощи от в основном пассивных, плохо подготовленных или откровенно неумелых прокуроров» [Pomorski 2001: 456].

Собственные наблюдения Поморски подтвердили то, что он услышал от судей. Он узнал, что успехи прокуроров и их команд

ли периодические экзамены. Изменение в правилах ограничило возможность этого варианта для тех, кто получает второе образование. Многие, кто ранее выбрал бы заочное обучение, теперь учатся по очно-заочной форме.

были обусловлены не их собственными усилиями, а неформальной «политикой отсутствия оправдательных приговоров» вышестоящего Красноярского краевого суда. Это говорит об обвинительном уклоне, который более подробно обсуждается в главе 8.

2.2. Представители обвиняемого

Обвиняемых по уголовным делам представляют исключительно адвокаты. В отличие от их процессуальных оппонентов, для которых не существует никаких требований для занятия должности кроме высшего юридического образования, стать адвокатом гораздо сложнее. В настоящее время выпускники юридических вузов, желающие работать адвокатами, должны иметь не менее двух лет опыта работы по юридической специальности или пройти минимум годовую структурированную стажировку под руководством адвоката, имеющего адвокатский стаж не менее пяти лет. По завершении этого периода они могут подать заявку на членство в адвокатской палате. Это требует сдачи экзамена и согласия соблюдать этические стандарты адвокатов. С 2019 по 2021 год две трети заявителей успешно справились с этим [Федеральная палата адвокатов 2021: 28–30]. В 2021 году в России насчитывалось более 82 000 адвокатов. Неудивительно, что они распределены по стране неравномерно. Более четверти всех адвокатов работают в Москве и Подмосковье. Для сравнения, в некоторых отдалённых регионах Дальнего Востока на всё население приходится менее 100 адвокатов [Коробка 2021].

Воспользоваться услугами адвоката можно двумя разными способами. Подозреваемые, обвиняемые и подсудимые (или их знакомые, действующие от их имени) могут выбрать адвоката и заключить с ним соглашение. Либо, что случается чаще, по просьбе обвиняемого (будь то из-за нехватки средств или отсутствия знакомых адвокатов) должностное лицо, проводящее расследование (следователь или дознаватель), либо судья назначают адвоката[5]. В современной России финансовые возможности

---

[5]   Статья 50 УПК РФ.

обвиняемых играют более важную роль, чем в Советском Союзе. Как и положено в советской плановой экономике, государство устанавливало гонорары, которые должны были выплачиваться адвокатам за различные услуги. Хотя неформальная практика доплаты к установленным государством гонорарам[6] стала повсеместной в последние десятилетия советской власти, это формально оставалось незаконным. Однако неспособность платить не объясняла высокую частоту назначений. Скорее, это объяснялось тем, что обвиняемые не знали, к какому адвокату лучше обратиться. Естественно, внедрение рыночных механизмов после распада Советского Союза в 1991 году положило конец государственному диктату в отношении адвокатских гонораров. Адвокаты теперь могут взимать любую плату, какую только позволит рынок, и для многих обвиняемых тарифы, установленные опытными адвокатами, сделали их услуги недоступными. Вместо них таких обвиняемых защищают адвокаты, назначенные следователями или судьями. Эти назначенные адвокаты, как правило, являются недавними выпускниками юридических вузов, которые ещё работают над созданием своей репутации и формированием клиентской базы, хотя опросы показывают, что большинство адвокатов всё же берутся за эти дела [Казун и др. 2015]. Им платят жалкие гроши по ставкам, установленным государством. В результате те, кто зарабатывает на жизнь такими назначениями, вынуждены брать много дел, что компрометирует их способность уделять полное внимание каждому делу. До 2019 года качество представительства страдало из-за зависимых отношений, которые часто возникали между следователями и прокурорами, с одной стороны, и назначенными адвокатами — с другой. Последние полагали, что для получения новых назначений важно сохранить расположение первых. Это, в свою очередь, побуждало их осуществлять защиту лишь для проформы, особенно в процессах признания вины (смотри главу 8). Адвокатов, которые вели себя подобным образом, часто называли «карманными

---

[6] Известная в народе как «МИКСТ» — максимальное использование клиента сверх тарифа/таксы. — *Прим. переводчика.*

адвокатами», поскольку считалось, что они находятся в кармане у обвинения [Moiseeva 2017]. Адвокатская палата теперь случайным образом назначает адвокатов неимущим обвиняемым [Шварц, Исаков 2020].

Формальные ограничения способности адвокатов рьяно представлять интересы клиентов со временем уменьшились. В советское время они играли ограниченную роль на досудебной стадии — ранний доступ к обвиняемым был возможен только в делах, связанных с несовершеннолетними и другими уязвимыми лицами. Как правило, адвокаты получали доступ к материалам дела только в конце предварительного расследования (до передачи дела в суд), когда следователи уже составили чёткую картину преступления, но им удавалось использовать уязвимые места в материалах следствия в интересах своих клиентов. Лишь немногие адвокаты проводили собственные расследования. Даже в суде они редко оспаривали доказательства, сосредотачиваясь больше на смягчении наказания. После серьёзной борьбы адвокатов за улучшение своего положения законодательные изменения 1990 года закрепили их право на доступ к материалам дела и клиентам во всех делах с самого начала досудебного этапа (а иногда и раньше), хотя оплата труда адвокатов на досудебной стадии была ниже, чем в суде. Адвокаты также получили право проводить собственные расследования и представлять новые доказательства в правоохранительные органы и суды [Jordan 2005].

Однако в реальности многие современные адвокаты сталкиваются с препятствиями, когда пытаются активно участвовать в деле. В ходе опроса 700 адвокатов со всей России, проведённого в 2020–2021 годах, 95 % сообщили, что неоднократно сталкивались с нарушениями своих прав со стороны судов. При этом почти 70 % заявили, что действующие законы недостаточны для их защиты [Шварц 2021a]. В других опросах и интервью они жалуются на проволочки со стороны полиции и следователей, которые ограничивают их доступ к доказательствам и клиентам. Сообщения об адвокатах, ожидающих по многу часов встречи со своими подзащитными в следственных изоляторах, не являются чем-то необычным. Их ходатайства о приобщении дополнительных доказательств к материалам дела и/или вызове свидетелей для подтверждения позиции защиты часто пропускают мимо ушей. Многие также жаловались на практику так называемой «двойной защиты», когда в дело назначают дополнительного адвоката, несмотря на то что у обвиняемого уже есть собственный адвокат. Попытки обвиняемых исключить этих дополнительных адвокатов из состава своей защиты редко приводят к успеху: суд оставляет за собой право по своему усмотрению принимать решения по таким ходатайствам. Часто эти нежелательные адвокаты ранее работали прокурорами и без душевных терзаний делятся информацией о стратегии защиты со своими бывшими коллегами. Ещё более тревожными являются угрозы физического насилия или разрушения карьеры, которым подвергаются некоторые адвокаты. Все эти приёмы, по всей видимости, противоправны. Многие адвокаты жалуются в органы власти, но в результате получают лишь отрицание преступившим закон чиновником адвокатской версии событий [Шварц, Исаков 2020].

По состоянию на 2021 год обсуждаются проекты законов, которые могут укрепить положение адвокатов. Они должны гарантировать, что адвокаты смогут участвовать на всех этапах следствия и получать копии всех соответствующих документов от следователей. Другие положения предусматривают, что адвокатам, как и прокурорам, будет обеспечена безопасность. Они также предусматривают уголовную ответственность за попытки воспрепятствовать их деятельности (как это уже сделано в отношении судей, прокуроров и следователей). Примут ли эти законы, ещё предстоит узнать [Шварц 2021b].

Постсоветские реформы уголовного правосудия формально создали состязательную систему, в которой обвинение и защита обладают равными правами, а обвиняемые пользуются презумпцией невиновности. Практика же показывает иное: адвокаты часто вынуждены играть со связанными руками. Им приходится не только бороться с неформальным сопротивлением прокуроров и следователей, но и с тем, что судьи слишком часто встают на сторону обвинения. Неудивительно, что многие адвокаты предпочитают выполнять лишь минимально необходимые действия.

В связи с этим в 2017 году руководящим органом адвокатуры были установлены минимальные стандарты для работы адвокатов по уголовным делам (Стандарт осуществления адвокатом защиты в уголовном судопроизводстве).

3. Роль юристов в гражданских и административных (не связанных с бизнесом) делах

Ставки в гражданских и административных делах по своей сути ниже, чем в уголовных. В данном разделе мы рассмотрим роль юристов в делах, связанных с физическими лицами, а не с бизнесом. Эти дела рассматриваются в судах общей юрисдикции, а не в арбитражном суде. Они отличаются от уголовных дел тем, что их результатом не может быть лишение свободы. Стороны, подающие гражданские иски, делают это добровольно и обычно добиваются денежной компенсации. Лица, участвующие в административных делах, могут сами инициировать этот процесс или быть вовлечены в него каким-либо государственным органом.

Эти различия влияют на роль юристов. Наиболее важным среди них является отсутствие каких-либо требований о том, чтобы у сторон был представитель. Как мы обсуждаем в главах 7 и 9, относительная простота процессуальных норм и готовность российских судей помогать неопытным тяжущимся в процессе способствовали тенденции избегать обращения к юристам. Хотя данные по этому вопросу отсутствуют, наблюдатели за российскими судами постоянно отмечают склонность сторон в судебных процессах представлять себя самостоятельно. Исследования фокус-групп показывают, что многие россияне опасаются, что расходы на юристов будут непомерно высокими [Hendley 2018c]. В результате одни полностью избегают юристов, а другие обращаются за помощью в подготовке документов, требуемых судом, но не готовы платить им за явку в суд. Признавая, что у многих не хватает финансовых ресурсов, чтобы нанять адвокатов, государство в 2012 году начало реализовывать программу по предоставлению бесплатной юридической помощи малоимущим россиянам. Несмотря на довольно длинный перечень вопросов, по которым должны были предоставляться бесплатные юридические услуги, включая жалобы потребителей и большинство вопросов трудового и семейного права, спрос на такие услуги был довольно низким. В 2017 году в программе приняли участие менее 20 % юристов [Andrianova 2018].

До 2018 года любой человек мог представлять интересы стороны в гражданском или административном деле. Никакой юридической подготовки не требовалось. Иногда тяжущиеся стороны обращались к друзьям или родственникам, которые хорошо разбирались в фактах и знали достаточно законов, чтобы не попасть впросак. Однако во многих случаях эти непрофессиональные представители не могли дать убедительной аргументации. Судьи часто протягивали им руку помощи. Подобное могло показаться нарушением их обязанности быть беспристрастными, но они считали это частью своего долга по обеспечению правосудия. Однако в частном порядке они ворчали на то, что приходится так делать. В 2018 году в процессуальные кодексы были внесены поправки, требующие, чтобы представляющие клиентов лица были выпускниками юридических вузов. Закон сделал исключение для дел, рассматриваемых мировыми судьями и районными судами, которым подведомственны более простые дела (см. главу 7). Кроме того, исключение составили дела о банкротстве, а также патентные споры и защита профессиональными союзами трудовых прав своих членов.

Ещё до 2018 года некоторые истцы предпочитали полагаться на юристов. В советский период те, кто хотел привлечь юриста для помощи в гражданском или административном деле, обычно обращались к адвокату. Другие категории юристов не имели права брать частных клиентов. Строгое регулирование юридической профессии ослабло в конце 1980-х годов. Юристы всех мастей начали переосмыслять свою профессию — появились первые частные юридические фирмы. За последние несколько десятилетий произошёл взрывной рост количества юристов, которые не работают на государство и не принадлежат к адвокатской корпорации. Эти юристы регулярно представляют интересы частных лиц в гражданских и административных делах.

Время от времени возникают предложения обязать всех юристов, представляющих клиентов в суде, вступить в адвокатуру. Большинство частных юристов последовательно сопротивляется этим предложениям, утверждая, что они предпочитают сохранять свою институциональную свободу. Стоит отметить, что только у адвокатов есть обязательный «Кодекс этики».

Хотя прокуроры в основном занимаются уголовными делами, они также иногда участвуют в других делах. Они могут инициировать дела, если считают, что интересы государства были ущемлены. В таких случаях они могут представлять одну из сторон, особенно если дело касается большого количества людей или если стороны принадлежат к уязвимым группам. Прокуроры также могут добиваться судебной отмены нормативных актов, если полагают, что они противоречат закону, а Генеральный прокурор может даже инициировать проверку закона в Конституционном суде.

В зависимости от характера спора, в гражданских и административных делах иногда участвуют и другие виды юристов. Например, в трудовых спорах юристы организаций (юрисконсульты) могут представлять интересы работодателей. Юристы также могут выступать в качестве свидетелей или присоединяться к делу в качестве третьей стороны. Нотариусы, которые занимаются оформлением завещаний и сделок с землёй, иногда привлекаются к разрешению споров, возникающих из этих сделок.

В соответствии с постсоветскими процессуальными нормами каждая сторона должна самостоятельно доказывать свои утверждения по делу. Степень состязательности, царящей в залах судебных заседаний, различна. Российское право несёт в себе отпечаток континентальной системы, согласно которой судьи проводят первоначальный допрос свидетелей, а сторонам или их представителям предоставляется возможность заниматься вопросами, которые не были затронуты судом, что тяжёлым бременем ложится на современные процессы. Наблюдатели отмечают, что многое зависит от предпочтений судьи и возможностей сторон. Если стороны не представлены юристами, большинство судей, осознавая, что немногие граждане знают, как ориентироваться в требованиях закона, будут играть активную роль в процессе в интересах эффективности. Но грамотный юрист, будь то адвокат или нет, как правило, при желании способен вернуть контроль себе. Стоит также помнить, что российские судьи предпочитают письменные доказательства свидетельским показаниям. Более того, желающим вызвать свидетелей необходимо ходатайствовать об этом перед судом, что ограничивает способность сторон и их представителей контролировать то, как они представят свою позицию.

4. Роль юристов и общественных представителей в политических делах

В советское время адвокаты должны были быть крайне осторожны в уголовных делах, расследуемых КГБ. Обвиняемые выбирали адвоката из заранее утверждённого списка лиц, имеющих специальный допуск. Мало кто был готов пойти на большее, чем признать вину и надеяться на лучшее. Существовали и исключения. Несколько смелых адвокатов энергично защищали своих клиентов — диссидентов, арестованных за «антисоветское» поведение, в том числе за написание книг, бросающих вызов официальным нормам, и за протест против вторжения Советской армии в Чехословакию в 1968 году. Их аргумент о том, что такое поведение находилось в пределах, установленных советской Конституцией, неизменно отвергалось судами. Адвокаты, которые брались за такие дела, рисковали лишением статуса — в советскую эпоху у них было мало привлекательных профессиональных альтернатив [Kaminskaya 1982].

Эта система допуска не пережила распад Советского Союза. Теоретически обвиняемые в уголовных делах с политической подоплёкой могут нанимать любого адвоката. Некоторые также привлекали иностранных юристов в состав своих защитных команд. Адвокаты, участвующие в таких делах, не менее отважны, чем их советские предшественники. Как и прежде, у них есть риск лишиться статуса адвоката или столкнуться с более серьёзными последствиями [van der Vet, Lyytikäinen 2015]. Адвокаты видных оппонентов Кремля, таких как Ходорковский и Навальный, подвергаются слежке, преследованиям и даже арестам. Рост массовых протестов создал новые проблемы для адвокатов. Когда адвокаты приезжают в отделы полиции и требуют встречи со своими задержанными клиентами, им иногда отказывают в доступе, а сотрудники полиции могут даже напасть на них. Затем полиция объявляет адвокатов зачинщиками подобных инцидентов и выдвигает против них обвинения, что приводит к задержанию. Власти также преследуют адвокатов, которые призывали своих коллег выступить в защиту арестованных протестующих. В 2021 году суд в Краснодаре признал это организацией несанкционированного протеста, что привело к аресту и осуждению Михаила Беньяша [Aitkhozina 2021]. Суды, рассматривая дела задержанных протестующих, иногда отказывают адвокатам в праве участвовать в судебных заседаниях. Адвокаты не смирились с такой агрессией со стороны государства. Адвокатские палаты сопротивляются требованиям о лишении неугодных статуса адвоката и последовательно обжалуют обвинительные приговоры в отношении их членов. Рабочие группы готовят отчёты с подробным описанием конкретных инцидентов. Мониторинг нарушений прав адвоката на различных стадиях уголовного процесса позволяет пролить свет на квазиправовое поведение государства.

Однако в современной России политические дела не ограничиваются уголовно-правовыми отношениями. Они могут возникать и в гражданской или административной сфере. Многие протестующие, задержанные полицией в связи с антикремлёвскими митингами, привлекаются к ответственности за административные правонарушения. Судебные жалобы, в которых недовольные россияне пытаются признать законы неконституционными или недействительными на других основаниях, не редкость. Такие дела могут рассматриваться как в судах общей юрисдикции, так и в Конституционном суде в зависимости от характера требований. В России сформировалась небольшая, но преданная своей миссии группа юристов, которые ведут такие дела в целях защиты общественных интересов. Этим юристам не обязательно быть адвокатами, если рассматриваемое дело не является уголовным. Иногда судьи используют тот факт, что данные лица не являются адвокатами, как предлог, чтобы не допустить их к участию в деле, ссылаясь на то, что они не могут оценить их компетенции. Большинство юристов, занимающихся этими делами, работают в неправительственных организациях, некоторые из которых связаны с конкретными общественными движениями, а другие напоминают юридические фирмы, защищающие общественные интересы. Все они борются за выживание из-за ряда законов, принятых в эпоху Путина, направленных на ликвидацию организаций гражданского общества на том основании, что они являются «иностранными агентами». Когда на них навешивали такой ярлык, эти организации, как правило, пытались дать отпор через суды. Независимо от того, ведут ли они свои собственные дела или другие дела, имеющие политический резонанс, многие из этих юристов идут на слушания в российских судах (включая Конституционный суд России), ожидая проигрыша. Исчерпав все средства правовой защиты в России, они обращались в Европейский суд по правам человека, где их аргументы находили более внимательную аудиторию.

В последние годы неюристы начали заявлять о себе в политизированных делах, связанных с уголовным или административным преследованием. Обвиняемые могут обратиться в суд с ходатайством о привлечении общественных защитников для оказания им помощи. Как правило, к ним обращаются после массовых арестов [Mustafina 2021]. Этих общественных защитников объединяет убеждение, что российские суды регулярно проходят катком по тем, кто попадает к ним в лапы, и что наблюдение за слушаниями и предоставление базовых консультаций может удержать судей от этого. Несколько неправительственных организаций предоставляют обучающие материалы для тех, кто хочет оказывать такую помощь. Цель заключается в том, чтобы объяснить требования закона, что позволит общественным защитникам выявлять процессуальные нарушения. Доступны формуляры документов, которые облегчают им подачу жалоб на различных этапах.

5. Роль юристов
в бизнес-спорах

Как мы подробно рассказываем в главе 10, арбитражным судам подведомственны споры в сфере предпринимательской и иной экономической деятельности. К ним относятся несколько категорий дел: споры между юридическими лицами, споры между юридическими лицами и государством, косвенные иски участников хозяйственных обществ, дела об интеллектуальной собственности и дела о банкротстве. Нормой является денежное возмещение ущерба, но также могут быть поданы иски о признании и преобразовательные иски.

Арбитражные суды — это постсоветский институт. Процессуальные нормы претерпели несколько изменений, но остаются относительно простыми, что позволяет сторонам отказаться от юридического представительства. Поскольку многие дела зависят от финансовых деталей, часто разумнее было отправить на судебные заседания бухгалтеров. Компании, у которых есть свои юристы (юрисконсульты), также могли отправлять их. Иногда в процессах участвовали штатные юристы государственных учреждений, хотя их могли заменять и другими сотрудниками, лучше знающими детали дела. Это говорит о том, что, подобно ситуации в судах общей юрисдикции, тяжущиеся в арбитражных судах изначально могли привлекать для представления своих интересов кого угодно. В 2018 году закон изменился. Стороны по-прежнему могли представлять себя самостоятельно, но, если они нанимали третье лицо, оно должно было иметь юридическое образование. Такой представитель мог, но необязательно должен был быть адвокатом. Закон сделал исключение для патентных и банкротных дел.

Набор навыков, необходимых для успешного представления сторон в арбитражных судах, несколько отличается. Поскольку споры, как правило, зависят от толкования положений договора или других документов, необходимы сильные письменные навыки. Истцы должны чётко изложить свои аргументы в исковых заявлениях, приложив соответствующие документы. Ответчики затем получают возможность дать письменный ответ. Значительное количество дел решается на основе анализа состязательных бумаг. Слушания проводятся по более сложным делам. Свидетели являются скорее исключением, чем правилом. Судьи задают сторонам или их представителям вопросы по тем аспектам документов, которые остаются для них неясными. В делах, касающихся крупных сделок, как с недвижимостью, так и с другими активами, ключевые документы должны быть нотариально заверены. Иногда нотариусов могут вызвать для дачи показаний, но, как правило, документы говорят сами за себя. Нотариусы не привлекаются для представления интересов сторон в споре.

Не все коммерческие споры просты. В последние десятилетия арбитражные суды стали ареной, где бизнесмены оспаривают друг у друга контроль над своими компаниями — так называемые рейдерские дела. В таких случаях задействованные политические связи и финансовые ресурсы могут побить писаные законы. Бывает трудно определить, когда закон игнорируется. Арбитражные судьи настаивают на соблюдении формальностей, а юристы играют свои роли. Часто обе стороны представляют документы, которые якобы подтверждают их право на контроль над компанией. Эти дела обычно зависят от голосований на общих собраниях или в совете директоров. Юристы должны привлекать экспертов, способных подтвердить подлинность ключевых подписей. В идеальном мире подделки были бы очевидны, что помогло бы выявить рейдера, но реальность редко так проста. Во время полевых исследований в арбитражных судах Хендли наблюдала ряд таких дел. В беседах с судьями после слушаний она узнала, что им было так же сложно, как и ей, определить, какая сторона является законным владельцем, а какая — рейдером, подделавшим доказательства. Неясно, в какой степени юристы, представляющие интересы рейдеров, причастны к созданию документов, подтверждающих их претензии. Большинство из них не являются адвокатами, а работают в юридических фирмах. Как следствие, их нельзя лишить статуса за этические проступки.

6. Заключение

Российская юридическая профессия претерпела изменения за десятилетия, прошедшие после распада Советского Союза. Хотя она остаётся (как и в большинстве стран континентальной Европы) сегментированной, переход между юридическими специальностями стал намного проще. Этот период также ознаменовался появлением юридических фирм западного образца и переходом бизнес-юристов, включая нотариусов и штатных юрисконсультов, в частный сектор. Молодые россияне всё чаще изучают юриспруденцию, что приводит к соответствующему росту числа юридических вузов, как государственных, так и частных. Причиной такого интереса к праву послужило убеждение (подтверждённое опросами населения), что юриспруденция стала одной из самых высокооплачиваемых профессий. Серия опросов населения, проведённых в период с 2005 по 2017 год, показала, что, когда россиян спрашивали, какую работу они хотели бы для своих детей или внуков, профессия юриста неизменно входила в первую пятёрку [Hendley 2021a: 318].

Тем не менее, когда россияне сталкиваются с проблемой, для решения которой мог бы пригодиться юридический совет, многие продолжают испытывать нежелание обращаться к профессиональным юристам. В серии фокус-групп, проведённых Хендли в 2014 году, где участникам предлагалось обсудить гипотетические проблемы с юридическими последствиями, их недоверие к юристам было практически осязаемым. Они беспокоились о стоимости услуг, но, что ещё важнее, они скептически относились к качеству предоставляемых советов. Один из участников в Новосибирске так выразил это беспокойство: «Я бы пошёл в одну юридическую консультацию и получил бы письменный ответ о том, как решить эту проблему. Затем я бы пошёл в совершенно другую консультацию и получил бы тот же ответ от другого юриста. После этого я бы сделал свои выводы» [Hendley 2018c: 56]. Группы в целом соглашались, что на советы можно полагаться только в том случае, если их даёт друг, который случайно оказался юристом. Это глубокое подозрение к юристам не уникально для фокус-группы Хендли. Книги с названиями вроде «Не все юристы одинаково полезны» [Нестеренко 2021], которые якобы помогают россиянам отличить добросовестных юристов от недобросовестных, можно найти в любом книжном магазине.

В сфере уголовного права произошло меньше изменений. Адвокаты укрепили свою монополию на защиту обвиняемых по уголовным делам. Хотя их возможности эффективно представлять интересы клиентов, казалось бы, расширились на бумаге, они продолжают чувствовать себя в ущемлённом положении. В фокус-группе, организованной в декабре 2021 года, один из молодых адвокатов заметил: «Вы видите неравенство между обвинением и защитой. Процедурно все равны, но в реальности, нет» [Шварц 2021а]. Прокуроры и следователи сохраняют преимущество, как и в советское время.

Глава 5
Отношение общества к судам и использование судов

Суды в России имеют сомнительную репутацию. Отечественные СМИ регулярно изображают их неэффективными, некомпетентными и коррумпированными. Доверие населения к судам невелико. Согласно опросу общественного мнения, проведённому в августе 2020 года, лишь 28 % россиян полностью доверяют судам [Левада-Центр 2021]. Многие исследователи России предполагают, что такое неуважение привело к избеганию судов [Dawisha 2014; Hale 2015]. Однако реальность гораздо сложнее. Хотя немногие россияне спешат обращаться в суд при возникновении проблем, предпочитая по возможности решать их неофициально, это не делает их чем-то необычным. Обращение в суд никогда не является простым путём. По сравнению с неформальными механизмами разрешения споров, использование суда обычно обходится дороже, занимает больше времени и рискует разрушить существующие отношения между спорящими сторонами. Тем не менее статистика показывает устойчивый рост числа дел, рассматриваемых российскими судами общей юрисдикции. За постсоветский период их количество увеличилось более чем в пять раз: с 6,2 миллиона в 1995 году до 35,9 миллиона в 2020 году, при этом население сократилось на 4,3 миллиона человек.

Эта глава сосредоточена на трёх основных вопросах: 1) «Кто обращается в суды?»; 2) «Какие факторы способствуют или препятствуют обращению в суд?»; и 3) «Какой опыт получают заявители?». Акцент делается на взаимодействии с судами частных лиц, а не государства. Хотя относительно небольшое число россиян обращалось в суды, гораздо большее число готовы прибегнуть к ним в случае необходимости. Из этого следует, что основным фактором обращения в суд является практическая потребность. Более удивительным является общее положительное впечатление граждан от взаимодействия с судами. В большинстве случаев они уходят с чувством, что судья внимательно отнёсся к их претензиям и справедливо разрешил их спор.

Наш анализ основан на сочетании количественных и качественных данных. Мы делимся соображениями, полученными в результате многолетних наблюдений за работой российских судов. Мы придаём равное значение опросам, проведённым как социологическими агентствами, так и научными учреждениями. Российское лонгитюдное мониторинговое исследование (РЛМИ) предоставляет данные о том, кто и почему обращается в суды[1]. Это всероссийское панельное исследование населения на основе домохозяйств, в котором используется стратифицированная кластерная выборка. С 1992 года оно проводится на регулярной основе в рамках сотрудничества между Институтом социологии Российской академии наук (через ЗАО «Демоскоп») и Центром народонаселения Каролины при Университете Северной Каролины. В него включены стандартные вопросы, предназначенные для выявления уровня жизни и здоровья россиян. Время от времени в РЛМИ включаются модули вопросов по другим темам. В 2006, 2012 и 2018 годах туда был включён набор вопросов, касающихся использования респондентами судов. Число респондентов составило 14 689, 22 534 и 18 234 соответственно. РЛМИ не исследует относительную удовлетворённость граждан работой судов. Для этого мы обратимся к всероссийскому репрезентативному опросу 2308 граждан, проведённому Левада-Центром в 2010 году. Этот опрос, который мы называем опросом Левада-

---

[1] Более подробную информацию об исследовании см. на сайте https://rlms-hse.cpc.unc.edu (дата обращения: 31.08.2022).

Таблица 5.1. Результаты опроса РЛМИ в 2006, 2012 и 2018 годах о том, обращался ли респондент в суд в течение последних пяти лет

	2006	2012	2018
Да	12,6	11,1	10,2
Нет	87,4	88,9	89,8

Примечание: Результаты представлены в процентах от полной выборки.
Источник: РЛМИ.

Центра, имел более узкое направление: изучение отношения респондентов к судам и их опыта работы с ними[2]. Эти данные дают представление о том, как обращаются с обычными россиянами, когда они идут со своими требованиями в суды.

1. Кто обращается в суды?

Таблица 5.1 подтверждает, что обращение в суд не является нормой для россиян. В рамках РЛМИ респондентов спрашивали о взаимодействии с судами в течение пяти лет, предшествовавших опросу. В таблице приведён обзор практики обращения в суды за период с 2001 по 2018 год, а также данные о том, что только 10–12 % россиян обращались в суды. Неудивительно, что их опыт был сосредоточен в сфере гражданского судопроизводства. В 2018 году более 70 % обращений приходилось на гражданские иски, а остальная часть была практически поровну разделена между уголовными и административными делами.

Демографические характеристики тех, кто обращался в суды в период с 2013 по 2018 год, изложены в таблице 5.2. Это чаще всего были работающие городские жители, способные обеспечить себя и свои семьи. Люди с высшим образованием также с большей вероятностью обращались в суды. Интересно, что гендер не стал

---

[2] Более подробную информацию об исследовании Левада-Центра см. в [Hendley 2016].

Таблица 5.2. Результаты опроса РЛМИ 2018 года
о демографических характеристиках респондентов, имевших
опыт обращения в суды

	Личный контакт с судами	Отсутствие личного контакта с судами	Полная выборка	Значение хи-ква-драта
Полная выборка	10,2	89,8	100	—
Пол				
Мужчины	10	90	—	—
Женщины	10,3	89,7	—	0,5
Образование				
Без высшего образования	9,3	90,7	—	—
С высшим образование	12,5	87,5	—	0
Семейное положение				
Разведён в какой-то момент	22	78	—	—
Никогда не был(а) разведён(а) (женат/замужем или не состоял(а) в браке)	9	91	—	0
Доход				
Бедный: не хватает средств на мясо или рыбу через день	8,2	91,8	—	—
Не бедный	10,4	89,6	—	0
Занятость				
В настоящее время работает (или в оплачиваемом отпуске)	7,8	92,2	—	—
Безработный	12,3	87,7	—	0
Местоположение				
Город	11,5	88,5	—	—
Село	7,2	92,8	—	0

Этническая принад- лежность				
Русский	10,5	89,5	—	—
Не русский	7,6	92,4	—	0
Возраст				
Родился до 1940 года	4,8	95,2	—	—
Родился в 1941– 1950 годах	8,7	91,3	—	—
Родился в 1951– 1969 годах	11,3	88,7	—	—
Родился в 1970– 1976 годах	14,3	85,7	—	—
Родился в 1977– 1988 годах	13,2	86,8	—	—
Родился после 1989 года	5	95	—	0

Примечание: Результаты представлены в процентах от полной выборки.
Источник: РЛМИ.

значимым фактором в 2018 году, хотя в предыдущих итерациях мужчины были более склонны доводить споры до суда, чем женщины [Hendley 2012a].

Возраст имеет значение. Результаты свидетельствуют о криволинейной закономерности, в соответствии с которой самая молодая и самая старшая когорта с меньшей вероятностью обратятся в суд, чем представители возрастных когорт между ними.

2. Основные стимулы и препятствия для обращения в суд

Россияне редко выбирают обращение в суд в качестве первого способа решения проблем. Как и в других странах, судебные разбирательства обычно рассматриваются как крайняя мера [Hendley 2018c]. Некоторых отпугивают затраты времени и средств, даже если они кажутся минимальными в сравнительной перспективе. Другие могут быть в лучшем положении, чтобы покрыть эти расходы. Ещё более значимым фактором является насущная потребность. Значительное количество проблем в России можно решить только через судебные решения. Насколько отношение россиян к правовой системе влияет на решение судиться, остаётся под вопросом.

2.1. Время

Бесконечные задержки являются легендой во многих правовых системах и находят отражение в художественной литературе (начиная с Диккенса). Перспектива волокиты может сдерживать желание потенциальных тяжущихся участвовать в этом процессе. В России, как мы подробнее обсудим в части III книги, процессуальные кодексы устанавливают чёткие ограничения количества времени, отводимого на разрешение дел. В неуголовных делах эти сроки, которые обычно составляют несколько месяцев, воспринимаются серьёзно. Судьи, превышающие допустимое время, подвергаются критике и вряд ли получат продвижение по службе. Снаружи кажется, что россияне могут получать решения достаточно быстро. Это помогает объяснить, почему так много дел, результат которых не вызывает сомнений, доводятся до суда. Среди них простые дела о невыплаченных долгах, рассматриваемые как в судах общей юрисдикции, так и в арбитражных судах. Как мы объясняем в главах 7, 9 и 10, в этих делах редко проводятся слушания по существу, а вместо этого решения принимаются на основании состязательных бумаг с использованием специально разработанных для этого процессуальных инструментов. По сути, российские суды действуют как коллекторское агентство. В Соединённых Штатах, напротив, такие дела иногда подаются в суд, но чаще всего заканчиваются мировым соглашением, так как ни одна из сторон не может позволить себе ждать своей очереди [Galanter 2004; Kenworthy et al. 1996].

Россияне с меньшим оптимизмом, чем иностранцы, оценивают скорость работы своих судов. Восприятие времени, конечно, относительно, и то, что может казаться приемлемым стороннему наблюдателю, может показаться бесконечным тому, кто жаждет разрешения своего спора. В опросе РЛМИ 2018 года респондентов просили оценить степень, в которой время, необходимое для вынесения решения, сдерживает их готовность обращаться в суд по пятибалльной шкале. Средний балл составил 2,99, что говорит о том, что это вызывает у них беспокойство. Более показательно, что средний балл был выше у тех, кто недавно пользовался услугами судов (3,07), чем у тех, кто этого не делал (2,98). Эта разница была статистически значимой (t-значение = 0). Качественные исследования подтверждают это наблюдение. Участник фокус-группы в Москве в 2014 году, организованной Хендли, прокомментировал иск по трудовому спору, поданный против него: «Я не потратил ни копейки на эту идиотскую жалобу, которую она проиграла. Но я потерял всё лето. Каждую неделю мы ходили разбираться с этим бредом. Я сидел там в суде, ожидая три или четыре часа» [Hendley 2018c: 59]. Таким образом, несмотря на то что российские суды кажутся быстрыми, если сравнивать их с зарубежными, сами россияне считают, что они занимают слишком много времени.

2.2. Деньги

Стоимость судебных разбирательств во многих странах отбивает у людей охоту обращаться в суды. Опять же, восприятие меняется в зависимости от точки зрения. В России плата за подачу иска заметно ниже[3]. Более того, по многим искам, подаваемым обычными россиянами, например по жалобам потребителей, такие пошлины не взимаются. По гражданским делам о возмещении ущерба они рассчитываются в процентах от запрашиваемой суммы и выплачиваются с самого начала. Если истец выигрывает дело, проигравшая сторона возмещает его расходы. Тем не менее суды проявляли определённую гибкость. Когда в 1990-х годах промышленные предприятия с трудом выплачивали данные суммы, арбитражные суды перешли на систему, при которой эти

---

[3] С сентября 2024 года пошлины выросли в разы. — *Примеч. ред.*

сборы выплачивались по завершении рассмотрения дела[4]. Если бы арбитражные судьи не пошли на такую уступку, многие заявители не смогли бы подать свои иски. Как только экономика выправилась, арбитражные суды вернулись к стандартной практике.

В исследовании РЛМИ за 2018 год также задавался вопрос о стоимости подачи иска в качестве возможного ограничения на обращение в суд. Респонденты были чуть менее обеспокоены этим вопросом по сравнению с задержками. Средний балл по всей выборке составил 2,94. Однако в данном случае средний балл для ветеранов судебных разбирательств (2,79) по сравнению с этим показателем для тех, кто не обращался в суды (2,94), показывает, что ветеранов данная проблема волновала меньше (t-значение = 0).

Вместо этого респондентов больше беспокоила стоимость юридической помощи. Опасения по поводу высокой стоимости услуг юристов характерны не только для России. В отличие от некоторых других стран, где сложность процессуальных норм, регулирующих неуголовные дела, делает немыслимым ведение дела без юриста, российские правила просты в использовании, а судьи и их сотрудники часто готовы помочь непосвящённым. Как результат, юристы в России не столь необходимы. В фокус-группах, организованных Хендли, участники открыто признавали свой низкий уровень правовой грамотности, что делало помощь юридических специалистов особенно ценной. Тем не менее большинство участников были озадачены тем, как оценить компетентность юристов. Всё это отражено в результатах РЛМИ 2018 года. Среди различных возможных ограничений для обращения в суд обеспокоенность по поводу стоимости юридических услуг оказалась наиболее серьёзной. Средний балл по всей выборке составил 3,22. Сравнение респондентов с опытом судебных разбирательств (3,27) и без него (3,22) подтверждает, что эти опасения больше всего мучили опытных пользователей (t-значение = 0,0024).

---

[4] Аналогичные послабления суды общей юрисдикции давали и при рассмотрении гражданских дел.

2.3. Потребность

Логично предположить, что в России, как и везде, использование судов может быть обусловлено необходимостью — мало кого радует перспектива обращения в суд. Как правило, это дорого, требует времени и изматывает эмоционально. Когда это возможно, проблемы стараются решать без обращения в суд. Иногда перспектива судебного разбирательства может подтолкнуть к взаимовыгодным соглашениям. Однако иногда возникают обстоятельства, которые делают обращение в суд неизбежным.

Проверка гипотезы о том, что необходимость является движущей силой для использования судов, осложняется тем, что не все проблемы, которые могут быть решены через судебное разбирательство, доходят до суда. Действительно, ни одна судебная система не смогла бы справиться с тем потоком дел, который обрушился бы на них, если бы частные лица и фирмы передавали все свои проблемы судьям. Существует система фильтрации, которая с помощью формальных и неформальных стимулов препятствует рассмотрению одних дел и направляет другие на альтернативные пути разрешения споров [Felstiner et al. 1980–1981]. Социальные учёные самых разных направлений посвятили значительные усилия объяснению причин, по которым те, у кого есть насущные претензии, обращаются в суд, разрешают проблемы вне суда (с помощью правовых или неправовых методов) или решают не добиваться удовлетворения своих требований [Ellickson 1991; Genn, Beinart 1999; Tyler 1990]. Предыдущие работы Хендли демонстрируют актуальность этого подхода для России [Hendley 2001, 2010b, 2017a]. Для наших целей здесь важно то, что, хотя в суд редко попадают дела, не имеющие серьёзных оснований, многие лица с обоснованными претензиями никогда не обращаются в суд.

Фонд Общественное Мнение (ФОМ) провёл общероссийские опросы населения в 2004 и 2008 годах, в которых россиянам задавали вопрос, готовы ли они пойти в суд, если столкнутся с «конфликтной ситуацией». В подобных обстоятельствах необходимость обращения в суд представляется вполне обоснованной.

Процент опрошенных, готовых подать иск в суд, снизился с 39 % до 34 % за этот период, но также снизилось и число тех, кто считал, что обращение в суд не является жизнеспособной альтернативой. В 2004 году такую позицию занимали 44 %, а четыре года спустя — 39 %. Это говорит о том, что процент опрошенных, которые считали этот вопрос слишком сложным для ответа, значительно увеличился — с 17 % до 27 % [ФОМ 2008].

Причины, по которым люди могут нуждаться в обращении в суд, практически бесконечны. Вопросы, включённые в анкеты РЛМИ на постоянной основе, позволяют нам исследовать два фактора: семейные неурядицы и/или экономические трудности. Те, кто их переживает, чаще обращаются в суд.

Большинство пар, разводящихся в России, вынуждены проходить через суды, что делает эту сферу естественным объектом для исследования[5]. Таблица 5.2 подтверждает, что люди, пережившие развод, значительно чаще бывали в суде. В то время как лишь около 10 % всех опрошенных РЛМИ в 2018 году обращались в суд, этот показатель подскочил до 22 % среди тех, кто был разведён.

Люди и семьи, испытывающие экономические трудности, могут чаще попадать в суд по сравнению с теми, у кого нет таких проблем. В частности, они могут быть не в состоянии регулярно оплачивать свои счета, будь то налоги, арендная плата, коммунальные услуги или рассрочка платежа за потребительские товары. Заслуживают внимания два основных демографических показателя из таблицы 5.2: безработица и (или) низкая оплата труда, которые являются признаком тяжёлых времён. Безработные чаще бывают в суде, чем те, у кого есть стабильная работа. Хотя эти данные нельзя проанализировать, чтобы определить их роль, возможно, что отсутствие стабильного дохода делает таких людей уязвимыми перед судебными исками. С другой стороны, бедность, определяемая как неспособность питаться мясом или рыбой через день, не связана со склонностью к судебным тяжбам.

---

[5] Единственное исключение составляют пары, у которых нет детей и разногласий по поводу раздела имущества. Они могут расторгнуть свой брак в тех же ЗАГСах, где они заключили брак.

Ещё одним подтверждением относительной малозначимости экономического статуса являются результаты опроса, в котором респондентам предлагалось оценить своё материальное положение. Их попросили оценить себя по девятибалльной шкале, где нижний конец означал бедность, а верхний — богатство. Средний показатель для всей выборки составил 4 балла и не зависел от того, обращались ли респонденты в суд.

Фактор потребности также может помочь объяснить неравномерность результатов по возрасту. Разные этапы жизни порождают различные проблемы. Таблица 5.2 показывает, что люди, родившиеся между 1951 и 1988 годами, чаще всего имели опыт обращения в суд. Эта группа, возраст которой в 2021 году будет варьироваться от 33 до 70 лет[6], всё ещё находится в разгаре своей трудовой деятельности и имеет сложную личную жизнь, что может приводить к широкому спектру возможных споров. Пенсионеры и молодёжь реже обращаются в суд, однако причины этого не сразу очевидны из данных — возможно, у них меньше жизненных перипетий.

2.4. Возможность

Как и потребность, возможность часто является необходимым условием для обращения в суд, но её наличие не всегда приводит к этому. Под возможностью понимается любой вид существующих знаний о государственных учреждениях или опыт работы с ними, которые могли бы обеспечить заявителю более высокий уровень комфорта в работе с судами или доступа к ним. Она может, но не обязательно должна, заключаться в самом человеке. Из этого следует, что те, у кого есть высшее образование, с большей вероятностью обращались в суды. Их образование, вероятно, облегчает понимание тяжеловесного канцелярита нормативных актов. Это преимущество, конечно, может быть нивелировано консультациями с юристами [Felstiner et al. 1980–1981;

---

6   В 2021 году женщины и мужчины могут выйти на пенсию в 56,5 и 61,5 года соответственно. Многие вынуждены продолжать работать.

Galanter 1974]. Такие профессионалы могут провести непосвящённого через лабиринт процессуальных норм. Хотя судебные процессы идеализируют как поиск истины, умение обращаться с процессуальными правилами позволяет сторонам представить свои доказательства максимально выгодным образом. Россияне, которые консультировались с юристом, с большей вероятностью попадали в суд. В ходе опроса РЛМИ 2006 года респондентов спросили, консультировались ли они с юристом за последние два года[7]. Около 14 % ответили утвердительно. Среди этой группы более 45 % обращались в суд, по сравнению с 13 % в общей выборке. Это говорит как о потребности, так и о возможности. Хотя общение с представителями юридической профессии, несомненно, улучшило понимание респондентами процесса, они могли быть вынуждены обратиться к адвокату из-за крайней необходимости.

Близость к судам также может увеличить возможность обращения. Как мы объясняем в главе 7, расположение судов общей юрисдикции определяется численностью населения. Хотя они разбросаны по всей России, респондентам, живущим в более густонаселённых районах, было бы легче получить доступ к судам. Таблица 5.2 показывает, что городские жители немного чаще обращались в суд, чем жители сельской местности. Более детальный анализ РЛМИ за 2018 год показывает, что наибольшая разница наблюдается между жителями областных центров, где более 12 % обращались в суды, и сельскими жителями, менее 7 % из которых делали это. Последним приходится преодолевать большие расстояния, чтобы добраться до суда, что уменьшает доступность и увеличивает время, необходимое для подачи иска.

2.5. Отношение к закону и судам

Хотя уровень полного доверия к судам среди россиян немного повысился, увеличившись с 13 % в 2001 году до 28 % в 2021 году, более 2/3 россиян всё ещё не полностью доверяют своим судам

---

[7]   Этот вопрос не был включён в опросы, проведённые в 2012 и 2018 годах.

[Левада-Центр 2007, 2008, 2021]. Респондентов спрашивали об их доверии к судам в ходе опроса РЛМИ в 2006, 2012 и 2018 годах. Сравнивать результаты этих опросов проблематично, так как использовались разные шкалы; респондентам РЛМИ предлагалась пятибалльная шкала, тогда как участникам опроса общественного мнения — только трёхбалльная шкала. В результате тот факт, что в ходе всех опросов менее 5 % респондентов РЛМИ в 2018 году заявили, что полностью доверяют судам, не вызывает особого удивления. Более интересной для наших целей является связь между доверием и использованием судов. Когда мы сравниваем средние баллы за доверие между теми, кто имеет опыт взаимодействия с судами, и теми, у кого его нет, мы обнаруживаем, что доверие неизменно выше у второй группы[8]. Эти результаты статистически значимы для всех трёх раундов опроса РЛМИ 2006, 2012 и 2018 годов.

Помимо оценки доверия к судам, в опросе РЛМИ респондентов просили оценить их доверие к другим российским государственным учреждениям, включая Правительство Российской Федерации, Думу, армию и полицию. Сравнение людей с судебным опытом и без него выявило в трёх раундах одну и ту же тенденцию: первые относятся к государственным институтам с большим уважением, чем вторые[9]. Учитывая тесную связь этих институтов с Путиным, можно предположить, что люди, прошедшие через судебные процессы, менее лояльны к Путину, чем те, кто не имел дела с судами.

Мы сопоставили взгляды респондентов на существующие государственные институты с их поддержкой фундаментальных демократических ценностей, включая свободные и справедливые

---

[8] Например, анализ РЛМИ 2018 года показывает, что по пятибалльной шкале, где более высокие баллы указывают на большее доверие к судам, среднее значение для тех, кто не прибегал к помощи судов, составило 2,88, а для имеющих судебный опыт — 2,63 (t = 0). Среднее значение для всей выборки составило 2,85.

[9] Ответы по этой переменной варьировались от 0 до 20 баллов, причём более высокие баллы означали большее доверие к соответствующим государственным институтам. Результаты были одинаковыми во всех трёх раундах. Например, в 2018 году средний балл для тех, кто контактировал с судами, составил 11, а для остальных — 12,2 (t = 0).

выборы, свободу слова, свободу прессы, терпимость к политической оппозиции и защиту прав меньшинств. Логика подсказывает, что россияне, поддерживающие прогрессивные идеалы, которые лежат в основе демократии, охотнее обращаются в суды со своими проблемами. Эта гипотеза подтверждается результатами опроса РЛМИ за 2006 год. Уровень уважения этих идеалов оказался выше среди тех, кто пользовался судами, чем среди тех, кто этого не делал, и различие было статистически значимым. Этот эффект исчез в раундах РЛМИ 2012 и 2018 годов, где показатели для двух групп были неотличимы друг от друга[10].

Связь между отношением к закону и склонностью обращаться в суды вызывает удивление. Можно было бы ожидать, что те, кто придерживается нигилистического взгляда на закон, считая допустимым обходить его, когда он оказывается неудобным, будут реже обращаться в суды. Ожидалось бы, что нигилисты прибегнут к самопомощи, где закон можно обойти, а не в судах, где закон является главным козырем. Однако анализ данных РЛМИ за 2006, 2012 и 2018 годы показывает обратное[11]. Те, кто имел дело с судами, чаще идентифицируют себя как нигилистов по сравнению с теми, у кого нет подобного опыта. Различия между этими двумя группами были статистически значимы во всех трёх раундах опроса. Циники могут утверждать, что эти пользователи-нигилисты обращаются в суды, потому что считают, что суды готовы игнорировать закон, возможно, в результате взятки. Такое объяснение, безусловно, соответствует медийным нарративам о российских судах. Однако, как мы указываем в разделе 3, это противоречит твёрдой вере большинства пользователей в бес-

---

[10] Ответы по этой переменной варьировались от 0 до 20 баллов, причём более высокие баллы означали бóльшую веру в демократические идеалы. В 2006 году средний балл для пользователей судов составил 16, в то время как для не-пользователей — 15,6 (t = 0,0001). В 2012 году средний балл для пользователей (16,3) был выше, чем для не-пользователей (16,2), но разница не была статистически значимой (t = 0,26). В 2018 году средний балл для пользователей (16,1) был меньше, чем для не-пользователей (16,2), но разница вновь не была значимой (t = 0,15).

[11] Подробнее об уровне правового нигилизма в России см. [Hendley 2012b, 2017a].

пристрастность судебного процесса, в котором они участвовали. В целом это подтверждает, что мы не можем считать, что уважение к закону и/или судам является обязательным условием для обращения в суд.

3. Как россияне оценивают свой судебный опыт?

Преимущественно негативное изображение российских судов в СМИ (как в отечественных, так и в международных) может привести к предположению, что россияне, которые обращаются в суд, в целом недовольны своим опытом, однако данные социологического опроса говорят совершенно о другом[12].

В ходе РЛМИ 2018 года тех, кто участвовал в судебных процессах в течение последних пяти лет, спросили, было ли разбирательство беспристрастным или предвзятым. Две трети заявили, что процесс был беспристрастным, 24 % указали на предвзятость, а оставшиеся 10 % сочли, что им слишком сложно ответить. Неудивительно, что вера ветеранов судов в беспристрастность процесса была самой высокой, когда они участвовали в гражданских делах (71 %), и самый низкой, когда речь шла об уголовных делах (48 %), а административные дела находились между ними (64 %). В гражданских и административных делах уровень доверия к беспристрастности процесса был практически одинаковым как у истцов, так и у ответчиков. Напротив, в уголовных делах обвиняемые чаще считали, что процесс был предвзятым: 43 % придерживались этого мнения по сравнению с 35 %, которые полагали, что процесс был беспристрастным. Это вполне логично, если вспомнить, что в России большинство подсудимых получают обвинительный приговор. Для потерпевших результаты оказались обратными — 54 % сочли процесс беспристрастным, а 32 % — предвзятым.

У РЛМИ не было дополнительных вопросов, что затрудняет определение уровня удовлетворённости различными аспектами судебного процесса. Для этого мы обратимся к данным опроса

---

[12] Этот анализ обновляет аргументацию, изложенную в [Hendley 2016].

Левада-Центра. Напомним, что организаторы этого опроса взяли расширенную выборку из числа участников судебных процессов и задали ряд вопросов об их опыте. Респондентов Левада-Центра спросили, считают ли они решение по своему делу справедливым. Этот вопрос немного отличается от того, который был задан в РЛМИ, но касается той же темы. Результаты сходятся. Почти 71 % опрошенных Левада-Центром считают, что решение по их делу было справедливым, в то время как 25 % считают решение несправедливым, и только 2 % отказались дать ответ по существу. При анализе типа дела картина была такой же, как и в случае с РЛМИ, хотя различия были не столь резкими. Ветераны гражданских дел были наиболее склонны считать свой исход справедливым (73 %), ветераны уголовных дел были наименее склонны к этому (60 %), а те, кто участвовал в административных делах, заняли промежуточное положение (68 %).

3.1. Гипотеза распределительной справедливости

Общеизвестный трюизм гласит, что ни одна из сторон судебного разбирательства не остаётся по-настоящему удовлетворённой. Редко когда предполагаемый победитель получает всё, что хотел с самого начала. Но, по-видимому, из этого следует, что те, кто получает больше того, что они хотели, с большей вероятностью будут считать результат справедливым, учитывая, что люди склонны воспринимать всё, к чему они стремились, как справедливое.

Опрос Левада-Центра, в котором респондентов спрашивали об исходе их дел, в значительной степени подтверждает эту гипотезу. Предсказуемо, что те, кто выиграл, были склонны смотреть на свои дела сквозь розовые очки. Практически все они (95,6 %) увидели решение справедливым. Среди тех, кто проиграл, справедливым сочли решение чуть более 1/4, тогда как почти 3/4 описали его как несправедливое[13]. Из этого следует, что

---

[13] Высокая корреляция между переменными, измеряющими результат и справедливость, слишком высока (0,6763), что делает невозможным включение справедливости в любую статистическую модель, в которой результат является зависимой переменной.

оценка респондентами своих решений зависит от их роли в деле. Те, кому выпало несчастье быть обвиняемыми в уголовных делах, оказались наименее склонны воспринимать решения по ним как справедливые (58 %) и наиболее склонны считать их несправедливыми (40 %). Истцы в гражданских и административных делах оказались самыми оптимистичными. Почти 80 % полагали, что решения в их делах были справедливыми. Совсем по-другому обстояли дела у меньшинства (16 %) истцов, которые не добились успеха. Почти 90 % из них считали, что решение было несправедливым, что ещё раз подтверждает силу гипотезы о распределительной справедливости.

3.2. Гипотеза процедурной справедливости

В литературе по сравнительному поведению судебной власти подчёркивается важность отношения судов к сторонам судебного процесса как фактора, определяющего их отношение к решению по их делу и к судам в целом [Benesh, Howell 2001; Dougherty et al. 2006; Kritzer, Voelker 1998; Rottman et al. 2003; Tyler 1990]. Среди факторов, которые подпадают под эту категорию процедурной справедливости: простота возбуждения дела, беспристрастность и вежливость судей.

Опрос Левада-Центра позволяет нам выяснить, больше ли склонны те лица, которые чувствовали, что с ними хорошо обращались в суде, положительно оценивать его исход. В ходе опроса респондентам, побывавшим в суде, задавали вопрос о том, считают ли они, что сотрудники суда сделали всё необходимое в их деле. Этот общий вопрос задаёт тон: 38 % ответили однозначно «да». Ещё 29 % согласились условно, отметив, что суд сделал бо́льшую часть того, что было необходимо, а 17 % выразили меньший энтузиазм, заявив, что суд сделал очень мало. Менее 13 % заявили, что суд вообще ничего не сделал, и лишь горстка респондентов (2 %) отказались отвечать. Те, кто считал, что сотрудники суда выполнили свои обязанности, были значительно более склонны считать решения по своим делам справедливыми.

Далее в исследовании Левада-Центра была предложена серия из десяти вопросов, направленных на выяснение удовлетворённости участников дела работой судей и сотрудников судов по различным аспектам процесса. Респондентов просили указать степень удовлетворённости по четырёхбалльной шкале от «полностью неудовлетворён» до «полностью удовлетворён». Более высокие баллы означали большую удовлетворённость. Средние значения для каждой из этих переменных колеблются в пределах 3 баллов (см. таблицу 5.3), что свидетельствует о чувстве удовлетворённости, которое опровергает общепринятую точку зрения. Несколько пояснений о каждой переменной представляют для нас полезную информацию о том, как рассматриваются дела в России.

Первые два вопроса касались досудебных этапов. Участников спрашивали об их удовлетворённости процедурой подготовки и подачи жалобы. Правила изложены в процессуальных кодексах. Несмотря на то что сайты, предлагающие советы и образцы документов, получили широкое распространение, а сотрудники суда готовы отвечать на вопросы, для заявителей без юридической подготовки и представителей эти требования могут показаться запутанными. Тем не менее у опрошенных было мало жалоб на данный ранний этап процесса. Средние значения по этим двум переменным были одними из самых высоких среди показателей процедурной справедливости.

Ещё пять вопросов касались различных аспектов слушаний. Два из них были сосредоточены на беспристрастности. Сначала респондентов спросили, были ли обеим сторонам даны равные возможности для представления своих аргументов. Затем последовал связанный с этим вопрос об их уровне удовлетворённости объективностью судьи. Этот последний вопрос был сформулирован в терминах «обеспечения состязательности», что является странным выбором со стороны составителей опроса, учитывая зарождающийся и неуверенный характер состязательности в России. Конституция России 1993 года закрепила принцип состязательности в статье 123, используя это несколько архаичное слово, которое не является частью повседневного словаря обычных россиян. Впоследствии данный термин был включён в про-

Таблица 5.3. Результаты опроса Левада-Центра 2010 года
о средних оценках, измеряющих удовлетворённость
пользователей судов различными элементами процедурной
справедливости

Оцениваемый элемент	Средняя оценка удовлетворённости
Процедура подготовки иска	3.05
Процедура подачи иска	3.06
Обеспечение равных возможностей для сторон представить аргументы, дать показания и подать ходатайства	2.87
Обеспечение объективности и беспристрастности судьи (состязательность)	2.79
Возможность ознакомиться с материалами дела	2.94
Точность протоколов	2.97
Содержание решения (основанного на законе)	2.83
Сроки получения решения	3.06
Сроки проведения заседаний и вынесения решения (избежание задержек)	2.83
Исполнение решения	2.82

Примечание: Шкала от 1 до 4 баллов, где более высокие значения отражают бо́льшую степень удовлетворённости.
Источник: Опрос Левада-Центра.

цессуальные кодексы. Однако наблюдения Хендли за сотнями дел за последние два десятилетия заставляют её скептически относиться к его реальной значимости [Hendley 2007]. Возвращаясь к своим континентально-правовым корням, большинство российских судей тщательно контролирует ход процесса. Вопреки формальному возложению бремени доказывания на стороны, судьи часто сами указывают, какие доказательства должны представить участники дела, и проводят основную часть допросов на слушаниях. Этот вопрос об объективности судей получил самую низкую среднюю оценку среди всех показателей процедурной справедливости.

Российские суды не ведут дословные стенограммы судебных заседаний на регулярной основе. Вместо этого секретарь суда готовит краткое изложение, известное как протокол. Качество этих протоколов сильно различается. Зарплата судебных секретарей плачевно мала. Многие из них имеют лишь среднее образование, и, хотя некоторые рассматривают свою работу как ступень к судейской должности и стремятся произвести хорошее впечатление, другие не слишком гордятся своей работой. Касательно материалов дела и протоколов стороны судебного процесса имеют право запросить дополнительную информацию. Они имеют право ознакомиться с материалами дела в суде, хотя иногда на их пути возникают препятствия практического характера. Время, в течение которого эти материалы доступны, может быть заведомо неудобным, или помещения для ознакомления с ними могут быть негостеприимными. Когда такое случается, цель сотрудников суда редко состоит в том, чтобы перекрыть доступ, скорее, они хотят свести к минимуму неудобства, причиняемые им такими требованиями. Что касается протоколов, то стороны судебного процесса имеют право знакомиться с ними и, в случае обнаружения неточностей, требовать их исправления. Вопрос о том, предоставлялась ли респондентам возможность ознакомиться с материалами дела и о точности протоколов, был включён в опрос Левада-Центра. Ни один из этих вопросов не вызвал особых проблем.

Также респондентов спросили о проволочках, что уже обсуждалось в контексте опроса РЛМИ. Помня о прописной истине, что задержка в правосудии — это отказ в правосудии, соблюдение сроков является традиционным элементом процессуальной справедливости. Как мы уже отмечали, российские судьи имеют меньшую свободу действий в этом вопросе, чем их американские коллеги. Результаты опроса Левада отличаются от результатов опроса РЛМИ, возможно потому, что респондентов Левада спрашивали об их собственном деле: 69 % были удовлетворены тем, что их дело было рассмотрено своевременно.

Последние три показателя процедурной справедливости фокусировались на самом решении. Респондентов спрашивали о задержках с получением копии решения. Что ещё более важно, их спрашивали о сути решения, а именно о том, считают ли они его обоснованным, то есть что судья руководствовался законом при составлении решения. Наконец, их попросили оценить, насколько они удовлетворены исполнением решения. Исполнение решений является извечной больной темой для российских судов, по крайней мере по сообщениям СМИ [Hendley 2004]. Однако респонденты Левада-Центра оказались оптимистичнее: более 2/3 остались довольны исполнением их решения.

Мы дополнительно проверили эту гипотезу с помощью регрессионного анализа, который подтвердил критическую роль процедурной справедливости в формировании мнения пользователей о решении по их делу. Чтобы чётче подчеркнуть важность таких факторов, была создана фиктивная переменная, выделяющая респондентов, наиболее довольных своим обращением с судами, а именно, верхние 20 % шкалы, составленной на основе десяти вопросов. Вероятность того, что они сочтут своё решение абсолютно несправедливым, для этой группы была более чем на 90 % ниже, чем у тех, кто был менее удовлетворён обращением с ними судов. Это подтверждает более широкую гипотезу, выдвинутую в литературе, согласно которой уверенность (основанная на реальном опыте) в том, что тебя выслушают и справедливо отнесутся, порождает положительные впечатления о конкретном судебном опыте.

Странным образом такие положительные мнения о личном опыте не перешли в большее доверие к российским судам. Напротив, если сравнить людей с судебным опытом с теми, кто не обращался в суд, окажется, что последние относятся к судам с большим уважением. Полное обсуждение причин этого выходит за рамки данной главы, но возможно, что, поразмыслив, тяжущиеся остаются довольными своим конкретным делом, но разочарованными в системе правосудия в целом. Наблюдение за любой институцией с близкого расстояния может оказаться дезориентирующим для непосвящённых. Сравнительные исследования выявляют схожие закономерности в других странах, например в Китае и Латинской Америке [Gallagher, Wang 2011; Salzman, Ramsey 2013], но не везде, как, например, в Соединённых Штатах [Kritzer, Voelker 1998].

4. Заключение

Тщательное изучение доступных данных по использованию судов в России рисует картину, которая расходится с обычными представлениями. Хотя в обоих случаях подчёркивается, что большинство россиян не судились, это не делает россиян уникальными. Как неоднократно демонстрировала социально-правовая наука, очень немногие споры, не связанные с уголовным преследованием, заканчиваются судом. Мы не можем знать, какой процент потенциальных споров доходит до суда[14]. Расходы, время и эмоциональные затраты на судебное разбирательство отвращают от этого большинство людей. Хотя эти факторы менее значимы в российском контексте, они всё же играют неоспоримую роль в сдерживании тяжб. Сейчас россияне обычно обращаются в суд только тогда, когда неформальные потуги решить проблемы оказались тщетными. Если называть вещи своими именами, они идут в суд, если вынуждены это делать, — тяжбы «из принципа» встречаются редко.

Что не соответствует общепринятому мнению, так это результаты многочисленных исследований, где россиянам были предложены различные гипотетические споры и задан вопрос о том, как бы они их разрешили. Распространено представление, что немногие захотят затевать судебное разбирательство. Однако значительное число опрошенных включило его в своё меню [ФОМ 2008; Горбуз и др. 2010; Hendley 2017a]. Даже если признать, что многие не стали бы судиться в случае реального столкновения с этими гипотетическими обстоятельствами [Whiting, Ma 2021], показательно, что они не исключают обращение в суд априори.

---

[14] В исследовании российских промышленных предприятий, проведённом в 1997 году при участии Хендли, была предпринята попытка определить, как часто недовольные обращаются в суд. Оказалось, что из каждых 100 сделок 24 были связаны с тем или иным уровнем недовольства. Из них 16 были разрешены с помощью неофициальных жалоб, семь — с помощью угроз судебного разбирательства, и только один случай был действительно просужен [Hendley 2001: прим. 3].

Что также не соответствует общепринятому мнению, так это общая удовлетворённость людей своим судебным опытом, полученная в ходе опроса Левада-Центра. В ходе этого исследования им были заданы вопросы о более или менее каждом этапе судебного процесса. Результаты показывают, что судьи и их сотрудники в целом относились к этим участникам с уважением и, что более важно, судьи полагались на закон при вынесении своих решений. Тот факт, что те, кто выигрывал свои дела, были более позитивно настроены по отношению к своему опыту, не удивителен.

Таким образом, мы выступаем за новый взгляд на использование судов в России.

Глава 6

Случаи внешнего или неуместного влияния

В начале этой книги мы утверждали, что судебную систему России имеет смысл рассматривать через призму метафоры «двуликого государства», то есть признать, что, хотя некоторые споры, судебные преследования и их результаты имели политическое измерение, основная масса судебных дел не имела такового и разрешалась обычным образом (несмотря на предвзятость). Если пойти дальше, то данный портрет ставит вопрос о том, какие именно дела или категории дел попадают в «необычную» категорию и какие механизмы влияния при этом задействованы? Учёные, использующие метафору двуликого государства, иногда называют такие дела «политическими» или «политизированными», а в других случаях — «резонансными», но эти термины достаточно размыты и понимаются по-разному [Bækken 2019; Hendley 2017a]. Так, понятие «резонансные» или «громкие» дела может относиться как к судебным процессам, инициированным политическим руководством, и/или запущенным в ответ на политические вызовы, так и к любому уголовному делу, где обвиняемый является видной фигурой, например губернатором, сенатором, олигархом и т. д. [Козлова 2020]. В определённой степени резонанс определяется средствами массовой информации и включает в себя сенсационные убийства, например дело трёх сестёр Хачатурян, которые убили своего жестокого отца [Сергеев С. 2020].

Какие бы категории ни предлагались, очевидно, что более или менее любое дело может включать попытки влияния, выходящие за юридические рамки процесса. В то же время многие дела, относящиеся к категориям, где подобное влияние наблюдается чаще всего, рассматриваются обычным образом. В уголовных делах нормальное рассмотрение означает вынесение обвинительных приговоров по крайней мере по некоторым обвинениям против некоторых из обвиняемых (см. главу 8). Также возможны случаи, где судьи осознают ожидания властей и действуют соответственно, несмотря на отсутствие видимых попыток влияния.

В целях обсуждения мы рассмотрим три основные категории дел, которые регулярно (хотя и далеко не всегда) демонстрируют внешнее влияние (или попытки его осуществления): преследование государственных чиновников и других заметных лиц (олигархов, лидеров оппозиции), инициированное руководством на различных уровнях власти; преследования соперников, критиков или оппозиционеров, связанные с регулированием политической деятельности (протестов или публичных заявлений); и дела, как уголовные, так и гражданские, возникающие в результате бизнес-конфликтов, включая атаки правоохранительных органов для захвата компаний. Эти категории не являются взаимоисключающими (одно дело может подходить более чем к одной из них), но полезно рассмотреть каждую отдельно.

Прежде чем мы сделаем это, обсудим некоторые общие характеристики процесса влияния на судебное преследование и исходы судебных разбирательств, касающиеся: 1) инициаторов, целей и механизмов влияния; 2) случаев попыток влияния, которые стали достоянием общественности, часто благодаря разоблачению; и 3) историй, иллюстрирующих неопределённый и случайный характер попыток влияния.

В конце мы дадим краткую оценку использованию денежных взяток в российских судах.

1. Общие характеристики

Для начала отметим, что в судебных делах с неподобающим вмешательством есть различные заказчики и агенты влияния, что отражает множественность потенциальных субъектов воздействия. Если в советские времена в дела вмешивались в основном разномастные чиновники Коммунистической партии [Solomon 1992], то постсоветский ландшафт гораздо многообразнее — он включает политических воротил любого уровня, бизнесменов и даже самих сотрудников правоохранительных органов, которые иногда действуют в связке с представителями других групп. По словам Тамары Морщаковой, бывшей судьи Конституционного суда РФ и одной из ведущих критиков российской юстиции, «сейчас любой чиновник может заказать судье решение» [Морщакова 2016]. Безусловно, широкий спектр потенциальных влиятельных лиц подразумевает различия в успешности их усилий, а также в ресурсах, которыми они располагают (административных и финансовых).

Во-вторых, мишенями заказчиков и «решал» в уголовных делах часто являются следователи и другие сотрудники правоохранительных органов, а не судьи. Следователи всех ведомств (МВД, СК и ФСБ) возбуждают уголовные дела по прямым указаниям (так называемые «заказные уголовные преследования» или «заказные дела») и на основании намёков или ситуативных требований. Они могут «шить дело» на основе старых и новых доказательств, вне зависимости от их достоверности, лицу любого уровня известности [Варывдин 2020]. Обвинительные заключения по этим делам, как правило, без помех утверждаются прокурорами для передачи в суд и рассматриваются судьями, которые не ставят под сомнение доказательства и неизменно выносят ожидаемые обвинительные приговоры (хотя не всегда запрашиваемые сроки наказания). Конечно, попытки повлиять на судей при рассмотрении уголовных дел тоже имеют место, но обычно в них нет необходимости, поскольку судьи и так редко выносят оправдательные приговоры (это явление будет рассмотрено в главе 8) и потому, что опытные судьи, которым обычно передают сложные или скандальные дела, понимают, к каким случаям следует подходить с осторожностью (не говоря уже об их начальнике — председателе суда или их «кураторе» в вышестоящем суде).

Как мы уже объясняли в главе 3, процесс отбора судей гарантирует, что большинство из них (особенно те, кто рассматривает уголовные дела) будут осторожными людьми, которые остаются в рамках норм, выполняя то, что от них ожидают, как в общем, так и в ответ на «советы» председателя их суда. Председатели судов являются влиятельными фигурами, от которых судьи их судов зависят в отношении разумной нагрузки дел, финансовых бонусов и повышения в квалификационном классе, не говоря уже о назначении на должности в вышестоящих судах и административные позиции. Судьи, которые не удовлетворяют ожидания своих председателей — оправдательными приговорами, делами, отменёнными в апелляции, и невыполнением просьб, — сталкиваются с угрозой (для некоторых это «дамоклов меч») увольнения со своих должностей, обычно под надуманным предлогом. Как отдельные судьи, так и их председатели ценят советы своих «кураторов», то есть судей вышестоящего суда, которые ответственны за рассмотрение решений по апелляциям и могут создать проблемы, отменяя или изменяя решения или приговоры. Фактически в большинстве судов (местная практика варьируется) судьи, сталкивающиеся с необычными или сложными делами, консультируются со своими председателями, а то и с курирующим судьёй. Согласно недавнему опросу, четверо из пяти судей сочли такое нормальным, если не полезным, поскольку это защищало их от негативных последствий. Хотя и не являясь законной или санкционированной (как, например, в Китае), эта практика, унаследованная из советского прошлого, кажется, вновь возродилась [Бочаров 2017; Бочаров и др. 2018; Соколов 2019].

Эта ситуация приводит к тому, что при попытках воздействовать на то, как судьи рассматривают конкретные дела, потенциальные влиятельные лица обычно обращаются к председателю суда, а не к судье, который председательствует в данном деле. Затем председатель суда беседует с судьёй. Более того, оба типа общения обычно устные, чтобы снизить вероятность последующего разоблачения того, что может представлять собой незаконное действие. В этом отношении советская традиция «телефонного права» продолжает жить [Ledeneva 2013: гл. 5].

Однако из этой схемы были исключения, когда влиятельные лица излагали свои просьбы на бумаге в виде писем, обнародование которых впоследствии приводило к скандалам. Так, в 2014 году губернатор Кемеровской области обратился с письмом к председателю арбитражного суда, попросив его лично вмешаться в дело о споре вокруг угольной шахты. А в другом случае, в 2011 году, председатель областного суда направил письмо председателю нижестоящего городского суда по делу пенсионного фонда с просьбой об определённом исходе дела, который, в свою очередь, обеспечил судья первой инстанции. Это привело к подаче жалобы в ЕСПЧ [Бочаров 2017]. В 2011 году председатель ВАС Иванов сообщил, что его суд и нижестоящие суды начали публиковать на своём сайте все письменные запросы, поступающие в суд, используя возможность публичного обнародования для предотвращения неподобающих запросов [Иванов 2011]. В 2015 году Верховный суд ввёл практику публикации всех «непроцессуальных обращений» по конкретным делам, и с 2016 года они доступны для просмотра. Однако они не включают попытки сторон повлиять на исход их дел. Наиболее распространёнными являются письма депутатов Государственной Думы, сообщающие о нарушениях в завершённых делах, которые суд, по их мнению, должен проверить [Куликов 2015].

Тем не менее, как признал сам Иванов, главной проблемой оставались устные коммуникации, которые было нелегко выявить. Они имели место как в уголовных, так и в гражданских делах и касались работы как судов общей юрисдикции, так и арбитражных судов. Можно представить, что вмешательство чаще происходило в гражданских делах, где не было аналога обвинительного уклона для обеспечения «правильного ответа». Вполне возможно, что в политически чувствительных гражданских делах, скажем связанных с клеветой или выборами (регистрацией кандидатов), определённые участники (такие, как избирательные комиссии) могли получить желаемое в большинстве случаев и без вмешательства [Popova 2012]. Судьи арбитражных судов, рассматривающие дела о корпоративном рейдерстве, в которых обе стороны, как правило, предъявляют документы, якобы подтверждающие их право на контроль над компанией, часто затрудняются определить, кто говорит правду. Если компания политически значима, то судьи могут быть благодарны за сигналы о «правильном ответе».

Теперь обратимся к случаям попыток влияния на судей, когда разоблачения (иногда самим судьёй) привели к скандалам в СМИ. Из более чем десятков известных нам случаев мы сейчас расскажем о семи. Первый — это малая часть большой саги о делах, уголовных и гражданских, возбуждённых против нефтяного магната Михаила Ходорковского, практически наверняка по инициативе президента Путина. История этой показательной расправы над олигархом, который представлял угрозу для путинской системы, была подробно проанализирована, например, в двух книгах Ричарда Саквы [Sakwa 2009, 2014] и двух документальных фильмах, и, несмотря на её исключительные аспекты, стала символом подчинённого положения российских судей. В ходе различных судебных процессов было допущено множество нарушений процессуальных норм, некоторые из которых были подтверждены ЕСПЧ, но одно из самых вопиющих произошло во время второго уголовного процесса над Ходорковским, когда сотрудники АП предоставили судье текст проекта приговора (и наказания). Как и ожидалось, Ходорковский был осуждён по обоим делам и томился в заключении до 2013 года, когда Путин помиловал его накануне Олимпийских игр в Сочи.

Второй пример, также хорошо известный, — это опыт судьи Кудешкиной из Московского городского суда, о котором мы говорили в главе 3. После того как она отказалась выполнить указания председателя суда сфальсифицировать материалы по одному из её дел и была отстранена от этого дела, Кудешкина выступила разоблачителем, рассказав эту историю СМИ. За это она лишилась судейской должности и, несмотря на успешную жалобу в ЕСПЧ, так и не получила её обратно [Ledeneva 2013: гл. 5].

Третий пример пришёл из арбитражной практики. К Елене Валявиной, заместителю председателя ВАС, после вынесения определений по делу, которое было частью давней борьбы между деловыми партнёрами (конфликт «Тольяттиазот»), обратился Валерий Боев, высокопоставленный сотрудник АП, отвечающий за назначение судей, и потребовал отменить их. Когда она отказалась, Боев пригрозил, что помешает её переназначению на административную должность. Она всё равно отказалась и сообщила об инциденте председателю ВАС Иванову. Позже в эфире радиостанции журналист обвинил Боева во вмешательстве во множество дел, и Боев подал в суд за клевету. Однако после того как Валявина дала показания на суде о своём опыте, Боев отозвал иск, прежде чем трое других судей успели рассказать свои истории о вмешательстве в правосудие [Ledeneva 2013: 163–164; Maggs et al. 2015]!

В нашем четвёртом примере судье арбитражного суда Москвы Ларисе Шевелевой пришлось столкнуться с другой проблемой. В 2015 году, после того как она вынесла решение по одному из дел, связанных с продолжающимся деловым конфликтом между владельцами «Тольяттиазота», кто-то (предположительно, проигравшая сторона) направил поддельное письмо от имени судьи в Генеральную прокуратуру с жалобой на вмешательство со стороны заместителя председателя Верховного суда Олега Свириденко. Свириденко в то время возглавлял Экономическую коллегию Верховного Суда — орган, который в 2014 году заменил ВАС как последнюю инстанцию для арбитражных судов[1]. Попытка использовать документ для дискредитации решения судьи Шевелевой в итоге провалилась (после расследования прокуратуры), но поддельное письмо о неправомерном вмешательстве выглядело правдоподобно, поскольку судья Свириденко имел на этот счёт дурную репутацию [Сергеев Н., Баранов 2015].

---

[1] Карьерный путь Свириденко показывает, что следование «линии партии» приносит свои плоды. В 1992 году он вошёл в первую когорту судей, назначенных в Арбитражный суд Москвы, где в 2005 году стал председателем. Во время работы в этом суде он был ответственен за наложение огромного налогового штрафа на ЮКОС, нефтяную компанию, принадлежавшую Ходорковскому. В 2011 году он стал председателем кассационной инстанции Центрального округа. Когда в 2014 году ВАС был присоединён к Верховному суду, он стал председателем Экономической коллегии. Его прошение о продлении полномочий в 2020 году не увенчалось успехом, поскольку против него выступил Совет судей. В августе 2020 года он вернулся в обойму и стал заместителем министра юстиции, где курирует процесс выявления «иностранных агентов» [Минкин 2020].

Пятый пример касается судьи Татьяны Секериной. Её история напоминает случай Кудешкиной, так как Секерина также стала публичным разоблачителем председателя суда, но с уникальным и трагическим исходом. Судья районного суда Волгограда была глубоко возмущена вмешательством в её дела со стороны бывшего председателя Волгоградского областного суда Николая Подкопаева, который покинул суд за несколько месяцев до этого в связи с назначением на должность председателя нового кассационного суда в Саратове. Уважаемая судья с опытом рассмотрения громких дел, Секерина решилась на акт разоблачения посредством публичного заявления, записав и разместив на YouTube видеоролик, в котором она обвинила бывшего председателя Подкопаева в «активном вмешательстве в независимость судей». Никто не успел наложить на неё дисциплинарное взыскание или организовать её снятие с должности, так как вскоре после этого, в начале июля 2019 года, 48-летняя судья Секерина, мать малолетнего ребёнка, разбилась насмерть, выпав с балкона своей квартиры на 16 этаже. Последовало расследование, но было ли произошедшее результатом злого умысла или несчастным случаем (самоубийство вообще не имело смысла), установить не удалось. Этот инцидент никак не отразился на карьере судьи Подкопаева, который остался на новой должности в Саратове. Между тем для назначения преемника Подкопаева в Волгограде потребовалось более двух лет, отчасти потому, что кандидат, которого он поддерживал, вместе с несколькими коллегами-судьями, предположительно, брал взятки в отдельных делах [РЭНБИ 2018; V1.Ru 2019].

Ещё один судья, недавно ставший разоблачителем, — Антон Долгов из районного суда в Челябинске. В интервью корреспонденту «Новой газеты» в ноябре 2021 года он осудил давление, оказанное на него областным судом сначала с целью вынесения обвинительного приговора, а затем с целью избежать оправдания обвиняемого по делу, где следствие пошло на подлог и подделку документов. У Долгова был опыт принципиальных действий в других делах (его даже убрали с другого судейского поста более десяти лет назад), но в Челябинске его терпели до тех пор, пока он не вышел на публику. Региональная квалификационная коллегия начала дисциплинарное производство, но, стыдясь истинной причины, обвинила Долгова в других грехах, включая плохое ведение дел, и объявила ему замечание, самое мягкое из имеющихся дисциплинарных взысканий [Дробина 2021; Mgorsk.ru 2022; Znak 2021].

Наш последний пример основан на опыте Сергея Давыдова, пранкера из Пермского края, который в 2012–2013 годах посещал судебные процессы и, выдавая себя за высокопоставленное лицо (в некоторых случаях — заместителя председателя краевого суда), позвонил 18 судьям и дал указания, как им следует рассматривать конкретные дела. Восемь судей точно следовали его инструкциям. Он также записал некоторые разговоры и выложил их на YouTube. Власти это не позабавило, и после обыска в его квартире, проведённого ФСБ, Давыдову предъявили обвинения в клевете, вымогательстве и воспрепятствовании правосудию. Он был приговорён к четырём годам лишения свободы [Nechepurenko 2020; Никулин, Серебрякова 2016].

Эти истории о попытках повлиять на судей (за вычетом уникальных, но показательных случаев с поддельным письмом и пранкером) — по-видимому, типичная практика, по крайней мере в отношении ролей, которые играют председатели судов и судьи вышестоящих инстанций (председатели и кураторы). Мы знаем ещё уйму примеров. Но что необычно в большинстве историй, ставших достоянием общественности, так это сопротивление судей, которых хотели использовать. Разумно предположить, что обычно судьи делают то, что их председатели и кураторы советуют или указывают. Часто они и не нуждаются в таких советах, поскольку понимают, чего от них ждут, и даже, бывает, принимают это не только умом, но и сердцем. Хорошим примером является готовность мировой судьи Сазоновой признать шахматного гроссмейстера Гарри Каспарова виновным в административном правонарушении за участие в несанкционированной акции протеста в 2012 году, о чём она позднее сожалела. Но в то время это казалось ей правильным, хотя она и не получала никаких специальных инструкций по рассмотрению дела [Hendley 2017a: 177–178].

Однако это не означает, что посторонние лица (губернаторы, бизнесмены, сотрудники правоохранительных органов) могут предполагать, что их попытки добиться благоприятных результатов в судах (как посредством целенаправленного уголовного преследования, так и через обращение к председателю суда) будут успешными. Некоторые дела сложны и тянутся так долго, что может измениться политический контекст. Также возможны непредвиденные события, а иногда оппоненты могут мобилизовать свои собственные ресурсы. Люди, пытающиеся манипулировать судами, должны понимать, что по этим причинам желаемые результаты не гарантированы — они зависят от того, как будут развиваться события (включая освещение событий в СМИ и протесты). Как и в советские времена, результаты рассмотрения уголовных и гражданских дел, в которых использовалось ненадлежащее влияние, часто отражали «расстановку сил» — выражение, которое использовали бывшие советские адвокаты и судьи, опрошенные в середине 1980-х годов одним из соавторов этой книги [Solomon 1992]. Теперь мы приведём три примера таких дел из второго десятилетия XXI века — эпохи Путина.

К моменту протестов на Болотной площади в 2012 году Кирилл Серебренников был уже вполне состоявшимся авангардным театральным режиссёром и творческим деятелем, получившим официальную поддержку и финансирование от президента Медведева для проекта, который обещал новые прорывы (известный как «Платформа»). В то же время он был честным и всё более откровенным критиком благоволившего к нему режима и участником протестов. Один из наблюдателей охарактеризовал его как «бунтаря, который стремился к массовому успеху и добился его, часто с благословения и поддержки государства». По мере того как политическая ситуация менялась после 2012 года, Серебренников оставался прежним, даже попытавшись показать фильм в поддержку участниц Pussy Riot. Более того, со сцены исчезли его главные покровители — от Владислава Суркова в АП до высокопоставленных чиновников Министерства культуры. 2017 год начался со скандальной постановки Серебренниковым нового балета о жизни Рудольфа Нуриева для Большого театра, премьера которого после некоторой задержки состоялась в июле. К этому моменту Серебренников уже находился под домашним арестом, обвинённый (вместе с соратниками и сторонниками в Министерстве культуры) в мошенническом хищении средств проекта «Платформа», выделенных министерством на работу его «Седьмой студии» в Гоголь-центре [Yaffa 2020: гл. 7]. Обвинение, основанное на сомнительных доказательствах, касающихся денежных авансов, и включающее явно ошибочные утверждения, вызвало быструю и резкую реакцию многих ведущих деятелей культуры. Выступив в защиту Серебренникова, они осудили обвинение как политическое, хотя оно поддерживалось консервативной частью элиты, которую всегда раздражал успех Серебренникова. Недостатки доказательной базы заставили судью вернуть дело в прокуратуру на доработку, но, когда в 2020 году дело опять пришло в суд, обвинительный приговор был неизбежен. Однако общественный резонанс по поводу этого сфабрикованного политического преследования возымел своё действие, поскольку, несмотря на требования обвинения, ни один из обвиняемых не был приговорён к реальному лишению свободы (вместо этого они получили штрафы, а сам Серебренников — условный срок) [Politkom 2020][2]. Как мы увидим в главе 8, условные приговоры являются одним из средств, которые российские судьи используют в ситуациях, когда доказательства требуют оправдания, представляя собой классическое «компромиссное решение». В этой эпопее многое остаётся неизвестным, включая то, кто решил инициировать уголовное расследование в 2017 году (Министерство культуры, Администрация Президента, следователи, пытающиеся угадать, куда дует ветер); насколько вышестоящие руководители направляли процесс с его взлётами

---

[2] Несмотря на трёхлетний запрет на выезд за границу, которым сопровождалось условное наказание, Серебренников получил разрешение покинуть Россию, чтобы поставить спектакль в Германии в начале 2022 года [Goldman 2022]. В конце марта условный срок был отменён за хорошее поведение и возмещение ущерба, и Серебренников уехал из России во Францию, возможно навсегда [Ахтырко 2022].

и падениями; какие прямые или косвенные сигналы, если таковые были, получали судья или председатель суда.

В отличие от трёх с лишним лет дела Серебренникова, безосновательное преследование журналиста Ивана Голунова длилось меньше недели. Голунов, лауреат премий и настойчивый журналист-расследователь (работавший в «Медузе»[3]), известный своими разоблачениями коррупции, написал статью, связывающую коррупцию в российской похоронной индустрии с ФСБ, после чего был задержан московской полицией по обвинению, связанному с наркотиками. В течение нескольких дней десятки высокопоставленных деятелей культуры и других сфер (включая Алексея Навального) осудили дело, а три крупных массовых издания — «Коммерсант», «Ведомости» и «РБК» — опубликовали совместную редакционную статью под заголовком «Я/Мы — Иван Голунов». В течение нескольких дней бушевала битва за общественное мнение: сторонники Голунова публиковали множество его статей о коррупции, в то время как полиция выпустила фотографии якобы лаборатории по производству наркотиков в его квартире (которые оказались подделкой). 11 июня 2019 года, всего через четыре дня после ареста Голунова, Фонд борьбы с коррупцией Алексея Навального связал преследование с московским управлением ФСБ, включая его начальника, и в тот же день дело против Голунова прекратили и освободили его из-под домашнего ареста. Тем не менее люди вышли на демонстрацию, и шесть месяцев спустя пятерым бывшим полицейским были предъявлены обвинения в фабрикации дела [Аптекарь 2020].

Наконец, в 2010 году было возбуждено дело против Анатолия Локтионова, богатого бизнесмена и некогда заместителя главы «Роснефти», по обвинению в мошенничестве на 200 миллионов долларов в отношении компании, частично принадлежавшей ему. Дело было связано с давним и сложным спором с другими вла-

---

3   Meduza — независимое новостное интернет-издание, публикующее новости на русском и английском языках (https://meduza.io/en, дата обращения: 31 августа 2022). В апреле 2021 года его объявили иностранным агентом. Оно отказалось подчиниться ограничениям российских властей на освещение войны в Украине, в результате чего его сайт был заблокирован в России.

дельцами компании и представляло собой классический пример превращения гражданского иска в уголовное дело по требованию одной из сторон. Чтобы избежать осуждения и лишения свободы, Локтионов переехал в Лондон, где оказался втянут в судебные разбирательства по различным вопросам, включая возможную экстрадицию. Повороты его судьбы ещё не раз менялись. В конце 2018 года Локтионов вернулся в Россию как один из бенефициаров «списка Титова» — списка бизнесменов за границей, которые, вероятно, подверглись жестокому обращению со стороны правоохранительной системы и не должны быть ограничены в свободе на время следствия и суда (подробнее об этом далее в главе). В 2019 году новое расследование привело к прекращению дела 2010 года против Локтионова — решение, которое было затем отменено прокурором. После нескольких месяцев в подвешенном состоянии основное дело окончательно закрыли 12 января 2021 года [Сергеев С. 2021а]! Однако второе дело против Локтионова было возобновлено в ноябре 2021 года [Сергеев С. 2021б].

Дела Серебренникова, Голунова и Локтионова показывают, как уголовные дела, которые в разной степени сфабрикованы и заказаны, могут закончиться непредсказуемо. Как таковые они иллюстрируют, что исход таких дел зависит от реакции на них, расстановки сил и меняющегося политического контекста. Однако мы должны предупредить, что большинство уголовных и гражданских дел, в которых оказано ненадлежащее внешнее влияние (при возбуждении и/или разрешении), не заканчиваются для их жертв хорошо. Теперь мы переходим к первой из трёх категорий таких дел — делам, инициированным политическим руководством, включая дела против других политических деятелей.

2. Статусные мишени (правительственные и деловые лидеры)

Три уголовных дела, начатые в период с 2014 по 2020 год, могут служить символами более масштабного процесса, который мы рассмотрим. В 2014 году нефтяной магнат и миллиардер Владимир Евтушенков был арестован по сомнительным обвинениям, и его заставили уступить государственной компании «Роснефть» контрольный пакет акций другой нефтяной компании («Башнефть») в обмен на прекращение дела и избежание участи, подобной той, что постигла Ходорковского. Это произошло по инициативе Игоря Сечина, генерального директора «Роснефти» и близкого соратника Путина, а в 2017 году продолжилось атакой на инвестиционную компанию Евтушенкова в рамках гражданского дела [Rapoza 2017]. В то же время бывший министр экономического развития Алексей Улюкаев предстал перед московским судом за якобы получение крупной взятки от самого Сечина, по-видимому, в результате провокации, проведённой опять-таки по указанию Сечина. Улюкаев был ведущим экономистом и банкиром, работавшим с Гайдаром и Кудриным. В итоге его приговорили к восьми годам лишения свободы [Knight 2017]. В 2018 году Сергея Фургала, бизнесмена и члена ЛДПР, избрали губернатором Хабаровского края. Считавшийся Кремлём нелояльным, он стал мишенью расследования убийства, связанного с событиями 15-летней давности, затем в июле 2020 года был снят с должности, арестован и доставлен в Москву для суда. Поскольку Фургал оставался популярным в своём родном регионе, его арест привёл к масштабным протестам, которые продолжались в 2020 и 2021 годах. По состоянию на осень 2021 года он всё ещё находился под стражей в ожидании суда [Машкин 2021] — эта задержка могла отражать проблемы в выстраивании дела против него. В феврале 2023 года Фургала приговорили к 22 годам лишения свободы в соответствии с вердиктом присяжных, признавших его виновным в двойном убийстве [Moscow Times 2023]. Эти три истории — о магнате, министре и губернаторе — получили широкое освещение как в российских, так и в западных СМИ. Как оказалось, они представляли собой лишь верхушку айсберга.

С момента возвращения Путина на пост президента в 2012 году и особенно после 2014 года, судебные преследования представителей государственной номенклатуры, нынешних и бывших, стали регулярной частью политической жизни и работы правоохранительных органов. Среди целей в 2015–2020 годах были пять министров (или лиц, замещающих аналогичные должности), один бывший представитель президента, несколько сенаторов, более дюжины губернаторов (действующих и бывших), мэры и множество заместителей губернаторов. По большей части обвинения были связаны с коррупцией (мошенничество, взятки, растрата) и нередко касались достаточно давней деятельности. Зачастую дела рассматривались в московских судах (в отличие от судов в регионах, где работали обвиняемые), и часто, когда дела были завершены, осуждённые получали реальные сроки лишения свободы. По нашим подсчётам (и подсчётам Николая Петрова), количество таких случаев в 2015 году было как минимум втрое больше, чем в предыдущие годы, а наказания стали гораздо более суровыми [Петров Н. 2017; Petrov, Naselli 2019]. Только один из шести министров, привлечённых к ответственности в первые путинские годы (в основном ельцинские назначенцы), был осуждён и приговорён к лишению свободы, и его освободили по амнистии. Из 14 действующих или бывших губернаторов, привлечённых к ответственности в период с 2000 по 2014 год, только один получил реальный срок, тогда как половина дел была прекращена [Коммерсантъ 2019; ТАСС 2017].

Петров показал, что примерно 2 % из 800–900 человек в высших эшелонах региональных элит подверглись преследованию в период с 2015 по 2020 год. Он утверждает, что в 2015 году правоохранительные органы получили карт-бланш на охоту за губернаторами и их соратниками и им больше не нужно было согласовывать свои инициативы с политическим центром. Может быть, и так, но в шести случаях, связанных с действующими губернаторами, те были сняты со своих постов Президентом за «утрату доверия» до того, как были произведены аресты, что предполагает по крайней мере молчаливое одобрение. Теперь мы рассмотрим некоторые дела высокопоставленных лиц в центре и регионах, преследования которых начались после 2015 года.

Помимо Улюкаева, нам известно о четырёх фигурах министерского ранга и одном представителе Президента, которых подвергли уголовному преследованию. Александр Реймер, бывший руководитель уголовно-исполнительной системы, получил восемь лет за мошенничество при покупке электронных браслетов.

Дмитрий Безделов, бывший руководитель Федерального агентства по обустройству государственной границы, получил десять лет за мошенничество в особо крупном размере [ТАСС 2017]. Два других дела кажутся более спорными. В ноябре 2020 года Михаил Мень, министр строительства и ЖКХ с 2014 по 2017 год и впоследствии ведущий государственный аудитор, был обвинён в хищении средств из государственного бюджета Ивановской области в 2011 году, когда он был губернатором этого региона. Ворошение прошлого обычно указывает на политическую вендетту. Возможно, Мень разозлил влиятельных лиц, например друга Путина Сергея Чемезова, своими предложениями по реформе системы утилизации отходов, но не исключено, что какое-то время он получал протекцию от своих соседей по элитному жилому комплексу — Дмитрия Козака, Германа Грефа и Дмитрия Медведева [Meduza 2020]. Наконец, в 2019 году Михаила Абызова, бывшего министра без портфеля, отвечавшего за проект «Открытое правительство» с 2012 по 2018 год и либерального реформатора, связанного с Чубайсом, обвинили в «незаконном предпринимательстве» и отмывании денег через офшорные инвестиции [Голованов 2019; РБК 2022][4]. Борец с коррупцией Навальный выдвинул подозрения в отношении Абызова ещё в 2017 году [Фохт 2019].

Уголовное преследование Виктора Ишаева в 2019 году стало очередным шоком. 72-летний Ишаев, фактически находившийся на пенсии, был губернатором Хабаровского края с 1991 по 2009 год, затем с 2009 по 2013 год занимал пост Полномочного представителя Президента РФ в Дальневосточном федеральном

---

[4] Анатолий Чубайс был одним из главных архитекторов программы приватизации государственных предприятий в 1990-х годах. Он занимал различные высокие посты в правительстве Ельцина, в том числе работал руководителем его аппарата и первым заместителем премьер-министра. С 1998 по 2008 год был генеральным директором РАО «ЕЭС России», государственной монополии в сфере электроэнергетики. С декабря 2020 года — спецпредставитель Путина по связям с международными организациями. В марте 2022 года подал в отставку и покинул Россию из-за несогласия с началом военных действий против Украины.

округе, а с 2013 по 2018 год был вице-президентом «Роснефти», из которой он, по версии обвинения, незаконно выводил деньги. Политический подтекст здесь неясен. Ишаев когда-то был советником Сечина, который сам мог находиться под прицелом, а также был известен своей поддержкой губернатора Фургала. Даже если Путин не инициировал это дело, он, конечно, согласовал его. То, что Ишаев находится только под домашним арестом и что сумма средств, которые, как утверждается, он похитил, сократилась на 90 %, казалось хорошим знаком для Ишаева, но в 2021 году его всё равно приговорили к пяти годам лишения свободы [Егоров 2020].

Среди губернаторов, подвергшихся уголовному преследованию (помимо Меня и Ишаева, которые были губернаторами до того, как заняли министерские посты), особенно примечательны дела Вячеслава Гайзера и Василия Юрченко. Гайзер был губернатором Коми на протяжении шести лет и получал высокие оценки своей деятельности от Администрации Президента. Тем не менее вместе с членами своей команды он был задержан 19 сентября 2015 года, а в 2019 году Замоскворецкий суд Москвы признал его виновным в мошенничестве, взяточничестве, вымогательстве и незаконной приватизации, приговорив к 11 годам лишения свободы. В этом деле много эпизодов (большинство из которых являются обычной практикой регионального управления в Российской Федерации), но решающие из них, по-видимому, были связаны с двумя лесозаготовительными предприятиями, которые обанкротились в результате сомнительных сделок. Проблема заключалась в том, что итальянская фирма, принадлежащая экс-премьеру Италии Сильвио Берлускони, инвестировала в один из этих заводов, и Берлускони пожаловался Путину на встрече с ним 11 сентября 2015 года. Практически нет сомнений, что решение о возбуждении дела против Гайзера исходило с самого верха. Это не значит, что дело против Гайзера было сфабриковано. Возможно, его действия представляли собой «санкционированное беззаконие», допускаемое патроном на вершине власти, но всегда доступное в качестве компромата, если патрон решит прекратить свою поддержку [Взгляд 2015; Жилин 2015].

Дело Василия Юрченко привлекает внимание потому, что оно развалилось. Назначенный губернатором Новосибирской области в 2010 году президентом Медведевым, он был снят с должности в марте 2014 года президентом Путиным в связи с утратой доверия. Вскоре после этого против него были возбуждены два разных уголовных дела, связанные с передачей земли. Однако в феврале 2017 года следователи прекратили одно из дел «за отсутствием состава преступления», а в октябре Новосибирский суд вынес ему по другому делу условный приговор на три года — мягкий исход, который часто свидетельствует о слабости доказательств. В 2020 году Юрченко выиграл иск против Министерства финансов о компенсации за незаконное преследование, хотя и в гораздо меньшей сумме, чем он требовал. Как следует интерпретировать эту историю? С одной стороны, это показывает, что даже в делах против политических функционеров, которые явно были санкционированы на высоком уровне, правоохранительные органы и судьи иногда могут проявлять определённую свободу действий. С другой стороны, возможно, политический контекст, лежащий в основе этих дел, изменился. Некоторые наблюдатели предполагают, что причиной возбуждения уголовных дел стал конфликт между Юрченко и бывшим Полномочным представителем Президента Виктором Толоконским. Толоконский покинул этот пост вскоре после первого обвинения, заняв должность губернатора Красноярского края [Воронов 2020; Википедия 2020].

Не только губернаторы, но и мэры или главы районов могли стать жертвами целенаправленных преследований, даже по политическим причинам. В декабре 2020 года Александр Шестун, бывший глава Серпуховского муниципального района Московской области, получил 15-летний срок и огромный штраф по обвинению в мошенничестве в особо крупном размере, отмывании денег и взяточничестве. Это произошло после того, как он опубликовал видеоролик с заявлением о давлении со стороны губернатора Московской области, АП и ФСБ, которые добивались его отставки и угрожали ему, если он этого не сделает. По словам Шестуна, угрозы были связаны с тем, что он разрешил активистам протестовать против нового мусорного полигона, а также с критикой планов по ликвидации его района. Отметим, что Шестун и раньше «раскачивал лодку», когда в 2011 году давал показания против региональных прокуроров, покрывавших подпольные казино, и был включён в программу защиты свидетелей [Fishman 2021]. Шестун был далеко не единственным мэром, столкнувшимся с уголовным преследованием. В период с 2002 по 2018 год более 10 % мэров крупнейших городов (108 человек) были арестованы — обычно по обвинению в коррупции, подлинной или мнимой. Мэры, находившиеся в оппозиции к главной кремлёвской политической партии «Единая Россия», подвергались аресту в четыре раза чаще, чем «единороссовские» мэры, за исключением мэров с сильной народной поддержкой [Buckley et al. 2022].

Мы должны подчеркнуть, что каждый из приведённых здесь случаев является лишь иллюстрацией. Были и другие — в отношении губернаторов (например, Дудки, Хорошавина, Денина, Торлопова, Белых, Юревича, Соловьёва, Маркелова, Винникова и Конькова) [Коммерсантъ 2016], мэров (например, Иван Кляйн), сенаторов (например, Рауль Арашуков), депутатов Госдумы (например, Сергей Петров), которые обычно были бизнесменами, а также в отношениях магнатов (например, братья Магомедовы). Вероятно, в будущем последуют новые подобные преследования [РИА Новости 2020].

Учитывая десятки уголовных дел, возбуждённых с 2014 года против высокопоставленных лиц, мы можем сделать некоторые обобщения: 1) основания, использованные в этих делах (обычно связанные с формами коррупции), могли быть реальными, но в то же время искажёнными или сфабрикованными; 2) незаконные действия, упомянутые в делах, — иногда давние — часто были известны в руководящих кругах и служили основой для компромата (то, что Леденёва назвала «подвешенным наказанием» [Ledeneva 2006: 13]); 3) это «избирательное правоприменение» обычно происходило с согласия, если не по указанию, лидера (Путина) или его приближённых; 4) любое инициирование целенаправленного преследования высокопоставленных лиц было сосредоточено на правоохранительных органах, но также могли быть переданы неформальные указания судьям, рассматривающим эти дела, через обычные каналы.

3. Регулирование политической сферы

Новые ограничения деятельности неправительственных организаций (НПО), свободы слова и публичных протестов, введённые в законодательство с 2012 года, и их применение судами представляют собой ещё одну область, где возможно внешнее влияние на судей. Прежде чем изучать судебную практику по этим вопросам, важно рассмотреть эти изменения в двух более широких контекстах — регулирование политики в целом и прошлая практика регулирования политики в Российской Федерации (РФ).

Регулирование политической сферы в современную эпоху включает не только НПО, но и политические партии и выборы — основные институты конкурентной политики. Конкурентная политика (или демократия) возникла в XIX веке в Европе, отделив регулирование политики от проблемы лояльности правителю, или того, что Бартон Ингрэм назвал «предательством верности» [Ingraham 1979]. Однако эти две категории всегда имеют некоторую область пересечения, которая может увеличиться в любой момент. Политические партии могут быть экстремистскими или революционными и представлять угрозу политическому порядку. Высказывания, призывающие к насилию, обычно незаконны и вполне могут быть классифицированы как преступление против государства. В путинской России после 2012 года произошла демонизация иностранного влияния, что превратило многие нарушения постоянно меняющихся правил допустимых политических действий в акты нелояльности. Даже до 2012 года законы об НПО были предвзяты к иностранным организациям и лицам без российского гражданства [Gilbert, Balzer 2012].

В целом же регулирование политики в РФ до 2012 года не впадало в крайности и по-прежнему соответствовало тому, что типично для конкурентных авторитарных режимов. Существовали подробные правила для политических партий, включая условия их регистрации и требования к отчётности. Выборы также были тщательно регламентированы, включая сложные правила регистрации кандидатов, которыми избирательные комиссии легко манипулировали, стремясь исключить конкретного кандидата [Полетаев 2019; Popova 2012]. Этот процесс породил множество судебных дел, которые, хотя и демонстрировали предвзятость, оставляли место для справедливого разбирательства. Не далее как в 2017 году Верховный суд сделал всё возможное, чтобы судьи соблюдали все технические юридические детали в делах о выборах, и, по крайней мере до 2021 года, партии и выборы представляли для властей меньше проблем, чем деятельность гражданского общества вне формально конкурентной политики [Верховный Суд 2017б]. Кроме того, и разжигание ненависти, и клевета являлись преступлениями, которые становились предметом судебных разбирательств. До 2012 года протесты также вызывали определённые репрессии, но в основном за насильственные действия.

После возвращения Владимира Путина на пост президента в 2012 году, на фоне волны протестов, режим начал многостороннюю атаку на организации (НПО) и людей, которые, казалось, провоцировали недовольство, и неоднократно делал проведение законной протестной акции всё более трудным. А в течение следующих нескольких лет границы допустимой речи также сузились, ограничив то, что можно было говорить о сексуальных меньшинствах, религии, истории Второй мировой войны и текущей политике (например, о Крыме) [Bogush 2017]. Центральным элементом этих инициатив стало шельмование любой связи с заграницей. В случае с НПО получение иностранного финансирования объявлялось подозрительным, и эти организации были вынуждены регистрироваться как иностранные агенты и указывать этот статус на своих сайтах [Flikke 2016]. Одновременно с новым законом об НПО расширилось определение государственной измены (данная идея впервые прозвучала в 2008 году), так что изменой могла считаться передача иностранцам даже несекретной информации, если это было сочтено нанесением ущерба интересам российского государства. В течение нескольких лет число обвинительных приговоров за государственную измену и связанные с ней преступления увеличится в пять раз [Мельникова 2020].

Каким образом эти изменения, касающиеся НПО, протестной активности и свободы слова, повлияли на суды и, как следствие, на правоохранительные органы? Часто законы, как старые, так и новые, были расплывчатыми и применялись выборочно под конкретные цели. Несомненно, в некоторых из этих дел предпринимались попытки повлиять на исход процесса, но в большинстве случаев обычных привычек судей, включая уклонение от вынесения оправдательных приговоров и внутренние консультации с председателями судов и кураторами из вышестоящих судов, казалось, вполне хватало.

Поскольку большинство НПО получало хотя бы часть финансирования из-за рубежа, новый закон об иностранных агентах требовал, чтобы они регистрировались как такие агенты. Большинство не сделало этого добровольно, и в 2014 году Министерство юстиции получило право признавать НПО иностранными агентами без их согласия, истребовать документы и обращаться в суды с просьбой наложить крупные административные штрафы за несоблюдение требований. По состоянию на середину 2016 года Human Rights Watch насчитала 66 административных дел против НПО и их руководителей, но в 18 из них НПО «выиграли», по крайней мере частично, добившись сокращения штрафов или снятия обвинений. Некоторые юристы усматривали в этом проправительственную предвзятость и объясняли выигрыш процессуальными ошибками оппонентов. Но похоже, что некоторые НПО получили справедливое судебное разбирательство [Flikke 2018].

Борьба режима с НПО могла вовлекать суды в другие типы дел. Лидеры некоторых правозащитных организаций становились жертвами сфабрикованных уголовных дел — например, глава правозащитного органа по защите прав полиции Владимир Воронцов [Fishman 2021] и глава чеченского отделения «Мемориала» Оюб Титиев [Human Rights Watch 2019]. Тем временем продолжалась борьба за соблюдение требований законодательства об иностранных агентах, включая дальнейшие ограничения. В 2015 году был принят закон о запрете иностранных или международных НПО, признанных «нежелательными» на основании решения Генеральной прокуратуры по согласованию с Министерством иностранных дел, и активисты таких организаций становились жертвами надуманных дел [Нефёдова, Демурина 2020]. В 2018 году отечественных спонсоров НПО обязали раскрывать свои иностранные источники финансирования. В 2021 году закон позволил признавать иностранными агентам даже физических лиц, с возложением на них обязанности, в частности, указывать этот статус в любых своих публикациях и при обращении в государственные органы [Коновалов 2021]. Выборочное преследование НПО оставалось нормой; так, крупные штрафы были наложены на Радио «Свобода» по 40 отдельным административным делам в начале 2021 года [Мухаметшина 2021].

Особое внимание было уделено Фонду борьбы с коррупцией (ФБК) Алексея Навального, российской организации с региональными отделениями, которую Министерство юстиции уже признало иностранным агентом в октябре 2019 года. В июне 2021 года Московский городской суд признал его «экстремистским» на основании заявления прокурора Москвы о том, что фонд добивался смены власти в РФ и помогал протестующим выплачивать штрафы и подавать жалобы в ЕСПЧ. После того как ФБК проиграл в августе апелляцию на это решение, он был вынужден закрыться. Несколько соратников Навального, столкнувшись с персональными преследованиями, покинули страну [Dolbaum et al. 2021].

Ещё одной крупной НПО, подвергшейся атаке до конца 2021 года, стала правозащитная организация «Мемориал». Имея многолетний опыт борьбы с исторической несправедливостью (начиная со сталинской эпохи), «Мемориал» также публиковал списки современных политических заключённых. Это послужило основанием для его признания экстремистской организацией; до этого его уже включили в список иностранных агентов. По заявлению прокуратуры Верховный суд РФ постановил закрыть «Мемориал», а через несколько дней Московский городской суд принял решение о закрытии [Кузнецова 2021; Nechepurenko, Kramer 2021; RFE/RL 2021b].

Подход российского правительства к протестам значительно изменился после протестов на Болотной площади в декабре 2011 года и мае 2012 года, когда на улицы вышли десятки тысяч человек. С одной стороны, были ужесточены правила проведения массовых мероприятий, увеличены уголовные санкции для организаторов и начато около 30 судебных преследований, связанных с событиями на Болотной площади. С другой стороны, началась практика использования административных санкций для наказания гораздо большего числа лиц (в том числе с помощью нового закона). Полиции было гораздо проще иметь дело с административными правонарушениями, поскольку они требовали лишь небольшого расследования, а судебные слушания проходили быстро. Основным наказанием были штрафы, хотя также применялись и краткосрочные административные аресты [Mustafina 2021]. Используя этот механизм, полиция отреагировала на пенсионные протесты 2018 года (против повышения возраста выхода на пенсию) большим числом репрессий, в отличие от пенсионных протестов 2005 года (против потери льгот), где режим действовал чаще пряником, чем кнутом [Brand 2018].

Осуждение по административным обвинениям, связанным с протестами, было обычным делом, но не безусловным. Официальные судебные данные за 2019 год показывают, что из более чем 80 000 человек, обвинённых по статье 19.3 КоАП (отказ подчиниться требованиям полиции), 1 % был оправдан; а из почти 5000 человек, обвинённых по статье 20.2 (нарушение правил организации публичного мероприятия), были оправданы 4 % [АПИ 2019]. В то же время повторное осуждение за нарушение правил проведения собраний стало преступлением в 2014 году с внесением в Уголовный кодекс (УК) статьи 212.1, которая до 2021 года применялась восемь раз, в основном против активистов. Первым делом по этой статье стало дело Ильдара Дадина. Его попытка признать неконституционной саму суть этого закона не увенчалась успехом, однако Конституционный суд признал, что в случае Дадина этот закон был применён вопреки «конституционно-правовому смыслу», благодаря чему приговор в отношении Дадина был отменён Президиумом Верховного Суда [Осипова 2021]. Даже не прибегая к уголовному преследованию, полиция могла надавить на судей, рассматривающих административные дела, чтобы те вместо штрафов назначили 15 суток ареста. Этот вариант часто использовался при рассмотрении дел сотен (если не тысяч) людей, задержанных на протестах в поддержку Навального в начале 2021 года, затронув примерно треть из первоначально задержанных [Осипова, Апухтина 2021].

Аналогичным образом возвращение Путина на пост президента в 2012 году привело к новым ограничениям свободы слова и новым судебным разбирательствам. Одной из заметных мер стало возвращение в УК статьи о клевете, которая была декриминализирована при Медведеве восемью месяцами ранее. Смысл был в том, чтобы защитить политиков, особенно от журналистов, но, как и прежде, основная масса дел в судах рассматривалась по модели частного обвинения, и большинство из них заканчивались оправдательными приговорами [АПИ 2019]. Однако в небольшом количестве дел, где полиция возбуждала дело, результаты были иными, и в 2021 году наказания за клевету в интернете были ужесточены [Бунин 2021].

Другим направлением регулирования свободы слова стали интернет-коммуникации. Новые законы 2013–2014 годов устанавливали крупные штрафы для блогеров с более чем 3000 читателей, если они не зарегистрировались в качестве СМИ, а авторы блогов также несли ответственность за достоверность публикуемой информации. За этим последовали (в 2019 году) ограничения, направленные на создание «суверенного интернета», а в 2020 году была введена уголовная ответственность за публичное распространения заведомо ложной информации об общественно-значимых обстоятельствах (см. ст. 207.1 и 207.2 УК) [Human Rights Watch 2020].

Введение нескольких новых составов правонарушений, начиная с 2013 года, было направлено на привлечение консервативных слоёв общества, включая запрет оскорбления чувств верующих, пропаганду гомосексуализма среди молодёжи и сомнения в официальной версии истории Второй мировой войны и её увековечения [Bogush 2017]. Подобные попытки криминализации имели большое символическое значение для одних (тем же верующим она не давала ничего иного) и несли практические последствия для других. Запрет гей-пропаганды ввели через новую статью

Кодекса об административных правонарушениях (ст. 6.21 КоАП), и за четыре года, с 2016 по 2019 год, было возбуждено 42 дела, которые привели к 12 случаям привлечения к ответственности (с наложением штрафов) и трём оправданиям. Некоторые из этих дел касались социальных сетей, ориентированных на помощь молодёжи, как минимум один сайт был заблокирован в 2018 году [АПИ 2019; Семёнов 2020].

Закон «О запрете реабилитации нацизма» привёл к десяти обвинительным приговорам с 2014 по 2020 год, в основном за размещение и репост материалов в Интернете, при этом одного человека приговорили к двум годам лишения свободы (после шести месяцев таких публикаций), а другого оправдали. Однако летом 2020 года было возбуждено 11 дел о реабилитации нацизма, и глава Следственного комитета объявил о создании отдела, ответственного за «защиту исторической правды от многочисленных попыток фальсификации». В начале 2021 года некоторые теле- и радиоведущие подверглись публичной критике за неосторожные высказывания на исторические темы, и даже прозвучали призывы к их уголовному преследованию, в то время как Государственная Дума начала рассмотрение закона об ужесточении наказаний за реабилитацию нацизма [Куторжевский 2020; Веретенникова 2021]. До сих пор закон не применялся против историков, но власти нашли другие способы их преследования. Так, Юрия Дмитриева, историка-активиста, который раскрыл массовые захоронения жертв террора в Карелии и представил важные документы о советских преступлениях (в которых были замешаны предки помощника президента Путина), арестовали в 2016 году по впоследствии дискредитированным обвинениям, связанным с детской порнографией и жестоким обращением с ребёнком, которые привели к двум последовательным оправдательным приговорам, оба отменили в апелляции. После четырёх лет предварительного заключения Дмитриев был признан виновным в ходе третьего судебного процесса и получил длительный срок лишения свободы [Coynash 2020; Осипова 2021].

Высказывания, касающиеся чувствительных для режима политических вопросов, были ещё одним источником уголовных дел, таких как дела по статье 280.1 Уголовного кодекса, запрещающей призывы к нарушению территориальной целостности РФ, что на практике включало запрет критики аннексии Крыма. В 2014–2015 годах было возбуждено пять таких дел (в последующие годы — только одно или два). Но были и другие дела, связанные с антиукраинской атмосферой, в которых использовались другие обвинения [АПИ 2019]. Так, директор Библиотеки украинской литературы была осуждена за разжигание ненависти на основании книг, хранящихся в библиотечной коллекции [RFE/RL 2017].

Наконец, критика руководства страны может привести к судебному преследованию, даже если в ней присутствовал элемент юмора. В ноябре 2018 года в Перми трое молодых активистов изготовили куклу Путина в натуральную величину, прикрепили к ней табличку с надписью, что он военный преступник, повесили куклу в общественном месте и сняли это на видео. Два года спустя пранкеров судили за «грубое нарушение общественного порядка группой лиц»: одного из участников суд оправдал, второй получил год условно, а лидер группы (Шабарчин) был приговорён к двум годам лишения свободы. Однако через несколько месяцев вышестоящий суд смягчил ему приговор до условного наказания, отчасти из-за негативного освещения в СМИ [Артамонов 2020].

После 24 февраля 2022 года механизмы борьбы с протестами и высказываниями уже были наготове для нового применения. Участники антивоенных протестов часто привлекались к ответственности за административные правонарушения. Точно так же публичная критика «Специальной военной операции», даже именование ее «войной», регулярно влекла наложение штрафов по статьям Кодекса об административных правонарушениях (КоАП), введённым в 2019 году. Затем 4 марта 2022 года был принят новый закон, устанавливающий уголовную ответственность за распространение «ложной» информации о Вооружённых Силах РФ с максимальным наказанием до 15 лет в крайних случаях (О внесении изменений в УК РФ и статьи 31 и 151 УПК РФ); а 6 марта 2022 года в КоАП была добавлена новая статья 20.3.3 «Действия, направленные на дискредитацию использования Вооружённых Сил России», предусматривающая крупный штраф и угрозу уголовной ответственности за повторное нарушение. К началу апреля было возбуждено около 75 дел по статье о ложной информации (статья 207.3 УК), а к июню вынесено более 3000 постановлений о назначении наказаний за новое административное правонарушение [ОВД-Инфо 2022a, 2022б]. Другие новые законы и подзаконные акты расширили определение иностранного агента таким образом, что иноагентами могут быть признаны физические лица, включая журналистов. Сильно возросло и число случаев применения законов об иностранных агентах, при особенно активном участии Министерства юстиции и Роскомнадзора (Федеральной службы по надзору в сфере связи, информационных технологий и массовых коммуникаций). Последнее ведомство, огромная организация с 3000 сотрудников и десятками территориальных отделений, отслеживало Интернет и социальные сети и вскоре закрыло последние внутренние источники критики режима, а также заблокировало критику из-за рубежа [Роскомнадзор 2022]. Суды иногда привлекались для поддержки сужения общественного дискурса, но они могли делать это, не меняя своего *modus operandi*.

4. Конфликты и преступления в сфере бизнеса

В путинской России конфликты между компаниями, а также попытки сотрудников правоохранительных органов извлекать доходы из бизнеса (хищнические преследования) приводили ко множеству судебных разбирательств, как уголовных, так и гражданских, где внешнее или неуместное влияние было общим местом. Хотя это могло происходить в спорах, рассматриваемых исключительно арбитражными судами, вероятность была выше в случаях хищнических преследований, особенно когда они были связаны с враждебными поглощениями бизнеса или рейдерством. Хищнические преследования могли включать действия правоохранителей в одиночку, возбуждающими дела, чтобы заставить владельцев бизнеса платить дань или передать часть компании, но также они могли отражать союзы силовиков с одной из сторон конфликта, и это могло быть частью более масштабного плана, по которому одна компания или группа предпринимателей стремится захватить активы другой. Это могло требовать подделки документов (о заседаниях совета директоров или о праве собственности), подлинность которых должна была быть проверена арбитражным судом в случае оспаривания (обычно с привлечением экспертов), а уголовные преследования, как правило за мошенничество, рассматривались в судах общей юрисдикции [Firestone 2008].

В научной литературе, посвящённой рейдерству в России, предполагается, что принятию решений судьями арбитражных судов по таким делам часто способствуют взятки (расценки обсуждаются) и/или давление на председателей судов со стороны местных и региональных политиков или бизнесменов с хорошими связями [Ibid.; Gans-Morse 2012]. В то же время арбитражные судьи не всегда могут ясно понимать, имеют ли они дело с попыткой рейдерского захвата и кто является рейдером, поскольку сложно определить подлинность документов. В то же время многие уголовные дела, возбуждённые правоохранительными органами против бизнеса, никогда не доходят до суда, так как жертвы (часто находящиеся под стражей) идут на уступки силовикам, чтобы избежать обвинительного приговора и разрушения компании [Волков и др. 2010]. Но и та меньшая часть уголовных дел, что доходит до суда, обычно заканчивается обвинительными приговорами, какими бы сомнительными или надуманными ни были обвинения. Неправомерному уголовному преследованию бизнесменов в России способствуют расплывчатые определения таких распространённых преступлений, как мошенничество и растрата, не говоря уже о «незаконном предпринимательстве» и понятии организованной преступной группы [Соломон 2013].

Как и в случаях, связанных с регулированием политики, в бизнес-делах мы не знаем (и не можем сказать), как часто оказывается давление на суды. Разоблачение и сопротивление со стороны судей часто связаны с такими делами (например, дело Кудешкиной и различные дела «Тольяттиазота»); мы видели, что дела против губернаторов часто связаны с их деловыми интересами. В то же время доля оправдательных приговоров по делам о мошенничестве при отягчающих обстоятельствах, хотя и невелика, не является незначительной и в 2019 году составила 1 %, что в пять раз выше среднего показателя [АПИ 2019]. Это, вероятно, были случаи, когда пострадавшие бизнесмены смогли оказать сопротивление, заручившись помощью хороших адвокатов или используя свои политические связи, включая поддержку со стороны уполномоченного по защите прав предпринимателей (о котором будет рассказано ниже). Роль арбитражных судов в процессе рейдерства (например, посредством утверждения фальсифицированных корпоративных документов; распоряжений о передаче реестров акционеров и признания новых, незаконно созданных советов директоров) могло быть связано со взятками или давлением [Firestone 2008], но это также могло отражать пассивность судей или, по словам Иванова, бывшего главы ВАС, обычную лень. В 2013 году, незадолго до ликвидации его суда, Иванов призвал своих судей проверять, что стоит за попытками получить судебное решение [Иванов 2013]. Несомненно, некоторые суды действительно «вступали в сговор» при попытках рейдерства, но таких было меньшинство. Более того, во втором десятилетии XXI века, возможно, произошло снижение частоты злоупотреблений правоохранительных органов и содействия судов в результате политических изменений.

Серьёзные усилия по борьбе с полицейским хищничеством начались при президенте Медведеве, включая отмену содержания под стражей до суда по экономическим преступлениям (хотя это не касалось случаев мошенничества), а также поддержку инициативы группы правоведов и экономистов (через Центр правовых и экономических исследований под руководством Елены Новиковой) по декриминализации ряда экономических правонарушений в рамках реформы уголовного права и бизнеса [Радченко и др. 2010; Соломон 2013]. Вернувшись на пост президента, Путин остановил этот проект декриминализации и санкционировал преследование его сторонников, что вынудило некоторых из них покинуть страну, отчасти из-за их критики нарушений во втором процессе против Ходорковского [Kahn 2018]. Но Путин также одобрил создание нового института уполномоченного по защите прав предпринимателей, государственного органа с филиалами в регионах, и назначил Бориса Титова его главой[5]. Под его руководством штатные юристы центрального и региональных отделений взялись за защиту бизнеса, владельцы или менеджеры которого считали, что пострадали от несправедливых действий со стороны представителей государства.

Согласие Путина на учреждение должности «бизнес-омбудсмена» вполне могло отражать желание ослабить роль НПО, выступающих в поддержку бизнеса, которые могли трудно поддаваться контролю. Однако создание государственного органа, отвечающего за защиту бизнес-структур от действий силовиков, институционализировало их интересы и в долгосрочной перспективе принесло им значительные выгоды, во многом благодаря лоббистским усилиям Титова. Две из первых инициатив Титова имели ограниченный эффект — амнистия для бизнесменов, уже осуждённых и находящихся в заключении, и специальная статья в УК о предпринимательском мошенничестве с более низким максимальным наказанием (позже отменённая решением Конституционного суда). Две другие инициативы имели определённый успех. В первой Титов продолжил борьбу против досудебного содержания предпринимателей под стражей, что нашло поддержку в Верховном суде [Соковнин 2016]. Второй инициативой Титова стало предложение создать чёрный список судей, которые выносят решения с существенными нарушениями, а также принять закон, разрешающий досудебные сделки, при которых обвиняемые соглашались бы на возмещение ущерба и уплату штрафов, избегая осуждения. Однако это касалось в основном преступлений, уже решаемых через примирение [Комракова 2019].

---

5   Ранее главной организацией, защищавшей права предпринимателей, была НКО под названием «Бизнес Солидарность», основанная в 2011 году и возглавляемая Яной Яковлевой, предпринимательницей, которая сама была несправедливо преследуема по делу, связанному с конфликтами между силовиками. После своего оправдания (вследствие утраты влияния её преследователями) она решила помогать другим предпринимателям, ставшим жертвами подобных преследований. Историю её дела и конечной победы см. в [Pomerantsev 2014: 79–104].

С конца 2017 года Титов продвигал другие реформы, включая создание единого реестра преступлений, запрет на возбуждение уголовных дел, основанных на гражданских спорах, и прекращение применения статьи 210 Уголовного кодекса (об организованных преступных группах) в отношении предпринимателей, что он предложил в специальном письме главе Администрации Президента [Сергеев С. 2019]. В 2018 году к усилиям Титова присоединился генпрокурор Чайка, выявивший более 200 незаконных дел против бизнеса, а Титов добился одобрения плана по возвращению из-за границы бизнесменов, сбежавших во избежание осуждения, с обещаниями справедливого решения [Коммерсантъ 2019][6]. Пока Титов занимался лоббированием интересов бизнеса, его ведомство было занято как никогда: в 2018 году от предпринимателей поступило 12 000 жалоб на нарушения в сфере налогов, регулирования, лицензирования, проверок и штрафов. Ведомство приняло к рассмотрению 2200 из них, половина была связана с уголовным преследованием. Отметим, что Титов ежегодно делал публичные (подробные и информативные) доклады президенту об этой деятельности и периодически встречался с Путиным, где мог продвигать свои идеи [Доклад бизнес-омбудсмена 2020а].

Хотя Титов не смог внедрить свои реформаторские предложения в законодательство (отчасти из-за сопротивления Министерства юстиции), он заручился поддержкой некоторых из них со стороны

---

[6] Ранее в этой главе мы видели, как Локтионов воспользовался тем, что оказался в «списке Титова» — перечне бизнесменов, которые уехали за границу, чтобы избежать, по мнению Титова, необоснованных уголовных обвинений. Другая судьба постигла Андрея Каковкина, который, вернувшись в Россию, столкнулся с несколькими осуждениями за мошенничество. Первое из них включало приговор к трём годам заключения, который был изменён на условный срок после апелляции; второе (вынесенное в августе 2021 года) привело к четырём с половиной годам лишения свободы — все эти дела были связаны с действиями, которые Титов считал гражданскими спорами, а не уголовными [Дульнева 2021]. В июле 2021 года Титов объявил о приостановке своей кампании по возвращению российских бизнесменов, проживающих за границей, из-за опасений, что они могут быть арестованы по возвращении [RFE/RL 2021a].

правоохранительных органов [Корня, Астапенко 2019]. В сентябре 2020 года шесть из них (включая прокуратуру, МВД, ФСБ и Таможенное агентство) выпустили совместный документ о правилах расследования дел в отношении бизнеса. Признавая, что правоохранительные органы регулярно нарушали существующие законы и правила, документ повторил и расширил их: запретил аресты за экономические преступления, превращение гражданских споров в уголовные дела и использование «заказных дел», запретил изъятие оригиналов документов у компаний, а также разрешил неограниченные встречи обвиняемых с их нотариусами. Надзор за исполнением этих правил возложили на прокуратуру. Примечательно, что отсутствовал запрет на применение статьи 210 Уголовного кодекса, которая позволяет рассматривать менеджмент компаний, замешанных в преступлениях, как «организованные преступные группы», что влечёт более длительные сроки лишения свободы [Доклад бизнес-омбудсмена 2020a].

Этот новый регламент был адресован в первую очередь сотрудникам правоохранительных органов в регионах и, возможно, усилил продолжающуюся централизацию инцидентов рейдерства в последние годы — процесс, выявленный исследователями из Высшей школы экономики. Они также обнаружили региональные различия в количестве рейдерских захватов, которые, как кажется, происходят реже в регионах с губернаторами-старожилами [Rochlitz et al. 2020].

5. Взяточничество и коррупция

Определение частоты и влияния взяток осложняется необходимостью соблюдения секретности, но за годы работы российские наблюдатели обнаружили удивительно устойчивые закономерности [Комаров 2019]. Самое главное, что, несмотря на распространённое мнение о том, что судьи регулярно берут взятки, большинство судей этого не делают, и, по оценкам, доля мздоимцев не превышает 5 %, — и даже они делают это только в определённых случаях: в частности, в гражданских делах с большой ценой иска. Другой важный момент заключается в том, что зачастую взятки не определяют исход дела. Они либо ускоряют судебное заседание (суд ставит его в начало списка рассмотрения), либо гарантируют, что другая сторона не добьётся своего через взятку. Таким образом, взятки превращаются в нечто вроде сервисного сбора или пошлины. Легко прийти к выводу, как это сделала Галина Енютина в исследовании 2001 года, опубликованном двумя годами позже, что денежная коррупция представляет меньшую угрозу для правосудия, чем административное давление на судей, то есть влияние со стороны могущественных лиц через председателей судов, которое мы описывали в этой главе [Енютина 2003].

Конечно, есть много нюансов, которые стоит отметить. Взятки менее распространены в уголовных делах, чем в гражданских, из-за связанных с ними рисков. Заметные уступки судей приводят к успешным апелляциям прокуратуры и потенциальным скандалам; практически никогда судья не оправдает за взятку. Возможно более мягкое наказание в рамках закона, особенно условный срок — результат, который может быть много чем обоснован. Более того, в сфере гражданских дел взятки обычно встречаются в делах со значительной ценой иска, что исключает большинство дел, рассматриваемых мировыми судьями, а также многие простые дела (хотя не все), рассматриваемые в арбитражных судах. В этих рамках вероятность того, что взятки будут обычным явлением, зависит от географии: в некоторых регионах суды гораздо более коррумпированы, чем в других. Москва часто упоминается как город, где уровень коррупции выше среднего (что вполне логично, поскольку там рассматриваются «жирные» дела). Но лидерами, как правило, являются южные регионы России и Дальний Восток, где клановые и клиентские связи доминируют в общественной жизни и где распространена культура коррупции (не только в судах). И даже в этих местах ситуация может меняться в зависимости от предпочтений председателей судов (особенно суда субъекта РФ) и/или губернаторов [Комаров 2019; Комитет по борьбе с коррупцией 2013].

Регион, печально знаменитый взяточничеством в судах, — Краснодарский край на юге страны, где не раз всплывала информация о его систематическом характере. О последнем громком случае стало известно в результате разоблачений бывшего судьи сочинского суда Дмитрия Новикова. По его опыту, некоторые адвокаты — как правило, родственники или друзья судей — выступали в качестве посредников и включали взятки в гонорары, которые они взимали с клиентов, а затем передавали сотрудникам суда. Истцы, подающие иски в суд, направлялись к этим адвокатам (иногда называемым «чёрными адвокатами»). Их деятельность регулировалась стандартным набором тарифов. Новиков также сообщил, что судьи, рассматривающие уголовные дела, хотели получить свою долю в так называемых «денежных» делах о преступлениях, предусмотренных статьями 228 УК РФ (наркотики) и 159 УК РФ (мошенничество), где широкий диапазон возможных наказаний делал возможным успешное получение взятки [Новиков 2015][7].

Истории о коррумпированных действиях судей периодически появляются в СМИ и демонстрируют разнообразие практик и результатов. Так, в очередном «откровении» бывший секретарь суда рассказала, как в её суде судьи иногда поручали адвокатам составлять проекты решений, выгодных их стороне, за соответствующее вознаграждение [Комитет по борьбе с коррупцией 2013]. В Московской области ФСБ возбудила уголовное дело в отношении юриста, который ей не нравился (за его настырные действия по делам, которые он вёл), утверждая, что он использовал личные дружеские отношения с судьями для достижения своих целей [Разумов 2019]. Время от времени судей ловят и осуждают за взятки, в одном случае возбуждение дела привело к самоубийству судьи [Трубилина 2018]. Или, когда у ФСБ есть

---

7 Ещё одна коррупционная история из Краснодара связана с судьёй Еленой Хахалевой. Будучи заместителем председателя Краснодарского краевого суда по земельным спорам, она якобы лишила отдельных собственников их земельных участков в пользу своего бывшего мужа, известного краснодарского бизнесмена, занимающегося сельским хозяйством. Её разоблачил адвокат Жорин, который снял на видео свадьбы дочери судьи, по стоимости оцениваемую в миллионы долларов. В конце 2021 года её лишили иммунитета от уголовного преследования, после чего она сбежала из России [Известия 2021].

компрометирующие материалы на судью, она может сообщить об этом председателю суда, который затем убеждает этого судью уйти в отставку [Ремесло 2014].

Один из вопросов, на который наш материал не дал ответа, касается изменений с течением времени — увеличилась, уменьшилась или осталась на том же уровне общая коррупция в российских судах в первые два десятилетия эпохи Путина. Мы полагаем, что частота взяток не увеличилась хотя бы потому, что при более высоких зарплатах у судей больше стимулов положительно реагировать на административное давление и выносить ожидаемые решения по соответствующим делам и без этого. Опросы общественного мнения показывают, что со временем россияне стали менее подозрительными, хотя 51 % опрошенных в 2020 году по-прежнему считают, что большинство судей берут взятки (по сравнению с 67 % в 2004 году) [ФОМ 2020]. Однако, как мы отмечали в главе 5, общественное мнение не всегда отражает реальность.

6. Заключение

Этот обзор случаев и типов дел, в которых прослеживается внешнее влияние, создал сложную картину, включающую множество зачинщиков (политики, бизнесмены, силовики) и тенденцию воздействовать на правоохранительные органы, а не на судей, где это возможно. Попытки влиять на судей происходили как в гражданских, так и в уголовных делах, и в этих случаях злоумышленники обычно использовали председателей судов в качестве посредников, полагаясь больше на административное давление, чем на взятки. Но часто организаторы целенаправленных или чувствительных судебных преследований не обращались к судам напрямую, вместо этого полагаясь на обычные практики российских судей для достижения желаемого результата, включая уклонение от вынесения оправдательных приговоров и решений, которые могут быть отменены вышестоящим судом, а также учёт контекста дела, включая сопровождение дела ФСБ, предъявление определённых обвинений или личности фигурантов. Такой подход иногда приводил к неудачам. Даже в некоторых делах, имеющих политическую подоплёку, судьи иногда находят доказательства недостаточными и не выносят обвинительный приговор, особенно в тех, которые имеют относительно низкую значимость, например в связи с протестами и публичными высказываниями. В то же время даже в громких делах результаты оставались непредсказуемыми из-за встречного давления и меняющихся обстоятельств. Конечно, мягкий исход менее вероятен, если зачинщик президент или кто-то из его приближённых.

Одним словом, попытки внешнего влияния на судей были составной частью отправления правосудия в РФ, но они происходили реже и были менее предсказуемыми, чем принято считать.

Часть III

ОТПРАВЛЕНИЕ
ПРАВОСУДИЯ, ИЛИ
СУДЫ В ДЕЙСТВИИ

Глава 7
Мировые суды
и будничное право

С момента своего создания в 2000 году мировые суды (мировые судьи) незаметно превратились в «рабочую лошадку» российской судебной системы. Они являются отправной точкой для большинства россиян при обращении в суд. Их создали для разбирательства относительно простых дел, чтобы разгрузить районные суды для рассмотрения более сложных и трудоёмких дел. К 2019 году эти суды рассматривали две трети всех гражданских дел, треть всех уголовных дел и почти 90 % всех административных дел [Верховный Суд 2019б]. Мировые судьи составляли почти 1/3 российского судейского корпуса.

В этой главе мы сначала кратко проследим истоки создания мировых судов, объясняя трудности, связанные с их внедрением по всей России. Затем мы перейдём к их функциям в российской судебной системе, исследуя, кто такие мировые судьи, какие дела они рассматривают и как со временем эволюционировала их юрисдикция. Наше внимание не ограничивается формальной структурой мировых судов, но также охватывает то, как эти суды и их судьи справляются с постоянно увеличивающимся количеством дел.

1. Учреждение мировых судов

Мировые суды — это постсоветская инновация. Они были частью всеобъемлющего плана судебной реформы, предложенного в начале 1990-х годов, но закон, санкционирующий их создание, был принят только в 1998 году, на излёте президентства Ельцина[1]. Они представляют собой плод совместных усилий федеральных и региональных властей, при этом федеральный бюджет покрывает зарплаты мировых судей, а региональные бюджеты — расходы на функционирование судов, включая оплату персонала и содержание помещений. На практике это означало, что каждый регион должен был принять свой собственный закон. Ещё одной задержкой при создании мировых судов стала задача поиска подходящих помещений. К 2003 году мировые суды действовали повсюду, кроме Чечни и Ненецкого автономного округа. К 2009 году мировые суды появились в каждом уголке России. В 2019 году в России насчитывалось 7255 мировых судей. Неудивительно, что количество рассматриваемых дел росло по мере увеличения числа судов для их рассмотрения. Как видно из рисунка 7.1, в 2001 году, в первый год своего существования, мировые суды рассмотрели всего 105 000 дел. Уже на следующий год это число выросло до 1,5 миллионов и продолжало расти. В 2019 году мировые суды рассмотрели более 24 миллионов дел.

Когда в начале 1990-х годов реформаторы впервые рассматривали возможность введения мировых судов, они черпали вдохновение из мировых судов позднего царского периода. Эти суды рассматривали мелкие гражданские и уголовные дела. Председательствовали там избранные мировые судьи, не имевшие формального юридического образования. При разрешении споров судьи были ориентированы на примирение сторон и могли основывать свои решения как на обычном, так и на статутном праве. Первоначально постсоветские реформаторы судебной системы рассматривали идею укомплектования новых судов непрофессионалами, но она не получила поддержки, возможно потому, что без юридического образования высшего уровня эти новые должностные лица не могли носить звание судьи (статья 119 Конституции России). В результате постсоветские мировые судьи стали частью официального российского судейского кор-

---

[1] Подробнее о политике, стоящей за этим законом, см. [Solomon 2003].

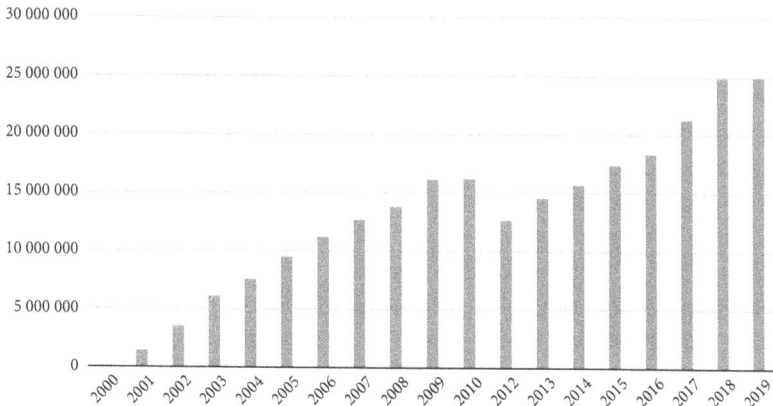

Рисунок 7.1 Количество дел, рассмотренных мировыми судами в 2001–2019 годах.
Источник: Судебный департамент при Верховном Суде Российской Федерации.

пуса. Так же как и другие судьи первой инстанции, мировые судьи должны иметь юридическое образование, быть не моложе 25 лет и обладать не менее чем пятилетним юридическим стажем. Они также должны сдать квалификационный экзамен. В отличие от своих федеральных коллег, которые получали пожизненное назначение после успешного окончания первого срока полномочий, в течение первых десятилетий своего существования мировые судьи должны были периодически подавать заявления о переназначении. Конкретные правила, регулирующие пребывания в должности, варьировались в зависимости от региона. Этот процесс последовательного переназначения, вероятно, открыл дверь для коррупции, так как мировые судьи стремились угождать различным покровителям ради сохранения своих должностей. В 2021 году правила были упорядочены. Теперь у мировых судей есть трёхлетний «испытательный» срок, а после повторного назначения их статус становится постоянным до достижения предельного возраста пребывания в должности судьи[2]. Это привело к ограничению возможностей региональных властей.

Поскольку царские мировые судьи не были юристами и избирались на свои должности, они были тесно связаны со своими общинами. Постсоветские реформаторы права надеялись воссоздать этот дух соседского суда. С этой целью Россия была разделена на судебные участки на основе численности населения, при этом для каждого участка создавался один мировой суд. Первоначально закон требовал, чтобы каждый участок охватывал от 15 000 до 30 000 жителей. В 2006 году максимальное количество жителей было снижено до 23 000. Суровые реалии российского рынка недвижимости заставили чиновников скорректировать свои планы по размещению мировых судов в каждом участке. В большинстве городских районов мировые суды делят помещения. Это позволило достичь определённой экономии за счёт масштаба в предоставлении судебных услуг и способствовало созданию живого командного духа среди мировых судей, но в ущерб интеграции мировых судов в местные сообщества. Сельской местности повезло с этим больше.

Организация судебных участков на основе численности населения была призвана обеспечить относительно равную нагрузку среди мировых судей. Эта идея обернулась полным провалом. Участки, на которых расположены банки или торговые центры, завалены делами, тогда как в жилых районах дел намного меньше. Чиновники пытались решить проблему, изменяя границы участков, но зачастую безрезультатно. Например, 211 мировых судов в Санкт-Петербурге рассматривали в среднем 390 дел в месяц в 2020 году, при этом самые загруженные суды рассматривали в месяц в среднем 815 дел, тогда как наименее загруженные — всего 87[3]. Некоторые регионы приняли более радикальные меры, отказавшись от требования, чтобы участки были смежными.

---

[2] Для получения подробной информации об изменениях в законе о мировых судах см. URL: https://rg.ru/2021/04/09/polnomochiya-dok.html (дата обращения: 31.08.2022).

[3] Для отчётов о деятельности мировых судей Санкт-Петербурга см. «Мировые судьи Санкт-Петербурга».

В Воронеже они распределили участки центральной деловой зоны между каждым судебным участком, чтобы уравнять рабочую нагрузку. Поскольку на сайтах судов истцы могут ввести свои адреса, чтобы определить, какой суд обладает территориальной подсудностью по их делу, такие изменения не влияют на общую доступность. Однако большинство судов придерживаются традиционного разделения на участки, что мало способствует выравниванию нагрузки судей.

2. Юрисдикция мировых судов

В отличие от своих царских предшественников, современные мировые суды опираются исключительно на писаное право. Обращение к обычному праву не предполагается в качестве стандартной опции. Как и другие российские суды, мировая юстиция вправе передавать дела на медиацию, но лишь немногие тяжущиеся идут на это. Закон, который учредил эти суды, определяет и их юрисдикцию. Определение подсудности дел влияет на рабочую нагрузку как мировых, так и районных судов. Мировые суды рассматривают четыре типа дел: гражданские, уголовные, административные правонарушения и общие административные дела. Каждая из этих категорий регулируется собственным процессуальным кодексом.

В картотеках судов общей юрисдикции преобладают гражданские дела. В 2019 году они составили 60 % всех рассмотренных дел. Уголовные дела были редкостью — менее 1 % от общего числа дел. Ещё 22 % дел касались так называемых административных правонарушений, многие из которых в других странах классифицировались бы как мисдиминоры или «проступок». Однако в России незаконные действия регулируются либо Уголовным кодексом (УК), согласно которому наказание может быть в виде лишение свободы, либо Кодексом об административных правонарушениях (КоАП), где среди наказаний преобладают предупреждения и денежные штрафы, а привлечение к ответственности не влечёт судимость. Не все виды поведения, подпадающие под действие КоАП, были бы криминализованы в других странах. Например, большинство нарушений правил дорожного движения находятся в его компетенции. Оставшиеся 17 % дел мировых судов в 2019 году составили общие административные споры, то есть дела, связанные с конфликтами с государством. Хотя закон предоставляет гражданам возможность оспаривать различные действия государства, почти все дела в этой категории касаются исков государства к гражданам по поводу налоговой задолженности.

Первоначальная цель, заключавшаяся в том, чтобы мировые суды разгрузили районные суды, была достигнута в относительно короткие сроки. В 2000 году мировые суды рассматривали только 1 % всех дел, что логично, учитывая, что на тот момент было создано сравнительно немного таких судов. Однако как только эти суды начали работать на полную мощность, они взяли на себя больше, чем от них было бы справедливо ожидать. К 2002 году они рассматривали 40 % всех дел. К 2006 году этот показатель увеличился до 70 % и оставался на этом уровне. В 2018 году мировые суды рассматривали 74 % всех дел, поступивших в суды общей юрисдикции.

Это говорит о том, что мировые суды стали жертвами своего институционального успеха. Они были завалены делами. Если бы мировые судьи проводили полноценные слушания по существу всех этих дел, это привело бы к колоссальным задержкам. Однако в реальности задержки случаются очень редко. Как и других российских судей, мировых судей оценивают по их способности справляться с делами в сроки, установленные процессуальными кодексами. Большинство мировых судей стремится продвинуться по карьерной лестнице, перейдя в районные или региональные суды. В совокупности эти факторы дают им мощный стимул к эффективности. В качестве примера можно привести тот факт, что менее 0,5 % неуголовных дел, рассмотренных мировой юстицией в 2019 году, заняли больше времени, чем предусмотрено соответствующим процессуальным кодексом.

Ключом к быстрому рассмотрению гражданских и общих административных дел является судебный приказ. Это процессуальный инструмент, который позволяет судьям разрешать определённые категории дел на основании поданных материалов без проведения судебного разбирательства. Если стороны возражают, они всегда могут потребовать проведения слушания. Не все виды дел подлежат такого рода ускоренной процедуре. Судебные приказы не используются в делах, связанных с уголовной или административной ответственностью. При оценке обоснованности и соразмерности применения различных мер наказания, будь то тюремное заключение или штрафы, мировым судьям необходимо учитывать конкретные обстоятельства каждого дела. Напротив, многие гражданские и административные дела не обладают значимой спецификой, что позволяет быстро их рассматривать. В силу этого в 2020 году московские мировые суды использовали судебные приказы во всех общих административных делах, которые в основном касались требований об уплате налогов[4]. Результаты по гражданским делам были более разнообразными. Хотя 88 % от всех гражданских дел разрешались через судебные приказы, тип дела имел значение. Этот инструмент использовался почти во всех жилищных спорах, большинство из которых касалось документально подтверждённой задолженности по оплате найма жилья или коммунальных услуг. В то же время он применялся менее чем в 20 % семейных споров. Судебные приказы подходили для рутинных заявлений о неуплате алиментов, но не для большинства дел о разводе. Они использовались лишь в небольшом числе споров с потребителями, каждый из которых включал уникальный набор фактов.

С самого начала было ясно, что почти все административные дела начинаются в мировых судах. В 2019 году 89 % всех дел об административных правонарушениях начиналось в мировых судах. Аналогично, 88 % всех общих административных дел рассматривалось этими судами. Эти проценты оставались примерно такими же на протяжении всего существования мировых судов. Как правило, дела об административных правонарушениях, к которым относятся обвинения, вытекающие из большинства

---

[4] Отчёты о деятельности мировых судов города Москвы см. URL: http://usd.msk.sudrf.ru/modules.php?name=stat&rid=29 (дата обращения: 31.08.2022).

уличных протестов, влекут за собой те или иные наказания. В семи из десяти случаев назначаются штрафы. Другие наказания включают письменные предупреждения, административный арест и запреты на определённые виды деятельности (сродни судебному запрету).

Настолько же очевиден и выбор политики обхода мировых судов для большинства уголовных дел. Только преступления, максимальное наказание за которые не превышает трёх лет лишения свободы (и то не все), рассматриваются мировыми судами. Это ограничивает мировых судей рассмотрением дел о преступлениях небольшой тяжести, а более тяжкие составы передаются в районные или региональные суды. Процент уголовных дел, рассматриваемых в судах общей юрисдикции, колебался от 23 % в 2007 году, до 45 % в 2011 году и 33 % в 2019 году. Хотя многие из этих дел рассматриваются «в особом порядке» российской версии сделки о признании вины, в рамках которой подсудимый признает свою вину, сложность оставшихся дел приводит к тому, что они у мировых судей занимают непропорционально много времени. Как и в других российских судах, оправдания редки. В 2019 году на их долю пришлось всего полпроцента уголовных дел, рассмотренных по существу. Подсудимые были осуждены в большинстве дел (54 %), значительное число дел (37 %) было прекращено по различным основаниям, таким как примирение сторон и процедура судебного штрафа (см. главу 8), а часть (7 %) передали в другие суды по подсудности.

Мировые суды также рассматривают уголовные дела, которые возбуждаются, по общему правилу, только по заявлению потерпевшего или его законного представителя. Зачастую такие заявители уже обращались в органы следствия или дознания, но те отказались возбуждать дело, хотя некоторые сразу подают свои заявления непосредственно в суд. Как правило, такие дела инициируются разочарованными членами семьи, бывшими членами семьи или соседями в качестве тревожного звонка для близких и дорогих им людей. В 2019 году такие дела составляли около 4 % всех уголовных дел. Мировые судьи стараются привести стороны к примирению, исходя из того, что наличие судимости у члена семьи или близкого друга не отвечает ничьим интересам. Если такие дела доходят до приговора, оправдания встречаются чаще, чем в делах публичного обвинения.

Решение вопроса о том, какие гражданские дела должны рассматриваться в мировых судах, оказалось более сложной задачей. С 1998 по 2021 год контуры юрисдикции мировых судов в сфере гражданского судопроизводства корректировались четыре раза. Изначально закон содержал положения, касающиеся различных категорий дел. Большинство из них было исключено в пользу общей формулировки, хотя в сфере семейного права уточняется, что эти суды рассматривают только разводы, не связанные со спором о детях. Осложнённые таким спором разводы рассматриваются районными судами. В целом большинство споров, связанных с требованиями до 50 000 рублей, находятся в компетенции мировых судов[5]. Это включает раздел имущества между супругами при разводе. Исключение составляют потребительские иски, сумма которых может достигать 100 000 рублей.

Эти правила не были справедливыми для всей России. Стоимость жизни в Москве и Санкт-Петербурге значительно выше, чем в более отдалённых регионах. Например, в 2011 году московские мировые судьи рассматривали в среднем 47,7 гражданских дел в месяц, тогда как в Курской области на одного мирового судью приходилось более 130 гражданских дел в месяц [Hendley 2012b: 344]. Это иллюстрирует дифференцированное воздействие лимита в 50 000 рублей, а значит, на столы районных судов Москвы попадает больше гражданских дел, чем в Курской области. Эти данные не учитывают специальную норму для потребительских споров, которая дополнила юрисдикцию мировых судов к 2019 году.

Среди гражданских дел мировых судов преобладают дела, возбуждённые юридическими лицами против физических лиц, например, о задолженности по кредитным картам или плате за

---

[5]   По курсу 2021 года 50 000 рублей равны 671 доллару США. В сравнительном плане Россия установила низкую планку. Висконсинские суды по рассмотрению мелких исков рассматривают гражданские иски, сумма которых не превышает 10 000 долларов. В судах по рассмотрению мелких исков графств Англии предельная сумма составляет 10 000 фунтов стерлингов.

жильё. В 2019 году эти иски составляли почти 90 % всех граждан-ских дел, большинство из которых решались через судебные приказы. Иски, поданные физическими лицами против юриди-ческих лиц, встречались редко, составляя менее 3 % гражданско-го делопроизводства. Более распространены были споры между физическими лицами, которые составляли около 7 % гражданских дел. Большинство из них относится к сфере семейного права.

3. Место мировых судов в российской судебной системе

Мировые суды представляют собой низшую ступень в иерар-хии судов общей юрисдикции. Независимо от того, слушают ли мировые судьи дела в залах судебных заседаний или в своих ка-бинетах, они обычно носят мантии и рядом присутствуют атри-буты государственной власти, такие как флаг и государственная печать. Стороны, которые не удовлетворены решением, могут подать апелляцию в районные суды и далее по цепочке, за исклю-чением уголовных дел, где задействован особый порядок приня-тия судебного решения в связи с согласием обвиняемого с предъ-явленным обвинением. В этом случае нельзя обжаловать приго-вор по мотиву несоответствия выводов суда фактическим обстоятельствам уголовного дела.

Обжалование решений мировых судей по гражданским и ад-министративным делам (которые объединяются при подсчёте статистики) происходит довольно редко. В 2019 году апелляции были поданы только по 12 из каждой тысячи дел, рассмотренных по существу (а не разрешённых через судебный приказ)[6]. Часто-та подачи апелляций возрастает до 145 на тысячу дел, если учи-тывать дела, решённые с помощью судебных приказов. Это не следует интерпретировать как указание на то, что мировые суды чаще ошибаются при вынесении судебных приказов. Обжалова-

---

[6]   Эти статистические данные взяты из отчёта за 2019 год о деятельности ми-ровых судов, подготовленного Судебным департаментом при Верховном Суде Российской Федерации. URL: http://www.cdep.ru/index.php?id=79 (дата обращения: 31.08.2022).

ние таких приказов сводится к просьбе о полном судебном разбирательстве. Шансы на успех при обжаловании невелики. Удовлетворяют менее 20 % апелляций по делам, рассмотренным по существу мировыми судами. Из судебных приказов отменяют только около 1 %.

Апелляции на уголовные приговоры и вынесенные наказания более распространены, как и следовало ожидать, учитывая, что на кону часто стоит свобода подсудимых. В 2019 году было обжаловано 12 из каждых 100 дел, которые рассматривались без согласия обвиняемого с предъявленным обвинением. Защитники осуждённых чаще подавали апелляции, чем прокуроры, недовольные оправдательными приговорами, но у прокуроров было больше шансов на успех. Из оправдательных приговоров отменили каждый пятый, а из обвинительных менее одного из десяти.

Во время полевого исследования мировых судей, которое Хендли начала в 2009 году, она обнаружила, что мировые судьи прилагали максимум усилий, чтобы избежать отмены их решений. Все без исключения судьи, с которыми она беседовала, рассматривали отмену решения как показатель ошибки, которая будет иметь последствия. Как минимум такая отмена становилась предметом официального обсуждения среди коллег, которое обычно организовывал председатель районного суда, на чьей территории располагался мировой суд. На этом собрании провинившегося судью чихвостили и давали советы, как исправиться. Опасаясь такого исхода, мировые судьи часто занимались буквоедством, даже если справедливость требовала более гибкого подхода. Например, мировой судья из Екатеринбурга в 2011 году отклонила просьбу женщины, которая утверждала, что её бывший муж значительно занижал свои доходы, чтобы избежать исполнения своих обязательств по уплате алиментов на ребёнка, так как она не смогла предоставить налоговые документы в поддержку своего заявления. Вместо этого она представила выписки по кредитным картам, свидетельствующие о роскошных увеселительных поездках и других расходах, которые невозможно было финансировать из тех доходов, которые он заявлял. После слушания судья сказала Хендли, что верит этой женщине, но не может вынести решение в её пользу, поскольку его наверняка отменят в апелляции. Она согласилась с тем, что закон оказал плохую услугу истице, но чувствовала, что у неё связаны руки. Аналогичным образом, мировой судья из Великих Лук, который работал в системе мировых судей с момента её создания, в разговоре с Хендли в 2012 году хвастался, что никогда не сталкивался с отменой своего приговора по уголовным делам и что из его решений по гражданским делам отменили только 15.

Иногда мировые судьи пренебрегали осторожностью и позволяли сочувствию повлиять на их решения. В 2010 году Хендли наблюдала случай мелкой кражи, совершённой пенсионеркой с инвалидностью в Петрозаводске. Эта женщина, давшая бессвязные и не имеющие отношения к делу ответы на вопросы мирового судьи, утверждала, что забыла заплатить за товары, найденные в её карманах. Судья объяснила, что не видит особого смысла в наложении штрафа, предусмотренного соответствующим законом, на умственно отсталую женщину за кражу огурцов. Сумма ущерба была незначительной и составляла менее 5 долларов. Мировая судья отпустила женщину восвояси без наказания. Поскольку супермаркет не направил своего представителя, судья не беспокоилась о том, что будет подана апелляция. Если бы она была подана, её решение, скорее всего, было бы отменено, поскольку оно представляло собой отход от буквы закона.

4. Доступность мировых судов

Суды, особенно те, которые предназначены быть главным порталом для исков, мало полезны, если они недоступны. Мировые суды имеют хорошие показатели по таким ключевым параметрам доступности, как географическая близость к населению, уровень процессуальной сложности, а также временные и финансовые затраты на обращение к ним. Вопрос о том, рассматривают ли сами россияне эти суды как приемлемый вариант в случае возникновения проблем, является более сложным.

Как мы уже отмечали ранее, размещение мирового суда на территории каждого судебного участка оказалось неосуществимым. Вместо этого власти часто занимали целые здания, размещая в них мировые суды нескольких смежных участков. При этом чиновники старались обеспечить максимальную доступность, чтобы суды находились вблизи остановок общественного транспорта. Удобства, доступные для судей, их сотрудников и участников процесса, сильно различаются. Расходы на приобретение и содержание помещений ложатся на плечи региональных властей. Как следствие, качество этих объектов в значительной степени зависит от того, насколько региональные власти заинтересованы в реализации проекта по созданию мировых судов. В ходе полевой работы Хендли никогда не сталкивалась с тем, чтобы здание было специально построено для нужд мирового суда. Зачастую они располагались в реконструированных офисных или жилых зданиях. Иногда они имели более колоритную историю в качестве детского сада или магазина игрушек. Внутри зданий в более благополучных регионах, таких как Москва и Санкт-Петербург, есть скамейки, где посетители могут подождать. В других регионах меньше удобств для граждан, а местом ожидания служат узкие коридоры. Аналогичным образом каждый мировой судья в более обеспеченных регионах имеет систему смежных помещений, включающую его рабочий кабинет, зал судебных заседаний, совещательную комнату и приёмную, где находятся рабочие места его секретарей и помощника. В менее обеспеченных регионах несколько судей делят зал суда, что вынуждает их рассматривать большинство дел в своих кабинетах, которые могут вместить всего несколько человек. Часто вспомогательный персонал этих судов размещается на определённом расстоянии от них, что снижает общую эффективность работы суда.

Каждый мировой суд имеет собственный сайт, содержащий огромное количество информации. Для тех, кто рассматривает возможность обращения, эти сайты позволяют ввести свой адрес, чтобы узнать свой судебный участок и адрес (почтовый и электронный) суда, который имеет юрисдикцию по их делу, а также имя судьи. На сайтах также есть встроенный калькулятор для расчёта пошлин и множество образцов форм для различных типов дел. Стороны судебного разбирательства могут получить более персонализированную помощь на любом этапе процесса, посетив суд в часы приёма без записи или задав вопросы по телефону или электронной почте. Возможность для сторон обратиться за консультацией к судьям и их сотрудникам может показаться странной, но это давняя практика, восходящая к советским временам. В российском контексте это рассматривается не как одностороннее общение, а скорее как способ помочь юридически неграмотным людям разобраться в хитросплетениях правовой системы. Комментарии, которые Варвара Андрианова получила во время своего качественного исследования мировых судов, показывают обе стороны этой медали. Один из участников судебного процесса, воспользовавшийся этой возможностью, сказал ей: «Я думаю, что судья был очень полезен. Я приходил пару раз, потому что не был уверен в своих документах. Он нашёл время, чтобы всё мне объяснить». С другой стороны, другой участник процесса сказал ей: «Я не знал, что могу прийти и обсудить своё дело с судьёй. Я живу далеко [от него] и вынужден работать целый день; это несправедливо, что другие приходят и разговаривают с ним, и теперь знают друг друга» [Andrianova 2018: 88–89]. Судьи рассматривают эти занятия как часть образовательной функции судов, которая началась в советское время. Как сказал Андриановой один из судей, «иногда приходится объяснять людям простыми словами, что у них нет здесь оснований для иска или что они не выиграют только потому, что уверены в своей правоте» [Ibid.: 88]. Судьи должны действовать очень деликатно во время таких бесед, учитывая, что им запрещено давать юридические консультации.

Язык процессуальных кодексов прост. Это, в сочетании с доступностью стандартных форм для наиболее распространённых исков, инициируемых гражданами, делает подачу заявления без помощи юриста вполне осуществимой. Мировые судьи склонны прощать недостатки в заявлениях, предпочитая устранять их на первом заседании, а не отклонять дефектные обращения. Они более требовательны, когда заявители имеют представителей. Многие россияне опасаются нанимать юриста, считая, что это им не по карману. Андрианова обнаружила, что тяжущиеся чаще всего обращались за юридической помощью после консультаций с судьями во время их часов приёма. Эти встречи часто заставляли их осознать важность понимания тонкостей закона. Некоторые ищут компромисс, нанимая юриста только для подготовки текста обращения, но не для представительства в суде. Для расширения доступа к правовой помощи в 2011 году был принят закон, который позволил оказывать бесплатную юридическую помощь в неуголовных делах нескольким категориям нуждающихся граждан, включая пенсионеров, несовершеннолетних и инвалидов. В своём исследовании, проведённом в годы, последовавшие за принятием этого закона, Андрианова отмечает, что никто из её респондентов не знал об этой возможности. Как сказал ей один мировой судья: «Эта идея не работает в реальности» [Ibid.: 84]. В последние годы российские суды, включая мировые, ужесточили правила относительно того, кто может представлять интересы истцов. До 2018 года заявитель мог попросить кого угодно представлять его в неуголовном деле. Мировые судьи не имели права задавать вопросы об их квалификации. В 2019 году вступил в силу закон, согласно которому представитель в гражданском процессе, если он не является представителем в силу закона, должен, по общему правилу, иметь высшее юридическое образование. Однако они не распространялись на мировые и районные суды. Помноженное на отсутствие требования обязательного представительства, это приводит к тому, что юристы не являются обязательными в мировых судах. В уголовных делах, конечно, ситуация другая. Обвиняемые в уголовных делах обязаны иметь защитника со статусом адвоката. Если у них нет средств на оплату услуг адвоката, государство покрывает эти расходы.

Возможность подать иск в мировой суд без адвоката снижает расходы на судебное разбирательство. Заявители, разумеется, должны оплатить государственные пошлины. Для некоторых исков сумма фиксирована. Например, с 2024 года для получения развода каждый из супругов должен заплатить 5000 рублей[7]. Для других

---

[7] Его сумма составляет чуть более 60 долларов США по курсу, действующему в октябре 2024 года. Статья 333.19 Налогового кодекса.

исков, таких как нарушения прав потребителей, пошлины не взимаются. Как и в других судах, для исков, требующих денежной компенсации, закон устанавливает скользящую шкалу государственных пошлин, основанную на размере требований. Если истец выигрывает дело, ответчик возмещает ему данные расходы. Если сторону в процессе представляет юрист, то победитель также может потребовать от проигравшего возместить затраты на эти услуги.

Как уже было отмечено, мировые судьи рассматривают свои дела быстро. Гражданский процессуальный кодекс требует, чтобы они разрешали дела в течение одного месяца с момента принятия заявления к производству (статья 154 ГПК). В уголовных делах мировые судьи должно начинать разбирательство не ранее трёх и не позднее 14 суток со дня поступления в суд заявления или уголовного дела (статья 321 УПК). Сроки для рассмотрения дел об административных правонарушениях по общему правилу не должны превышать двух месяцев с возможностью продления ещё максимум на месяц (статья 29.6 КоАП). Несоблюдение этих сроков влечёт за собой серьёзные последствия для судей, как формальные, так и неформальные. Судьи разработали несколько процедурных инструментов, которые позволяют им увеличить время рассмотрения без наказания. Например, в гражданских делах приостановление производства для получения экспертного заключения или отложение разбирательства для предоставления сторонам времени на мирное урегулирование не засчитывается в общее время рассмотрения дела. Привлечение третьего лица позволяет заново начать отсчёт времени. Таким образом, низкий уровень задержек, указанный в официальных данных, создаёт ложное впечатление. Однако, как показывает полевое исследование Хендли, мировые судьи работают эффективно, часто разрешая споры за одно заседание. Скорость имеет свои преимущества, но также несёт риск пропуска или игнорирования вопросов, которые могли бы затормозить рассмотрение дела. Это больше проблема для районных и региональных судов, где слушаются более сложные дела.

Если судить по традиционным критериям, мировые суды кажутся удивительно доступными. Процессуальная сложность невысока. Дела рассматриваются оперативно с минимальными затратами для сторон. Избегая состязательных методов, таких как жёсткий перекрёстный допрос, спорящие стороны, которые начинают судебный процесс как друзья или коллеги, обычно остаются таковыми и по его завершении.

5. Повседневные реалии мировых судов

Как мы видим, несмотря на поддержку состязательности в Конституции 1993 года, она примечательно отсутствует в мировых судах. Мировые судьи, которые рассматривают дела единолично, играют скорее роль дирижёра, чем рефери. Такое нередко встречается в странах с континентальной правовой традицией. Для мировых судей контроль над процессом помогает уложиться в жёсткие сроки, установленные законом для разрешения дел. Они всегда дают каждой стороне (независимо от того, есть ли у неё юридическое представительство) возможность предъявить свои доказательства и оспорить доказательства оппонента. Однако их терпение ограничено. Хотя стороны обладают значительной свободой в представлении письменных доказательств, они обязаны ходатайствовать перед судом о вызове любых свидетелей, и судьи часто отклоняют такие ходатайства. Справедливо будет сказать, что стороны могут почувствовать себя стреноженными. Один из тяжущихся жаловался Андриановой: «Я даже не мог ничего объяснить судье. Я считаю, что это было несправедливо; судья задавал вопросы, а когда я хотел что-то сказать, он сказал, что это не имеет отношения к делу» [Andrianova 2018: 81]. С юридической точки зрения судья, несомненно, был прав, и, если бы он разрешил дать эти показания, это могло бы нарушить его график. Тем не менее его нежелание выслушать оставило этого участника процесса неудовлетворённым. Некоторые тяжущиеся пошли ещё дальше и пришли к выводу, что само слушание было пустой тратой времени. Как сказал другой интервьюируемый: «Я думал, что смогу рассказать свою версию событий, но кажется, что всё уже было решено, так зачем я вообще должен был там появляться?» [Ibid.].

У этого участника процесса сложилось впечатление, что мировой судья уже принял решение до заседания, что кажется несправедливым. Однако, на самом деле, это отражает тот факт, что большинство дел в мировых судах решаются на основе письменных доказательств. Действительно, слушания являются скорее исключением, чем правилом. Вспомним высокий процент гражданских дел, решаемых с помощью судебных приказов — процессуального инструмента, разработанного для того, чтобы избежать проведения заседаний. Если слушание необходимо или его требуют стороны, почти все документальные доказательства представляются до начала слушания. Если стороны не справляются с обязанностью доказать свою позицию, мировой судья подтолкнёт их в нужную сторону, включив перечень необходимых документов в определение о принятии заявления к производству. Как правило, документы говорят сами за себя. Компетентные мировые судьи тщательно изучают материалы дела до заседания. У них может возникнуть несколько уточняющих вопросов, но обычно их мало интересует, какие мотивы стояли за действиями, отражёнными в этих документах. Во время полевой работы Хендли в Воронеже ей рассказывали, что рассмотрение дел о разводе назначается с интервалом в десять минут. Она была свидетелем того, как бракоразводные процессы завершались ещё быстрее. Мировых судей не интересовали подробности распада брака. Они видели свою задачу в том, чтобы убедиться, что обе стороны согласны на развод и не имеют разногласий по вопросам, связанным с детьми. В целом проект 2010 года, в рамках которого проводился мониторинг мировых судов в Пермском крае и Ленинградской области, показал, что слушания более чем половины из 1800 рассмотренных дел заняли менее 30 минут [Иванова 2011: 76].

В соответствии с общим правилом для российских судов, мировые судьи обязаны выносить свои решения по завершении любого слушания. Иногда для этого сторонам приходится ждать несколько часов. Чаще ожидание не превышает 30 минут, что, похоже, подтверждает подозрения респондента Андриановой о предопределённости решения. Скорости, с которой мировые судьи могут выносить решения, также способствует наличие форм, содержащих часть необходимой технической терминологии. В гражданских делах тот факт, что мировые судьи не обязаны составлять полное обоснование решения, а должны лишь указать его основные результаты, облегчает их ношу. Эта так называемая «резолютивная часть» решения (результативная часть) информирует стороны о том, кто выиграл дело, и, если речь идёт о возмещении убытков, указывает присуждённую сумму. До 2016 года мировые судьи были обязаны подготовить полное мотивированное решение в течение пяти дней. Затем процессуальный кодекс изменили, предусмотрев необходимость полной мотивировки решения только по требованию одной из сторон[8]. Логика отмены требования о составлении так называемых мотивированных решений заключалась в том, что лишь немногие решения мировых судов требовали подробного обоснования, а принуждение судей к составлению шаблонных решений было признано пустой тратой их времени. Напротив, при рассмотрении уголовных и административных дел к мировым судьям предъявляются те же требования, что и ко всем остальным судьям, а это значит, что их постановления и приговоры должны содержать мотивировочную часть[9].

Отмечая банальный характер большинства споров в мировых судах, мы должны признать, что дела, которые кажутся неважными сторонним наблюдателям, могут вызывать глубокие эмоции у сторон. Примером могут служить так называемые дела частного обвинения, обсуждавшиеся ранее. Такие дела могут требовать от мировых судей более активной роли в качестве квазимедиаторов. Некоторые судьи признавались Хендли, что они часто чувствуют себя скорее социальными работниками, чем судьями. Они нисколько не гордились этим, жалуясь Хендли на то, что их время тратится впустую на то, чтобы разобраться в мелких личных склоках. Когда в 2012 году вступил в силу закон, позволяющий сторонам передавать дела на медиацию, многие судьи надеялись избавиться от этих хлопотных дел, но лишь немногие стороны предпочли медиацию. Конечно, медиация является формализованной версией достижения мирового соглашения.

[8]   Статья 199 ГПК.

[9]   Статья 29.11 КоАП; статья 322 УПК.

Гражданский процессуальный кодекс поощряет заключение мировых соглашений, снижая размер государственной пошлины в случае, если стороны найдут решение самостоятельно. На первом заседании по каждому делу мировые судьи привычно интересуются возможностью заключения мирового соглашения. Однако немногие стороны идут по этому пути. В 2019 году около 10 % гражданских дел завершились мировым соглашением. Это может быть следствием относительной быстроты и дешевизны судебного разбирательства, а также того, что дела, которые можно урегулировать через двусторонние переговоры, никогда не доходят до суда. В отличие от тех, кто судится в странах, где разбирательства могут тянуться годами, россияне не возражают против ожидания, пока мировой суд разрешит их спор.

Недовольство, выраженное респондентами Андриановой, не находит отражения в опросах тех, кто имел дело с мировыми судами. В ходе опроса 2009 года, проведённого среди 1200 пользователей в Ленинградской, Нижегородской и Ростовской областях, этим судам и их судьям в целом были даны высокие оценки. Опрос был организован московским представительством Американской ассоциации юристов (при поддержке Агентства США по международному развитию). Более 80 % респондентов считало, что мировые судьи хорошо подготовлены и компетентны. Лишь 10 % указало на предвзятость со стороны судьи. 48 % респондентов отметило, что их судья был полностью независим, а ещё 24 % сообщило, что судья в основном действовал независимо, но не всегда.

Что касается справедливости процесса, более 70 % респондентов были уверены, что мировые судьи обычно выносят решения в пользу той стороны, которая сильнее с юридической точки зрения. То же большинство отметило, что их мировые судьи строго соблюдали все процессуальные нормы во время слушаний, вели себя тактично и не только предоставляли обеим сторонам равные возможности для представления своих аргументов, но и уделяли им пристальное внимание. На вопрос о том, проявлял ли судья какое-либо предпочтительное отношение к определённым группам, таким как представители среднего класса, рабочие, молодёжь, нерусские и пенсионеры, большинство ответило, что судья действовал беспристрастно. Некоторая двусмысленность была высказана по отношению к богатым людям. Хотя 57 % респондентов отметило, что обеспеченные истцы получали такое же обращение, как и все остальные, 31 % сказал, что они получали лучшее обращение, что стало самым высоким показателем среди всех подгрупп.

Высокие оценки, данные мировым судьям, кажутся несовместимыми с преобладающим представлением о российских судах как о некомпетентных и коррумпированных. Как мы неоднократно указывали, этот образ не то чтобы совсем неточный, он просто не отражает всей реальности. В производстве мировых судов преобладают заурядные дела, которые даже не требуют полноценного судебного разбирательства. Ставки недостаточно высоки, чтобы дача взятки имела смысл. Структура мировых судов также способствует большей независимости мировых судей. В отличие от судей в других частях российской судебной системы, у мировых судей нет председателя или другого непосредственного начальника, который бы заглядывал им через плечо. Это даёт им бóльшую свободу, хотя общая цель — продвижение по службе — делает их такими же одержимыми идеей поддержания низкого уровня отмены решений и недопущения нарушений установленных законом сроков рассмотрения дел, как и других судей. Это может приводить к желанию «не раскачивать лодку», что наносит ущерб интересам участников процесса.

Двойственная природа российской правовой системы может проявить свою тёмную сторону и в мировых судах. Хотя вопросы, рассматриваемые в них, как правило, носят рутинный характер, туда могут попадать и дела с политическим подтекстом. Например, в 2007 году тогдашний оппозиционный лидер Гарри Каспаров предстал перед Юлией Сазоновой, которая в то время была мировым судьёй в одном из районов Москвы, где проходила несанкционированная акция протеста[10]. После четырёхчасо-

[10] Будет ли дело протестующих рассматриваться в мировых судах или районных судах, зависит от конкретной статьи УК или КоАПа, по которой им предъявлены обвинения. Прокуроры часто применяют статью 212 УК, которая

вого заседания Сазонова приговорила Каспарова к пяти суткам ареста. Хотя Каспаров описал заседание как «срежиссированный фарс от начала до конца» [Levy 2007], Сазонова утверждала, что не получала никаких указаний по поводу того, как поступить с ним, и сделала всё возможное, чтобы соблюсти закон. Позднее, размышляя о своих действиях, она сказала:

> Когда ты внутри этой системы, у тебя такой образ мыслей. Ты действительно веришь, что <...> ты за справедливость. Это моё субъективное мнение, может быть, есть лицемеры, которые чётко понимают, что они выносят неправосудные решения, но вот лично мой опыт: я действительно считала, что эти люди [протестующие] пытаются уйти от ответственности, и я действительно думала, что полиция, прокуратура — они со мной и им можно верить [Дзядко, Краевская 2012].

Как следует из пренебрежительного замечания Каспарова, протестующие сочли её решение политизированным. Её бюрократическое начальство также осталось недовольным, но по совершенно другим причинам. Они критиковали её за то, что она потратила слишком много времени на вынесение решения. Осознав, что такая негативная внутренняя обратная связь затормозит её карьеру, она ушла из судебной системы в частную практику. Только в ретроспективе Сазонова смогла осознать, в какой степени институциональная структура, в которой она оказалась, социализировала её, заставив принимать решения так, как от неё ожидали, без всякого побуждения к этому. (Подробнее о политизированном правосудии см. главу 6.)

предусматривает ответственность за массовые беспорядки. Одна часть этой статьи предусматривает сроки заключения от восьми до 15 лет, а другая — всего два года. Обвиняемые по последней части будут направлены в мировые суды, тогда как дела по первой части подпадают под юрисдикцию районных судов.

Глава 8
Уголовное
судопроизводство

Постсоветская Россия унаследовала от советского периода неоинквизиционную уголовную процедуру (с существенными искажениями), которая на практике отличалась обвинительным уклоном. Как мы видели в главе 2 и в других разделах, реформаторски настроенные юристы стремились изменить ситуацию с помощью мер, направленных на укрепление независимости суда и развитие состязательности в уголовном процессе. Обеспечение несменяемости судей, развитие института суда присяжных и отказ от возвращения дел на дополнительное расследование в качестве альтернативы оправдательным приговорам — это примеры шагов, предпринятых в 1990-е годы.

Ключевым моментом в формировании современной системы уголовного правосудия стало принятие в 2001 году нового Уголовно-процессуального кодекса (УПК), который, как мы увидим, включал элементы состязательности. Этот кодекс был важен как своими изменениями, так и тем, что он оставил неизменным. Тем не менее в последующие годы произошли отступления от его положительных элементов, включая снижение состязательности, и дальнейшие изменения — хорошие, плохие и нейтральные — в течение следующих двух десятилетий. Среди них: расширение упрощённых альтернатив полноценным судебным разбирательствам, таких как примирение сторон, наложение штрафов судом без вынесения обвинительного приговора, и процедура признания вины; пересмотр всей апелляционной процедуры; а также поиск и рассмотрение дальнейших альтернатив уголовным процессам, таких как расширенное использование административных правонарушений (в дополнение к уголовному преследованию и в качестве его замены) и введение нового типа правонарушений, известных как «уголовный проступок», который будет рассматриваться иначе, чем преступления и административные правонарушения.

В этой главе представлена система уголовного правосудия России в её состоянии на 2020–2021 годы. Мы начинаем с анализа УПК 2001 года — его достижений и упущений; этапов процесса (досудебное расследование, судебное разбирательство, апелляция); и ролей разных участников, включая судей различных судов. Затем мы рассмотрим сохраняющийся обвинительный уклон, его корни и неспособность устранить их; непростую историю возрождения и развития суда присяжных, в том числе в районных судах с 2019 года; и простые альтернативы, такие как примирение сторон, судебные штрафы и процесс признания вины, наряду с тенденцией к расширению применения административных правонарушений вместо уголовного преследования. В заключение мы рассмотрим, как практика вынесения приговоров свела к минимуму применение наказаний в виде лишения свободы за ненасильственные преступления, а также комплекс мер, ограничивающих число лиц, имеющих судимость.

1. Уголовное правосудие: структура, институты, роли

Уголовное правосудие в Союзе Советских Социалистических Республик (СССР) основывалось на неоинквизиционной модели с двумя отличительными чертами. В центре этой модели находился инквизиционный поиск истины, осуществляемый (теоретически) нейтральным государственным должностным лицом, возможно судьёй, который был ответственен за сбор всех видов доказательств и оформление письменного дела. Появление публичного судебного разбирательства, сформировавшего «неоинквизиционную» модель, произошло в Европе XIX века, но этот судебный процесс был далёк от состязательного. Его вёл судья, а не стороны, и он был посвящён подтверждению пунктов письменного досье, а не устному представлению доказательств. В результате составление досье, ставшее теперь досудебной стадией, по-прежнему имело огромное значение, но роль адвоката защиты на этом этапе, как правило, была ограничена[1].

Неоинквизиционная процедура приводит к справедливым результатам только в том случае, если фигура, проводящая досудебное расследование, нейтральна, а судья в процессе готов подвергнуть сомнению обвинение и вынести беспристрастное решение. Ни одно из этих условий не соблюдалось в советской системе. Должностным лицом, ответственным за досудебную стадию (в серьёзных делах), был не судья, а сотрудник милиции или прокуратуры, известный как «следователь», который даже не выглядел нейтральным, не говоря уже о том, чтобы быть таковым на деле. Судьи, со своей стороны, начиная с 1950-х годов находились под давлением, вынуждающим их избегать оправдательных приговоров и отождествлять себя через интересы правоохранительных органов. В результате сложилась советская (или искажённая) версия неоинквизиционизма, которая, по сути, представляла собой «следственную» модель. Полномочия по выстраиванию дела находились в руках следователей, а судьи были ограничены в критической оценке их работы. Когда доказательства не давали оснований для вынесения обвинительного приговора, судьи могли избежать оправдательных приговоров, отправив дело на дополнительное расследование.

Судьи также не имели полномочий принимать решения о содержании под стражей и проведении обысков на досудебной стадии — эти вопросы находились в ведении прокуроров. Роль защитников тоже была ограничена (в основном их участие в суде сводилось к прошениям о смягчении наказания), и до 1990 года они имели лишь ограниченный доступ к обвиняемому на досудебной стадии. Реформы 1990-х годов затронули некоторые из этих вопросов, введя судебный контроль за решениями о досудебном содержании под стражей, расширив доступ защитников

---

[1] Этот раздел основан на материалах [Solomon 2015b].

на досудебной стадии, начав эксперимент с судом присяжных и, благодаря решению Конституционного суда в 1999 году, отменив возможность возвращения дел на дополнительное расследование. Однако любая попытка изменить основы уголовного судопроизводства должна была ждать принятия нового УПК в 2001 году [Solomon, Foglesong 2000].

Новый УПК, ставший результатом восьмилетних споров и дебатов среди российских юристов, представлял собой компромиссный документ, который вводил версию состязательного судебного разбирательства, но сохранял инквизиционную досудебную стадию, хотя и под судебным контролем, и с более широкими правами защиты. Судебное разбирательство по новому кодексу больше не ограничивалось проверкой материалов дела; теперь стороны должны были представлять доказательства устно, а судья выступал в роли рефери, а не лидера в поиске истины. Это означало, что прокурор должен был присутствовать на судебном заседании и эффективно представлять доказательства, что было непростой задачей для некоторых прокуроров. Также требовалось присутствие адвоката. Кроме того, судебные разбирательства больше не могли завершаться возвращением дела на дополнительное расследование (согласно решению Конституционного суда РФ), хотя после предварительного слушания судья мог вернуть дело в прокуратуру на короткий срок для предоставления новых доказательств [Solomon 2005a].

На досудебном этапе следователь Министерства внутренних дел (МВД), прокуратуры или Федеральной службы безопасности (ФСБ) продолжал составлять подробные материалы дела, которые направлялись судье вместе с обвинительным заключением[2]. В период с 2002 по 2007 год следователи нуждались в согласии прокурора на возбуждение дела (на практике отказ они получали в одном из 200 случаев), что добавляло щепотку контроля. Как правило, следователи должны были завершить расследование в течение двух месяцев, но продление сроков прокуратурой

---

[2] Подробную информацию о работе следователей см. [Titaev, Shkliaruk 2016a, 2016b]; о практике на досудебной стадии в целом см. [Панеях и др. 2018].

было обычным делом. Дальнейшее снижение контроля прокуратуры над следствием произошло после того, как следователи прокуратуры (ведавшие самыми серьёзными делами) были переведены в новое самостоятельное правоохранительное ведомство — Следственный комитет (СК), где практически отсутствует внешняя подотчётность. Конечно, ходатайства о предварительном заключении на срок более 48 часов (и о его продлении) теперь требовали разрешения судьи (а не прокурора), которое в большинстве случаев предоставлялось, и судьи начали контролировать другие следственные действия, такие как обыски и прослушивание телефонов. Тем временем адвокаты получили определённый доступ к допросам и документам в деле, но не гарантии раскрытия информации или включения в дело доказательств, собранных защитой. Многие адвокаты в регионах, особенно те, кто работал по назначению, а не по соглашению с подзащитным, не были заинтересованы в использовании даже этих новых возможностей.

УПК ввёл принципы состязательности, такие как презумпция невиновности и возложение бремени доказывания на обвинение, и отказался от идеи, что целью суда является установление объективной истины. Однако в нём не был указан стандарт доказывания, такой как «вне разумных сомнений». УПК сохранил советский (и, по сути, континентальный) подход, согласно которому все участники оценивают доказательства в соответствии с внутренним убеждением, руководствуясь законом и своей совестью. Более того, на практике в первые годы применения УПК наблюдалась эрозия «полусостязательной системы» и усиление роли следователя. Примером может служить использование материалов дела в суде. Уже само по себе то, что судья изучал материалы дела до начала слушания, было неуместно (это запретили в новом уголовном процессе Эстонии), но УПК разрешал введение доказательств из дела при определённых условиях — при отсутствии свидетеля (например, в случае его смерти) или если показания в суде противоречили ранее данным, и обе стороны соглашались на рассмотрение этого расхождения. Поправка 2003 года изменила это требование на просьбу только одной стороны (например, обвинения). Прокуратура получила ещё одно преимущество с расширением на практике института возвращения дел в прокуратуру. УПК позволял это делать только для исправления небольших дефектов в доказательствах, которые можно было устранить за пять рабочих дней, но вскоре этой процедурой начали злоупотреблять — судьи стали возвращать дела по многим причинам и на более длительные сроки, причём эти изменения были поддержаны Конституционным судом. В 2003 году 3,3 % дел, поступивших в суды, были возвращены в прокуратуру для исправления, чтобы судьи в итоге смогли вынести обвинительный приговор [Burnham, Kahn 2008; Solomon 2005a; Соломон 2004].

Как и прежде, УПК 2001 года предусматривает, что по многим менее серьёзным преступлениям не проводится полноценное расследование и дело не передаётся следователю. Вместо этого проводится дознание, которым занимается специальное лицо в полиции (не оперативный сотрудник). В течение 15 дней (вместо двух месяцев) дознаватель собирает доказательства и составляет обвинительный акт, который вместе с материалами дела в течение двух дней рассматривается прокурором, а затем направляется в суд (чаще всего мировому судье). Многие такие дела разрешаются путём примирения сторон или согласия с обвинением (об этом речь пойдёт ниже), но если дело доходит до суда, то прокурор обязан представить доказательства.

Согласно УПК, все уголовные дела, по которым максимальное наказание не превышает трёх лет лишения свободы, за некоторыми исключениями рассматриваются мировыми судьями. По состоянию на 2011 год мировые судьи рассматривали 45 % всех уголовных дел, но в 2019 году этот показатель снизился до 33 % (см. главу 7), в основном из-за декриминализации некоторых преступлений небольшой тяжести. Большинство остальных уголовных дел относится к юрисдикции районных судов, и лишь небольшая часть (менее 1 %) рассматривается в судах регионов. До 2014 года самые тяжкие составы, включая убийства и сексуальные преступления, рассматривались в региональных судах, но после того, как все, кроме квалифицированных видов этих преступлений, были переданы в районные суды (см. главу 2), вместе с делами о похищении людей и другими преступлениями, объём подсудности региональных судов стал ещё меньше. К ним относятся преступления, за которые грозит пожизненное заключение, такие как квалифицированные виды убийств, изнасилование, производство наркотиков, государственная измена, геноцид; и посягательство на жизнь представителей власти, включая судей, а также дела, в которых обвиняемыми являются депутаты, сенаторы или судьи, либо дела, связанные с государственной тайной.

Как правило, апелляции на приговоры судов первой инстанции рассматриваются следующим по уровню судом в системе: приговоры мировых судов — районными судами, приговоры районных судов — судами субъектов РФ (региональными судами), а приговоры судов субъектов — Верховным судом (до создания новых кассационных и апелляционных судов в 2019 году). До 2014 года первый пересмотр приговора районного или регионального суда осуществлялся в форме кассации, которая была шире французской, но в большинстве случаев при обнаружении ошибок приводила к новому разбирательству в нижестоящем суде. Существовала также возможность дальнейшего дискреционного пересмотра в вышестоящем суде в рамках процесса, называемого «пересмотр в порядке надзора», для начала которого требовалось одобрение либо прокурора высокого уровня, либо судьи вышестоящего суда. Эта система обжалования изменилась в 2014 году, когда надлежащий апелляционный пересмотр заменил кассацию в качестве первой апелляции на решение суда первой инстанции (это основано на модели пересмотра решений мировых судов). Как мы видели в главе 2, переход был неполным, так как апелляционные суды по-прежнему возвращают некоторые дела на новое рассмотрение. Дальнейшая трансформация апелляционного процесса произошла с введением в действие с конца 2019 года новых апелляционных и кассационных судов. Расположенные в иерархии между судами субъектов и Верховным судом и не привязанные к политико-административным границам, эти суды были задуманы как защищённые от влияния региональных властей. Новые апелляционные суды занимались первичным пересмотром приговоров, вынесенных региональными судами (вместо их президиумов), а новые кассационные суды — повторным пересмотром на основании выявленных ошибок в апелляции.

Шансы на отмену обвинительного приговора или изменение наказания после суда без участия присяжных (то есть с единоличным судьёй) были невелики как до перехода от кассации к апелляции в 2014 году, так и после него. И до, и после примерно 21 % обвинительных приговоров, вынесенных в районных судах (где рассматривалась основная масса тяжких преступлений), пересматривались региональными судами. Из них в 2012 году 1,4 % были отменены (в 2019 году — 1 %), а 2,4 % привели к изменению наказания (в 2019 году — 3 %). В то же время 43,7 % оправдательных приговоров были отменены в 2019 году[3]. Эти данные соответствуют показателям стабильности приговоров и частоты отмен. Как было доложено на Седьмом съезде судей в 2008 году, в уголовных делах 96 % решений районных судов и 99,6 % решений мировых судов оставались неизменными после апелляционного пересмотра [Лебедев 2009]. С учётом аналогичного уровня «засиливания» решений по гражданским делам неудивительно, что некоторые апелляционные суды в народе называли «машинами по штамповке решений».

2. Обвинительный уклон в российском уголовном правосудии

Самым ярким признаком обвинительного уклона в российском уголовном правосудии является чрезвычайно низкий уровень оправдательных приговоров, составляющий в среднем 0,2 % за последнее десятилетие по делам, возбуждаемым государством, в отличие от дел частного обвинения. В России ещё 0,5 % дел прекращаются по реабилитирующим основаниям (например, отсутствие состава преступления или доказательств причастности

---

[3] Если не указано иное, данные о практике судей и судов взяты с сайта Судебного департамента, раздел «Судебная статистика»: URL: http://www.cdep.ru/index.php?id=79 (дата обращения: 31.08.2022).

обвиняемого), которые могли бы привести к оправдательным приговорам в других странах, но даже 0,7 % — это значительно ниже нормы. Даже в странах с континентальной правовой системой, таких как Германия и Италия, уровень оправдательных приговоров находится в диапазоне 3–5 %, несмотря на тщательную досудебную проверку и рассмотрение прокурорами возбуждаемых дел. В СССР к 1970 году процент оправдательных приговоров упал до 1 %, по сравнению с 10 % в 1946 году[4]. Неудивительно, что сегодня показатели в 1 % и менее встречаются в основном в постсоветских странах, а также в Японии [Solomon 2018].

В какой-то степени низкий уровень оправданий отражает нежелание полиции и следователей возбуждать дела, по которым нет подозреваемого; в такой ситуации они делают это только при наличии потерпевшего или заявителя, и эти дела обычно приостанавливаются, если не удаётся найти того, кому можно предъявить обвинение. На досудебной стадии следователи прекращают 2,2 % дел, но в основном по нереабилитирующим основаниям, таким как смерть обвиняемого, истечение срока давности, амнистия или раннее примирение сторон. Прокурор, проверяющий материалы дела перед передачей в суд, возвращал на доработку 4–5 % дел, но большинство из них в итоге всё же оказывались в суде, как и в случае, когда судья возвращал дело в прокуратуру. Короче говоря, в отличие от европейских стран, где прокуроры отклоняли — с оговорками или без оговорок — значительную долю поступавших к ним уголовных дел, здесь досудебная проверка уголовных дел практически не проводилась [Ibid.]. Было неизбежно, что некоторые дела, дошедшие до суда, имели недостаточные доказательства (по крайней мере, в отношении некоторых обвиняемых) и даже разваливались (например,

---

[4] Снижение числа оправдательных приговоров в СССР началось в конце 1940-х годов, когда в рамках кампании за совершенствование отправления правосудия оправдательные приговоры были стигматизированы как неудачи со стороны следователей и прокуроров и судей стали отговаривать от их вынесения. Чрезмерное количество оправдательных приговоров отрицательно сказывалось на оценке их работы, как это происходит и сегодня. Подробный анализ этой истории см. в [Solomon 1987, 1996, 2018].

когда свидетели меняли показания), но судьи всё равно стремились избегать оправдательных приговоров во что бы то ни стало.
Их стандартной реакцией был поиск компромиссного решения
(как правило, обвинение по менее тяжкой статье с назначением
условного наказания) или просто вынесение приговора с услов-
ным осуждением. Как мы увидим, условные приговоры стали
чрезвычайно распространены в новом тысячелетии и особенно
часто использовались в делах о серьёзных преступлениях, нередко на длительные сроки, например восемь лет. Чаще всего
условные приговоры указывали либо на слабость доказательств
для обвинения, либо на то, что подсудимый согласился с предъ-
являемым обвинением. Здесь следует отметить, что с появлением
упрощённых альтернатив судебному разбирательству (примирение и соглашение о признании вины) доля уголовных дел, которые
фактически доходили до суда (по состоянию на 2012 год), составляла не более 8 %, и не все из них были оспорены, так как некоторые дела не подлежали соглашениям о признании вины или
примирению [Paneyakh 2014].

Другим аспектом обвинительного уклона стало критическое
отношение к оправдательным приговорам со стороны вышестоящих судов, пересматривающих уголовные дела. Апелляционные
суды отменяли гораздо больший процент оправдательных приговоров по сравнению с обвинительными, независимо от того, были
ли они вынесены судьями или присяжными [Pozdniakov 2016].

Коренная причина обвинительного уклона заключалась в (со-
храняющемся) дисбалансе власти, когда на практике судьи
оставались слабыми, слишком слабыми, чтобы призвать следователей к ответу. Судьи в России были карьерными чиновниками,
пребывание которых в должности зависело от благосклонности
председателей судов. В действительности принцип несменяемости судей не работал. Любой судья, который не следовал указаниям или подрывал репутацию суда, вынося оправдательные
приговоры или сталкиваясь с отменой решений, мог быть вызван
на заседание квалификационной коллегии судей по любому
предлогу и подвергнуться дисциплинарному взысканию или
отрешению от должности. Оценка работы судей на основе пока-

зателей отмен приговоров делала для них опасным принятие самостоятельных решений. Более того, большинство судей, рассматривающих уголовные дела, ранее работали следователями или прокурорами и часто знали тех сотрудников, чью работу оправдательный приговор мог поставить под сомнение. Проблема также заключалась в том, что от следователей и прокуроров ожидалось почти безупречное достижение показателей эффективности [Paneyakh 2016; Solomon 2018].

Адвокаты, пытающиеся помочь своим клиентам, использовали эту ситуацию. Многие из них сталкивались с давлением, заставлявшим их содействовать государственным интересам, особенно если они работали по назначению и получали оплату от следственных органов или судов [Ходжаева 2016]. Но некоторые из них имели прочные неформальные связи со следователями, что позволяло им получать оперативный доступ к доказательствам, и, когда они сталкивались со слабостью доказательств или процессуальными ошибками, они шли на контакт со следователями и прокурорами и использовали обещание игнорировать их в обмен на смягчение приговора, уменьшение объёма обвинения или даже отказ от досудебного заключения под стражу. Более того, они могли добиться уступок в обмен на согласие следовать процедуре согласия с обвинением, добавляя элементы реальных переговоров о признании вины к формальному процессу.

Теперь мы обратимся к суду присяжных в Российской Федерации, где оправдательные приговоры были (и остаются) настолько распространены, что бросают вызов доминирующему обвинительному уклону.

3. Суды присяжных

Возрождение суда присяжных в постсоветской России резко контрастировало с обвинительным уклоном, проявлявшимся в разбирательствах с участием единоличного судьи, демонстрируя с самого начала, с середины 1990-х годов, двузначные показатели оправдательных приговоров, а в последнем своём проявлении в районных судах в 2019–2020 годах — уровень, близкий к 30 %!

В этом отношении суд присяжных на практике оправдал ожидания своих сторонников, включая авторов «Концепции судебной реформы» 1991 года. Один из них, Сергей Пашин, работая в Администрации Президента (АП) в 1992–1993 годах, подготовил закон о суде присяжных и добился его принятия летом 1993 года [Solomon, Foglesong 2000].

По своему первоначальному замыслу суд присяжных в составе 12 человек стал возможным для лиц, обвиняемых в любых преступлениях, подпадающих под юрисдикцию региональных судов, включая тяжкие насильственные преступления и преступления против государства. Разработчики видели в этом возрождение суда присяжных, существовавшего в царские времена (с 1864 по 1917 год), а не заимствование с Запада (хотя в 1864 году это было именно так). Это объясняет ряд особенностей суда присяжных в постсоветской России, которые не характерны для Запада. Например, присяжные могли вынести обвинительный вердикт простым большинством голосов (7–5) — единогласия не требовалось, — и, если число голосов за обвинение было меньше семи (даже если голосов было поровну), это вело к оправданию! Более того, присяжные должны были вынести вердикт по фактам дела вместе с решением о виновности или невиновности — они обязаны были ответить как минимум на три вопроса, а если судья считал нужным, то на большее количество. Ещё одной особенностью было то, что присяжные могли высказываться относительно наказания. Помимо простого обвинительного вердикта, они могли вынести вердикт с указанием на то, что подсудимый заслуживает снисхождения или особого снисхождения, это снижало диапазон наказания, из которого судья мог выбрать; в последнем случае верхняя половина диапазона исключалась[5] [Reynolds 1997].

---

5 Один из авторов этой книги (Питер Соломон) участвовал в небольшом частном совещании для обсуждения проекта закона о присяжных, организованном Сарой Рейнольдс в Гарвардской школе права в декабре 1992 года. Среди участников была делегация из пяти российских юристов, включая первого заместителя председателя Верховного суда Владимира Радченко, председателя Саратовского областного суда, заместителя генерального

Организация судов присяжных неизбежно должна была быть сложной и дорогостоящей, поэтому политики решили начинать постепенно, вводя суды присяжных на экспериментальной основе, сначала в пяти, а затем в девяти регионах, один из которых даже вышел из эксперимента. Однако в 2001 году, когда был принят УПК, суды присяжных решили распространить на всю страну, за исключением Чечни. Одним из потенциальных препятствий для введения суда присяжных было привлечение к участию граждан, особенно если это означало пропуск ими работы. Система народных заседателей, которые в советский период участвовали в смешанных судебных составах вместе с профессионалами судьями, находилась в упадке. В отсутствие обязанности «выполнить общественный долг коммуниста» немногие граждане были готовы тратить на это своё время, и народные заседатели в основном состояли из пенсионеров, склонных к дремоте (и безропотному согласию с действиями судьи — отсюда их народное прозвище «кивалы»). Чтобы преодолеть это препятствие, присяжным было назначено жалованье в размере половины дневного дохода судьи. В этом контексте сохранение института народных заседателей было бесперспективным, и УПК 2001 года полностью упразднил его. Помощь в таких вопросах, как организация списков присяжных и проведение судебных процессов (включая отбор присяжных и инструкции для них), оказывалась правительством США.

К 2007 году, когда суды присяжных действовали почти во всех регионах, в России ежегодно проводилось около 700 судебных процессов с участием присяжных, при этом средний уровень

прокурора и Сергея Пашина. Западные комментаторы, среди которых был специалист по сравнительному правоведению в области суда присяжных Рейнольдс, и Соломон задавались вопросом, почему следует использовать простое большинство и почему необходимо давать жюри право выносить вердикты по фактам — ведь это может привести к открытому аннулированию закона присяжными, если они установят, что преступление действительно имело место и было совершено обвиняемым, но при этом признают обвиняемого невиновным. На эти (и другие вопросы) автор проекта закона Пашин ответил: «Это российский путь — это суд присяжных царских времён, который мы возрождаем».

оправдательных приговоров составлял 15 %, с региональными колебаниями. Естественно, это вызывало сильное недовольство у представителей правоохранительных органов, которые изначально пытались заблокировать распространение суда присяжных и использовали все возможные средства, как законные, так и незаконные, чтобы ослабить его влияние. Главным законным способом было обжалование вердикта в вышестоящей инстанции, что допускалось при процессуальных нарушениях. На практике оказалось, что любая небольшая оплошность председательствующего судьи, особенно в инструкциях для присяжных, служила таким предлогом, и 2/3 оправдательных приговоров были обжалованы, а половина из них отменена и отправлена на повторное рассмотрение, что всё равно оставляло эффективную долю оправдательных приговоров на уровне 10 %. Оказалось, что повторные слушания с новыми присяжными не всегда приводят к обвинительным приговорам, и были дела (некоторые известные), по которым разные присяжные выносили три, а то и четыре оправдательных приговора (например, дело Поддубного и Бабкова). Известно, что в этих случаях обвинение прибегало к незаконной тактике, в том числе к назначению своих представителей в состав присяжных заседателей и применению различных форм запугивания [Kovalev 2010; Никитинский 2006; Thaman 2007].

В то же время суды присяжных вошли в массовую культуру (и получили значительную общественную поддержку) благодаря роману журналиста Леонида Никитинского «Тайна совещательной комнаты» (2008 г.) и отмеченному наградами фильму «12» (2007 г.) режиссёра Никиты Михалкова. Если последний задумывался как русская версия классического американского фильма с Генри Фондой, где присяжные обсуждают дело в спортзале, то роман был основан на реальном деле, которое неоднократно возвращалось на пересмотр и включало незаконные действия. Никитинский также основал Ассоциацию присяжных при Общественной палате России, которая через интервью продемонстрировала положительное влияние опыта работы присяжным на правосознание [Mishina 2012; Никитинский 2008]. Члены ассоциации также посещали школы, чтобы донести до учеников преимущества суда присяжных.

В конце 2008 года суд присяжных в России пережил поворот вспять, когда его юрисдикция была существенно сужена за счёт исключения преступлений против государства, таких как терроризм, экстремизм, государственная измена и шпионаж, что вызвало общественный резонанс, включая открытое письмо юристов президенту Медведеву, но безрезультатно. Но это было ещё не всё. Как объяснялось в главе 2, одобренное в 2012 году и вступившее в силу в 2014 году изменение в апелляционном процессе — в результате которого региональные суды больше не проверяли решения районных судов в кассации и не возвращали их на пересмотр, а пересматривали их полностью (в апелляции) и выносили решения — привело к увеличению нагрузки на региональные суды. Так что в качестве компенсации все особо тяжкие преступления, кроме тех, за которые предусмотрено пожизненное заключение (то есть с максимальным наказанием до 20 лет), были исключены из юрисдикции региональных судов и переданы в районные суды. К ним относились такие преступления, как убийство и изнасилование (за исключением их форм с отягчающими обстоятельствами) и похищение людей — одни из тех преступлений, которые всё ещё рассматривались судом присяжных.

Некоторые восприняли это как смертный приговор для суда присяжных в России, так как ожидалось, что количество дел с участием присяжных резко снизится, и оно действительно упало с более чем 500 до 2013 года до 308 в 2016 году и до 224 в 2018 году. Это вызвало новую оживлённую общественную дискуссию, в которой такие значимые фигуры, как Михаил Федотов, глава Президентского совета по развитию гражданского общества и правам человека, выступили за расширение суда присяжных. В декабре 2014 года Людмила Алексеева из Московской Хельсинкской группы подняла этот вопрос перед президентом Путиным, который отреагировал положительно и поручил председателю Верховного суда Лебедеву разработать предложения по оптимальному функционированию суда присяжных. Его заместитель Владимир Давыдов был готов отказаться от настоящих судов присяжных в пользу восстановления смешанных коллегий с участием народных заседателей, но в феврале 2016 года президент Путин решил вместо этого ввести суды присяжных в районных судах для рассмотрения преступлений, переданных из региональных судов [Корня 2015]. Суды присяжных из 12 человек были нереалистичным вариантом для этих судов с точки зрения их организации и размещения, поэтому количество присяжных для судов в районных судах было сокращено до шести, а для судов в региональных судах — до восьми [Kovalev, Nasonov 2021].

Суды присяжных в районных судах начали действовать во второй половине 2018 года, и к 2020 году их число составило 508 (в дополнение к 259 в судах субъектов РФ), а в 2021 году — 562, из них 241 в судах субъектов РФ). С самого начала уровень оправдательных вердиктов, вынесенных шестью присяжными в районных судах, был даже выше, чем в региональных судах, и находился в диапазоне 25–35 % (27,5 % в 2020 году и 35,6 % в 2021 году). Этот поразительный результат побудил прокуроров обжаловать большинство оправдательных приговоров, вынесенных на основании данных вердиктов, и региональные суды отменили и направили на новое рассмотрение 62,1 % этих приговоров в 2020 году и 71 % в 2021 году. Это контрастирует с отношением к приговорам на основании обвинительных вердиктов присяжных: 20,3 % таких приговоров были изменены или отменены в 2020 году (22,1 % в 2021 году), часть из которых была обжалована прокурорами, недовольными мягкими приговорами, вынесенными по рекомендации присяжных [Ходжаева 2021a, 2022]. В то же время были признаки того, что судьи районных судов делали всё возможное, чтобы избежать оправдательных приговоров, заранее консультируясь со своими руководителями в судах субъектов РФ и вынося более суровые приговоры обвиняемым, осуждённым судом присяжных, по сути, наказывая за выбор суда присяжных [Ходжаева 2021b; Skoblik 2022]. Присяжные продолжали получать половину дневной ставки судьи (и не менее того, что они получили бы на своём рабочем месте), а также компенсацию дорожных расходов и оплату проживания в гостинице при необходимости.

4. Простые альтернативы: примирение, судебные штрафы и процедура признания вины

Суды присяжных остаются статистической редкостью, проходя ежегодно примерно по 700 делам из более чем 500 000. Однако даже обычные разбирательства с исследованием доказательств к середине второго десятилетия XXI века в большинстве случаев не проводились. В 2013 году лишь 8 % обвиняемых прошли через полноценное судебное разбирательство с исследованием доказательств и возможностью оправдания. Остальные дела завершались примирением, наложением судебного штрафа или проходили через процедуру признания вины.

Примирение между обвиняемым и потерпевшим было включено в УПК 1960 года для использования в делах частного обвинения (которые по сути являлись спорами) и могло привести к прекращению дела. С принятием нового Уголовного кодекса 1996 года (УК), ставшего результатом многолетних обсуждений и различных проектов, перечень дел, в которых примирение могло вести к прекращению дела, был расширен и включил дела публичного обвинения по преступлениям небольшой тяжести с максимальным наказанием до двух лет. УПК 2001 года ещё больше расширил применение примирения, добавив вторую из четырёх категорий преступлений, обозначенных в УК 1996 года, — преступления средней тяжести (с наказанием до пяти лет), включая многие имущественные преступления. Это изменение сопровождалось созданием института мировых судей, которых ориентировали на разрешение уголовных споров путём примирения. В течение нескольких лет мировые судьи рассматривали 45 % уголовных дел, и к 2008 году 20 % всех уголовных дел прекращались в результате примирения преступника и потерпевшего, часто с возмещением ущерба [Solomon 2018].

С 2016 года к этой смеси добавили ещё одно основание для прекращения дел небольшой или средней тяжести — наложение «судебного штрафа». Эта мера была нацелена в первую очередь на дела, связанные с экономическими преступлениями, такими как неуплата налогов, страховых взносов или мошенничество при проведении аудитов, и позволяла судьям прекращать дела с наложением штрафа. По ряду преступлений размер штрафа должен был соответствовать нанесённому бюджету ущербу, для других, согласно перечню, добавленному в 2020 году, штраф составлял двойную сумму ущерба [Клепицкий 2020]. В 2019 году механизм судебного штрафа использовался примерно в 5 % уголовных дел, но при этом наблюдалось соответствующее снижение использования процедур примирения. Общая доля дел, прекращённых по нереабилитирующим основаниям, оставалась на прежнем уровне — около 22 %. Этот показатель также включал 1 % дел, прекращённых в связи с активным раскаянием преступника (впервые совершившего преступление небольшой тяжести), выраженным в добровольном признании вины.

По-настоящему кардинальные изменения в российском уголовном правосудии произошли с введением в УПК 2001 года соглашения о признании вины — в российской терминологии это называется «особый порядок принятия судебного решения при согласии обвиняемого с предъявленным ему обвинением». В обмен на признание вины, согласие на сокращённое судебное разбирательство и отказ от права на обжалование по такому основанию, как «несоответствие выводов суда, изложенных в приговоре, фактическим обстоятельствам уголовного дела», обвиняемому гарантируется назначение наказания, не превышающего 2/3 максимальной санкции. Обвиняемый должен проконсультироваться с адвокатом и подписать соглашение после ознакомления с материалами дела. Эту особую процедуру предложили высокопоставленные судьи (включая первого заместителя председателя Верховного суда Владимира Радченко), которые опасались, что новые состязательные процессы будут занимать больше времени, чем их инквизиционные предшественники. Моделью послужил итальянский вариант сделки о признании вины, при котором нет чётких договорённостей о конкретных выгодах для обвиняемых. Изначально эта опция была доступна только для преступлений небольшой или средней тяжести (с максимальным наказанием до пяти лет лишения свободы), но в 2003 году её распространили на тяжкие преступления с максимальным наказанием до десяти лет [Solomon 2015b].

Новая упрощённая процедура оказалась популярной. К 2008 году она применялась в половине уголовных дел, а в 2010 году этот показатель достиг 63,6 % (70 % дел о кражах), увеличившись до 66 % в 2017 году. Было ясно, что избегание верхней трети санкции не являлось единственным стимулом для обвиняемых. На практике некоторые судьи снижали наказание на 1/3 от того, что они бы назначили (обычно не в пределах верхней трети диапазона). Некоторые правонарушители были рады сменить первобытные условия СИЗО на более комфортные условия исправительных колоний, а иногда неформальные переговоры приводили к значительному снижению наказания, включая назначение условного срока вместо реального. Условное наказание стало нормой для лиц, впервые совершивших преступления и не содержащихся под стражей, когда они соглашались на особую процедуру [Solomon 2012a; Соломон 2012; Волков и др. 2015].

Какой бы ни была динамика на практике, процесс признания вины в России упрощает роль судей. Они обязаны проверить наличие в деле подтверждающих доказательств, но не обязаны исследовать их публично или рассматривать новые доказательства, представленные защитой. Для критиков это стало возвращением инквизиционного подхода советского типа, парадоксальным результатом меры, изначально заложенной в кодекс, призванный укрепить состязательность процесса. Кроме того, существовала опасность (характерная для всех сделок о признании вины), что на обвиняемых будут оказывать давление следователи или адвокаты, особенно если последние назначаются и оплачиваются следователями [Solomon 2012a; Соломон 2012]. В России такие адвокаты попадали в категорию, известную в народе как «карманные адвокаты» [Ходжаева 2016]. Более того, исследования показали, что в среднем преступники, воспользовавшиеся процедурой признания вины, не получили более мягкого наказания, чем те, кто дошёл до суда, а качество предварительного следствия снизилось, причём некоторые способы срезать углы даже поощрялись руководителями ведомств. Справедливо или нет, но критики стали называть особый порядок «источником обвинительного уклона» [Ходжаева 2019].

Эта критика осталась без внимания. Десятилетний опыт широкого использования процедуры признания вины вызвал реакцию, кульминацией которой стал закон об отмене её применения в отношении тяжких преступлений, который был внесён в Думу весной 2019 года и принят в июле 2020 года. Это означало, что 58 % тяжких преступлений, рассмотренных по процедуре признания вины в 2018 году, в будущем будут рассматриваться в рамках полноценных судебных разбирательств с исследованием доказательств. Отказ от применения особого порядка при рассмотрении тяжких преступлений фактически начался в конце 2018 года, когда Генеральная прокуратура направила региональным прокуратурам указания содействовать сокращению применения особого порядка, с установлением статистических показателей и требованием специальных отчётов. Результатом усилий прокуратуры и законодателей стало устойчивое снижение использования особого порядка в целом: с 65,5 % дел в 2018 году до 57 % в 2019 году и до 47 % в 2020 году, с региональными вариациями. В 2021 году, первом полном году без тяжких преступлений, этот показатель должен снизиться до 38 %. Результатом уже стало увеличение числа судебных разбирательств с исследованием доказательств, хотя обвиняемых всё ещё могут побуждать к признанию вины [Там же; Куликов 2020в]. Непредвиденным следствием этих изменений может стать даже рост неформальных переговоров о признании вины.

В 2009 году власть ввела ещё одну особую процедуру для случаев, когда обвиняемый соглашался сотрудничать со следствием, например, дать показания против своих руководителей в наркосети. Это нововведение реализовало идею, предложенную в 2001 году судьёй Верховного суда Владимиром Демидовым при разработке УПК. Новая процедура, связанная с досудебными соглашениями о сотрудничестве, сулила подсудимому ещё большие выгоды. Вместо исключения верхней трети санкции закон позволял судье назначить наказание ниже предусмотренного законом предела, условный срок или вообще не применять наказание! Более того, положения о соглашениях о сотрудничестве открыто приглашали к переговорам о признании вины. Данные за первую половину

2011 года показывают, что число обвиняемых, выбравших эту процедуру, составляло лишь небольшую долю от общего числа (1,3 % или 5192 человека); в 2014 году было заключено 3475 таких соглашений [Пушкарская 2015; Solomon 2012a; Соломон 2012].

5. Административные правонарушения и проступки

В Российской Федерации, как и в её советском предшественнике, существует огромное количество правонарушений, которые могут повлечь за собой наказание, но не считаются преступлениями. Хотя эти «административные правонарушения» включают в себя множество незаконных действий, которые в большинстве стран не считаются преступными (допустим, мусорить или совершать простые нарушения правила дорожного движения, например превышать скорость), они также включают в себя множество действий, которые часто являются преступными, особенно в странах системы общего права. К административным правонарушениям относятся вождение в нетрезвом состоянии, мелкие кражи, появление в общественных местах в состоянии опьянения, занятие проституцией, мелкое мошенничество, мелкое хулиганство, хранение небольших количеств наркотиков, владение оружием без лицензии, нарушение правил проведения митингов, а также нарушения в бизнесе, такие как продажа товаров без лицензии. Все они содержатся в обширном Кодексе об административных правонарушениях (КоАП) [Maggs et al. 2020: 741–743][6].

Как правило, осуждение за административное правонарушение влечёт за собой штраф, в некоторых случаях крупный. В некоторых случаях возможен административный арест на 15 суток. Многие штрафы налагаются должностным лицом на месте и пересматриваются только вышестоящим административным

---

[6] Региональные власти в Российской Федерации также принимают законы и постановления, которые предусматривают наказания за мелкие формы девиантного поведения и служат источником получения дохода через штрафы.

должностным лицом (хотя возможно и обжалование через суд), но другие правонарушения (и наказания) требуют судебного разбирательства с самого начала. Большинство слушаний по административным правонарушениям проходит у мировых судей, хотя небольшая часть рассматривается в районных судах.

Как и в советском прошлом, в постсоветской России граница между административными и уголовными правонарушениями подвержена изменениям в зависимости от политических тенденций, и декриминализация деяния часто приводит к его переводу в категорию административных правонарушений. Например, преступление «хулиганство» в советское время использовалось как универсальная статья против тех, кто нарушал общественный порядок, от пьянства и буйства до прямого физического насилия, даже с применением оружия, — так что в 1970 году 20 % всех уголовных осуждений приходилось на хулиганство. Однако существовало и административное правонарушение — мелкое хулиганство. В 1997 году для квалификации хулиганства как преступления стало требоваться физическое насилие, что фактически перевело другие инциденты в категорию мелкого хулиганства. В 2003 году объективная сторона состава этого преступления была ещё более ограничена указанием на «применение оружия», что привело к значительному сокращению числа судебных преследований. Некоторые инциденты, больше не подпадающие под понятие «хулиганство», теперь рассматривались как побои, а те, в которых не было никакого насилия, — как мелкое хулиганство. С 2007 года хулиганство могло применяться к случаям «экстремизма», но к 2010 году было вынесено менее 2000 приговоров за хулиганство по сравнению с почти 130 000 в 1997 году. Границы между мелкой и обычной кражей, а также между хранением небольшого количества наркотиков для личного использования и преступлением, связанным с хранением наркотиков, неоднократно менялись в течение первого десятилетия XXI века, при этом минимальные количества конкретных веществ служили порогом для квалификации деяния как преступления. Эти изменения отражали разногласия между различными ведомствами и группами чиновников относительно моральных принципов (является ли даже мелкая кража нарушением этики?) и природы проблемы с наркотиками [Solomon 2013b].

Недавним и ярким примером преобразования преступления в административное правонарушение — и обратного пересмотра — стала декриминализация нерецидивного рукоприкладства одного члена семьи по отношению к другому без причинения вреда здоровью (побои), основного состава, использовавшегося для преследования случаев домашнего насилия. Логика этого шага заключалась в сложности преследования данного правонарушения, если оно основывалось на частном обвинении, особенно в случае отказа обвинителя продолжать дело. Однако этот шаг вызвал бурю протеста, особенно со стороны женских групп [Semukhina 2020]. Контекст был благоприятным для принятия Конституционным судом в апреле 2021 года решения, признающего декриминализацию побоев неконституционной, поскольку она лишала жертв домашнего насилия возможности добиться соразмерного наказания. Суд предписал восстановить уголовную ответственность за побои [Голубкова 2021].

Вторая декада нового тысячелетия ознаменовалась значительным ростом числа административных правонарушений, как в сфере регулирования бизнеса, так и в попытках контролировать протесты и политическую оппозицию, — тенденция, рассмотренная в главе 6. Бизнес столкнулся с 62 различными административными правонарушениями, указанными в главе 14 КоАП, некоторые из которых были широкими или расплывчатыми и касались таких вопросов, как лицензирование, реклама, услуги и проверки. Более того, многие из этих нарушений могли привести к уголовному преследованию за «незаконное предпринимательство» (ст. 171 УК). Реформы, проведённые при Медведеве, препятствовали последнему, и число случаев привлечения к ответственности за административные нарушения резко возросло. По состоянию на 2020 год административные санкции были наложены на более чем 1 миллион корпораций в России (одной из четырёх), тогда как в 2015 году они коснулись 400 000 (одной из десяти) [RAPSI 2020]. Критики утверждают, что надзорные органы поощрялись к наложению всё большего числа и более высоких штрафов для пополнения государственного бюджета. Многие жалобы, рассмотренные Уполномоченным по защите прав предпринимателей Титовым (см. главу 6), касались административных нарушений [Доклад бизнес-омбудсмена 2020б][7].

В результате этих тенденций число случаев привлечения к ответственности за административные правонарушения в 2020 году выросло на 6,3 % по сравнению с 2019 годом, достигнув почти 7,5 миллиона, — при этом в том же году число осуждений за уголовные преступления снизилось на 11 % и составило 530 965. Сдвиг в области административных правонарушений не включал увеличение числа нарушений правил дорожного движения, нарушений, связанных с наркотиками, или мелких краж. Разницу составили правонарушения в сфере бизнеса и общественного порядка.

В 2018–2021 годах чиновники Министерства юстиции работали над новым КоАП, но первые версии различных разделов вызвали много споров. Одним из ключевых спорных моментов стала попытка увеличить размер штрафов, особенно для бизнеса (в некоторых случаях в десять раз). Бизнес-омбудсмен Титов в числе прочих выступил против этого в июне 2020 года, и к концу года запланированное повышение было отменено. Для малого бизнеса даже появилась перспектива снижения суммы штрафов [Куликов 2020а, 2020б]. В то же время группа юристов-правозащитников использовала процесс разработки законопроекта для внесения собственных предложений, в том числе по прекращению «преследования» секс-работниц, определению понятия пропаганды наркотиков и новому подходу к работе с мигрантами, которых часто обвиняли в административных нарушениях [Ламова, Черных 2020]. В начале 2021 года министерство пообещало, что к концу года будет подготовлен полностью новый проект, который также станет предметом общественного обсуждения.

---

[7] В 1920-х годах власти всех уровней продолжали создавать новые административные составы как способ получения дохода через штрафы. Критики того времени называли это «штрафоманией» [Solomon 1981].

С точки зрения обвиняемого, административные правонарушения предпочтительнее уголовных, поскольку не влекут за собой судимости, хотя в отношении небольшой группы правонарушений их повторное совершение может вызвать уголовную ответственность [Maggs et al. 2020]. То же самое происходит, когда уголовное преследование за незначительное преступление (небольшой или средней тяжести) прекращается в результате примирения сторон или наложения судебного штрафа. Существует также серьёзное предложение, неоднократно выдвигавшееся с 2016 года председателем Верховного суда Лебедевым, о выделении нового вида правонарушений, охватывающего более серьёзные действия, чем административные правонарушения, но, по крайней мере на начальном этапе, не требующего уголовного преследования или возникновения судимости — эта новая категория должна называться «уголовными проступками». В эту категорию предполагалось перевести все преступления небольшой тяжести, не связанные с лишением свободы, и семь преступлений средней тяжести, предусматривающих лишение свободы, включая хищения в их простейших формах, если они совершены впервые и без применения насилия. Многие из этих преступлений совершаются молодыми людьми (в возрасте до 30 лет), для которых судимость может стать определяющим фактором в жизни [Лебедев 2020; Рузанова 2016]. Это предложение получило поддержку Уполномоченной по правам человека Татьяны Москальковой как в 2016, так и в 2020 году [РАПСИ 2020], но каждый законопроект, представленный Верховным судом, встречал возражения как в Думе, так и, что более важно, в Правительстве, что само по себе показывало отрицательную позицию правоохранительных органов. Реализация этого предложения может потребовать существенного уменьшения числа правонарушений, подлежащих включению в этот перечень, а также внесения изменений в предлагаемые процедуры рассмотрения дел о проступках [Глинкин 2020]. Заметим, что Украина создала такую новую категорию проступков в 2018 году, и с июля 2020 года в силу вступила версия, охватывающая все или даже большее количество правонарушений, рассматриваемых в России, и предусматривающая упрощённую процедуру рассмотрения дел, если обвиняемый не оспаривает предъявленные обвинения. Украинская версия может служить экспериментом, из которого Россия могла бы извлечь полезный опыт [Бойко 2020].

6. Назначение наказаний и поведение судей

Ещё одно направление гуманизации, помимо декриминализации, связано с распределением наказания и тем, как на него влияют приговоры судей. В период правления Путина произошло заметное снижение абсолютного числа осуждённых к лишению свободы, порядка 50 %. Однако по большей части это стало результатом сопоставимого снижения числа обвинительных приговоров за преступления, что само по себе отражает прекращение уголовных дел и декриминализацию. Снизилось и количество зарегистрированных преступлений, что, в свою очередь, отражает изменение демографической ситуации в стране. Так, значительно снизилось количество преступлений, совершённых несовершеннолетними, а также молодыми людьми в возрасте 20–29 лет. Количество преступлений, совершённых лицами в возрасте от 35 до 50 лет, оставалось неизменным, что отражает развитие криминальных карьер [Росинфостат 2021].

Доля осуждённых к наказанию в виде лишения свободы в путинские годы оставалась относительно постоянной, с некоторыми колебаниями, в диапазоне 28–32 %. По состоянию на 2020 год она находилась на нижней границе этого диапазона. Для сравнения: в период Брежнева этот показатель составлял около 50 %, затем снизился до 30 % при Горбачёве, немного вырос в 1990-е годы и вновь упал.

На протяжении путинского периода около 70 % осуждённых получали наказания, не связанные с лишением свободы. Основным из них на протяжении этого времени (около 40 %, снизившись до 30 % к 2020 году) было условное осуждение. Это наказание требовало регулярной явки в уголовно-исполнительную инспекцию и выполнения других условий (например, прохождения лечения от алкоголизма или наркомании или запрета приближаться к определённым лицам или местам), которые варьировались в зависимости от нарушителя, но осуждённые, не нарушавшие условия, были вознаграждены тем, что у них погашалась судимость. Данные показывают, что большинство правонарушителей, приговорённых к условному наказанию, успешно выполняли его условия. В 2010 году около 7 % из них потерпели неудачу и получили реальное лишение свободы в результате решения суда. Судьи проявляли осторожность при замене условного наказания на реальное, отклоняя почти треть ходатайств правоохранительных органов. Сокращение применения условного наказания во втором десятилетии нового тысячелетия сопровождалось ростом использования «обязательных работ» — новой меры наказания, напоминающей общественные работы в других странах. Излюбленные в СССР «исправительные работы», то есть удержание части заработной платы на рабочем месте, применялся ограниченно. Вскоре к этому добавилось возрождение ещё одного варианта наказания, не связанного с лишением свободы, — «принудительные работы», которые в основном использовались для замены срока лишения свободы для достойных заключённых, ещё не имеющих права на досрочное освобождение [Интерфакс 2020; Maggs et al. 2020: 793–804].

Достижение и поддержание уровня лишения свободы ниже 30 %, когда многие менее серьёзные преступления исчезали и не попадали в эту статистику, требовало сотрудничества судей, особенно при рассмотрении дел о тяжких преступлениях. Как в советское время, так и в постсоветской России УК предоставлял судьям значительную свободу усмотрения, предлагая широкий диапазон наказаний для многих преступлений и даже возможность назначения наказания ниже предусмотренного кодексом минимума по различным основаниям. В то же время Верховный суд часто давал судьям указания, как они должны использовать эту свободу усмотрения в конкретных ситуациях, особенно через свои авторитетные «постановления» и обобщения судебной практики.

Оказалось, что практики назначения наказаний, применяемые судьями для многих преступлений, значительно отличались от предусмотренного УК диапазона доступных наказаний. Согласно новаторскому исследованию Кирилла Титаева на основе данных за 2019 год, по тяжким преступлениям судьи назначали лишение свободы менее чем в 7 % случаев, а по одной четверти изученных преступлений среднее наказание на практике составляло менее 5 % от среднего уровня, установленного законом. Это, по-видимому, отражало оценку судьями реальной тяжести и общественной опасности конкретных правонарушений. Безусловно, существовали преступления, где средние сроки наказаний находились ближе к середине диапазона, предусмотренного законом. Это в основном были преступления, связанные с насилием (убийство, изнасилование, разбой, тяжкие телесные повреждения), а также самые квалифицированные формы краж и преступлений, связанных с наркотиками. Напротив, обычные разновидности этих преступлений (должностные преступления, коррупционные преступления и большинство видов мошенничества) рассматривались с относительным снисхождением. Всё это наводило на мысль о том, что законодатели часто были оторваны от реальности, не проводили различий между преступлениями разной степени опасности или придавали символическое значение высоким максимальным наказаниям. Это также означало, что УК не всегда отражал приоритеты уголовной политики, которые фактически устанавливались судьями, как правило, под руководством Верховного суда [Титаев 2020].

Поддержание уровня лишения свободы ниже 30 %, притом что многие менее тяжкие преступления (22 % всех дел) прекращались в результате примирения сторон, наложения судебного штрафа или раскаяния, а другие правонарушения переводились из уголовных в административные, стало достижением, отражающим реальное снижение репрессивности. То же самое можно сказать и о снижении доли уголовных преследований, приведших к судимости, которая, по оценкам Титаева, в 2020 году составила 55 % с учётом прекращённых дел и успешную реализацию условных приговоров. Если некоторые менее тяжкие преступления будут переведены в разряд «уголовных проступков», доля правонарушителей, получивших судимость, может сократиться до 45 % или даже 40 %. Словом, волны «гуманизации», продвигаемые в законодательстве (2003, 2011, 2017), сопровождались более устойчивой тенденцией в судебной практике.

Тенденция гуманизации уголовной политики часто вызывала противодействие со стороны правоохранительных органов, особенно когда на кону было изменение текста закона, но, как представляется, она отвечала интересам путинского режима и в плане экономии средств, и в плане создания хорошего общественного имиджа, не говоря уже о получении социальной поддержки. С одной стороны, сокращение числа заключённых на 100 000 человек населения с 729 в 2000 году до 363 в 2020 году устранило основной источник репутационных проблем. Хотя Россия не достигла уровня Западной Европы с её показателями лишения свободы в диапазоне 70–150 человек, она перестала «соперничать» с США за лидерство в этой области — к 2020 году показатель в США снизился с 700 до 668 человек [World Prison Brief 2021]. С другой стороны, на практике отход от акцента на возмездии (которое было заменено в Уголовном кодексе 1996 года идеей социальной справедливости, смягчённой заботой об исправлении осуждённого) должен был улучшить репутацию России в сфере уголовного правосудия.

7. Заключение

Развитие системы уголовного правосудия в путинские годы представляло собой смесь достижений и неудач. Преобразование судебного процесса из неоинквизиционного в состязательный, внедрение суда присяжных, продвижение примирительных процедур и судебных штрафов стали позитивными шагами, как и усилия судей по назначению наказаний, не связанных с лишением свободы, и предотвращение появления судимостей. Однако эти меры не смогли уменьшить или устранить обвинительный уклон, так как судьи по-прежнему были ограничены в возможности вынесения оправдательных приговоров системой оценки их работы, а у защитников не хватало ресурсов как на досудебной стадии, так и во время судебного разбирательства. Хотя судьи оставались слабыми в сравнении со следователями, они обладали возможностью корректировать наказания в зависимости от личности обвиняемого и обстоятельств преступления, что позволяло достигать положительных результатов. Разумеется, эффективность оставалась ключевой ценностью в уголовном процессе (как и в других странах), о чём свидетельствовало расширение в 2017 году процедуры признания вины до 2/3 дел. Решение 2019 года об исключении тяжких преступлений из этой упрощённой процедуры начало приводить к значительному увеличению числа полноценных судебных процессов с исследованием доказательств и, вероятно, приведёт к росту реальных, но неформальных торгов.

Глава 9
Гражданское судопроизводство

Гражданские споры занимают основную часть нагрузки российских судов, составляя значительно более половины всех рассматриваемых дел. В количественном выражении их число увеличилось в семь раз: с 2,8 миллиона в 1995 году до 20,8 миллиона в 2020 году[1]. Это свидетельствует о всё большей готовности россиян обращаться в суды для разрешения своих споров, однако не следует считать, что они бегают в суды как ошпаренные. Качественные исследования показывают, что россияне, как и люди в других странах, предпочитают разрешать проблемы неформально. Когда мирное урегулирование оказывается невозможным, одни смиряются с потерями и идут дальше, а другие подают иски. Причины обращения в суд варьируются в зависимости от характера спора, его значимости для сторон и их взаимоотношений. Мы вернёмся к вопросу о мотивах использования судов для разрешения гражданских споров в России после анализа юрисдикционных особенностей таких дел, эволюции процессуальных правил, регулирующих их рассмотрение, и того, как со временем менялась нагрузка российских судов гражданскими делами.

---

[1] В этой главе содержится множество ссылок на данные о количестве дел. Если не указано иное, эти данные взяты с сайта Судебного департамента при Верховном Суде Российской Федерации: URL: http://www.cdep.ru/index. php?id=5 (дата обращения: 31.08.2022).

1. Подведомственность гражданских дел

Гражданские дела могут принимать различные формы. В России их подведомственность уже давно определяется в зависимости от характера участвующих сторон. Иски, поданные физическими лицами или связанные с ними, всегда рассматривались судами общей юрисдикции. Они составляют большинство дел и включают в себя самые разнообразные споры, начиная от размолвок между членами семьи и соседями, разногласий между работниками и их работодателями и заканчивая вечно досаждающими проблемами взыскания задолженности по коммунальным услугам и кредитным картам. Дела, инициированные юридическими лицами, рассматриваются судами, специализирующимися на экономических спорах, известными как арбитражные суды. Глава 10 подробно рассматривает эти суды, которые приобрели новую значимость с переходом от плановой экономики к рыночной. В этой главе мы сосредоточимся на правосудии по гражданским делам в судах общей юрисдикции.

Переход к рынку породил споры, которые, по всей видимости, подведомственны как судам общей юрисдикции, так и арбитражным судам. Иногда их решение очевидно. Физические лица, официально зарегистрировавшиеся в качестве индивидуальных предпринимателей, приравниваются к юридическим лицам, и их дела рассматриваются в арбитражных судах. Более проблемными оказались новые для постсоветской эпохи иски акционеров. В 1990-х и начале 2000-х годов недовольные акционеры использовали оба вида судов. Согласно сложившейся практике, индивидуальные акционеры подавали иски в суды общей юрисдикции, тогда как институциональные акционеры обращались в арбитражные суды. Первые получили название «бабушкины иски», поскольку обычно в них фигурировала пенсионерка, владеющая одной-двумя акциями и получившая щедрую оплату за подачу иска в интересах влиятельного лица, желающего затормозить деятельность компании. Самый известный пример произошёл в 2001 году, когда один акционер смог на несколько дней парализовать экспорт нефти «Лукойла» в Восточную Европу на основании обвинений в ненадлежащем избрании должностных лиц. Слишком часто результаты были противоречивыми. Как отметил заместитель председателя Челябинского арбитражного суда: «Эта практика разрушает судебную систему, поскольку вызывает сомнения в обязательности судебных актов» [Hendley 2003: 367]. Реформа Арбитражного процессуального кодекса 2002 года решила эту проблему, уточнив, что арбитражным судам подсудны все споры между акционерами и менеджментом, независимо от того, является ли акционер физическим или юридическим лицом. Потенциальные тяжущиеся приветствовали это изменение, поскольку оно не только устранило неопределённость, но и передало такие дела в тот орган, который больше в них понимал. По словам одного из московских адвокатов: «Передача исков акционеров в арбитраж — это правильная вещь. Обращаться в народные суды просто неприятно. Квалификация арбитражных судей в вопросах экономических споров несравненно выше, чем у судей судов общей юрисдикции» [Ibid.: 368]. Учитывая это, неудивительно, что с введением в 2015 году процедуры личного банкротства юрисдикция по данным делам была передана арбитражным судам.

Однако по большей части разделение юрисдикций, основанное на сочетании вовлечённых сторон и характере спора, работает хорошо. Как мы более подробно обсудим ниже, это не должно означать, что компании не участвуют в процессах в судах общей юрисдикции. Совсем наоборот: около 87 % гражданских дел, поданных в 2020 году, были инициированы юридическими лицами против физических. Ещё в 5 % случаев наблюдался противоположный сценарий: физические лица предъявляли иски юридическим лицам. В 7 % случаев обе стороны были физическими лицами.

2. Доступ к правосудию по гражданским делам в России

Давней отличительной чертой гражданского правосудия в России является его доступность. Даже в советский период простота системы позволяла легко подавать иски. Действительно,

Луиза Шелли утверждала, что «доступное гражданское правосудие помогло обеспечить поддержку гражданами правовой системы» [Shelley 1987: 199]. Хотя реформы процессуального кодекса в постсоветский период привнесли много новшеств, правила остаются относительно простыми. Иски рассматриваются быстро и недорого.

Правила рассмотрения гражданских дел в судах общей юрисдикции содержатся в Гражданском процессуальном кодексе (ГПК). В соответствии с ним дела должны быть рассмотрены в течение двух месяцев с момента подачи заявления[2]. Статистика, которую ведут суды, показывает, что этот срок нарушается редко. В 2020 году менее 1 % всех гражданских дел рассматривались дольше установленного законом срока. Конечно, уровень задержки варьируется в зависимости от типа дела. В более сложных делах норма нарушается почти в 3 % случаев, в то время как в рутинных делах, таких как просроченная квартплата, менее 0,5 % дел превышают установленный срок. Судьи терпеть не могут допускать задержек, поскольку это плохо отражается на них самих. Способность эффективно управлять своей нагрузкой является ключевым критерием для продвижения в вышестоящие суды. Чтобы поддерживать свои безупречные показатели, судьи научились работать быстро и, в случае нужды, обходить правила. Несмотря на кажущуюся приверженность состязательности, российские судьи, как правило, дают сторонам список документов, которые необходимо принести в суд, чтобы не терять времени. Когда требуется провести несколько заседаний, они иногда поощряют истцов привлекать третьих лиц, даже если в этом нет особой необходимости, поскольку это позволяет заново начать отсчёт двухмесячного срока, тем самым давая им необходимую передышку для решения дела. Документировать масштаб этого

---

[2]   Статья 154 ГПК. Исключение составляют дела, поданные в мировые суды, где дела должны быть рассмотрены в течение месяца, как обсуждалось в главе 7, и для коллективных исков. Учитывая, что коллективные иски неизбежно являются более сложными, судьям даётся восемь месяцев со дня принятия иска к производству. Для разрешения этих исков судьям даётся восемь месяцев со дня принятия коллективного иска (ст. 244.25 ГПК).

явления оказалось невозможно, но в твёрдой приверженности быстрому разрешению дел сомнений быть не может.

Тем не менее следует признать, что время — понятие относительное. То, что для внешнего наблюдателя может показаться молниеносной скоростью, для россиянина, погружённого в рутину процесса, может ощущаться как вечность. Когда в 2018 году россиян спросили о влиянии времени, необходимого для подачи иска, более 3/4 назвали это фактором, препятствующим их желанию обращаться в суд[3]. Интересно, что те, кто уже имел опыт участия в судебных разбирательствах, значительно реже выражали обеспокоенность по поводу задержек. Однако в целом результаты отражают несоответствие между внутренним опытом судей, которые понимают, что дела рассматриваются быстро, и ощущением обывателей того, что судебные процессы занимают много времени.

Аналогичным образом, издержки, связанные с подачей гражданских исков в России, включая госпошлины и оплату услуг юристов, кажутся довольно низкими. Для некоторых видов исков (особенно тех, где денежное возмещение не имеет значения) установлены фиксированные ставки. Для других, таких как потребительские иски, госпошлины вообще не взимаются. Обычно размер госпошлины составляет процент от суммы заявленных требований. Определить точную сумму может быть сложно. Чтобы упростить это, на всех сайтах судов есть калькулятор госпошлины. Заявителю достаточно ответить на несколько простых вопросов, чтобы узнать, сколько он должен заплатить. Сайт также готовит квитанцию и помогает провести оплату. Заявители обязаны оплатить госпошлину до того, как суд начнёт рассматривать их иск. Если истец одержит верх, то ответчик должен будет возместить ему расходы по завершении дела.

Во многих правовых системах подача гражданского иска без компетентного юриста была бы неосмотрительной. Однако про-

---

[3] Этот вопрос был включён в 2018 году в Российское лонгитюдное мониторинговое исследование Высшей школы экономики, который является репрезентативным ежегодным опросом россиян. URL: https://rlms-hse.cpc.unc. edu (дата обращения: 31.08.2022).

стота российских процессуальных правил и доступность помощи (как онлайн, так и лицом к лицу) делают подачу гражданских исков без юриста вполне осуществимой. Эта практика не нова. Согласно Шелли, в советскую эпоху адвокаты участвовали только в 10 % всех гражданских дел [Shelley 1987: 200]. Как часто тяжущиеся стороны имеют представителей в современных гражданских процессах в российских судах, неизвестно. Как в количественных, так и в качественных исследованиях россияне выражали обеспокоенность по поводу затрат на услуги юриста и отдачи от них. В опросе 2018 года почти 90 % респондентов заявили, что стоимость юридических услуг оттолкнула бы их от обращения в суд. Как и ранее, те, кто имел опыт участия в судебных разбирательствах, выражали меньшую обеспокоенность. Для тех, кто упорствует в отказе от юриста, существует огромное множество ресурсов, которые могут им помочь. Формы жалоб, которые можно адаптировать к конкретным обстоятельствам, доступны на веб-сайтах судов. Судейский персонал и сами судьи регулярно проводят приёмные часы, чтобы ответить на вопросы всех желающих, включая потенциальных тяжущихся[4]. Тем не менее исследование фокус-групп, проведённое Хендли (подробно рассматриваемое далее в этой главе), подтверждает нежелание некоторых россиян обращаться в суд самостоятельно [Hendley 2018c].

Россияне также могут обратиться к прокурорам за помощью в подаче гражданских исков. Как мы обсуждаем в главе 8, прокуроры отвечают за обеспечение правосудия в рамках всей правовой системы и государственного управления. Бо́льшую часть времени они поддерживают обвинения по уголовным делам. Однако Гражданский процессуальный кодекс открывает им возможность участия в гражданских делах для защиты прав граждан (ст. 45 ГПК). В некоторых категориях дел, таких как выселение или восстановление на работе, их участие является обязательным. В целом же прокуроры возбуждают лишь 1 % гражданских дел. В таких случаях к ним относятся как к любым

---

[4] Этические проблемы, связанные с таким взаимодействием между судьями и тяжущимися, обсуждаются в главе 7.

другим истцам. Помимо обязательных категорий, прокуроры участвуют в делах, где граждане противостоят более сильным субъектам. Например, более 40 % дел, инициированных прокурорами, касаются взыскания невыплаченной заработной платы. Ни одна другая категория не превышает 5 % дел, поданных прокурорами, и составляет лишь ничтожный процент от общего числа гражданских исков. К прокурорам также могут обращаться россияне, которые по тем или иным причинам недееспособны и не могут обратиться в суд от своего имени.

Требования к жизнеспособному иску минимальны. Исковые заявления могут быть поданы как в традиционной письменной форме, так и в электронном виде. Истцам требуется лишь указать имена и адреса сторон, описать суть спора, включая нарушение закона (при этом не обязательно приводить конкретные статьи соответствующего закона), а также указать размер денежных требований или иного притязания. Предполагается, что они приложат документы, подтверждающие их требования, но, если этого не сделать, мало кто из судей откажет в принятии иска. Вместо этого судьи либо оставят заявление без движения, дав время для предъявления необходимых документов, либо попросят истца предоставить их на первом заседании. Истцы также должны указать, хотят ли они полноценного разбирательства по существу или готовы к разрешению спора на основе письменных материалов. Последний вариант возможен только для самых простых дел. Большинство из них рассматривается мировыми судами (см. главу 7). Судьи в России относительно редко отказывают в принятии исков на основании их несоответствия требованиям закона. Наиболее распространённой причиной отказа является неуплата госпошлины. После оплаты заявители могут повторно подать иск. Официальные лица в судебной системе гордятся её доступностью и охотно позволяют судьям «ошибаться в пользу заявителя» при решении вопроса о принятии иска к рассмотрению [Hendley 2013b]. В результате количество дел неуклонно растёт, что увеличивает нагрузку на судей. Это помогает объяснить решение о создании в 1998 году мировых судов как судов совершенно нового уровня.

До недавнего времени гражданские иски подавались в индивидуальном порядке. Это приводило к определённой неэффективности, особенно в сфере защиты прав потребителей. Когда банк или магазин совершал мошеннические действия, суды были завалены практически одинаковыми исками, часто на небольшие суммы, и каждый из них приходилось рассматривать. Многие жертвы таких схем неохотно преследовали нарушителей, полагая, что судебный процесс доставит слишком много хлопот. Тот факт, что результаты рассмотрения внешне схожих исков не всегда были одинаковыми, только усугублял эту неуверенность. В интересах повышения эффективности и доступности правосудия, а также обеспечения максимальной согласованности исходов судебных разбирательств, законодатель открыл возможность подачи коллективных исков[5]. Для подачи такого иска требуется группа из не менее 20 человек, готовых заявить однотипное требование к общему ответчику (ст. 244.20 ГПК). Хотя председатель Верховного суда России охарактеризовал это нововведение как способ добиться справедливости для недовольных потребителей, некоторые комментаторы опасаются, что оно может спровоцировать рост числа судебных разбирательств [Сутормин 2020; Верховный Суд 2020]. Поскольку правила вступили в силу в октябре 2019 года, пока неясно, как именно это нововведение проявит себя на практике. Опубликованные статистические отчёты судов за 2019 и 2020 годы не содержат информации о количестве таких дел.

Вход в систему гражданского правосудия зависит от характера дела. 2/3 исковых производств начинаются в мировых судах. Они рассматривают дела, связанные с относительно небольшими суммами денег, а также разводы, в которых отсутствует спор о детях[6]. Почти все остальные дела начинаются в районных судах.

---

[5]   Дословно закон использует выражение «дело о защите прав и законных интересов группы лиц» (глава 22.3 ГПК), но российские юридические журналы стали переводить его как «коллективный иск» [Сутормин 2020].

[6]   Ограничение в 50 000 рублей имело большее значение при его введении, когда эта сумма составляла почти 2000 долларов США. К 2020 году, из-за снижения курса рубля, это ограничение стало эквивалентно менее чем 700 долларам. Для потребительских исков лимит увеличен до 100 000 рублей.

К ним относятся более сложные разводы и иски о возмещении значительных убытков. Однако дела о взыскании более 500 000 рублей (около 6000 долларов США по курсу 2024 года) составляют менее 8 % гражданских дел, рассмотренных районными судами. Незначительное количество гражданских дел начинается в судах регионального уровня, большинство из которых связано с трудными вопросами авторского права и другими технологически сложными исками. Неудивительно, что вероятность того, что судьи превысят установленный двухмесячный срок для разрешения гражданских дел, значительно ниже в мировых судах, чем в районных и региональных судах, где рассматриваются более сложные дела.

3. Виды гражданских дел, рассматриваемых в российских судах общей юрисдикции

В позднесоветский период большинство гражданских исков возникало в семейной сфере. В остальной части гражданского судопроизводства преобладали трудовые и жилищные споры [van den Berg 1985: 148–155]. Эти категории дел сохранились, но многогранный переходный период, последовавший за распадом Советского Союза, привёл к гораздо большему разнообразию гражданских дел в российских судах общей юрисдикции. В главе 7 мы рассмотрели виды гражданских дел, которые поступают в мировые суды. В этой главе мы сосредоточимся на гражданских делах, которые начинаются в районных судах.

Споры, связанные с кредитными договорами, которые отсутствовали в советский период, составили наиболее частую категорию гражданских дел в 2020 году — на их долю пришлось 22 % дел, рассмотренных районными судами. Средняя сумма иска составляла 800 000 рублей (примерно 11 000 долларов США). Кредиторы выигрывают почти все такие дела. Эти иски отражают рост задолженности по кредитным картам и другим видам личных кредитов, предоставляемых банками [Korsunskaya et al. 2019]. Согласно опросу 2017 года, 2/3 россиян имели опыт получения банковских кредитов [ВЦИОМ 2017].

Жилищные, семейные и трудовые споры — три категории гражданских дел, которые доминировали в советское время, — утратили своё значение. Жилищные споры составили 12 % гражданских дел, рассмотренных районными судами в 2020 году[7]. Наиболее распространёнными являются иски о взыскании просроченной квартплаты и коммунальных платежей. Семейные споры немного не дотягивают до этого уровня и составляют 11,1 %. Российское законодательство требует, чтобы почти все разводы проходили через суд, но большинство таких дел рассматривают мировые суды. Районные суды рассматривают более сложные дела, включая лишение родительских прав, взыскание алиментов и споры о разделе имущества между супругами. Трудовые споры составили лишь около 4 % гражданских дел, рассмотренных районными судами в 2020 году. Почти половина из них (44 %) были поданы недовольными работниками с целью взыскания невыплаченной заработной платы. Ещё 11 % трудовых дел составляли иски о восстановлении на работе, большинство из которых подавались работниками, утверждавшими, что их увольнение было незаконным.

За исключением категории-солянки «прочие», на которую приходится 21 %, ни одна категория гражданских дел не превышает 5 % от общего числа гражданских дел, рассматриваемых районными судами. Заслуживающие внимания категории, с указанием их доли среди гражданских дел, включают защиту прав потребителей (4,7 %), наследственные дела (3,8 %), пенсионные споры (3,3 %) и иски о возмещении ущерба в результате дорожно-транспортных происшествий (2,5 %).

В отличие от феномена «исчезающих судебных процессов», описанного Галантером в Соединённых Штатах, где большинство гражданских дел заканчиваются урегулированием спора, российские истцы, как правило, идут до конца [Galanter 2004]. Менее 10 % гражданских дел, поданных в районные суды, не доводятся

---

[7] В целом жилищные споры составляют более 40 % всех гражданских дел, рассматриваемых российскими судами общей юрисдикции. Большинство из этих дел рассматриваются мировыми судами.

до полноценного судебного решения. Из этих дел 2/3 прекращаются в результате отказа истца от продолжения тяжбы. Причины этого различны. Возможно, в некоторых из таких дел стороны достигли частного соглашения. Однако, если истцы просто отказываются от иска без оформления мирового соглашения, они останутся сами по себе в том случае, если ответчик позднее нарушит договорённости. Если мировое соглашение утверждено судом, оно, независимо от того, было ли результатом медиации, организованной судом, или нет, становится обязательным для сторон договором, который может быть принудительно исполнен в случае возникновения проблем в будущем. Однако мировые соглашения скорее исключение, чем правило. Они заключались менее чем в 20 % случаев, когда суд прекращал дело до вынесения решения.

Объяснить нежелание российских истцов заключать мировые соглашения после подачи иска сложно, особенно учитывая, что исход многих гражданских дел не вызывает сомнений. Большинство требований, связанных с задолженностью, хорошо задокументированы. Лишь немногие должники оказывают серьёзное сопротивление. Работа Галантера на основе опыта США предполагает, что стороны в таких делах скорее урегулировали бы их неформально, вместо того чтобы обращаться в суд. А если бы дело всё же дошло до суда, они быстро пришли бы к соглашению. Но это не про российскую реальность. Несомненно, высокая скорость рассмотрения гражданских исков судами и низкие издержки ведения дела делают заключение мирового соглашения менее привлекательным, чем в Соединённых Штатах. Конфронтационный подход, стандартный для сильных состязательных систем, таких как американская, где стороны стремятся подорвать доверие к своим оппонентам, в России встречается редко. Это снижает риск разрушения существующих отношений. Снова взгляд со стороны не всегда совпадает с мнением самих участников процесса. Исследования с использованием фокус-групп, изучавшие отношение россиян к судебным спорам, показывают, что удовольствие от обращения в суд получают немногие [Hendley 2017a, 2018c]. В обсуждениях доминировали опасения, свя занные с затратами времени, денег и эмоциональной энергии, необходимыми для ведения судебного процесса. Несмотря на это, оказавшись в суде, россияне редко приходят к соглашению. Возможно, ожидание неизбежного судебного решения предоставляет должникам преимущество в виде отсрочки уплаты долга или возмещения ущерба. Однако тот факт, что эта отсрочка составляет лишь несколько месяцев, делает такое объяснение не слишком убедительным. Когда Хендли спрашивала участников судебных разбирательств, почему они настаивали на продолжении процесса вместо урегулирования, их обычно удивлял сам вопрос. Для них подача иска означала, что теперь суд должен разобраться, что с ним делать. Это указывает либо на ожидания сторон, либо на особенности российской правовой культуры.

4. Рассмотрение гражданских дел

На первой инстанции гражданские дела рассматриваются судьёй единолично. Присяжные заседатели в гражданских делах не используются. В зависимости от размера районного суда его судейский корпус может быть разделён на подгруппы, специализирующиеся на гражданских, уголовных или административных делах. Вопрос о том, как распределять дела между конкретными судьями, обсуждается уже давно. До недавнего времени председатели районного суда обладали полной свободой в распределении дел. Их решения давали им огромную власть над подчинёнными судьями. Они могли саботировать карьеру предполагаемых нарушителей спокойствия, поручая им самые сложные дела, или могли гарантировать желаемый результат в политически значимых делах, распределяя их сговорчивым судьям. Многие комментаторы сетовали на влияние такой практики на независимость судебной власти [Волков и др. 2015]. С 2019 года суды обязаны использовать автоматизированную систему распределения дел, учитывающую нагрузку и специализацию судей (ч. 3 ст. 14 ГПК).

Работая вместе со своим аппаратом, судьи проверяют заявления на соответствие установленным требованиям. Дела, отвечающие этим стандартам, назначаются к слушанию. Уведомляя стороны о дате заседания, большинство судей напоминают им, что они несут ответственность за предоставление всех необходимых доказательств. Часто судьи сами составляют список необходимых документов, не полагаясь на то, что стороны сами разберутся в этом. Хотя это, казалось бы, нарушает заявленный принцип состязательности, судьи объясняют такую активную роль обязанностью разрешать дела в течение двух месяцев. Напоминание сторонам о необходимых доказательствах, как правило, ускоряет процесс и позволяет избежать напрасных слушаний.

В идеале все стороны должны присутствовать на слушаниях. Заседание может проводиться в отсутствие ответчика, если у суда есть доказательства, что он был уведомлён о дате и месте слушания. Присутствие истца считается более важным. Чтобы слушание состоялось без истца, необходимо его письменное согласие, в противном случае заседание откладывается. Около 20 % гражданских дел, рассмотренных районными судами в 2020 году, были решены заочно, на основании письменных материалов, в отсутствие обеих сторон. Эти заочные решения могут быть отменены судом первой инстанции, если ответчик впоследствии убедит суд в наличии уважительных причин своей неявки (ст. 233, 242 ГПК). В 2020 году около 5 % заочных решений были впоследствии отменены. Затем такие дела назначались к рассмотрению по существу.

Гражданский процессуальный кодекс предусматривает проведение предварительного слушания, на котором стороны «вскрывают карты» с доказательствами. На этих заседаниях перед судьями стоит задача побудить стороны урегулировать свои споры или передать их на медиацию. Кодекс не предусматривает никаких санкций за нежелание быть откровенным на этих слушаниях. В результате стороны, как правило, не воспринимают их всерьёз. В 2019 году вступили в силу поправки в кодекс, позволяющие судьям сразу переходить от предварительных слушаний к рассмотрению дела по существу в рамках одного заседания, если они уведомят стороны о такой возможности. В ответ на это судьи включили соответствующую формулировку в уведомление о времени и месте слушаний, предоставив себе свободу действий.

Слушания по существу обычно проводятся в очной форме, хотя кодекс допускает участие через видеоконференцию. Эта возможность была использована примерно в 2 % гражданских дел, рассмотренных районными судами в 2020 году. Многие нормы, действующие в российских судах, знакомы для иностранцев. Присутствующие в зале суда должны вставать при входе судьи и обращаться к нему «уважаемый суд». Участники процесса также должны вставать при обращении к суду и при объявлении судьёй своего решения. Судьи могут смягчить эти нормы по своему усмотрению, и они часто делают это, когда стороны пожилые или испытывают проблемы со здоровьем. Если стороны и их представители присутствуют на заседании, они должны предъявить документы, удостоверяющие их личность. Представители должны показать действительную доверенность, подтверждающую их полномочия. Эти документы обычно предъявляют секретарю суда, который ведёт записи о ходе слушания. Эти записи фиксируются в документе, называемом «протокол», который приобщается к материалам дела. Протоколы могут быть более или менее подробными, в зависимости от внимательности секретаря суда. В них обязательно указываются присутствующие стороны и их представители, а также отмечаются представленные доказательства. В гражданских делах стенограммы не ведутся. Стороны имеют право ознакомиться с протоколами и оспорить любые неточности у судьи. Если в деле проводится несколько заседаний, такие замечания могут быть поданы до завершения рассмотрения дела. Стороны также могут заявить возражения относительно протоколов после вынесения решения.

Судья открывает заседание, кратко излагая суть дела. Если слушание является продолжением предыдущих разбирательств, судья напоминает сторонам о достигнутом на данный момент прогрессе. После этого каждой стороне предоставляется возможность изложить свои аргументы и представить доказательства. Судья имеет последнее слово в вопросе допустимости доказательств, включая решение о вызове свидетелей. Чтобы вызвать свидетелей, сторона должна убедить судью в их значимости. Судьи могут проявлять нетерпение, если несколько свидетелей повторяют одно и то же. Здесь снова проявляется сильное влияние установленных законом процессуальных сроков.

Ход слушаний зависит от характера дела и напористости сторон и/или их представителей. На практике судьи по умолчанию действуют в роли распорядителей процесса. После того как каждой стороне предоставлена возможность изложить вступительные доводы, судьи обычно берут на себя инициативу в допросе свидетелей и проверке достоверности письменных доказательств, при этом всегда давая каждой стороне возможность задать уточняющие вопросы. Некоторые стороны приходят на заседание с чётким планом действий и стремятся активно представить свою позицию, а не просто реагировать на действия судьи. Судьи редко препятствуют этому. Если стороны не готовы, закон позволяет судьям отклонить иск. Однако немногие решаются на это, предпочитая отложить рассмотрение дела, чтобы дать сторонам возможность представить свои аргументы. Несмотря на то что такие задержки могут привести к нарушению установленных сроков, судьи обосновывают свои действия стремлением к обеспечению справедливости. Исходя из практических соображений, они также опасаются, что отказ в удовлетворении иска может быть отменён на основании того, что сторонам не дали возможности выразить свою позицию. В таком случае дело вернётся обратно к ним, увеличив их рабочую нагрузку.

После того как стороны представили свои аргументы, судья удаляется в совещательную комнату для обсуждения и вынесения решения. Если дело рассматривается в кабинете судьи, как иногда происходит в менее значительных делах, все обязаны покинуть помещение, оставляя судью в одиночестве для размышлений. Время, необходимое для вынесения решения, зависит от сложности дела и профессионализма судьи. По возвращении судья сообщает сторонам основные результаты: кто выиграл и какие суммы подлежат выплате. Судья обязан зачитать текст сокращённого решения вслух. Для непрофессионалов юридическая терминология может оказаться непонятной. Понимающие судьи часто находят время, чтобы объяснить результат сторонам на простом языке. В течение пяти дней судья обязан подготовить полное мотивированное решение, которое может быть направлено сторонам в письменной или электронной форме. Копия письменного решения включается в материалы дела. Электронная копия размещается на сайте суда. Стороны имеют право обжаловать решение в течение месяца. Только по истечении этого срока оно вступает в силу.

Апелляции в гражданских делах являются исключением, а не правилом. Обжалуется лишь 1–2 % всех гражданских дел[8]. Суд, в который подаётся апелляция, и характер пересмотра зависят от уровня, на котором дело вошло в систему. Апелляции рассматриваются коллегией из трёх судей. Районные суды проводят пересмотр решений мировых судей в порядке полного пересмотра. Дела, рассмотренные районными судами в качестве суда первой инстанции, могут быть обжалованы в суды субъекта Федерации, которые проверяют их на наличие фактических и юридических ошибок. Как мы видели в главах 2 и 8, в 2020 году были введены два новых уровня пересмотра. Теперь существует пять апелляционных судов, каждый из которых занимается рассмотрением дел из 15–20 судов субъектов Федерации. Над ними в иерархии расположены девять кассационных судов, каждый из которых охватывает 10–15 регионов или субъектов РФ. На вершине судебной системы находится Верховный суд РФ. Все апелляционные суды имеют отдельные коллегии, специализирующиеся на гражданских, уголовных и административных делах.

Удовлетворяется относительно небольшое количество апелляционных жалоб. В 2020 году решения суда первой инстанции были отменены примерно в 18 % гражданских дел, обжалованных в апелляции. Ещё в 5 % таких дел апелляционный суд каким-либо образом изменил решение суда первой инстанции. Уровень

---

[8] Расчёт этого процента зависит от того, какие дела включены в подсчёт. Если исключить дела, в которых судьи выносят решения на основании письменных материалов в порядке судебного приказа, то доля обжалованных дел увеличивается до примерно 11 % [Maggs et al. 2020: 104]. Судебные приказы наиболее распространены в мировых судах и могут быть оспорены, но не в апелляционном порядке.

успешности жалобщиков был несколько выше в делах, связанных с трудовыми спорами (20 %). Как и следовало ожидать, иски, поданные работниками, оказались заметно менее успешными, чем те, которые инициировало руководство[9]. Апелляции на решения, связанные с семейными конфликтами, реже приводили к отмене. Общий уровень успешности жалобщиков составил около 15 %, хотя он был выше в делах, касающихся раздела имущества между супругами после развода (21 %), и ниже при пересмотре решений по делам о супружеском содержании или алиментах на детей (15 %).

5. Отношение россиян к решению юридических проблем

До сих пор обсуждение было сосредоточено на данных о количестве дел. Не хватает голосов россиян. В отсутствие возможности незримо присутствовать в домах обычных граждан, фокус-группы предоставляют лучший способ узнать, как они подходят к разрешению споров. Хотя такие группы искусственны, поскольку объединяют незнакомых людей для откровенных обсуждений, их преимущество заключается в том, что участники могут свободно высказывать свои мысли, не ограничиваясь заранее заданными вариантами ответов, как в опросах. Летом 2014 года Хендли вместе с коллегами из Института социологии Российской академии наук в Москве организовала девять фокус-групп[10]. Они были равномерно распределены между Москвой, Воронежем и Новосибирском. Поскольку большинство участников имели постоянную работу, встречи проводились по вечерам и в выходные, продолжаясь около двух часов. В каждой группе было от восьми до 12 участников[11]. Были предприняты усилия для обес-

---

[9] Решения суда первой инстанции, обжалованные работниками, отменялись примерно в 5 % случаев, тогда как успешность апелляций, поданных работодателями, составляла 18 %.

[10] Резюме фокус-групп 2014 года основано на работе: [Hendley 2018c].

[11] Имена участников были изменены для сохранения их анонимности.

печения разнообразия с точки зрения пола, занятости и образования. Участники практически поровну разделились по полу: 46 мужчин и 45 женщин. Их возраст варьировался от 23 до 66 лет, при среднем возрасте в 41 год. С финансовой точки зрения участники чувствовали себя комфортно. 2/3 опрошенных заявили, что они легко могут позволить себе дорогостоящие товары, такие как холодильники и телевизоры, в то время как остальные заявили, что такие покупки дались бы им нелегко, но у них не было проблем с покрытием своих повседневных расходов.

Предполагая, что отношение к разрешению споров зависит от предыдущего опыта обращения в суд, Хендли разделила группы соответствующим образом. В каждом регионе одна группа состояла из ветеранов судебных процессов, другая — из тех, кто никогда не был в суде, а третья была смешанной. Почти все опытные участники прошли через гражданские процессы[12]. Большинство (87 %) выступали истцами. Отражая структуру дел, рассматриваемых российскими судами, наиболее распространёнными типами дел были жилищные споры (33 %) и семейные споры (27 %), также были представлены дела, связанные с трудовыми вопросами, причинением вреда здоровью, бизнес-проблемами и взысканием долгов.

Фокус-группы были организованы вокруг нескольких гипотетических сценариев. Цель состояла в том, чтобы предложить рутинные проблемы, которые могли бы, но не обязательно должны были быть решены через судебное разбирательство. Здесь мы сосредоточимся на одном из таких сценариев — сложной ситуации, связанной с наследством. Этот сценарий требовал от участников фокус-группы задуматься над тем, как их поведение могло бы измениться при участии членов семьи, а не анонимных третьих лиц. Участники получили карточки со следующими деталями спора:

---

[12] Единственным исключением была Вера, сорокалетняя москвичка, работавшая в технической должности в университете, которая стала жертвой преступления. Она самостоятельно представляла свои интересы в последующем судебном процессе.

Дарья Николаевна — 20-летняя секретарша. Она проводила лето в деревне на даче бабушки и дедушки[13]. Её родители трагически погибли, когда она была ещё ребёнком, и её вырастили бабушка и дедушка. Помимо её отца, у них было ещё двое детей, у каждого из которых есть по одному ребёнку. Никто из них не живёт поблизости и, как следствие, в последнее время не посещал дачу. Несколько месяцев назад бабушка умерла. Тёти, дяди и кузены Дарьи хотят продать дачу. Она находится рядом с рекой, и застройщики уже скупили соседние участки. Однако Дарья твёрдо намерена сохранить дачу. Хотя у неё пока нет детей, она хочет, чтобы дача осталась для её будущей семьи.

Участники фокус-группы согласились с тем, что это не такая уж редкая проблема. Они сразу заметили, что всё осложняется семейными отношениями. Геннадий, 31-летний предприниматель из Воронежа, выразил это лучше всех: «На мой взгляд, договариваться с семьёй бесполезно... Честно говоря, я убедился, что проще иметь дело с чужими людьми». Его комментарии, как и мнения многих участников, отражали его собственный печальный опыт. Под конец жизни его бабушки её дочь (тётя Геннадия) хотела продать её квартиру. Геннадий не разрешил, рассудив, что бабушку нельзя заставлять переезжать. Они «упирались рогами» много лет, что в итоге вылилось в судебное разбирательство, которое не удовлетворило никого.

Некоторые участники группы считали, что Дарье Николаевне следует зарыть голову в песок и надеяться на лучшее. Ксения, 45-летняя домохозяйка из Москвы, предположила, что Дарья должна продолжать пользоваться дачей, как будто ничего не произошло. Её мнение основано на твёрдой уверенности, что

---

[13] Дача — это летнее жильё. В советский период дачи, как правило, были скромными из-за ограничений на строительство и нехватки строительных материалов. В постсоветский период богатые люди начали строить вычурные «коттеджи». Согласно опросу ВЦИОМ 2010 года, 48 % россиян владеют дачами [Елков, Черняк 2013]. Зависка напоминает, что, помимо отдыха на даче, многие россияне занимаются выращиванием сельскохозяйственных культур на прилегающем участке [Zavisca 2003].

Дарья имеет право на дачу, так как (в отличие от других родственников) проводила там время в последние годы. Её одногруппники не согласились ни с её юридическим обоснованием, ни с её логикой[14]. Алексей, 28-летний менеджер московского банка, отметил, что она, конечно, могла бы там жить, но задался вопросом, что с ней будет, если родственники потащат её в суд или застройщики наложат лапу на недвижимость.

Более реалистичным вариантом участники сочли поиск компромисса, который устроил бы и Дарью Николаевну, и её родственников, — договориться с родственниками о мировом соглашении. Хотя все признали, что это будет нелёгкая задача, большинство согласились с Эдуардом, 42-летним московским прорабом, что «родственники рано или поздно придут к согласию друг с другом». Шансы на это зависят от характера участников и их прежних отношений. Как выразился Эдуард: «Можно придумать тысячи вариантов, но всё зависит от человеческого фактора». Некоторые полагали, что Дарья Николаевна или родственники смогут найти «золотые слова», которые убедят другую сторону, в то время как другие высмеивали саму идею о том, что может существовать какой-то ключ к достижению соглашения. Все сходились во мнении, что в данном случае врагом компромисса являются упрямство и жадность. Некоторые связывали предполагаемую сценарием упёртость сторон с низким уровнем гражданского общества в современной России, утверждая, что россияне не умеют идти на компромиссы.

Очевидно, что самым простым способом достижения соглашения была бы уступка одной из сторон. Елена, 58-летняя учительница из Воронежа, считала, что иногородние родственники должны отказаться от своих претензий на дачу. «Они должны про-

---

[14] Как и во всех фокус-группах, участники этой московской группы, которая объединяла людей с судебным опытом и без него, имели лишь поверхностное и часто неточное представление о законе. Гражданский кодекс (ГК) предоставляет преимущественное право наследнику, проживающему в спорной собственности на момент смерти наследодателя (ст. 1168 ГК). Он также наделяет такого наследника правом выкупить доли других наследников (ст. 1170 ГК).

явить милосердие к племяннице и отдать ей всё, потому что им это не нужно. Они живут далеко. Она росла без родителей. Они должны проявить милосердие». Однако другие участники группы скептически отнеслись к идее, что родственники откажутся от имущества только потому, что, по мнению Елены, это «правильный поступок». Как и многие другие, она была твёрдо убеждена, что члены семьи не должны судиться друг с другом, что семейные узы должны быть священны. Диана, 49-летний финансовый директор из Новосибирска, чьи отношения с племянницей разрушились, когда они не смогли прийти к согласию в ситуации, похожей на ситуацию Дарьи Николаевны, также выступала за капитуляцию. Неудивительно, что она отождествляла себя со старшим поколением и поэтому утверждала, что Дарья Николаевна должна уступить им свою долю. Большинство респондентов сочли капитуляцию любой из сторон маловероятной.

Возможность продажи дачи занимала важное место в обсуждении. Большинство участников считали, что выкуп доли родственников Дарьей Николаевной был бы идеальным, но нереалистичным решением для двадцатилетней секретарши. Они сомневались, что у неё есть достаточно сбережений или что банк предоставит ей кредит. Более приемлемым вариантом для трёх наследников было бы объединить усилия и выставить дачу на продажу. Они отметили, что на вырученные средства Дарья сможет приобрести собственное жильё. Мало кто обратил внимание на сильную эмоциональную привязанность Дарьи к даче, уходящую корнями в её детство. Когда одна из московских участниц заговорила об этом, её опасения были отвергнуты как несущественные. Один из её коллег-мужчин заявил, что Дарье нужно «проглотить» это, подразумевая, что ей нужно смириться с ситуацией. Остальные согласились.

Одна из причин, по которой перспектива продажи доминировала в разговорах, заключалась в том, что низкий уровень знаний о законности различных вариантов приводил к жарким спорам. Как напоминает нам основополагающая работа Элликсона о фермерах и скотоводах округа Шаста (Калифорния), люди склонны строить своё поведение на основе того, каким, по их мнению, является закон, даже если это неверно [Ellickson 1991]. Россияне ничем не отличаются от них [Hendley 2010b; Хендли 2011]. Некоторые участники были твёрдо убеждены, что без согласия всех наследников никто из них не сможет продать свою долю. Они предлагали вариант раздела земли и самого дома для последующего распределения. Хотя российское законодательство допускает такой исход, он никого не устроил бы полностью. Другие считали, что каждый наследник вправе продать свою долю независимо от согласия других собственников. Одни полагали, что перед любой такой продажей потребуется физический раздел имущества, другие думали, что оставшиеся владельцы будут вынуждены мириться с новыми сособственниками. Нет необходимости говорить о том, что последний вариант может привести к неисчислимым осложнениям. Предлагалась перспектива фиктивной продажи явно нежелательным элементам, например наркопотребителям, чтобы вынудить Дарью Николаевну к аварийной продаже по цене ниже рыночной, а также множество других диких сценариев[15].

Лишь несколько участников были осведомлены о технических требованиях закона. Как ни странно, самым осведомлённым оказался один из молодых участников. Павел, 28-летний агент по недвижимости из Новосибирска, с удовольствием поделился с одногруппниками своими трудом заработанными знаниями. Он пояснил: «Если она не хочет продавать, это её дело, но ей нужно понимать юридические правила. Если они продадут свои доли и уведомят её об этом заранее, это полностью законно. Может быть, это несправедливо, но это законно». Чтобы прояснить ситуацию, закон требует оценки имущества. После этого Дарья получит право преимущественной покупки. Если она продолжит гнуть свою линию, её родственники будут вправе продать свои доли любому желающему покупателю по оценочной

---

[15] Например, один из участников из Воронежа рассказал о схеме, при которой «компания покупает случайные доли в недвижимости, а затем заселяет туда узбеков с указанием сделать жизнь оставшихся владельцев настолько невыносимой, чтобы они согласились продать свои доли».

стоимости (ст. 252–254 ГК РФ)[16], что, в свою очередь, может открыть двери для кошмарных сценариев, описанных менее информированными коллегами Павла.

Павел задался вопросом, не делает ли интерес застройщиков вопрос о том, как Дарья Николаевна и её родственники будут договариваться, неактуальным. Призрак застройщиков на пороге дома вызывал опасения у большинства участников[17]. Они сочувствовали беде героини, но считали её положение глубоко безнадёжным. Более того, они беспокоились о её физической безопасности. Нина, пенсионерка из той же группы ветеранов судебных разбирательств, что и Павел, заметила: «Застройщики уже скупили соседние участки. С этой дачей они церемониться не будут». Позже Павел добавил, что у застройщиков есть «особые методы убеждения [владельцев], почему им стоит продать свою собственность. Поверьте, они работают очень эффективно». Никто не сказал доброго слова о застройщиках; их единодушно считали недобросовестными. Большинство групп делились страшными историями о незаконных методах, которыми застройщики добивались своего. Среди примеров называли поджоги, отключение коммунальных услуг и даже убийства[18]. Примечательно, что никто из участников лично не сталкивался с застройщиками, но охотно передавал рассказы, услышанные от третьих лиц.

По сравнению с реакцией на сценарии, связанные с неисправным мобильным телефоном или протечкой воды в квартире, участники быстрее взывали к закону при обсуждении этого наследственного спора и предлагали проконсультироваться с юристом и/или подать иск в суд. В отличие от других гипотетических

---

[16] Несколько участников смешанной группы из Новосибирска знали общие положения закона, но считали, что любая продажа должна быть одобрена судом, что законом не предусмотрено.

[17] В двух группах (московской и новосибирской, состоявших из участников без судебного опыта) никто не упомянул застройщиков.

[18] Подобные утверждения напоминают о тех способах самопомощи, которые использовались крестьянами в царскую эпоху и часто назывались самосудом. См. например, [Frank 1999; Frierson 2012].

ситуаций, где юристы казались лишними из-за уверенности участников в том, что с помощью интернета они смогут самостоятельно разобраться в своей правовой позиции, наследственное право воспринималось как более запутанное и менее поддающееся быстрому анализу на основе интернет-источников. Возраст Дарьи Николаевны также повлиял на то, что участники склонялись к необходимости обращения за юридической консультацией. Однако их недоверие к юристам оставалось неизменным. Тимофей, 55-летний предприниматель из Новосибирска, так выразил это опасение: «Я бы пошёл в одну юридическую консультацию и получил бы письменный ответ о том, как решить эту проблему. Затем я бы отправился в совершенно другую юридическую консультацию и получил бы такое же заключение от другого юриста. После этого я бы сделал свои собственные выводы». Поскольку он не верил в жизнеспособность добровольного урегулирования, его следующим шагом было бы инициировать судебное разбирательство. Хотя многие участники считали благоразумным обсудить нюансы ситуации с юристом, немногие проявляли такую же порывистость, как Тимофей, в отношении подачи иска в суд.

Как и прежде, необходимость тратить время и силы на судебные разбирательства многих обескураживала. Кроме того, мнение Елены о том, что судиться с родственниками неприлично, убеждало многих, как с точки зрения принципа, так и на основе личного опыта. Почти в каждой группе кто-то делился сагой в духе Диккенса о многолетних тяжбах с родственниками, которые не приносили ничего, кроме взаимной обиды[19]. Как выразился Максим, 36-летний таксист из Воронежа: «Как правило, если родственники начинают судиться, они редко останавливаются». Поэтому большинство участников выступали за попытку достичь мирного соглашения, а не сразу бежать в суд. Судебная

---

[19] Борьба Дианы с её племянницей продолжалась более четырёх лет. Один из участников группы в Воронеже рассказал о деле, которое длилось более 18 лет. Другой поделился историей о друзьях, которые судились из-за права собственности на дом более десяти лет.

тяжба рассматривалась как вариант, к которому следует прибегать, только если всё остальное не сработает.

Сложность ситуации убедила значительное число участников в том, что, при отсутствии мирного урегулирования, суд останется единственным выходом. Тот факт, что наибольшие надежды на суд возлагали именно те, кто не имел опыта участия в судебных процессах, не вызывает удивления. Они полагали, что в России только судьи обладают полномочиями по разделу имущества. На самом деле нотариусы играют более важную роль в ведении наследственных дел, чем судьи [Беспалов, Беспалова 2013; Butler 2014]. Тем не менее лишь немногие участники фокус-групп упомянули нотариусов. Те, кто имел судебный опыт, скептически отнеслись к тому, что у Дарьи Николаевны есть убедительные основания для иска. Некоторые сомневались, сможет ли она представить обоснованное исковое требование[20]. Участники с опытом судебных баталий согласились, что, если дело каким-то образом всё же дойдёт до суда, судья будет склонять её к соглашению с родственниками, чтобы не забивать свой график. Они понимали, что российские судьи стремятся быстро выносить решения и стараются избегать дел, в которых вопросы носят больше эмоциональный, чем правовой характер [Hendley 2017a]. Такое дело, как у Дарьи Николаевны, в котором стороны находятся в патовой ситуации, было бы проклятием. Максим выразился ещё более откровенно: «Здесь суд ничем не поможет; обращаться в суд бесполезно».

6. Альтернативное разрешение споров

Этот обзор обсуждения гипотетического наследственного спора среди участников фокус-групп напоминает нам, что, несмотря на значительное увеличение числа гражданских споров,

---

[20] Более осведомлённые участники указывали, что, если Дарья Николаевна хочет иметь шансы выиграть в суде, ей стоит поскорее принять наследство, пока не истёк срок, который установлен для этого законом. Некоторые также знали, что, хотя по истечении данного срока она может ходатайствовать о его восстановлении, добиться успеха в таком деле будет крайне сложно.

передаваемых россиянами в суды за последние десятилетия, судебное разбирательство редко становится предпочтительным способом разрешения конфликтов. Как и большинство других людей, россияне предпочитают решать свои проблемы неформально. Их готовность обращаться в суд дополнительно подрывают представления о затратах времени и энергии, а также низкий уровень правовой грамотности. Это демонстрирует, что, хотя двухмесячный срок рассмотрения дел и простота представления своих интересов делают процесс быстрым и дешёвым, он всё равно может пугать новичков.

Учитывая это, а также известное недоверие россиян к власти, можно было бы предположить, что Россия станет благоприятной средой для альтернативных способов разрешения споров (АРС). Однако реальность сложнее. Как показывает анализ обсуждения в фокус-группах, немногие россияне с энтузиазмом воспринимают перспективу обращения в суд. Тем не менее, когда возможность перенаправления судебных дел на медиацию была формализована законом, принятым в 2010 году, почти никто не воспользовался этой процедурой (Об альтернативной процедуре урегулирования споров с участием посредника...). В 2020 году через медиацию было разрешено ничтожно малое количество гражданских дел (около 0,002 %). Причины такого отношения не вполне ясны. Закон предусматривал стимулы для медиации. Он обязывал судей приостанавливать рассмотрение дел на несколько месяцев, чтобы медиаторы могли работать со сторонами, а также снижал размер государственной пошлины для тех, кто разрешал свои дела посредством медиации. Относительная эффективность судов, измеряемая по критериям времени и стоимости, оставляла тяжущихся довольными и устраняла ключевые причины, по которым АРС стала столь популярной во многих западных правовых системах [Hendley 2017b]. Сопротивление касается не только сторон дела. Многие судьи сохраняют скепсис по отношению медиации. Исследования Хендли, основанные на наблюдении за процессами в российских судах, показывают, что право на медиацию стало частью перечня прав, которые судьи озвучивают в начале заседаний, как правило, монотонной скороговоркой.

В то же время россияне давно готовы обходить суды, обращаясь напрямую к властям. Наиболее очевидным примером является широко разрекламированная серия телевизионных прямых линий с Владимиром Путиным. Эта система возникла ещё в царский период и, хотя в иной форме, сохранялась при советской власти. В постсоветскую эпоху она была возрождена. Большинство жалоб связано с недовольством различными государственными услугами и подпадают под категорию административного правосудия. Однако некоторые россияне воспринимают систему подачи жалоб как взаимозаменяемую с судами, а другие «подстраховываются», используя оба канала. Жалобы направляются не только в АП, но и законодателям, политическим партиям, прокурорам и другим должностным лицам на всех уровнях власти. Например, в 2017 году недовольный заявитель направил жалобу в «Единую Россию» (партию парламентского большинства в России), написав:

> Компания «Бриз» забрала наши деньги, 1 500 000 [рублей]. [Судья] просто закрыл на это глаза. Интересно, где же справедливость и как добиваться правосудия от суда, если суд обслуживает интересы таких сомнительных компаний [Bogdanova 2021: 174].

Действуя так, данный заявитель обошёл и апелляционные суды, и квалификационную коллегию судей, которая занимается дисциплинарными мерами в отношении судей. Таким образом, механизм подачи жалоб может рассматриваться как своего рода альтернативное разрешение споров (АРС) в рамках системы гражданского правосудия.

7. Заключение

В первой части главы рассказывается о тех спорах, которые попали в российские суды. Они представляют собой пресловутую верхушку айсберга. Статистические данные по судебной нагрузке демонстрируют замечательное разнообразие типов дел и подтверждают способность судей первой инстанции эффективно их рассматривать. В то же время законодатели уделяли большое внимание проблемам, связанным с огромным наплывом исков. Реформы, такие как создание мировых судов и введение коллективных исков, свидетельствуют о наличии изобретательных решений. Однако не все реформы были восприняты благоприятно. Введение медиации, по крайней мере первоначально, не нашло отклика. Одной из причин этого, что иронично, является отсутствие недовольства системой гражданского правосудия. Возможно, со временем ситуация изменится, поскольку гражданские дела, поступающие в суд, становятся всё более сложными, что затрудняет (а возможно, и делает невозможным) их оперативное рассмотрение судьями, как это происходило традиционно.

Глава 10
Арбитражные суды
и экономические споры

Бизнес-споры, возникающие в России, как и в других странах, могут решаться с использованием различных формальных и неформальных подходов. Эта глава в основном сосредоточена на формальных механизмах, включая суды и частный арбитраж. Однако большинство проблем либо игнорируются, либо решаются неформально. Причины такого подхода разнообразны и часто зависят от характера отношений между сторонами. Давние деловые партнёры могут ценить свои отношения выше победы в судебном разбирательстве. Те, кто только начинает сотрудничество, могут предпочесть просто отойти в сторону. Российские предприниматели иногда прибегают к менее благовидным формам самозащиты, которые в других странах считаются социально неприемлемыми. В 1990-х годах корпоративные захваты, сопровождающиеся стрельбой и другими актами насилия, были довольно обычным явлением. В последние годы недовольные бизнес-партнёры нередко фабриковали уголовные дела друг против друга, чтобы получить контроль над компанией. Подобные случаи с политическим подтекстом рассматриваются в главе 6.

Не все коммерческие споры можно решить неформальным путём. Когда переговоры оказываются безрезультатными, стороны в России могут обратиться в суд или прибегнуть к частному арбитражу. В России существует отдельная система судов, известная как арбитражные суды, которые рассматривают боль-

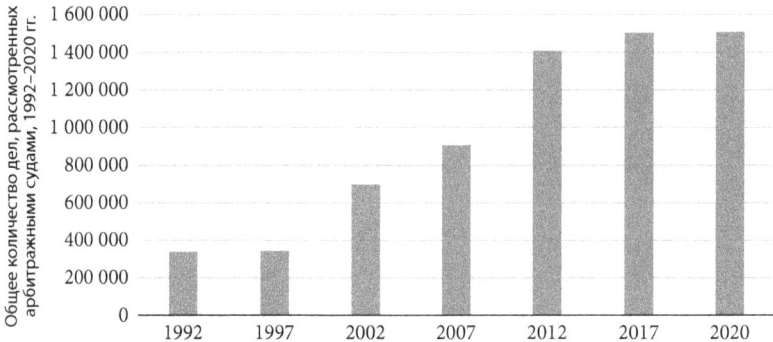

Рисунок 10.1. Общее количество дел, рассмотренных арбитражными судами, 1992–2020 годы.
Источник: Судебный департамент при Верховном Суде Российской Федерации.

шинство коммерческих споров. Низкая стоимость подачи иска и оперативность рассмотрения дел в арбитражных судах сделали их предпочтительным вариантом. Количество рассмотренных дел увеличилось более чем в четыре раза с 1992 по 2020 год (см. рисунок 10.1)[1]. За это время данные суды продемонстрировали удивительную адаптивность. Их юрисдикция была расширена, чтобы удовлетворить потребности развивающейся рыночной экономики, а их процессуальные правила неоднократно пересматривались, чтобы сделать их более удобными для пользователей. Частный арбитраж, известный как третейские суды, развивался параллельно с арбитражными судами и регулярно использовался иностранными компаниями. Эти третейские суды действовали в основном в тени до проведения всеобъемлющей реформы

---

[1]   Эта глава содержит многочисленные ссылки на данные о судебной нагрузке. Эти данные взяты с сайта Судебного департамента при Верховном Суде Российской Федерации: URL: http://www.cdep.ru/index.php?id=5 (дата обращения: 31.08.2022), а также из официального издания ныне упразднённого Высшего арбитражного суда — «Вестник Высшего Арбитражного Суда».

в 2015 году, которая ввела лицензионные требования для третейских судов и уточнила параметры арбитрабельности.

Основная часть главы посвящена арбитражным судам. После краткого обзора создания этих судов анализируется их структура, а затем излагаются основные процедуры. В этом анализе отражена эволюция института, который адаптировался и справлялся с новыми вызовами. Первоначальные решения не всегда были идеальными и иногда требовали пересмотра на основе накопленного опыта. Завершается глава обсуждением частного арбитража.

1. Арбитражные суды

Арбитражные суды были созданы в 1992 году как преемники государственного арбитража, известного как государственный арбитраж, или госарбитраж, трибуналов, рассматривавших споры между государственными предприятиями в советский период [Pomorski 1977]. Особое внимание было уделено тому, чтобы различить эти два института. Хотя многие из государственных арбитров перешли в арбитражные суды, они теперь имели статус судей. Что ещё более важно, изменилась основная цель этих трибуналов[2]. Основные правила игры для бизнеса в России были развёрнуты на 180 градусов, когда постсоветское российское правительство перевело экономику на рыночные рельсы. Предприятия были освобождены от мелочной опеки отраслевых министерств и могли самостоятельно определять свои производственные профили. Прибыль заменила выполнение плана как ключевой показатель успеха. Однако эта свобода имела свою цену. Руководители больше не могли рассчитывать на государство для покрытия дефицита. Они должны были нести ответственность за свои решения и, как их коллеги в рыночных экономиках, рисковать банкротством. Проще говоря, деньги внезапно приобрели значение. В отличие от советского

---

[2] Обсуждение создания и структуры арбитражных судов основывается на работах [Hendley 1998a, 1998b].

периода, когда государственные предприятия обращались в госарбитраж для выяснения, кто виноват в невыполнении производственных планов, чтобы избежать гнева отраслевых министерств, постсоветские российские бизнесмены обращались в арбитражные суды за денежной компенсацией за нарушение договорных обязательств. Арбитражные суды также открыли возможность для разрешения споров между компаниями и государством, что было немыслимо в советскую эпоху.

1.1. Структура арбитражных судов

В 1992 году правила игры для арбитражных судов были изложены в отдельном процессуальном кодексе, который был заменён в 2002 году и с тех пор периодически обновляется с учётом институциональных изменений (Арбитражный процессуальный кодекс, АПК). В течение первых 22 лет своего существования арбитражные суды были самостоятельными. Изначально они были трёхуровневыми. В каждом субъекте Российской Федерации действовал арбитражный суд первой инстанции, расположенный в его административном центре. Лица, считающие, что в их деле суд допустил юридическую ошибку, имели право обжаловать решение в кассационном суде (кассационной инстанции). Решения кассационных судов могли быть обжалованы в Высший арбитражный суд (ВАС), который выполнял функции суда последней инстанции для системы арбитражных судов до 2014 года. Однако не все жалобы доходили до этой высшей инстанции, так как они проходили предварительный отбор. Хотя арбитражные суды, включая ВАС, были институционально отделены от судов общей юрисдикции и Конституционного суда Российской Федерации (КС РФ), они не существовали в вакууме. Они руководствовались тем же законодательством, что и другие суды, и ВАС регулярно сотрудничал с Верховным судом и КС РФ в части руководящих разъяснений часто применяемого законодательства.

В 1995 году структура арбитражных судов была расширена за счёт введения нового уровня апелляционного пересмотра [Hendley 1999]. Теперь недовольные стороны сначала могли обратиться в апелляционную инстанцию, где дело рассматривалось заново по существу (de novo). Если решение апелляционной инстанции их не устраивало, они могли подать жалобу в кассационную инстанцию, которая проверяла дело на наличие правовых ошибок. ВАС оставался последней инстанцией. Этот формат апелляционного пересмотра не предполагал создания отдельных апелляционных судов. Вместо этого планировалось, что действующие судьи суда первой инстанции будут по запросу пересматривать решения своих коллег. Первоначально разделение судей на тех, кто занимается рассмотрением дел в первой инстанции, и тех, кто занимается апелляциями, носило временный характер. Со временем это разделение стало более постоянным. Но даже тогда стороны судебного процесса с подозрением относились к тому, могут ли эти судьи апелляционной инстанции быть действительно беспристрастными. В 2003 году разделение между судебной и апелляционной инстанциями арбитражных судов стало более чётким. Был создан 21 самостоятельный апелляционный арбитражный суд, каждый из них рассматривал апелляции от определённой группы территориально расположенных судов первой инстанции. Эта реформа является примером готовности руководства арбитражных судов извлекать уроки из опыта. После нескольких лет работы стало очевидно, что требуется более детальная проверка решений судов первой инстанции, что и привело к введению внутреннего апелляционного пересмотра. Когда первоначальный дизайн системы оказался неудобным, судебные органы пересмотрели модель, создав структуру, которая в основном сохраняется и по сей день.

Выше этих апелляционных судов в иерархии стоят десять окружных судов, которые осуществляют кассационный пересмотр. Каждый окружной суд рассматривает апелляции двух апелляционных судов (за исключением одного кассационного суда, в ведении которого находятся три апелляционных суда). При определённых обстоятельствах решения судов первой инстанции могут быть обжалованы непосредственно в эти окружные суды.

Следующее значительное изменение произошло в 2011 году, когда закон учредил специализированный суд для рассмотрения споров об интеллектуальной собственности в рамках системы арбитражных судов. Этот суд начал свою работу в 2013 году и включает как первую инстанцию, так и апелляционную.

В 2014 году арбитражный суд перестал существовать как самостоятельный элемент судебной системы. Президент Путин принял решение расформировать ВАС и передать его дела в Верховный суд. Как мы видели в главе 2, судьи обоих судов должны были заново претендовать на должности в новом расширенном Верховном суде, но ведущие судьи ВАС не подали заявления или не были приняты в состав Верховного суда. Против этого так называемого слияния выступила российская бизнес-адвокатура, которая успела зауважать ВАС за его надёжность и понимание потребностей бизнеса. Точные причины крушения ВАС остаются неясными, хотя вероятно, что одной из них стала демонстрируемая судом независимость [Solomon 2014]. Устранение ВАС потребовало внесения поправок в Конституцию РФ, что, благодаря подавляющему большинству правящей партии («Единая Россия») как на национальном, так и на региональном уровнях, было осуществлено в кратчайшие сроки. В Верховном суде учредили новую коллегию для рассмотрения экономических споров, которые ранее находились в компетенции ВАС. Административным центром для арбитражных судов вместо ВАС стало новое подразделение в составе Судебного департамента.

1.2. Инфраструктура
арбитражных судов

Когда арбитражные суды начали свою работу в 1992 году, им пришлось бороться за пространство. Хотя ВАС удалось получить хорошо оборудованное здание в центре Москвы, возможно благодаря связям его первого председателя Вениамина Яковлева, занимавшего пост министра юстиции при Горбачёве, судам первой инстанции повезло гораздо меньше. Многие из них размещались в тесных помещениях. Большинство зданий имели лишь несколько залов заседаний, из-за чего слушания проводились в кабинетах судей, которые едва вмещали участников дела. Тем не менее судебные формальности строго соблюдались: судьи носили мантии, а стороны должны были вставать, обращаясь к ним.

В некоторых местах приёмные у кабинетов судей были заняты их персоналом. В других случаях они находились далеко, что затрудняло коммуникацию. В начале своей работы большинство арбитражных судей имели лишь секретаря, который в основном занимался документооборотом. Со временем штат расширился, и у судей появился помощник, который оказывал поддержку в подготовке судебных распоряжений и решений.

В рабочее время коридоры были переполнены сторонами, одни из которых ждали начала своих заседаний, а другие — вынесения решения по делу. Нередко стороны или их юристы заходили, чтобы проконсультироваться с судьями или их персоналом. Кроме того, судьи регулярно проводили приёмные часы для всех желающих. Эта лёгкая доступность судебного персонала способствовала распространению слухов о коррупции.

В 1990-х годах, когда нехватка бюджетных средств была повсеместной, арбитражные суды испытывали трудности даже с покрытием почтовых расходов и других повседневных затрат. Однако, с укреплением финансового положения федеральной власти на рубеже XXI века, финансовое давление на арбитражные суды ослабло. Судьи и их персонал получили компьютеры и доступ к онлайн-базам данных для проведения исследований. Со временем ветхие помещения сменились сверкающими новыми зданиями для многих (хотя и не всех) судов. Судебных залов стало больше, что позволило исключить необходимость проводить заседания в кабинетах судей. Доступ к этим личным пространствам теперь имеет только персонал. В некоторых зданиях предусмотрены отдельные лифты и столовые для публики и сотрудников суда. Рядовые судьи больше не проводят приёмные часы — теперь это прерогатива только председателя суда и его заместителей.

1.3. Подведомственность арбитражных судов

Типы дел, рассматриваемых арбитражными судами, со временем расширились как по предмету споров, так и по категориям участников. Изначально всё было просто. Арбитражные суды рассматривали два типа споров: между юридическими лицами, известные как экономические споры, и между государством и юридическими лицами, известные как административные споры. Обычные граждане не имели права подачи иска, за исключением зарегистрированных индивидуальных предпринимателей. В 1990-х годах наиболее распространёнными делами были иски о взыскании задолженности, так как руководители предприятий боролись за выживание [Hendley 1998c]. Многие ответчики не являлись на слушания, что приводило к волне заочных решений против так называемых «фантомных предприятий», существовавших только на бумаге. В первом десятилетии XXI века административные дела стали более распространёнными. Налоговые органы и другие административные учреждения стали действовать более агрессивно, но предприятия и предприниматели начали активно сопротивляться их хищническим действиям [Trochev 2012].

В 1996 году в компетенцию арбитражных судов была добавлена процедура банкротства предприятий. В течение нескольких лет количество таких дел оставалось незначительным — менее 100 в год. Эти низкие показатели озадачивали наблюдателей, учитывая, что многие предприятия находились в тяжёлом финансовом положении. После принятия нового закона о банкротстве в 1998 году, который упростил процесс принуждения должников к банкротству, количество таких дел увеличилось до более чем 10 000 в 1999 году и почти до 70 000 к 2007 году.

Со временем были добавлены и другие категории дел. В 1996 году арбитражные суды начали рассматривать дела об установлении фактов, имеющих юридическое значение. В 2002 году были выделены отдельные категории для дел, связанных с оспариванием решений третейских судов и исполнением решений иностранных судов. Как показано на рисунке 10.2, эти «прочие» категории

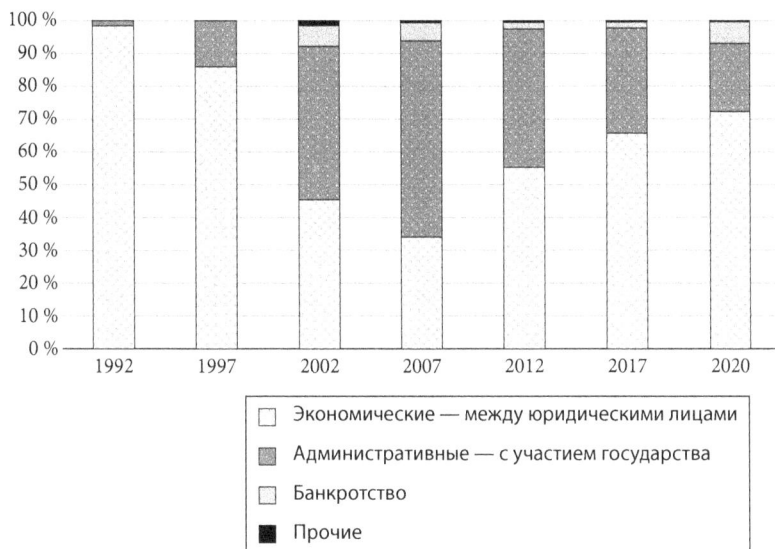

Рисунок 10.2. Сравнение категорий дел, рассматриваемых арбитражными судами, 1992–2019 годы
Источник: Судебный департамент при Верховном Суде Российской Федерации.

никогда не составляли более 2 % общего количества дел в арбитражных судах и часто были менее 1 %.

Поправки к процессуальному кодексу в 2002 году начали разрушать запрет на использование арбитражных судов обычными гражданами, не зарегистрированными в качестве индивидуальных предпринимателей. Проблемы возникли из-за жалоб акционеров. Конечно, акционерами могли быть как физические, так и юридические лица. В результате толкование гражданского и корпоративного права при разрешении схожих вопросов отличалось в судах общей юрисдикции и арбитражных судах, что приводило к противоречивой практике. Многие подозревали, что стратегические инвесторы использовали отсутствие у судов общей юрисдикции опыта в акционерных делах для вмешательства в деятельность крупных корпораций. Арбитражный процессуальный кодекс изменили в 2002 году, чтобы передать арбитражным судам юрисдикцию по всем спорам между корпорациями и их акционерами, независимо от их юридического статуса [Hendley 2003]. Позднейшие поправки в процессуальный кодекс в 2015 и 2018 годах уточнили, что арбитражные суды должны рассматривать все споры, связанные с корпоративным управлением.

Восприимчивость арбитражных судов к работе с физическими лицами возросла в 2015 году с принятием решения о расширении их юрисдикции на личное банкротство. Оба эти изменения отражают прагматичный выбор в пользу передачи новых видов деловых споров в судебный орган, обладающий достаточным опытом для их рассмотрения. Однако они по-прежнему составляют незначительную часть дел, рассматриваемых арбитражными судами. В 2015 году дела с участием физических лиц, не являющихся индивидуальными предпринимателями, составляли 2,1 % от общего количества дел. В 2017 и 2020 годах эта доля увеличилась до 4,2 % и 5,4 % соответственно.

1.4. Прозрачность арбитражных судов

Как и в других российских судах, в 1990-х годах значительная часть работы арбитражных судов оставалась недоступной для общественности. В официальном журнале ВАС «Вестник Высшего Арбитражного Суда» публиковались основные заключения высших судебных инстанций, а также их периодические толкования ключевых нормативных актов. Это не было чем-то необычным для стран континентальной правовой системы, где судебные решения не считаются источником права. В ходе полевой работы в арбитражных судах в период с 1993 по 2011 год Хендли обнаружила, что немногие российские юристы проявляли большой интерес к предыдущим решениям судей, перед которыми они выступали, а те, кто включал ссылки на существующую практику в свои состязательные бумаги, обнаруживали, что они регулярно игнорировались судьями. Однако с развитием доступности и возможности поиска судебных решений поведение изменилось. Используя методы анализа больших данных, Денис Савельев

[Савельев 2021] изучил около 1/3 всех решений арбитражных судов, вынесенных в период с 2009 по 2019 год. Он обнаружил, что ссылки на другие дела стали встречаться всё чаще. Насколько эти ссылки действительно представляют собой прецеденты в понимании общего права, остаётся неясным. Савельев отмечает, что в текстах решений часто говорится, что позиция соответствует другому делу, вместо того чтобы утверждать, что следование этому решению обязательно. Он также отмечает, что некоторые решения цитируются значительно чаще, чем это оправдано их содержанием, и предполагает, что эти дела попали в некий шаблон, используемый судьями, что говорит о том, что не все ссылки являются осознанными. В этой связи в своём исследовании судебной практики Верховного и Высшего арбитражного судов Кирилл Коротеев обнаружил, что судьи этих судов «редко беспокоятся о согласованности» своих мнений с мнениями своих коллег [Koroteev 2013: 343]. Конечно, после упразднения ВАС эта проблема согласованности померкла, однако это указывает на то, что судьи высших судов России ещё не до конца освоили концепцию прецедента.

В начале 2000-х годов в арбитражных судах появился интерес к созданию веб-сайтов. Этой реформе способствовала смена руководства в 2005 году, когда Иванов сменил Яковлева на посту председателя ВАС. В последующие годы отдельные арбитражные суды начали экспериментировать с созданием собственных сайтов. В 2008 году российский парламент (под давлением решения ЕСПЧ) принял закон, обязывающий создавать сайты судов, которые должны были содержать информацию о местоположении суда, его режиме работы, расписании заседаний и банк решений. Возможно, благодаря меньшему размеру арбитражных судов, они смогли быстрее создать свои сайты, чем суды общей юрисдикции. К 2010 году обычные граждане могли на сайтах отдельных судов узнать, когда и где будут рассматриваться их дела, а также получить доступ ко всем решениям арбитражных судов через централизованный сайт. По состоянию на август 2020 года на этом сайте было доступно более 28 миллионов судебных решений.

С учётом того, что суды первой инстанции находятся в столицах субъектов РФ, многим участникам судебных разбирательств приходится преодолевать значительные расстояния для участия в заседаниях, но не у всех есть время или финансовые ресурсы для этого. Разумеется, они могут представить свои доводы в письменной форме, но это устраивает далеко не всех. В 2010 году «Арбитражный процессуальный кодекс» был дополнен положениями, позволяющими проводить судебные заседания с использованием видеоконференций. Однако эта опция не стала популярной. Энтузиазм по её использованию постепенно угасал: в 2011 году через видеоконференцию был рассмотрен почти 1 % всех дел, в 2014 году этот показатель снизился до 0,5 %, а к 2020 году составил лишь 0,4 %.

1.5. Судебный процесс: основные правила

Когда арбитражные суды начали свою деятельность в 1992 году, они переняли многие процедуры у своего советского предшественника — госарбитража. Одним из таких правил был порядок формирования состава суда. В госарбитраже рассмотрение дел требовало участия трёх арбитров (так назывались лица, принимающие решения). Соответственно, первоначальная редакция процессуального кодекса предусматривала участие трёх судей арбитражного суда в каждом деле. Один из судей назначался председательствующим и руководил процессом, однако решение принималось коллегиально. По мере роста числа дел возрастали и сложности с координацией расписаний судей. При переработке процессуального кодекса в 1995 году важным изменением стало установление правила, что большинство дел рассматривается единолично одним судьёй, что упростило процесс планирования заседаний. Исключения предусмотрены для дел, связанных с оспариванием нормативных актов и интеллектуальной собственностью, которые рассматриваются коллегией из трёх судей. До 2011 года дела о банкротстве также рассматривались коллегиально, но затем их включили в категорию дел, большинство из которых рассматривается единолично.

Процессуальный кодекс устанавливает требования к исковому заявлению. В большинстве зданий арбитражных судов имеются информационные стенды с образцами заявлений и ходатайств. Все арбитражные суды теперь имеют веб-сайты, на которых размещены рекомендации. С 2010 года стало возможным подавать иск, заполнив форму на сайте соответствующего суда. При рассмотрении заявлений судьи, как правило, довольно снисходительны. Отклоняется относительно мало заявлений. Если судья находит основание для иска, дело передано в надлежащий суд, а госпошлина оплачена, дело назначается к слушанию. Истцы обязаны уплачивать госпошлину в начале процесса. Размер госпошлины рассчитывается по шкале, зависящей от суммы иска. Некоторые заявители испытывали трудности с пониманием формулы расчёта, но эта проблема была решена путём установки на всех сайтах судов калькуляторов для расчёта госпошлины. Если истец выигрывает дело, суд обязывает ответчика возместить истцу расходы в рамках своего решения. В период экономического хаоса 1990-х годов многие предприятия испытывали нехватку ликвидности. Осознавая это, арбитражные суды ввели временное правило, позволяющее отсрочить уплату государственной пошлины до завершения дела для заявителей, не имевших средств. Если бы судьи были формалистами, многие предприятия, отчаянно нуждавшиеся в помощи судов для взыскания задолженностей, оказались бы брошены на произвол судьбы.

Различные редакции «Арбитражного процессуального кодекса» последовательно закрепляли обязанность каждой стороны нести бремя доказывания своих утверждений. Однако принцип состязательности часто обходили сами судьи [Hendley 2007]. Вместо того чтобы предоставить сторонам определять, какие доказательства нужны, судьи включали в определение о назначении первого заседания перечень документов, которые необходимо представить. На вопрос, почему они так поступают, судьи, как правило, отвечали, что это ускоряет процесс. Опыт говорил им: если не дать такую подсказку, многие тяжущиеся придут на слушания с пустыми руками, что потребует переноса заседания и поставит под угрозу возможность разрешить дело в установленный законом срок. Состязательность редко проявляется на заседаниях. Судьи сами начинают допрос сторон, после чего дают участникам процесса и их представителям возможность задавать уточняющие вопросы. Однако в этом часто нет необходимости. Более того, основной акцент делается на письменные доказательства, что минимизирует значение устных прений. Свидетельские показания допускаются, но стороны должны получить разрешение на привлечение свидетелей. Приоритет документов над устными показаниями облегчает участие в процессе для тех, кто не может явиться лично.

Стороны могут представлять свои интересы самостоятельно либо прибегнуть к помощи других лиц. Поскольку многие споры связаны с финансовыми деталями, предприятия иногда направляют своих бухгалтеров для пояснения финансовой отчётности судье. Если же сторона решает воспользоваться услугами юриста, то этот человек должен быть либо адвокатом, либо обладать высшим юридическим образованием или иметь учёную степень по юридической специальности (за отдельными исключениями, установленными в законе). Это требование о наличии юридической подготовки у представителей начало действовать с 2019 года. До этого стороны могли нанимать любого человека по своему усмотрению, и судьи не имели права ставить под сомнение его квалификацию.

1.6. Судебный процесс: сроки

Избитая истина, что задержка правосудия — это отказ в правосудии, особенно актуальна для деловых споров. Неоплаченные долги могут привести к банкротству бизнеса. Понимая это, Арбитражный процессуальный кодекс включает в себя ряд сроков. Споры между юридическими лицами, так называемые экономические споры, должны быть разрешены в течение шести месяцев с момента подачи иска. Конфликты с участием государства, известные как административные споры, должны быть урегулированы в течение двух месяцев. Оба эти срока не так давно были увеличены. В течение большей части существования арбитражных судов судьи имели всего три месяца на рассмотрение экономических споров и, что удивительно, два месяца на административные споры. Это помогает объяснить, почему судьи стремятся дать толчок сбору доказательств, указывая сторонам, какие документы следует представить.

Судьи относятся к этим срокам серьёзно, поскольку их соблюдение влияет на их репутацию среди коллег и шансы на продвижение по службе. Нарушения случаются редко. В период с 1997 по 2020 год необоснованные задержки фиксировались в 4–6 % дел, рассматриваемых арбитражными судами ежегодно. Тем не менее стороны часто жалуются на продолжительность судебных разбирательств, что лишь подтверждает, что восприятие времени субъективно. Скорость работы арбитражных судов частично объясняет, почему большинство дел доходит до вынесения решения, а не завершается урегулированием на этапе разбирательства. В период с 2007 по 2020 год только 2–3 % дел ежегодно завершались заключением мирового соглашения. Если сторонам нужно подождать всего несколько недель или месяцев для получения судебного решения, необходимость в заключении соглашения становится менее актуальной.

Оперативность арбитражных судов также частично объясняет, почему россияне не приняли медиацию, когда она была введена в 2012 году. Хотя процессуальный кодекс был переработан с целью создания стимулов для передачи споров на медиацию, лишь немногие стороны клюнули на это. В период с 2013 по 2019 год медиация применялась лишь в небольшом количестве дел — от 51 в 2014 году до шести в 2020 году. Это составляет ничтожно малый процент от общего числа рассмотренных дел. На вопрос, почему медиация не прижилась, председатель арбитражного суда Омской области ответила: «Медиацию будут использовать только тогда, когда судебные разбирательства станут дорогими и длительными. В настоящее время всё проходит быстро и недорого, и, следовательно, стороны больше доверяют судьям, чем сами себе» [Белоусов 2012].

1.7. Судебный процесс: управление растущей нагрузкой

Как показывает рисунок 10.1, количество дел, поступающих в арбитражные суды, неуклонно растёт. С 1992 по 2020 год этот показатель увеличился почти в пять раз и превысил 1,5 миллиона дел в год. Однако это не следует воспринимать как признак того, что россияне при столкновении с коммерческим спором в первую очередь обращаются в суд. Как и в других странах, они стремятся решить проблемы путём переговоров. Согласно проведённому в 1997 году исследованию, охватившему более 300 промышленных предприятий, на каждые 100 сделок приходилось 24 случая недовольства. Из них 16 разрешались через неформальные взаимодействия, семь — после угроз судебным разбирательством, и только один доводился до арбитражного суда [Hendley 2001: прим. 3]. В государственных учреждениях ситуация складывалась по-разному. В определённые моменты руководство налоговых и пенсионных органов требовало, чтобы все споры, независимо от их размера, рассматривались в судах. Эта политика помогает объяснить взрывной рост административных дел в начале 2000-х годов, отражённый на рисунке 10.2.

Нагрузка на одного судью увеличилась ещё более заметно. В 2008 году арбитражный судья рассматривал в среднем 46 дел в месяц. К 2018 году этот показатель вырос до 65,8. В самых загруженных судах количество дел варьировалось от 77 до 160 [Кашанин б.г.: 21]. Таким образом, дела распределяются между судами первой инстанции неравномерно. Арбитражный суд города Москвы приобрёл репутацию компетентного органа, что привело к тому, что некоторые компании из других регионов стали включать в свои договоры оговорку о выборе этого суда для рассмотрения споров.

Рассмотрение такого большого количества дел стало серьёзным испытанием для судей и системы арбитражных судов в целом. Для снижения нагрузки периодически проводились реформы. Осознавая, что значительная часть дел связана с неоспариваемыми долгами, в 2002 году в процессуальный кодекс была внесена поправка, вводящая «упрощённое производство». Это позволяло судьям выносить решения по делам о неоспариваемых долгах на основании представленных документов без проведения полноценного судебного заседания. Хотя идея была хорошей, немногие судьи пользовались этим упрощением [Hendley 2005]. Однако, когда процессуальный кодекс снова был изменён в 2012 году с целью уточнить категории дел, для которых можно использовать упрощённое производство, судьи стали активнее применять эту процедуру [Hendley 2013b]. Новая редакция сделала упрощённое производство стандартным вариантом для споров между предприятиями о долгах в размере до 300 000 рублей (эта сумма была увеличена до 800 000 рублей в 2018 году). Доля дел, рассматриваемых в упрощённом порядке, выросла с 1,8 % в 2011 году до 37,5 % в 2013 году. С тех пор она стабилизировалась на уровне около 40 %. Это позволяет судьям очень быстро обрабатывать дела и объясняет, как они успевают рассматривать так много дел ежемесячно. Некоторые считают, что этот инструмент используется чрезмерно и что дела, рассматриваемые в таком порядке, заслуживают более внимательного подхода. Однако такая критика, по-видимому, не учитывает природу этих дел. Они, как правило, просты и не содержат подлинного спора, требующего разрешения. Лучше спросить, почему кредиторы-истцы продолжают обращаться с исками в арбитражные суды с заведомо выигрышными делами, а не пытаются убедить должников-ответчиков полюбовно урегулировать спор, что позволило бы им избежать трансакционных издержек, обусловленных судебным разбирательством, и трудностей, связанных с принудительным исполнением решения. Возможно, должники предпочитают мирному урегулированию судебный процесс, рассматривая его как способ отсрочки платежа. Однако скорость работы судов ослабляет этот аргумент. Вероятно, дело связано с ранее отмеченной склонностью избегать внесудебного урегулирования.

1.8. Судебный процесс: непрофессиональные судьи

Попытка интеграции непрофессиональных судей в систему арбитражных судов оказалась менее успешной. В 2002 году «Арбитражный процессуальный кодекс» был изменён, чтобы предусмотреть участие арбитражных заседателей. Сторонам, участвующим в экономических спорах, было предоставлено право ходатайствовать о рассмотрении их дела судьёй совместно с двумя арбитражными заседателями, каждый из которых имел равное с судьёй право голоса при вынесении решения. Каждый суд составлял список потенциальных заседателей из числа местных предпринимателей с соответствующим опытом. В отличие от реформы упрощённого производства, инициатива введения арбитражных заседателей исходила не от судов, а была навязана законодательной властью. Тогдашний председатель ВАС Яковлев возражал против этой меры, заявив, что, если стороны хотят, чтобы их споры рассматривались не судьями, им следует обращаться в частный арбитраж (третейский суд). Он пояснил свою позицию:

> Мы возражали, потому что мы государственный суд. Прежде всего, наши суды должны быть абсолютно беспристрастными. И если возникает какой-либо конфликт, например, у судьи есть какая-то связь с одной из сторон, то он не может быть судьёй по этому делу. Несмотря на наши возражения, поправка была принята [Самохина 2002].

За Яковлевым, возможно, в итоге осталось последнее слово. Лишь немногие стороны выбирали арбитражных заседателей, и со временем их количество стало ещё меньше. До 2007 года они использовались примерно в 0,1 % всех дел. К 2014 году их число сократилось до менее 20 дел в год. С 2018 года случаев с участием арбитражных заседателей не зафиксировано вовсе.

1.9. Судебный процесс: вынесение решений

Когда стороны представили свои доказательства и выступили в судебных прениях (этой возможностью пользуются не все), судья удаляется в своё служебное помещение для вынесения решения. Если дело рассматривается в кабинете судьи, стороны и сотрудники суда просят покинуть помещение. Время ожидания может быть коротким (примерно от пяти до десяти минут) в случае простых дел, но в более сложных делах оно может затянуться. Судье не обязательно готовить полный текст решения — процессуальный кодекс позволяет огласить только итоговые выводы, так называемую «резолютивную часть» для сторон. Когда арбитражные суды только начинали свою работу в 1990-х годах, эти усечённые решения чаще всего писались от руки, но с появлением компьютеров их начали печатать. Поправка к процессуальному кодексу 2016 года открыла возможность публикации этих предварительных решений в интернете вместо распространения бумажных копий. Бумажная копия, однако, по-прежнему включается в материалы дела. Полное решение, включающее так называемую «мотивировочную часть», в которой излагаются доводы, должно быть подготовлено в течение пяти дней после последнего заседания. Ранее такие полные решения обычно отправлялись сторонам по почте, хотя они всегда могли забрать их лично. Согласно поправкам 2016 года, теперь решения по умолчанию размещаются на сайте суда. Для получения бумажной копии решения сторонам необходимо отправить заказное письмо с запросом.

При оглашении резолютивной части решения судья объясняет сторонам, что оно вступит в силу через месяц, который является сроком для подачи апелляции.

1.10. Судебный процесс: исполнение решений

Победа имеет значение только в том случае, если есть возможность взыскать присуждённые убытки. На бумаге процесс кажется простым и остаётся неизменным на протяжении всего существования судов. Если проигравшая сторона (обычно это ответчик-должник) не подаёт апелляцию, решение вступает в силу через месяц после его вынесения. В идеальном мире проигравшая сторона добровольно исполнит решение суда. Если этого не происходит, то победившая сторона (как правило, истец-кредитор) может получить исполнительный лист в суде. Затем этот документ передаётся в банк проигравшей стороны. Если на счету должника имеются средства, они будут переведены в пользу победившей стороны. Если средств недостаточно для исполнения решения, следующим шагом является обращение к судебному приставу, у которого есть больше инструментов для принуждения должника к выплате. Если и это не принесёт результата, кредитор может рассмотреть возможность инициирования процедуры банкротства должника. Само собой разумеется, что на каждом этапе кредиторы будут прибегать к неформальным методам для стимулирования оплаты.

На практике исполнение решений арбитражных судов давно сопряжено с трудностями [Hendley 2004]. В 1990-х годах, когда многие предприятия балансировали на грани банкротства, их руководители использовали различные полулегальные стратегии, чтобы уклониться от выплат кредиторам, даже тем, у которых были законные судебные решения. К таким методам относилось, например, сокрытие средств, чтобы создать видимость пустого банковского счёта. Повсеместная задолженность между предприятиями зачастую делала обращения к судебным приставам бесплодными. Реформы службы судебных приставов в конце 1990-х годов несколько улучшили ситуацию, но полностью проблему не решили [Kahn 2002]. С улучшением экономической ситуации в 2000-х годах выжившие предприятия укрепили своё финансовое положение. Однако добровольное исполнение судебных решений так и не стало стандартной практикой. Проигравшие стороны часто пытаются затянуть выплату, подавая бессмысленные апелляции, что откладывает исполнение до решения апелляционного суда. Иногда они намеренно допускают ошибки в поданных документах, чтобы выиграть время. Передача исполнительных листов в банки ставит кредиторов в зависимость от внутренней бюрократии банков, которая далеко не всегда ставит интересы кредиторов на первое место. Судебные приставы, которые склонны выбирать дела, способные принести им максимальный доход, зачастую глухи к требованиям кредиторов, особенно если суммы незначительны или шансы на получение подношений «в конверте» малы[3]. Чтобы добиться их по-

---

[3]   Подробнее о судебных приставах см. [Favarel-Garrigues 2015].

мощи, кредиторам приходится выстраивать с ними хорошие отношения. Исследование Гийома Фаварель-Гаррига в Екатеринбурге в 2007–2008 годах показало, что иногда недовольные кредиторы, столкнувшись с бездействием приставов, обращались к частным фирмам по взысканию долгов, которые не стеснялись применять силу и запугивание для исполнения судебных решений [Favarel-Garrigues 2015]. Насколько широко такие практики сохраняются, а также как часто победители в арбитражных судах сталкиваются с проблемами исполнения решений, остаётся неизвестным — суды не отслеживают, какое количество решений исполняется[4]. Законодательные реформы вряд ли улучшат шансы кредиторов. Проблема кроется в культуре бизнеса, которая не наказывает строптивых должников ни формально, ни неформально.

1.11. Апелляционный процесс

Те, кто не удовлетворён решением арбитражного суда первой инстанции, могут подать апелляцию. Апелляционная жалоба должна быть подана в течение одного месяца со дня вынесения решения суда первой инстанции. Как и для первоначального иска, требования к таким жалобам чётко прописаны в процессуальном кодексе. Большинство апелляционных жалоб принимаются к рассмотрению по существу. Популярность апелляций растёт: с момента создания отдельных апелляционных судов доля дел, обжалуемых в апелляционном порядке, увеличилась с 14 % в 2007 году до 28 % в 2020 году.

Апелляционные судьи заседают коллегиально в составе трёх человек, где один из судей выполняет функции председателя и несёт основную ответственность за ведение дела и подготовку решения. Дела рассматриваются «de novo», что означает, что судьи повторно изучают доказательства. Судьям даётся три (ранее — два)

---

[4]   Судебные приставы, отвечающие за исполнение судебных решений, размещают данные о своей работе. Это не даёт полного представления об исполнении судебных решений, поскольку многие истцы, выигравшие суд, не обращаются за помощью к судебным приставам [Hendley 2004].

месяца на разрешение дел. Их решения называются «постановлениями», в отличие от решений суда первой инстанции. Они могут оставить решение суда первой инстанции без изменений или, если находят ошибки, изменить или отменить его. Основаниями для изменения или отмены могут быть как фактические, так и юридические ошибки. Юридические ошибки могут быть вызваны нарушением процессуальных норм или неправильным толкованием материального права. Отмена решений остаётся скорее исключением, чем правилом, хотя их доля увеличилась с примерно 3 % в 2007 году до 13 % в 2020 году. Постановления апелляционных судов вступают в законную силу с момента их принятия.

1.12. Кассационный процесс

Следующим шагом для тех, кто недоволен решением, является обжалование в окружном суде. В России действуют десять таких судов, которые также известны как «кассационные суды», они расположены в разных регионах страны. Как и в апелляционных судах, такие жалобы рассматриваются коллегиально. Для того чтобы добиться успеха, заявители должны указать на юридическую ошибку, допущенную судом первой инстанции или апелляционным судом.

Помимо обжалований решений апелляционных судов, окружные суды наделены полномочиями рассматривать некоторые жалобы непосредственно на решения судов первой инстанции. К таким случаям относятся решения, вынесенные судом по интеллектуальной собственности первой инстанции, а также решения, принятые судами первой инстанции без полноценного судебного разбирательства, например в порядке упрощённого производства или судебного приказа. Эти прямые апелляции рассматриваются единолично судьёй кассационного суда на основании письменных материалов дела.

Существование двух очень разных источников дел для окружных судов делает невозможным расчёт значимого процента обжалований. Количество рассматриваемых дел неуклонно увеличивалось со временем: с почти 18 000 в 1994 году до почти

78 000 в 2004 году, 86 000 в 2014 году и 113 000 в 2019 году. Кассационные суды обязаны рассмотреть дела, поступившие к ним, в течение трёх (ранее — двух) месяцев. Их склонность изменять или отменять решения со временем уменьшилась. В 1998 году более 1/3 решений нижестоящих судов не было засилено (то есть оставлено в силе) в кассации. К 2020 году этот показатель снизился до 11 %. Это может быть связано с расширением юрисдикции кассационных судов, включившей рассмотрение некоторых прямых апелляций на решения судов первой инстанции. Вероятность юридических ошибок в таких делах, которые, как правило, являются очень простыми, несомненно, ниже, чем в более сложных делах, полноценно разбиравшихся в суде первой инстанции.

Для тех, кто остаётся недоволен кассационным определением окружного суда, первым шагом является подача ходатайства о пересмотре дела другой коллегией судей в том же суде. Такие обращения рассматриваются в течение десяти дней с момента подачи.

1.13. Суд(ы) последней инстанции

С 2014 года Верховный суд России является судом последней инстанции для арбитражных судов. До этого, когда арбитражные суды существовали отдельно от других видов судов, эту роль выполнял ВАС. Как подробно описано в главе 3, Верховный суд включает несколько коллегий. После перехода к нему полномочий по рассмотрению жалоб на акты арбитражных судов была создана новая коллегия, а именно коллегия по экономическим спорам. По состоянию на 2020 год она состояла из 30 судей. Некоторые из них ранее работали в ВАС, но переход из бывшего высшего суда в новую коллегию не был автоматическим. Заинтересованные судьи должны были подавать заявки, но не все из них выразили такое желание. Некоторые были разочарованы упразднением прежнего суда, а другие не хотели переезжать из Москвы в Санкт-Петербург. Учитывая, что арбитражные суды также рассматривают административные дела, некоторые из них направляются в коллегию Верховного суда, которая занимается жалобами по административным делам.

В отличие от апелляционных и кассационных судов, Верховный суд не обязан рассматривать каждый спор. Существует множество путей обращения в этот суд. Большинство дел поступают через обжалование постановлений кассационных судов, но возможно и прямое обжалование решений судов первой инстанции при определённых обстоятельствах. Обычно сторона, недовольная исходом дела, подаёт надзорную жалобу о пересмотре дела в коллегию по экономическим спорам. На этом этапе судья из состава коллегии назначается для рассмотрения ходатайства. Если судья приходит к выводу, что жалоба соответствует процессуальным требованиям и указывает на возможную ошибку, дело принимается к рассмотрению. После этого дело рассматривается составом из трёх судей.

В период с 2015 по 2020 год количество ходатайств, поданных в коллегию по экономическим спорам, увеличилось с менее 22 000 до более чем 33 000. Однако количество дел, рассмотренных по существу, осталось относительно стабильным и составляет около 500 в год. Учитывая, что до этой коллегии доходят только самые спорные дела, неудивительно, что значительная часть из них изменяется, отменяется и/или направляется обратно в нижестоящий суд на новое рассмотрение.

2. Частный арбитраж

Во многих процветающих рыночных экономиках значительное количество коммерческих споров разрешается через частный арбитраж, а не через суды. Частный арбитраж обладает рядом преимуществ, включая конфиденциальность, оперативность и наличие арбитров, которые, как правило, являются признанными экспертами в предмете спора. Но в то же время стороны обязаны оплачивать услуги арбитров, что неизбежно обходится значительно дороже, чем судебные пошлины в арбитражных судах. Решения таких арбитражных трибуналов являются окончательными и обжалованию не подлежат. В случаях, когда проигравшая сторона отказывается исполнять решение, в большинстве юрисдикций победившая сторона может обратиться в суд для принудительного исполнения решения.

Частный арбитраж не является свежим нововведением в России. Он существовал ещё в советский период и использовался для разрешения споров между иностранными инвесторами и государственными предприятиями. Иногда стороны прибегали к местным учреждениям, таким как Внешнеторговая арбитражная комиссия (впоследствии переименованная в Международный коммерческий арбитражный суд) или, если характер спора этого требовал, Морская арбитражная комиссия, обе они функционировали при Торгово-промышленной палате СССР. В последние годы существования Советского Союза иностранные инвесторы иногда настаивали на рассмотрении споров в Стокгольме или Париже.

С введением рыночных институтов количество споров увеличилось, что привело к росту спроса на частный арбитраж. Однако скорость рассмотрения дел в арбитражных судах подрывала один из ключевых стимулов для обращения к частному арбитражу. Тем не менее многие компании предпочитали скрывать свои внутренние процессы от публичного обозрения, прибегая к частному арбитражу. Некоторые создавали собственные внутренние третейские суды, другие организовывались под эгидой региональных торгово-промышленных палат. Создание третейских судов было практически нерегулируемым. Качество и опыт их арбитров значительно различались. Некоторые из них получили в народе название «карманных арбитражей», что означало, что их решения не были беспристрастными, а склонялись в пользу влиятельных экономических игроков, которые создавали эти структуры. Периодические попытки установить контроль над третейскими судами предпринимались неоднократно, но успех был достигнут лишь в 2015 году. Новое законодательство было основано на международных нормах (Арбитражные правила Комиссии ООН по праву международной торговли, ЮНСИТРАЛ) и требовало обязательного лицензирования арбитражных учреждений. В результате количество третейских судов сократилось с почти 400 до четырёх (включая те два, что существовали ещё в советский период).

В России споры разрешаются в частном арбитраже только в том случае, если стороны прямо согласовали это. Третейские судьи, как правило, являются педантами. Если возникает вопрос, заключали ли стороны такое соглашение, дело передаётся в арбитражный суд. Реформы помогли уточнить и расширить параметры арбитрабельности. В отличие от прошлого, акционерные соглашения, содержащие арбитражную оговорку, теперь могут быть рассмотрены в третейских судах. В исследовании реформ, проведённом в 2020 году, утверждается, что это изменение было частью усилий «по возвращению бизнеса из офшорных юрисдикций в Россию путём заверения инвесторов в допустимости [акционерных соглашений] по российскому законодательству» [Oda 2020: 96]. Однако ограничения на арбитрабельность сохраняются. Верховный суд РФ признал, что разрешение на рассмотрение в арбитраже споров, связанных с государственной или муниципальной собственностью, противоречит публичному порядку.

Принудительное исполнение решений третейских судов долгое время было проблематичным в России. В принципе, любые присуждённые убытки должны быть немедленно выплачены проигравшей стороной. Однако, как и в арбитражных судах, такие выплаты часто не производятся. Арбитражные суды уполномочены обеспечивать исполнение решений третейских судов. Как правило, победившая сторона подаёт в арбитражный суд первой инстанции ходатайство о выдаче исполнительного листа. Другая (проигравшая) сторона может возразить против этого ходатайства, утверждая, что решение третейского суда было недействительным и должно быть отменено. Рассмотрение, проводимое арбитражным судом, ограничивается процедурными вопросами, например, арбитрабельностью спора или наличия полной дееспособности сторон третейского разбирательства. Судья не может повторно рассматривать суть спора. Эти дела составляют очень небольшую долю от общего числа дел, рассматриваемых арбитражными судами. В 2015 году они составляли 0,5 % от всех дел, рассмотренных в судах первой инстанции. К 2019 году этот показатель снизился до 0,05 % — во многом благодаря резкому сокращению количества третейских судов в результате проведённых реформ.

Глава 11

Конституционная и административная юстиция

В 1991 году, ещё до распада Союза Советских Социалистических Республик (СССР), лидеры российского правительства приняли решение создать Конституционный суд РФ (КС РФ), уполномоченный проверять конституционность законов и нормативных актов всех уровней власти, в том числе по жалобам граждан. Таким образом, они выбрали европейскую модель конституционализма, примером которой является Конституционный суд Германии, где это важнейшее новое полномочие было доверено не обычным судьям, а в основном опытным юристам с различным профессиональным опытом, включая учёных-правоведов. Создание КС РФ стало частью политики демократизации, проводимой Ельциным и его коллегами в период его президентства (1990–1991 гг.) в Российской Советской Федеративной Социалистической Республике (РСФСР), а также частью их усилий превзойти конкурента — правительство Советского Союза во главе с Горбачёвым.

Однако фактическая политическая система, сложившаяся в постсоветской России при Ельцине, представляла собой президентскую республику с некоторыми демократическими чертами, а при президенте Путине она быстро трансформировалась в авторитарный режим. В результате КС оказался чем-то вроде чужеродного элемента. Демократический институт в авторитарном государстве — справедливая оценка его статуса на 2021 год.

Обычно конституционные суды с трудом существуют в гибридных и авторитарных системах. КС в Беларуси стал крайне слабым, в Казахстане был упразднён и заменён Конституционным Советом (по образцу французской модели), а КС в Украине оказался полностью политизированным и дискредитированным инструментом в руках пророссийской политической фракции. Ключевым вопросом для понимания КС РФ является определение того, как он сохранился и за счёт каких компромиссов.

Несколько лет назад Алексей Трошев и один из соавторов этой книги, Питер Соломон, рассмотрели этот вопрос и пришли к выводу, что ответ заключается в способности КС РФ и его давнего председателя Зорькина придерживаться прагматичного подхода. Это подразумевало последовательное вынесение решений, желательных для политического центра, по делам, имеющим значение для режима, при одновременном приоритете юридических и конституционных соображений в других делах, тем самым признавая реальность «двуликого» государства. Одновременно КС РФ изящно адаптировался к значительным изменениям в правилах своей работы, кадровом составе и политике политического руководства, включая снижение зависимости страны от европейских правовых норм. Таким образом, КС добился значительной автономии в реализации своего юридического видения по многим вопросам и улучшил выполнение своих решений. Итоговая модель представляла собой то, что казалось устойчивой системой «авторитарного конституционализма» [Trochev, Solomon 2018]. Однако вопрос о том, сохранится ли эта модель, остаётся открытым. Как мы увидим далее, поправки 2020 года к Конституции Российской Федерации и последующие изменения в законодательстве о КС РФ угрожали изменить баланс, характеризующий модель «двуликого» государства, путём дальнейшего подчинения КС политическому центру и расширения, если не искажения, его роли в политическом порядке.

Идея развития судебного контроля за административными актами, включая нормативные акты, возникла в ходе движения за судебную реформу при Горбачёве и завершилась созданием в 1994 году системы, в рамках которой практически любая правовая норма или административный акт могли быть подвергнуты судебному контролю на одном из уровней судебной системы. Десятилетие положительного опыта сделало административное правосудие одной из самых успешных инициатив судебной реформы постсоветского периода. Это стало возможным во многом благодаря тому, что судебный контроль за административными актами хорошо вписывается в авторитарные политические режимы, позволяя выявлять и исправлять неправильные и незаконные действия со стороны должностных лиц и тем самым повышать популярность и легитимность режима [Solomon 2004b; Соломон 2003].

Парадоксально, но последние изменения в роли и статусе КС делают его роль схожей с ролью административной юстиции, то есть в меньшей степени защитником прав и справедливости как таковых, а в большей — инструментом для их защиты, когда это отвечает интересам режима.

Эта глава начинается с описания КС РФ в годы правления Ельцина, включая первоначальные проблемы суда с исполнением своих решений. Далее рассматриваются усилия президента Путина по увеличению контроля над КС, включая его переезд из столицы и деятельность в условиях новой авторитарной системы. Затем обсуждается роль Европейского суда по правам человека (ЕСПЧ) в российской правовой системе и изменяющиеся отношения между КС РФ и всеми международными судами в период с 2015 по 2022 год, а также то, как конституционные и законодательные изменения 2020 года могут исказить его роль, сохранив саму институцию. Наконец, мы рассматриваем развитие административного правосудия в России и завершаем размышлениями о том, каким образом конституционное правосудие объединяется с административным правосудием, помогая авторитарной системе выявлять и исправлять аномалии, не создавая угроз её основам.

1. Годы Ельцина и последующее время

Первоначальный Конституционный суд Российской Федерации был впечатляющим органом, который многого добился за менее чем два года своего существования до приостановки в октябре 1993 года. Его состав из 13 членов, утверждённый в сентябре 1991 года, как и состав Секретариата Суда, включал выдающихся учёных-правоведов из Москвы — многие из них ранее занимали должности в научно-исследовательских институтах, которые больше не обеспечивали прожиточного минимума. КС РФ обладал широкой юрисдикцией и предоставлял значительные возможности для обращения, что позволяло многим делам попадать в суд. Самое важное, что он был самоуправляемым органом, ответственным за избрание своего председателя и заместителя председателя, что делало руководство подотчётным другим судьям, а не постороннему источнику. Первым председателем был Валерий Зорькин, историк политических и правовых учений. Поскольку новая Конституция РФ была принята только в конце 1993 года, в первые два года своей деятельности КС использовал Конституцию РСФСР 1978 года как точку отсчёта[1]. Тем не менее он действовал решительно и по спорным вопросам, признавая многие законы и указы президента неконституционными, включая указ о слиянии министерств безопасности и внутренних дел. В целом к концу первого периода своей деятельности в октябре 1993 года КС отменил десять законодательных и десять подзаконных актов. Многие из его решений сопровождались особым мнением судей. Особенно известным стало пятимесячное разбирательство по делу Коммунистической партии, в результате которого было установлено, что партия на государственном уровне являлась заменой правительства, а её имущество было передано государству-преемнику [КС РФ 1992: П9]. Суд также признал неконституционным предложенный Татарстаном референдум об автономии, однако у него не хватило средств предотвратить его проведение [Там же: П3][2].

Губительным для КС РФ стало вмешательство его председателя, Зорькина, в борьбу между Ельциным и Хасбулатовым, куль-

---

[1] Следуя примеру Конституции СССР, принятой в 1977 году, республики Советского Союза в следующем году утвердили собственные новые конституции, которые по большей части были идентичны по содержанию.

[2] Если не указано иное, источниками для этого раздела являются [Trochev 2008; Schwartz 2000].

минацией которого стало выступлении против указа Ельцина о роспуске Верховного Совета в октябре 1993 года[3]. В конце 1993 года Зорькин был вынужден уйти с поста председателя и на короткое время также покинуть суд (к тому времени он уже лишился дачи и служебного автомобиля). Ельцин колебался относительно продолжения существования КС, но его глава администрации, Филатов, убедил его сохранить суд, одновременно обеспечив его будущую лояльность интересам президента, добавив шесть новых судей и лишив суд права самостоятельно инициировать дела. Тем временем на последнем заседании Конституционного совещания в ноябре 1993 года, а также на закрытых встречах в 1994 году ключевые члены суда проявили инициативу, чтобы обеспечить благоприятные условия для новой версии суда в федеральном законе о КС РФ, прилагая усилия к тому, чтобы сделать его схожим с Конституционным судом Германии. Таким образом, суд должен был работать в двух палатах, каждая из которых могла признавать законы неконституционными, а судьи общей юрисдикции и арбитражных судов отныне могли запрашивать конституционный контроль в ходе судебного процесса, наряду с широким правом граждан на подачу конституционных жалоб.

Когда Конституционный суд возобновил свою деятельность в феврале 1995 года, после новых назначений, увеличивших число судей до 19, его председателем был избран новый член и явный сторонник Ельцина, ветеран юридической науки и политологии Владимир Туманов. Через два года его сменил выдающийся учёный в области трудового и конституционного права Марат Баглай, который председательствовал до 2003 года — тогда

---

[3] После того как Ельцин распустил Верховный Совет РФ осенью 1993 года за его упорный отказ одобрить его конституционные инициативы и объявил выборы в новый законодательный орган, спикер Верховного Совета Руслан Хасбулатов и вице-президент Ельцина Александр Руцкой отказались подчиниться, возглавив недолгий бунт против президента. Зорькин поддержал их действия, которые технически соответствовали действующей конституции, несмотря на то что на предыдущем референдуме по новому политическому устройству 2/3 избирателей страны поддержали Ельцина.

суд выбрал возвращение Зорькина на этот пост в знак неприятия стиля Баглая. Заместителем председателя Конституционного суда РФ с 1995 года до её (организованного) ухода в отставку в 2002 году (см. ниже) была блестящий учёный-правовед Тамара Морщакова, которая сделала многое для повышения уровня правового дискурса в суде и продвижения прав человека, особенно в уголовно-процессуальной сфере.

В новой версии (как второй КС РФ) расширенный суд разработал свои собственные методы работы. Большинство дел, которые он рассматривал, решались на закрытых пленарных заседаниях, где один судья докладывал о деле — лишь небольшое количество дел назначалось для публичных слушаний. Следуя практике европейских конституционных судов, КС РФ вышел за рамки простого признания оспариваемой правовой нормы действующей или недействующей и начал выносить интерпретационные решения и отказные определения с позитивным содержанием. Суд предлагал собственное обязательное толкование нормы и обычно поручал другим органам его исполнять — это составляло 1/3 всех решений по существу в период с 2000 по 2005 год. Положительные определения представляли собой отказы в рассмотрении дела на закрытом заседании, которые сопровождались указаниями правоприменителям урегулировать вопрос на основе решений по предыдущим делам, обычно в пользу заявителя.

В поздние ельцинские и ранние путинские годы КС РФ занимался делами, связанными с разделением властей, федерализмом и вопросами прав человека. В делах о разделении властей он неизменно поддерживал президента в противостоянии с законодательной властью, одобрив как указ Ельцина об объявлении войны в Чечне (с четырьмя особыми мнениями) [КС РФ 1995: П10], так и практику президента возвращать проекты законов в парламент для доработки (вместо наложения вето) [КС РФ 1996: П10]. Как мы видели в главе 2, он также поддерживал финансовые потребности судов в эпоху секвестра конца 1990-х годов. В многочисленных делах, касающихся федерализма, КС обычно поддерживал федеральный центр в противостоянии с регионами (что, возможно, оправдано с точки зрения закона), особенно в вопросах совместной юрисдикции и гармонизации законодательства. Он также подтвердил право Президента РФ распускать региональные законодательные собрания и увольнять губернаторов при определённых обстоятельствах, что являлось ключевой частью реформы федерализма Путина. Кроме того, суд сделал шаги вперёд в делах, связанных с правами человека, будь то в уголовной сфере (включая смертную казнь) или в области политических и социальных прав. В итоге он разработал доктрину пропорциональности для решения вопросов, связанных с правами [Trochev 2008].

Самая большая проблема для Конституционного суда заключалась в том, чтобы добиться выполнения своих решений. С одной стороны, власти и их органы часто игнорировали суд, когда это было им выгодно. С другой стороны, другие суды, при ведущей роли Верховного суда, часто не желали поддерживать решения КС. Подобные проблемы характерны для судов во всех странах, но особенно остро они проявляются в новых конституционных органах (например, в Испании и Чехии). Среди известных примеров неисполненных решений КС — три решения, связанные с попытками региональных властей (в том числе города Москвы) ограничить переселение мигрантов (в том числе русских из Средней Азии) путём использования или воссоздания старой советской системы регистрационных разрешений — прописки. Федеральное правительство не предложило никакой помощи. Но когда КС РФ вынес решение против властей Удмуртии, которые пытались ограничить практику выборов мэров городов (предпочитая назначать их), президент Ельцин всё же вмешался, чтобы заставить их подчиниться [КС РФ 1997: П1; Trochev 2008]. В сфере уголовной юстиции решения КС РФ часто игнорировались (даже Верховным судом) до тех пор, пока они не были включены в соответствующие законы или кодексы. Для систематического решения проблемы исполнения этих судебных актов, в середине 1990-х годов при КС РФ создали отдел по контролю за исполнением его решений, который, в частности, регулярно готовил отчёты. К 2010 году они стали ежегодными и публиковались на сайте суда. Отчёты касаются не только постановлений, принятых на слушаниях в суде, но и определений, вынесенных на закрытых заседаниях. Они отслеживают решения, требующие изменений в законодательстве, а также действия других органов власти [Конституционный Суд 2020; Trochev 2008: 208].

2. Путин и КС РФ: подчинение и усиление Суда

С самого начала и с определённой периодичностью президентство Владимира Путина сопровождалось мерами по сокращению автономии Конституционного суда РФ, ограничению его дискреционных полномочий и обеспечению лояльности его членов. Были ли эти меры необходимы, сказать сложно, поскольку суд продолжал выносить выгодные режиму решения по важным для него вопросам, включая крупные политические инициативы. Так, в одном из решений 2005 года суд подтвердил конституционность отмены Путиным в 2004 году прямых выборов губернаторов в пользу президентских назначений — меры, которая, по мнению некоторых наблюдателей, означала конец подлинного федерализма, а также отступление от демократии [КС РФ 2005: П13]. Юридические достоинства этого решения были далеко не очевидны — оно требовало отказа от двух предыдущих решений суда, и четыре его члена выразили несогласие с ним. Подобным образом суд одобрил и другие спорные политические действия, включая ликвидацию Высшего арбитражного суда (ВАС) в 2013 году (конституционность которого оспаривали 100 депутатов Госдумы) [КС РФ 2014: О-1567] и закон об иностранных агентах в 2014 году, хотя суд и призвал снизить минимальный штраф за отсутствие регистрации [КС РФ 2014: П10]. Эти решения, как и одобрение присоединения Крыма [КС РФ 2014: П6] и последующие решения, касающиеся Европейского суда по правам человека (ЕСПЧ), о которых пойдёт речь ниже, были основаны скорее на политической целесообразности, чем на законе. Но к моменту возвращения Путина на пост президента в 2012 году необходимость выполнения судом своей политической роли существенно возросла.

Три инициативы (или группы инициатив) были особенно важны для усиления зависимости КС РФ — изменения в сроках полномочий и составе суда, переезд в Санкт-Петербург в 2008 году, а также изменения в управлении и подотчётности, введённые в 2009 году.

Активная роль КС в конце 1990-х и начале 2000-х годов отчасти отражала его состав, особенно включение в него либеральных учёных-юристов из Москвы, которые были хорошо представлены как среди первой когорты судей, так и среди назначенных в 1995 году. Однако в годы правления Путина новые судьи КС РФ в основном рекрутировались из регионов, с опытом, который более вероятно способствовал лояльности. Одновременно руководство в сотрудничестве с Администрацией Президента (АП) неоднократно меняло правила, касающиеся срока полномочий, манипулируя возрастом выхода судей КС РФ на пенсию. Это позволило обеспечить уход в отставку в 2002 году самого выдающегося, принципиального и влиятельного судьи Морщаковой и сохранение на должности действующего председателя КС Баглая. Правило 2001 года об обязательной отставке в возрасте 65 лет отменили к концу года — после отставки Морщаковой. Более того, для повышения привлекательности судейских постов в КС РФ (а также лояльности его членов), режим увеличил зарплаты и льготы для судей в 2000 и в 2012 годах. Когда в 2007 году КС РФ готовился к переезду в Санкт-Петербург, его члены и сотрудники аппарата получили щедрые компенсации за переезд.

Переезд КС РФ в Санкт-Петербург был частью более масштабной инициативы по релокации всех трёх высших судов и началу превращения родного города Путина во вторую столицу. Идею ещё в 2003 году предложила губернатор Санкт-Петербурга Валентина Матвиенко. Видимо, Путин считал, что это нормально, ведь немцы разместили свой Конституционный суд за пределами столицы. Несколько лет ушло на то, чтобы выделить здания для КС (забрав старое здание Сената у архивного управления) и организовать жильё для переезжающих судей и сотрудников. Тем временем среди петербуржцев нарастало недовольство. Наиболее яростными противниками переезда были адвокаты, которые возражали против возможного нарушения деятельности суда и потери талантов («esprit de corps») в результате отказа большей части постоянного состава суда от переезда. Среди 200 сотрудников аппарата суда было много талантливых и опытных юристов, некоторые из которых были также учёными. Кроме того, заявителям, адвокатам и свидетелям было бы сложнее выступать в суде. Но худшим аспектом плана была его разработка без консультаций с судьями КС РФ и их ощущение, что в нём нет уважения к судьям и принципу независимости судей. Ни один из этих аргументов не устоял, и в 2008 году суд всё-таки переехал, в результате чего потерял бо́льшую часть своего персонала [Solomon 2005b; Соломон 2005; Trochev, Solomon 2018].

Аппарат КС РФ, известный как секретариат, играет огромную роль в его работе. Один из подразделений (отдел писем) занимается фильтрацией примерно 15 000 обращений, поступающих ежегодно от граждан, чтобы выявить те, которые соответствуют первичным критериям для рассмотрения судом. Другие подразделения (управления), организованные по отраслям права, анализируют оставшиеся заявления, чтобы определить, какие из них поднимают серьёзные проблемы и заслуживают рассмотрения, по крайней мере на закрытых заседаниях, и готовят правовые заключения для судей. Затем они помогают судье-докладчику, назначенному на дело, обеспечивая его доступом к соответствующим материалам для подготовки позиции. Работа Секретариата в годы до и после переезда суда была изучена как минимум двумя исследователями: один из них акцентировал внимание на организационной и бюрократической логике, формирующей процесс отбора дел, а другой подчёркивал необходимость смягчения нагрузки, чтобы суд не рассматривал слишком много вопросов, по которым могли бы возникнуть трудности с обеспечением исполнения его решений [Dzmitryieva 2017; Grigoriev 2018]. Тем не менее в первые годы после переезда внимания судей потребовало большее количество дел, так как одновременно произошло увеличение числа заявлений и снижение уровня фильтрации, частично вследствие появления нового и менее опытного персонала.

Третьей инициативой, способствовавшей усилению подчинения КС исполнительной власти, стало решение 2009 года лишить судей КС РФ права самостоятельно избирать председателя и заместителей председателя на трёхлетний срок. Вместо этого была введена процедура назначения Президентом РФ председателя и заместителей председателя из числа действующих судей на шестилетний срок с одобрения Совета Федерации. Президент также получил право с согласия Совета Федерации освобождать от должности председателя суда. Эта процедура уже применялась для назначения руководителей Верховного и Высшего арбитражного судов, однако для КС РФ, ранее являвшегося самоуправляемым органом, напоминавшим Академию наук в советские времена, это стало серьёзным отступлением от прежней практики. Изменение сделало председателя КС РФ напрямую подотчётным президенту, а не коллегам.

И снова новая процедура не обсуждалась и не утверждалась судьями КС, и это стало шоком, заставившим одного из них, Кононова, публично её раскритиковать. За несколько недель до этого он поддержал критические замечания о зависимости судей в РФ, сделанные его коллегой Ярославцевым во время беседы в Испании в конце лета. В совокупности действия Кононова были расценены его коллегами на внутреннем совещании в октябре как нарушение судейской этики, что привело к его отставке из суда в конце года. Ярославцев, в свою очередь, был вынужден уйти с поста представителя КС РФ в Совете судей, однако ему было разрешено остаться в составе суда. Оба этих судьи были известны своим независимым мышлением и готовностью писать особые мнения, по количеству которых Кононов был лидером [Trochev, Solomon 2018][4].

По всей видимости, сигнал о необходимости дисциплинарных мер в отношении Кононова и Ярославцева поступил из АП, сотрудники которой отслеживали деятельность суда. Один из

---

[4] Принципиальная позиция Кононова и его готовность бросить вызов «системе» были подчёркнуты в некрологах о нём, опубликованных в августе 2022 года. См., например, [BBC 2022].

них, Владислав Сурков (первый заместитель главы АП), по некоторым сведениям, имел прямую телефонную линию с председателем КС РФ Зорькиным (а также с председателем Верховного суда Лебедевым). Разумеется, между президентом и КС РФ существовали официальные связи, включая представителя президента, который был уполномочен излагать его позицию в делах, рассматриваемых на публичных слушаниях. Президент также встречался с Зорькиным не реже одного раза в год, обычно в День Конституции (12 декабря) или около этой даты. В то же время было известно, что президент неформально консультировался с Зорькиным по вопросам конституционного статуса предлагаемых законопроектов, что сам Зорькин признал в декабре 2016 года. Однако неформальный мониторинг и связи имели свои последствия. Сообщается, что сотрудники АП негативно относились к практике написания особых мнений судьями КС РФ, такими как Кононов, Константин Арановский и Ярославцев (который, в частности, выразил особое мнение в 2017 году в деле о запрете выплаты компенсации ЮКОСу, предписанной ЕСПЧ), и были готовы запретить обнародовать особые мнения ещё за несколько лет до того, как это произошло осенью 2020 года.

В период с 2009 по 2016 год в закон «О Конституционном Суде» 1994 года были внесены другие изменения. Одним из ключевых стало упразднение двух палат суда и требование, чтобы публичные слушания дел в будущем проходили с участием всех судей, хотя и с меньшим кворумом. Одна группа изменений узаконила практики, разработанные самим КС РФ без законодательного разрешения, такие как рассмотрение дел без устных слушаний и вынесение обязательных для исполнения толкований законов, за исключением случаев отказа в рассмотрении дел. Другая группа изменений была инициирована самим судом для улучшения исполнения его решений, включая установление шестимесячного срока для внесения законодательных изменений для устранения выявленных судом пробелов, а также предоставление суду права обязывать другие суды пересматривать в установленные сроки их решения[5]. Большинство этих изменений демонстрировали готовность режима усилить влияние КС РФ при одновременном обеспечении его полной лояльности. Фактически данные свидетельствуют, что исполнение решений КС РФ улучшилось в течение третьего и четвёртого президентских сроков Путина, частично благодаря этим мерам [Trochev, Solomon 2018].

В целом во втором десятилетии XXI века КС РФ стал более активным, рассматривая вдвое больше дел по широкому кругу вопросов и обращаясь к разнообразным источникам информации. Он признавал законы неконституционными, давал новые конституционно приемлемые толкования нормативным актам, требовал внесения изменений в оспариваемое законодательство и предписывал пересматривать дела успешных заявителей с учётом Конституции. Конечно, эти решения в основном касались второстепенных политических вопросов и избегали критики, не говоря уже о признании неконституционными актов, связанных с усиливающимся авторитарным управлением. Тем не менее суд проявил готовность требовать небольшие изменения в репрессивных законах, например постановив, что уголовная ответственность за повторные административные правонарушения, связанные с протестами, является чрезмерно строгой, пересмотрев осуждение активиста Ильдара Дадина за повторные нарушения на митингах. Кроме того, при рассмотрении жалоб суд начал принимать *amicus curiae* записки и экспертные заключения от аналитических центров и неправительственных организаций (НПО), включая некоторые, которые были признаны российским правительством «иностранными агентами» (их участие вызывало возражения со стороны представителя Путина). В октябре 2017 года суд официально закрепил практику подачи мнений *amicus curiae* в своём внутреннем регламенте.

---

[5] Исполнение решений КС РФ привлекало внимание не только самого суда, но и Совета Федерации и Министерства юстиции, которые подготовили объёмные отчёты по данной теме [Министерство юстиции 2021; Совет Федерации 2013].

Успех КС РФ в период с 2004 по 2019 год в сохранении своей роли и укреплении своей власти, при этом уступая центру власти в лице президента, требовал тщательного балансирования. Ключевой фигурой, осуществлявшей это балансирование (т. е. считывавшей сигналы и определявшей, когда приоритет следует отдавать политике, а когда — закону), был председатель КС РФ Зорькин. Во время своего первого срока на посту председателя с 1991 по 1993 год он проявил чрезмерную самоуверенность и амбициозность (и почти потерял свой суд), однако, вернувшись на должность председателя в 2003 году и занимая её до настоящего времени, он доказал свою политическую зрелость, умение читать между строк и, когда это было необходимо, действовать дипломатично. Хотя он не был великим либералом, подобным первому председателю Конституционного суда Венгрии Ласло Шойому, или создателем федеративной власти, как один из первых председателей Верховного суда США Джон Маршалл, он стал лицом суда для политического мира и его явным лидером на протяжении многих лет. Как мы увидим далее, изменения, внесённые в КС РФ в 2020 году, показывают, что Зорькин не всегда угождал всем своим хозяевам, если это было вообще возможно.

Прежде чем перейти к изменениям 2020 года и текущему состоянию КС РФ, необходимо подробно рассмотреть одно из крупнейших изменений в роли суда при Путине — наделение его в 2015 году полномочиями решать, противоречит ли решение ЕСПЧ в отношении России Конституции РФ, и если да, то запрещать его исполнение.

3. ЕСПЧ, международное право и КС РФ

Авторы Конституции РФ 1993 года верили в международное право, в том числе в отношении прав человека, и предусмотрели включение (в ч. 4 ст. 15) принципа верховенства международно-правовых норм над законами российского государства. Этот принцип должен был применяться в первую очередь при заключении Россией международных договоров. Так, подписав в 1996 году и ратифицировав в 1998 году Европейскую конвенцию по правам человека, Россия обязалась выполнять решения ЕСПЧ, по крайней мере по тем делам, где она выступала стороной. В то же время сама «Конвенция о защите прав человека и основных свобод», а также судебная практика ЕСПЧ стали полезным источником для российских судей, которые использовали их для обоснования своих решений. На практике в период с 1998 по 2014 год оба эти последствия членства России в Совете Европы были реализованы [Bowring 2018; Бурков 2010].

В начале 2000-х годов граждане России начали массово обращаться в ЕСПЧ, рассматривая его как последнюю инстанцию после того, как не смогли добиться удовлетворения своих требований в российских судах. Многие дела касались неисполнения решений национальных судов, другие были связаны с чрезмерной продолжительностью судебных процессов, нарушением права на справедливое судебное разбирательство, свободы выражения мнений или собраний, либо пыточных условий содержания в тюрьмах. Когда ЕСПЧ, в состав которого входил судья из России, начал удовлетворять иски, поток дел из России увеличился, став самым большим среди всех стран. Как правило, российские власти выполняли требования ЕСПЧ по выплате небольших денежных компенсаций заявителям, лишь изредка пытаясь устранить основную проблему [Trochev 2009]. Пристыжённые больши́м количеством решений против страны, российские власти в 2010 году ввели альтернативное средство правовой защиты от волокиты в судебных процессах, дав Верховному суду поручение рассматривать жалобы и присуждать компенсации [Solomon 2013a]. Однако обращения в ЕСПЧ оставались популярными среди юридически подкованных граждан России, активно действовали юристы и юридические фирмы, специализировавшиеся на таких делах [van der Vet, Lyytikäinen 2015]. Некоторые россияне рассматривали ЕСПЧ как высшую инстанцию в своей судебной системе.

Среди судов России КС лидировал по цитированию «Конвенции о правах человека» и в меньшей степени практике ЕСПЧ. В целом это происходило не менее чем в 1/4 его решений в период с 1995 по 2004 год и позднее. Согласно исследованию решений КС с 1999 по 2019 год, суд опирался на международное право, когда вопросы были политически острыми или вызывали больше разногласий [Khalikova 2020]. Другие суды также стали опираться на решения ЕСПЧ, особенно когда на них обращали внимание адвокаты в судебных процессах, а Верховный суд России в 2010 и 2013 годах издал постановления, одобряющие и поощряющие эту практику. Переводы на русский язык наиболее важных решений ЕСПЧ стали доступны с 2000 года [Bowring 2018].

Взаимосвязи КС РФ с ЕСПЧ и Конституции России с Европейской конвенцией по правам человека не вызывали вопросов в первые десять лет членства России в Совете Европы. Всё изменилось в 2010 году, когда ЕСПЧ фактически отменил решение КС РФ. Разрушение этих отношений усилилось, когда ЕСПЧ оказался готов наложить серьёзные финансовые обязательства на Россию. Оба этих события произошли в период ухудшения отношений России с Западом.

Проблемы начались, когда в определении по делу Маркина, принятого в 2010 году, КС РФ заявил, что концепция отпуска по уходу за ребёнком для военнослужащих применима только к женщинам [КС РФ 2009: О187], но ЕСПЧ в постановлении 2010 года по делу «Маркин против России» с этим не согласился, настаивая на том, что она должна применяться в равной степени к мужчинам [ЕСПЧ *Маркин* 2010]. Председатель КС РФ Зорькин был в ярости и настаивал на том, что это решение противоречит российским ценностям и Конституции. В длинной статье в «Российской газете» под названием «Предел уступчивости» он заявил, что «как и другие европейские государства, Россия должна бороться <...> за сохранение своего суверенитета». Также он сказал: «Конвенция как международный договор России является составной частью её правовой системы, но она не выше Конституции» [Зорькин 2010]. В последующие годы тезис Зорькина о том, что трактовка российской Конституции КС РФ должна иметь приоритет над решениями международных трибуналов, с которыми Россия поддерживает отношения, был подхвачен политиками. Его активно продвигали как сенатор Торшин, так и депутаты Госдумы. В декабре 2015 года был принят закон, вносящий поправки в закон «О Конституционном Суде РФ», которые наделили Суд полномочиями определять возможность исполнения решений международных органов по правам человека. К этому моменту КС РФ уже ожидали два других спорных решения ЕСПЧ: первое касалось права заключённых на голосование от 4 июля 2013 года [ЕСПЧ *Анчугов* 2013]; второе — предписания о выплате компенсации акционерам ЮКОСа от 31 июля 2014 года [ЕСПЧ *ЮКОС* 2014; Bowring 2018; Mishina 2015][6].

Дело Анчугова стало первым случаем, когда Конституционный суд РФ использовал свои недавно приобретённые полномочия для отказа в исполнении решения ЕСПЧ. Конституция РФ в ч. 3 ст. 32 однозначно утверждает, что «граждане, содержащиеся в местах лишения свободы по приговору суда, <...> не имеют права избирать и быть избранными». Однако для ЕСПЧ такой автоматический и всеобъемлющий запрет на осуществление избирательных прав заключёнными был «несоразмерным и, таким образом, нарушающим статью 3 Протокола №1 Конвенции. Несмотря на предложения *amicus curiae* разрешить вопрос через толкование Конституции и три особых мнения, КС РФ постановил 16 апреля 2016 года, что решение ЕСПЧ по делу Анчугова не может быть исполнено [КС РФ 2016: П12].

Для Конституционного суда РФ дело Анчугова стало репетицией перед действительно значимым делом — делом о компенсации акционерам ЮКОСа, которое было рассмотрено КС РФ в декабре и решено 21 января 2017 года[7]. Как и ожидалось, КС РФ

---

[6] После трёх лет дальнейших судебных разбирательств, включая подтверждение решения палаты ЕСПЧ его Большой палатой, но уже без критики в адрес КС РФ, и нового постановления КС РФ в 2013 году [КС РФ 2013: П27] о возможности исполнения этого решения, Маркин в итоге получил компенсацию. Однако нет никаких признаков того, что за мужчинами-военнослужащим признали право на отпуск по уходу за ребёнком [Bowring 2018].

[7] Нефтяная компания ЮКОС (ОАО «Нефтяная компания ЮКОС») была государственной нефтегазовой компанией, приобретённой Ходорковским в середине 1990-х годов. После его ареста в 2003 году государство возбудило дела против компании по обвинению в якобы неуплате налогов. ЮКОС проиграл эти дела, что привело к его банкротству. Акционеры компании утверждали, что судебные разбирательства были частью усилий по репрессиям против Ходорковского, и обратились за защитой в различные суды, включая ЕСПЧ и суды Нидерландов.

постановил, на основании нескольких сомнительных аргументов, что решение ЕСПЧ о выплате компенсации в размере 1,8 миллиарда евро акционерам ЮКОСа не может быть исполнено. Два особых мнения судей Ярославцева и Арановского указали на слабые стороны аргументации Суда [КС РФ 2017: П1]. Суд также располагал по меньшей мере двумя экспертными мнениями *amicus curiae*, включая одно, подготовленное Григорием Вайпаном из Института права и публичной политики в Москве, в котором указывалось на возможный ущерб репутации КС РФ в случае признания невозможности исполнения решения ЕСПЧ. Однако с политической точки зрения у КС РФ не было выбора; его задача заключалась в том, чтобы найти максимально убедительное обоснование для необходимого решения о неисполнении предписанной компенсации [Bowring 2018].

Новое полномочие КС РФ решать, какие решения ЕСПЧ могут быть исполнены, и его использование в делах Анчугова и ЮКОСа вызвали шквал критики, часть которой носила алармистский характер. Тем не менее отношения между КС РФ и ЕСПЧ продолжались до 2022 года без серьёзных разрывов [Kahn 2019][8]. Можно утверждать, что эти отношения следовали модели «двуликого государства», при которой большинство решений ЕСПЧ исполняются в Российской Федерации как обычно, без вмешательства КС РФ, и лишь немногие решения, имеющие значение либо для политических лидеров, либо для самого КС РФ, становятся жертвами нового инструментального подхода к суверенитету. Более угрожающими в ближайшем будущем

---

[8] Правда, в 2018–2019 годах, по крайней мере среди западных комментаторов, ходили разговоры о возможности выхода России из Конвенции (в просторечии называемого «Руксит»), но это было связано главным образом с лишением России права голоса в Совете Европы — санкцией, наложенной на страну после аннексии Крыма. В ответ на это Россия отказалась выплачивать членские взносы, пока её право голоса не будет восстановлено. В 2019 году Россия согласилась выплатить взносы, и ей вернули право голоса. Однако зимой 2021 года, после того как ЕСПЧ призвал освободить оппозиционного лидера Алексея Навального из-под стражи, возможность «Руксита» вновь была поднята в российской прессе, а угрозы ответных мер прозвучали даже от министра иностранных дел Лаврова.

являются окончательные решения судов Нидерландов по делу ЮКОСа, где на кону стоят 50 миллиардов долларов и чьё исполнение также может быть остановлено КС РФ в соответствии с поправками к Конституции 2020 года.

И без того напряжённые отношения России с Советом Европы и ЕСПЧ завершились вскоре после 24 февраля 2022 года. 10 марта Россия объявила о своём намерении выйти из Совета Европы, а 16 марта Совет принял решение об исключении России, которое вступило в полную силу через четыре месяца. Вскоре российский судья был отстранён, а также был запланирован переходный период, в течение которого новые жалобы из России могли быть приняты, если они касались действий, совершённых до 16 марта [Корня, Рожкова 2022]. ЕСПЧ также продолжал рассматривать дела из большого числа жалоб от россиян, накопленных ранее. Однако эти слушания вскоре приобрели в основном символическое значение, когда в конце мая Россия приняла закон о прекращении исполнения решений, вынесенных против неё после 15 марта [ИППП 2022], а в середине июня распространила запрет на решения, вынесенные начиная с середины декабря. Таким образом, Россия даже не рассматривала возможность исполнения знакового решения ЕСПЧ от 14 июня (в ответ на жалобы 73 заявителей), в котором российский закон об иностранных агентах и его применение были признаны нарушающими Европейскую конвенцию о правах человека [ЕСПЧ 2022].

Ещё до 16 марта ЕСПЧ получил жалобы от Украины о нарушениях прав человека Россией во время войны, однако шансы на положительные решения были практически равны нулю из-за установленного самим ЕСПЧ ограничения своей юрисдикции в отношении экстерриториальных действий во время войны, выработанного в делах, связанных с Грузией [Crawford 2022].

Одновременно Россия объявила о выходе из других международных организаций, которые позволяли ей быть в курсе современных достижений юридической практики, включая Конференцию европейских конституционных судов и Международную ассоциацию прокуроров [Коммерсантъ 2022; Разумный 2022]. Наконец, некоторые представители юридического сообщества предложили создать альтернативный суд по правам человека для стран Евразии, однако это предложение не будет рассматриваться до окончания войны [Куликов 2022; Миронова, Юришина 2022].

4. КС РФ после конституционных изменений: 2021 год и перспективы на будущее

Как мы видели в главе 2, многочисленные поправки к Конституции, одобренные летом 2020 года, оказали значительное влияние на КС РФ, в том числе на контролируемость его судей, функции и полномочия суда, а также его состав. Фактически 24 поправки затронули суд, хотя большинство из них лишь подняли на конституционный уровень изменения, уже внесённые в нормативные акты, в частности в закон «О Конституционном Суде РФ». Однако среди изменений, касающихся суда, было несколько «нововведений», которые мы обсудим здесь[9]. Кроме того, изменения, внесённые осенью 2020 года в закон «О Конституционном Суде РФ» и регламент суда 2011 года для реализации этих поправок, привели к двум дополнительным важным изменениям в деятельности и роли суда [Регламент 2011].

Для начала, обновлённая Конституция и связанные с ней изменения в законодательстве вводят новый порядок прекращения статуса членов КС РФ по определённым основаниям. Вместо дисциплинарного разбирательства, проводимого самим КС РФ, его члены — наряду с их коллегами из Верховного суда и новых апелляционных и кассационных судов, которые ранее подлежали проверке Высшей квалификационной коллегией судей и Верховным судом, — теперь могут быть лишены полномочий по инициативе Президента с согласия ручного Совета Федерации, если будет установлено, что они совершили «поступок, порочащий честь и достоинство судьи», или в других ситуациях (предусмотренных федеральным конституционным законом), которые

---

[9] Если не указано иное, этот раздел содержит оригинальный анализ конституционных изменений [Конституция 2020], частично основанный на работе: [Grigoriev 2021].

«свидетельствуют о невозможности осуществления судьёй своих полномочий». Эта новая процедура фактически стреноживает таких судей, если не делает их полностью зависимыми от президента! Ведущие российские юристы разных направлений осудили это изменение, когда проект поправок был впервые обнародован, считая его нарушением принципа независимости судей. В то же время сопредседатель Комиссии по конституционной реформе (юрист Талия Хабриева) заявила, напротив, что новая процедура поддерживает стабильность системы.

В репертуар КС были добавлены три новые функции, все они служат интересам президента. Поправки не только подтвердили полномочия КС РФ проверять соответствие решений ЕСПЧ Конституции РФ и при необходимости запрещать их исполнение, но и пошли дальше, распространив эту функцию на любые международные трибуналы, которые могут выносить решения в отношении России. Этот шаг предусматривал возможную необходимость рассмотрения решений нидерландских судов по делу ЮКОСа.

Ещё одна добавленная функция касается процедуры импичмента в отношении президентов и лишения бывших президентов их иммунитета от уголовного преследования. В таких случаях КС РФ должен будет подтвердить правомерность таких инициатив.

Более значимой в долгосрочной перспективе стала новая роль КС РФ в законодательном процессе через введение предварительного (*a priori*) контроля. Отныне Президент РФ получил право обращаться в КС с запросом о проверке конституционности законопроектов, принятых парламентом и ожидающих его подписи, либо одобренных квалифицированным большинством после наложения вето. Кроме того, он мог запрашивать проверку законов, принятых на региональном уровне, до их окончательного обнародования. Выполняя эти задачи, КС РФ оказался ориентирован на обслуживание нужд и интересов президента в его отношениях с законодательной властью и региональными органами власти. Тем самым суд начал выполнять функции, которые отличали его от слабого Конституционного Совета Франции, действующего как часть законодательного процесса (хотя во

Франции депутаты, выступающие против законопроекта, могли требовать конституционной проверки), и приближали его к сильному Конституционному суду Германии. Новые функции КС РФ были схожи с функциями Конституционного Совета Казахстана, заменившего КС этой страны в 1995 году. В то время как КС РФ продолжал выполнять свои традиционные функции по рассмотрению жалоб граждан на нарушение их прав законом и запросов судов, обязанных применять этот закон (хотя и с новыми ограничениями), его вовлечение в законодательный процесс свидетельствовало о более тесной связи с президентом.

Наконец, поправки сократили состав КС с 19 судей до 11. Хотя это было одним из первоначальных конституционных предложений, выдвинутых АП, никакого объяснения этому шагу дано не было, и он оказался спорным, вызвав длительные дебаты в Конституционной комиссии и соответствующей подгруппе. Критики предупреждали, что уменьшение числа судей ограничит количество дел, которые суд сможет рассматривать, тогда как защитники утверждали, что ежегодное вынесение всего сорока полных решений по существу не станет проблемой для 11 судей [Рожкова и др. 2020]. Этот аргумент был слабым, так как основная работа суда заключалась в еженедельных закрытых пленарных заседаниях, где судьи-докладчики представляли для обсуждения сотни дел. Очевидно, что меньший состав суда не сможет вынести такое же количество решений, особенно если учитывать постановления, принимаемые на закрытых пленарных заседаниях. Это потребует увеличения фильтрации и отсеивания дел сотрудниками Секретариата Суда. Следует отметить, что на момент принятия этой поправки в июле 2020 года в составе суда оставалось 15 членов (из-за незаполненных вакансий), и план заключался в том, чтобы сократить состав суда за счёт естественной убыли — выхода судей в отставку в течение следующих двух лет (ни один из судей не будет удалён досрочно). Более того, судьи, уходившие в отставку по завершении своего срока, могли быть назначены пожизненными сенаторами и сохраняли бы бонусы, которые они получали как судьи, — награды тем, чьё поведение было «политически зрелым» [Пушкарская 2020].

К декабрю 2021 года состав суда сократился до 11 судей, а очередной выход в отставку в марте 2022 года Ярославцева уменьшил их число до десяти — меньше полного состава, но больше необходимого кворума в восемь судей. Следующее увольнение ожидалось в августе 2023 года, а затем группа судей должна была выйти в отставку в 2025 году. Было неясно, когда президент выдвинет новых судей, поскольку этого не происходило с 2015 года [Кряжкова 2022]. Однако в начале июня 2022 года президент сделал это, и Совет Федерации оперативно утвердил кандидатуру Андрея Бушева на вакантную должность. Бушев, специалист в области гражданского и коммерческого права из Санкт-Петербурга, ранее был судьёй *ad hoc* в ЕСПЧ по одному из дел ЮКОСа [Гончарук 2022].

Крупным изменением для КС РФ в законодательстве, реализующем конституционные поправки, стал запрет на публикацию особых мнений судей — шаг, который стал шоком для юридического сообщества. Закон сохранил право судей писать особые мнения, которые должны были стать частью архивных материалов, но их публикация была запрещена. Особые мнения являлись частью работы КС РФ с самого его основания и были особенно распространены в годы правления Ельцина, когда 1/4 всех решений включала такие мнения, особенно в резонансных делах. Например, в решении суда о конституционности указа президента Ельцина о войне в Чечне было восемь особых мнений [КС РФ 1995: П10]. Хотя частота особых мнений снизилась при Путине, они оставались обычным явлением, особенно в политически значимых делах. Судья Кононов, который был вынужден уйти в отставку в 2009 году, был известен своими особыми мнениями и после выхода на пенсию издал книгу, содержащую все его особые мнения за период службы 1992–2009 годов [Кононов 2017]. Среди более поздних особых мнений, привлёкших внимание общественности, были мнение Ярославцева по делу ЮКОСа 2017 года, в котором он утверждал, что суд не имеет юрисдикции по этому вопросу [КС РФ 2017: П1] и мнение Константина Арановского в деле декабря 2019 года, где он заявил, что Россия не может быть правопреемником

СССР, вопреки утверждениям президента Путина [КС РФ 2019: П39]. В феврале 2020 года суд старательно отмежевался от этой позиции [Khalikova 2020; Пушкарская 2017]. В ноябре 2022 года Арановский подал в отставку из КС РФ задолго до достижения предельного возраста на посту судьи, предположительно, чтобы избежать необходимости выносить решения о конституционности правовых актов по присоединению Донецкой и Луганской республик, а также Херсонской и Запорожской областей к РФ [Корня 2022].

В защиту нового запрета председатель комитета Госдумы по государственному строительству и законодательству Павел Крашенинников заявил, что решения КС по вопросам закона принимаются коллегиально, а любые отклонения от них представляют собой «конституционные идеологические» (или политические) позиции, которые судьи выражать не должны. Этот аргумент перекликается со старой концепцией единственно правильной правовой позиции, которая когда-то была частью традиции континентального права [Бевзенко 2020]. До сих пор высшие суды Франции и Бельгии не раскрывают, как их члены голосовали при принятии коллективных решений, не говоря уже о разрешении публикации особых мнений. Однако этот подход был решительно отвергнут при создании Конституционного суда Германии, который послужил моделью для КС РФ. Несмотря на слабость данного объяснения, слова Крашенинникова дают понять, что дело не в том, что особые мнения умаляют авторитет судов, а в том, что они, являясь частью конституционных дебатов, становятся вкладом в политическое обсуждение — то, что может быть приемлемо в законодательной власти, но больше не считается допустимым в судах или за их пределами[10].

Подавление конституционных дебатов проявилось и в других аспектах. Уже летом 2020 года ведущая группа учёных в области конституционного права была уволена из Высшей школы эконо-

---

[10] О вкладе особых мнений в конституционные и политические дебаты в России см. [Морщакова 2020; Orlova 2019].

мики, а их кафедра расформирована[11], фактически за критику конституционных поправок [Румянцев 2020; Гололобов 2020]. Затем, в 2021 году, с внесением изменений в Регламент КС РФ, суд прекратил заказывать и принимать *amicus curiae* записки, которые на протяжении нескольких лет служили полезным источником информации и анализа, актуального для рассматриваемых дел, а также способом для знающих граждан вносить вклад в работу суда. Стороны дела всё ещё могли представлять доказательства от экспертов, но это изменение неизбежно сократило круг идей, доступных судьям, и, таким образом, ограничило пространство для конституционных дебатов [Нагорная 2021; Сидорович 2021].

Ещё одна реформа в системе конституционного правосудия была введена осенью 2020 года через изменение закона о судебной системе — ликвидация конституционных судов республик и уставных судов других субъектов РФ (Федеральный конституционный закон от 31.12.1996 «О судебной системе Российской Федерации»). Этот шаг был предсказуем, когда в перечне всех судов в РФ, включённом в поправки к Конституции (статья 118), региональные конституционные и уставные суды не упоминались. Процесс ликвидации должен был занять несколько лет (до начала 2023 года), чтобы дать 16 субъектам (по другому списку 14), в которых существовали такие суды, время на официальное утверждение изменений и завершение их деятельности. Инициатива вызвала немного возражений (за исключением Ингушетии, Конституционный Суд которой был вовлечён в территориальный спор с Чечнёй), поскольку большинство этих судов уже давно утратили свою функциональную значимость, имели крайне низкую нагрузку (в Санкт-Петербурге рассматривалось лишь несколько дел) и в ряде регионов воспринимались как напрасная трата бюджетных средств (федеральное правительство не финансировало их деятельность) и как реликт ушедшей эпохи [Елаев 2020; Ведомости 2020].

---

[11] Высшие учебные заведения по изучению права в России состоят из подразделений, называемых кафедрами, каждая из которых специализируется на определённой области права.

В ранний период правления Ельцина, когда республики стремились максимально расширить свою автономию в рамках новой федеративной системы, создание конституционных судов служило укреплению их престижа, а возможно, и власти. Фактически многие субъекты Федерации, как республики, так и другие регионы, предусматривали создание конституционных или уставных судов в своих собственных конституциях (или уставах), даже если так и не приступили к их созданию. После принятия Федерального Закона «О судебной системе» в 1996 году, который подтвердил, что все суды общей системы являются федеральными (мировые суды тогда ещё не были учреждены), региональные конституционные или уставные суды остались единственным элементом судебной системы, доступным правительствам субъектов. Некоторые из них действительно создали такие суды или сохранили уже существующие. Их мандат заключался в проверке соответствия законов и нормативных актов республиканских (региональных) и местных органов власти конституциям республик или уставам регионов. Однако в начале 2000-х годов, с кампанией Путина по гармонизации законодательства и теперь уже чётким правилом, что в вопросах совместной юрисдикции федеральные законы имеют преимущество перед законами субъектов, у этих судов осталось лишь ограниченное количество областей, где они обладали явной юрисдикцией. В целом в этом контексте проверки нормативных актов, касающихся субнациональных конституций, казались для лидеров субъектов Федерации избыточными и лишь создающими дополнительную нагрузку [Trochev 2004].

Любопытно, что, несмотря на ликвидацию конституционных и уставных судов субъектов к 2023 году, конституционные реформаторы позволили правительствам республик и регионов создавать конституционные или уставные советы, которые будут действовать при законодательных собраниях. Каждый регион должен был самостоятельно определить полномочия своего совета по оценке региональных законов, предположительно в форме *a priori* контроля и в рамках законодательного процесса [Ведомости 2020]. Таким образом, французская модель конституционного надзора, по-видимому, готова вновь войти в российскую действительность — как на региональном уровне, так и на федеральном.

5. Административная юстиция: от демократизации к авторитарному инструменту

С конституционной юстицией (т. е. ролью судебной власти в обеспечении соответствия законодательства и других нормативных актов конституции) тесно связана административная юстиция, в частности роль судов в обеспечении соответствия подзаконных нормативных актов и действий должностных лиц органов государственного управления правовым нормам. Как и учреждение конституционного контроля, развитие и расширение административной юстиции в эпоху Горбачёва и Ельцина было продуктом движения за укрепление правопорядка и его приведение в соответствие с моделью демократического государства [Solomon 2004b; Соломон 2003]. Даже несмотря на то, что при Путине российская политика становилась всё более авторитарной, практика судебного контроля за нормативными актами и действиями должностных лиц продолжала развиваться и даже приобрела собственные институты и процедуры, хотя отдельные суды для этого созданы не были. Сравнительные исследования показывают, что административная юстиция часто процветает в авторитарных государствах благодаря своему вкладу в надзор и контроль за агентами государства (должностными лицами), не говоря уже о её легитимности [Ginsburg 2008].

В советские времена суды играли лишь незначительную роль в привлечении должностных лиц к юридической ответственности, обладая ограниченной юрисдикцией. Граждане, которые считали себя обиженными чиновниками, могли обращаться с жалобами к их начальству или к внешним проверяющим, таким как органы Коммунистической партии. Однако в большинстве случаев лучшим вариантом было подать жалобу в прокуратуру [Bogdanova 2018; Solomon 2004b; Соломон 2003]. По результатам рассмотрения таких жалоб сотрудники прокуратуры могли направить протесты начальству чиновников-нарушителей и ожидать их исполнения. Правовым реформаторам, даже в брежневскую эпоху, такая альтернатива судам казалась недостаточной и, что не менее важно, лишала судей важного источника власти, которым они обладают в большинстве демократических стран. Их усилия привели к включению в Конституцию СССР 1977 года статьи 58, которая устанавливала право граждан жаловаться в суд на незаконные действия должностных лиц. Поначалу эта статья не имела большого влияния. Только при Горбачёве и Ельцине была создана полноценная административная юстиция. Шаг за шагом, благодаря законам, принятым в 1987, 1989 и затем в 1993 годах, российские суды получили широкие полномочия по рассмотрению административных актов и нормативных актов. К началу нового тысячелетия суды общей юрисдикции, арбитражные суды и военные суды рассматривали множество жалоб на действия должностных лиц (более 100 000 ежегодно) и в большинстве случаев удовлетворяли их (82,8 % в 1999 году). Вопросы касались административных штрафов, действий судебных приставов и налоговых инспекторов, вопросов регистрации и паспортизации, жилищных вопросов, а также социальных пособий (пенсий и пособий по безработице). При этом практика подачи жалоб в прокуратуру сохранялась, но уровень их удовлетворения был значительно ниже [Solomon 2004b; Соломон 2003][12].

Законность нормативных актов, как федеральных подзаконных актов, так и актов, издаваемых на более низких уровнях власти, была ключевым вопросом в России при Ельцине и Путине, где слишком часто подзаконные акты либо расширяли, либо противоречили законам, а некоторые низовые органы власти стремились создать собственное правовое пространство. К концу 1990-х годов суды ежегодно рассматривали около 4000 оспариваний нормативных актов, приостанавливая действие и/или требуя

---

[12] Ещё одной областью административных споров, которая приобрела значимость, стало проведение выборов, включая оспаривание решений о регистрации кандидатов и непосредственно сам процесс проведения выборов. К 1999 году в российских судах ежегодно рассматривалось более 2300 таких дел [Solomon 2004b; Соломон 2003].

изменений в 1/3 из них. В первые годы правления Путина этот процесс ускорился в результате кампании по гармонизации законодательства между различными уровнями власти в Российской Федерации и приближению к созданию подлинной иерархии законов.

Поскольку в начале 2000-х годов административная юстиция стала неотъемлемой частью работы российских судов, развернулись споры о том, как она должна быть построена. Одна из популярных идей заключалась в том, что в России следует создать систему административных судов для рассмотрения административных споров, причём не только тех, которые уже обсуждались, но и электоральных споров. В то же время существовало мнение, что для этих дел нужна своя процессуальная форма. Новый «Гражданский процессуальный кодекс» 2002 года включал отдельную главу об административных спорах, но также существовал запрос на отдельный «Кодекс административного судопроизводства», проект которого был представлен в 2003 году. Отсутствие консенсуса и другие приоритеты не позволили принять такой кодекс до 2015 года, но административные дела, особенно пересмотр нормативных актов, вызвали пристальное внимание Верховного суда, который вынес постановления об их рассмотрении в 2007 и 2009 годах. Когда в 2014 году после упразднения ВАС Верховный суд был реорганизован, в его состав вошла отдельная Коллегия по административным делам. Наконец, в марте 2015 года был принят новый «Кодекс административного судопроизводства» (КАС), который охватывает не только оспаривание действий должностных лиц, но и действий государства по взысканию налогов и наложению обязательств на граждан, включая значительный объём дел, рассматриваемых мировыми судьями, о чём говорилось в главе 7[13]. Осенью того же года Воронежский университет провёл крупную конференцию, посвящённую новому кодексу, на которой её организатор, давний сторонник административной юстиции профессор Юрий Ста-

---

[13] При этом КАС не регулирует процедуру рассмотрения дел о привлечении к административной ответственности — она осталась в ведении КоАП.

рилов, объявил о создании нового журнала, посвящённого административному судопроизводству [Старилов 2012, 2016].

Тем временем реальная практика судов в этой области продолжалась с новой силой. В 2019 году было рассмотрено 144 514 дел об оспаривании действий должностных лиц (охватываемых главой 22 КАС), причём более 50 % из них удовлетворили (более 70 % — против должностных лиц региональных и местных органов власти). Также было рассмотрено 5086 дел об оспаривании законности нормативных актов (глава 21 КАС), из которых удовлетворили 65 %[14]. Граждане не только успешно подавали жалобы на административные действия, но и зачастую выигрывали дела против государства в рамках гражданского судопроизводства, добиваясь от его органов выплаты долгов [Trochev 2012] (см. также главу 9).

Продолжение функционирования сильной и расширяющейся системы административной юстиции в период усиления авторитарного правления, когда судьи высших судов стали зависимы от президента больше, чем когда-либо, кажется, подтверждает выводы Тома Гинзбурга и Тамира Мустафы в их книге о судах в авторитарных режимах [Ginsburg, Moustafa 2008]. В одной из глав, основанной на исследованиях Китая, Мексики, Египта и Восточной Африки, Гинзбург определяет административную юстицию как особенно полезный инструмент для авторитарных лидеров. Она позволяет им получать информацию о (не)эффективности работы государственных служащих — агентов государства, от сотрудничества с которыми зависит режим. Благодаря реакции судов на такие отклонения от официальной политики режим приобретает легитимность, пострадавшие получают удовлетворение, а общество — козлов отпущения [Ginsburg 2008]. На данный момент режим Путина, по-видимому, ценит эту ди-

---

[14] Оспаривание нормативных актов подсудно районным судам, судам субъектов Федерации и Верховному суду, но чем выше был уровень власти, издавшей нормативный акт, тем ниже были шансы на успех. Так, в 2019 году оспаривание нормативных актов федерального правительства увенчалось успехом только в 6 % случаев (из 75 дел), а все четыре попытки оспаривания указов Президента РФ провалились.

намику, хотя в будущем могут быть предприняты попытки вывести некоторых чиновников или их действия из-под судебного контроля.

6. Заключение

В Российской Федерации при Путине Конституционный суд превратился в орган, который, хотя и продолжал защищать интересы граждан и организаций, пострадавших от новых законов и нормативных актов (сохраняя при этом многие принципы Конституции), надёжно поставлял решения, необходимые президенту по важным для него вопросам. Однако, как мы видели, такое «прагматичное» поведение суда оказалось недостаточным для советников президента, которые убедили его к 2020 году сделать всех судей КС подотчётными Президенту РФ, наделить КС новыми инструментами для содействия главе государства и ограничить конституционные дискуссии. Эти недавние изменения угрожают вывести авторитарный конституционализм в России за рамки существующей модели «двуликого» государства, расширяя сферу политической целесообразности за счёт сферы законности. По крайней мере, данные изменения гарантируют, что в будущем КС РФ будет напоминать сферу административной юстиции, служа правителю инструментом исправления ошибок в реализации политики через законы и нормативные акты, не привлекая к ответственности сам режим. Для автократа это может рассматриваться как идеальная версия авторитарного конституционализма, но она несовместима с другими политическими амальгамами.

Заключение

Наш анализ практики работы судов в России и управления судебной системой подтверждает, что российские суды являются эффективными, то есть одновременно оперативными и справедливыми — как в реальности, так и в общественном восприятии при рассмотрении повседневных споров и, в большинстве случаев, при разбирательстве уголовных дел, несмотря на обвинительный уклон. В целом судьи следуют букве закона при вынесении решений по таким делам. В то же время существуют как формальные, так и неформальные механизмы, которые гарантируют, что в случаях, имеющих значение для режима или влиятельных лиц, решения выносятся в их интересах. Иными словами, идея «правового дуализма» (или «двуликого» государства), понимаемая в широком и гибком смысле, является удачной метафорой, которая отражает множественные подходы к праву, обнаруженные в российской судебной системе в годы правления Путина [Hendley 2017a]. Этот подход также соответствует разнообразию правовых систем и судов, характерных для авторитарных государств [Hendley 2022; Moustafa 2014; Solomon 2015a].

В то же время положение судей и их деятельность не оставались неизменными, а, скорее, эволюционировали вместе с характером президентской власти в России. В первые два десятилетия XXI века роль президента в управлении судебной системой усилилась, что сопровождалось соответствующим снижением уровня самоуправления судебного сообщества. Тем не менее фактическое осуществление правосудия — по крайней мере в гражданских, коммерческих и уголовных делах — улучшилось, зачастую благодаря процедурным и институциональным изменениям, многие из которых были инициированы высшими судьями. Даже в области конституционного и административного правосудия произошли положительные изменения, хотя и наряду с менее благоприятными тенденциями.

От СССР Россия унаследовала право и правовые институты, которые прочно закрепили её в семье стран континентального права, с карьерной судебной системой, организованной иерархическим образом, и системой оценки, отдающей приоритет эффективности и стабильности решений. В 1990-х годах, при Борисе Ельцине, Россия предприняла шаги как для расширения полномочий этой судебной системы, предоставив ей юрисдикцию по новым важным вопросам (включая конституционные и коммерческие споры, для которых были созданы отдельные суды), так и для обеспечения основ судебной независимости, включая пожизненные назначения судей с возможностью лишения статуса только по уважительной причине и исключительно коллегами, а также элементы административной автономии. Недостаток финансирования замедлил эффект реформ, но к концу тысячелетия они начали приносить свои плоды.

Когда Владимир Путин стал президентом в 2000 году, создание нового уровня судов, направленного на расширение доступа к правосудию, — мировых судов — уже было в процессе реализации, как и реформа судебных процедур, результатом которой стали новые или улучшенные процессуальные кодексы (арбитражный, уголовный и гражданский) в первые годы его правления. Вскоре за этим последовало внедрение института присяжных по всей стране, а также значительное увеличение финансирования судебной системы для расширения штата, компьютеризации и, помимо прочего, повышения денежного содержания судей. Первые годы правления Путина также ознаменовались усиленным вниманием к вопросам подотчётности судей, что привело к изменениям в составе квалификационных коллегий судей, которые занимались рассмотрением кандидатур на судебные должности и дисциплинарными мерами в отношении судей, список которых был расширен. Однако то, что в то время казалось восстановлением баланса между независимостью и подотчётностью, на деле оказалось началом нового подхода к управлению судебной системой, при котором отбор, продвижение и дисциплинарное воздействие на судей всё больше концентрировались в руках номенклатуры, особенно в АП. Это включало более активную роль президентских структур в процессе отбора судей, передачу права назначения руководителей КС РФ Президенту, а также, с конституционными поправками 2020 года, наделение президента полномочиями отстранять судей высших судов по определённым основаниям. Можно утверждать, что упразднение ВАС также стало победой президентской власти, поскольку она не имела над этим судом того рычага влияния, который существовал в отношении других высших судов.

В первые два десятилетия XXI века система правосудия продемонстрировала множество положительных достижений, включая успешную работу мировых судов, которые эффективно справлялись с большими объёмами дел, удовлетворяя большинство тяжущихся и освобождая районные и региональные суды для рассмотрения более сложных дел. Среди других достижений — внедрение административной юстиции, процессуальные упрощения в целях повышения эффективности в гражданской, коммерческой и уголовной сферах (различные формы упрощённого судопроизводства, соглашения о признании вины), использование примирительных процедур и судебных штрафов в уголовных делах, что позволяло избежать судимости, а также попытки защитить бизнес от необоснованного уголовного преследования путём внесения изменений в законодательство и работы бизнес-омбудсмена.

Некоторые из этих реформ оказались более успешными, чем другие. Влияние других крупных изменений, таких как введение состязательного судопроизводства и новой системы апелляции, оказалось менее значительным, чем ожидалось, поскольку неформальные практики ограничивали их эффект. Так, судьи сохраняли полный контроль над процессом, особенно в гражданских и коммерческих делах (но также и в уголовных), оказывая помощь участникам (включая прокуроров), чтобы дела рассматривались в установленные сроки и не обжаловались. Избегание отмены или изменения решения (несмотря на новую систему) оставалось основной целью другой продолжающейся неформальной практики в уголовных делах — консультаций по сложным делам с судьёй вышестоящего суда, который выступал куратором рассматривающего судьи. Поскольку оправдательные приговоры практически всегда обжаловались (и сами по себе всё ещё считались негативным показателем для судьи), судьи продолжали выносить условные приговоры или компромиссные решения в случаях, когда доказательства не поддерживали позицию обвинения.

Тем не менее большинство граждан, участвовавших в судебных процессах, в целом оставались довольны своим опытом, несмотря на возможный скептицизм в отношении системы правосудия в целом. Истцы по гражданским и коммерческим делам ценили низкие издержки и оперативное разрешение своих споров, настолько, что неохотно принимали идею медиации. Участники споров особенно высоко оценивали арбитражные суды, которые демонстрировали высокий уровень профессионализма и ориентировались на потребности бизнеса. Неясно, в какой степени замена ВАС коллегией по экономическим спорам Верховного суда, находящейся на вершине этой судебной иерархии, ослабила поддержку бизнесом арбитражных судов.

В то же время многим судьям приходилось сталкиваться с делами, которые имели значение для влиятельных лиц, включая политиков. Иногда такие дела сопровождались внешним вмешательством, напоминающим «телефонное право» позднесоветского периода, которое обычно осуществлялось через председателей судов. Однако часто такое вмешательство было ненужным, поскольку судьи (или, по крайней мере, их председатели) знали, что от них ожидается, и действовали соответственно. Те же судьи, которые могли строго применять закон в обычных делах, находили способы соответствовать ожиданиям в нестандартных случаях [Hendley 2017a]. Это поведение можно описать как «прагматичное» — термин, который мы, наряду с Алексеем Трошевым, использовали для характеристики действий судей КС. По крайней мере, с момента его возрождения в 1995 году этот суд понимал, когда дела были важны для политического руководства, и находил способы удовлетворить его ожидания, тем самым обеспечивая продолжение существования Конституционного суда России на фоне повторяющихся угроз его существованию. Прагматизм существовал ещё до Путина, но необходимость в его проявлении возрастала в ходе его правления. Это касалось не только судей КС, но и судей в целом. Что касается самого Конституционного суда, такое поведение не уберегло его от дальнейшего подчинения президентской власти в рамках конституционных поправок 2020 года. В целом эти поправки стали формализацией рычагов влияния на высшие суды, которые ранее зависели от неформальных практик, но тем не менее были эффективными.

Юридическая профессия также претерпела множество изменений. В 1990-е годы произошли глубокие реформы, связанные с выходом государства из экономики. С введением рыночных отношений появились новые роли для юристов. Специализации, которые были излишними в советскую эпоху, такие как банкротство, интеллектуальная собственность и корпоративное управление, стали актуальными и очень хорошо оплачиваемыми. В ответ на это молодёжь устремилась в юридические вузы, а число таких учебных заведений значительно увеличилось. Однако качество этих новых учебных заведений, как и качество их выпускников, оказалось неоднородным. Россияне, сталкивающиеся с правовыми проблемами с соседями или работодателями, часто испытывают трудности с определением того, каким юристам можно доверять, и нередко избегают обращения за юридической помощью. В уголовной сфере отношения между адвокатами и прокурорами изменились незначительно. Хотя права адвокатов многократно расширялись на бумаге, они продолжают ощущать себя в невыгодном положении на практике.

Конституционные поправки 2020 года подтвердили растущую авторитарность режима Путина, который уже с 2012 года характеризовался кампанией по ограничению гражданского общества и препятствованию, а то и полному подавлению групп, пытавшихся призвать режим к ответственности, в том числе через их обозначение как «иностранных агентов». Ответ властей на протесты также стал более репрессивным, особенно через осуждения за административные правонарушения, в то время как границы допустимой свободы слова, включая высказывания в Интернете, значительно сузились. Эти тенденции стали намного более выраженными с началом войны в Украине в феврале 2022 года, когда ограничения гражданских и политических прав (выражение мнений, протесты, коллективная деятельность) усилились, а роль международного права и ценностей ещё больше сократилась с выходом России из Совета Европы.

В этом контексте некоторые могут представить исключительно мрачное будущее для судов и судей, однако мы не делаем таких предположений. В духе советологии, которая всегда рассматривала будущее, мы рассматриваем альтернативы.

В течение следующего десятилетия, особенно после того, как президент Путин уйдёт из политики, российская политическая система может измениться. Она может стать более авторитарной, её характер может смягчиться (или даже трансформироваться в какой-то демократический вариант), либо она может остаться в основном неизменной. Каждый из этих политических сценариев может привести к различным изменениям в судебной системе — как в управлении судами, так и в осуществлении правосудия.

Более авторитарный режим, возможно, захочет усилить контроль над карьерой судей, прекратив пожизненное назначение и введя периодическую переоценку деятельности судей перед тем, как разрешить их повторное назначение. Другими словами, он больше не будет полагаться, как сейчас, на склонность судей избегать поведения, которое может привести к попыткам их смещения. Аналогичным образом, такой режим может решить ещё больше ограничить пространство для осуществления судебной власти, сократив объём конституционного контроля или даже полностью ликвидировав КС и передав оставшийся конституционный контроль в подразделение ВС. Ещё более радикальной мерой могло бы стать создание, возможно в структуре Верховного суда, трибунала (коллегии) для рассмотрения дел, считающихся особо важными, как бы они ни определялись, — иными словами, движение в направлении институционально сегментированного правосудия или испанского решения дилеммы судебной власти в авторитарном государстве.

Менее авторитарный режим или режим, стремящийся к демократической легитимности, мог бы реализовать некоторые рекомендации комиссии Кудрина 2017 года (см. главу 2), такие как отстранение АП от участия в назначении судей и дисциплинарных мерах в отношении судей ниже высшего звена (сейчас это предусмотрено Конституцией) или сокращение доминирующей роли председателей судов путём ограничения срока их полномочий, введения выборности их коллегами и/или сокращения их административных функций. Также можно представить внедрение полноценной программы подготовки новых судей, которая могла бы акцентировать внимание на навыках управления судебными процессами и написания решений, что открыло бы путь к изменению системы оценки судей с акцента на показатели их работы на профессиональные навыки, как это реализовано в немецкой модели. Система правосудия могла бы стать более состязательной: в уголовной сфере — за счёт перехода к эстонской системе, где судья, ведущий процесс, не имеет доступа к материалам дела, собранным следователем [Solomon 2015a], а в гражданских делах — через обязательство сторон самостоятельно доказывать свои позиции, вместо того чтобы судьи перечисляли документы, которые нужно представить.

Если политический режим в России останется неизменным в течение следующего десятилетия, можно предположить, что управление судебной системой и осуществление правосудия будут претерпевать небольшие изменения в обоих направлениях, иногда противоречащие друг другу и представляющие собой зигзаги, то есть сочетание реформ и контрреформ. Вместе с этим можно ожидать продолжения зависимости от неформальных практик для того, чтобы несовершенства или пробелы в работе формальных институтов не приводили к результатам, которые неприемлемы для власти, и, таким образом, сохранения правового дуализма.

Решающая роль неформальных практик может сохраниться при любом из трёх сценариев, которые мы предположили, — хотя бы потому, что они сохранялись на протяжении веков российской истории при различных политических режимах. Если есть одно наследие из прошлого права и судебной системы в России, которое, вероятно, сохранит своё значение, то это именно оно.

Приложение
Судебная система России

Краткое руководство

Таблица 1. Характеристики страны

Уважение к верховенству права	Формальная публичная приверженность правовому государству (или *Rechtsstaat*) и правовой иерархии, но без признания концепции права, выходящего за рамки государства, или значительной роли естественного права, исторических традиций или международных прав человека. Законы с большей вероятностью будут применяться так, как они написаны, без учёта политической или экономической силы сторон, если дела не имеют политического резонанса и интересны только участвующим сторонам. В политически значимых делах на судей может оказываться давление со стороны влиятельных акторов. По некоторым аспектам, таким как доступ к правосудию, Россия, возможно, имеет более сильные показатели, чем США, Индия и многие европейские страны. (Главы 6–10.)
Уважение к правам человека	Переменные и часто недостаточные на практике. Приверженность правам человека (в широком смысле, включая как политические, так и социальные права) закреплена в Конституции 1993 года, но их фактическое соблюдение зависит от конкретного права и контекста. Социальные права соблюдаются чаще, чем политические. В политически значимых делах активисты редко добиваются успеха, когда утверждают, что их публичные протесты или другие действия против Кремля защищены Конституцией.

Уровень независимости судебной власти	Ситуативная. Умеренная для судебной системы в целом; достаточно благоприятная для отдельных судей, чьи перспективы продвижения зависят от оценки председателей их судов, их способности эффективно управлять судами и поддерживать низкий уровень отмены решений. На практике судьи действуют беспристрастно в подавляющем большинстве дел, которые не интересуют влиятельных лиц. Поправки к Конституции 2020 года усилили власть президента в отношении увольнения судей высших судов.
Уровень коррупции	Значительный в общественной жизни в целом, но лишь эпизодический в судах. Уровень коррупции варьируется в зависимости от региона, конкретного суда и типа дела. Взятки в судах чаще встречаются на Юге и Дальнем Востоке России, а также в гражданских делах с высокой стоимостью споров, но зачастую не влияют на итоговое решение.
Уровень демократии	Низкий. В России установился авторитарный политический режим с квазидемократическими элементами. Проводятся выборы на ключевые должности, но они не являются ни свободными, ни справедливыми.

Таблица 2. Высшие суды

	Верховный суд Российской Федерации	Конституционный суд Российской Федерации
	ИСТОРИЯ И ЮРИСДИКЦИЯ	
Год основания	Основан в 1923 году как Верховный суд Российской Советской Федеративной Социалистической Республики (РСФСР).	Основан в 1991 году.
Юрисдикция	Рассматривает дела по наиболее важным вопросам (особенно оспаривание законности нормативных актов) и жалобы по гражданским и уголовным делам, часто в порядке надзора, на акты судов общей юрисдикции (с 2019 года — в основном на акты новых межрегиональных апелляционных и кассационных судов) и с 2014 года — также апелляционных и окружных арбитражных судов (после упразднения Высшего арбитражного суда в 2014 году).	Рассматривает конституционные жалобы граждан и запросы судов, рассматривающих дела, а также от политических органов власти, включая Президента. До 2020 года под его юрисдикцию попадали только законы и некоторые нормативные акты, но осенью 2020 года его полномочия были расширены и включили рассмотрение проектов законов.

	Верховный суд Российской Федерации	Конституционный суд Российской Федерации
Надзорные, административные и другие полномочия, не связанные с вынесением судебных решений (например, надзор за выборами; регулирование деятельности политических партий; дисциплинарные меры в отношении судей; законодательные полномочия; инициативные распоряжения и заключения sua sponte).	Пересматривает решения по дисциплинарным делам судей, вынесенные Высшей квалификационной коллегией судей; является судом последней инстанции для избирательных споров, переданных в суды; управляет судебной системой. Может по собственной инициативе давать разъяснения по существующим законам без наличия конкретного дела или спора. Может инициировать законодательные изменения.	Ограничен делами, поднимающими конституционные вопросы. Может по собственной инициативе давать разъяснения по существующим законом без необходимости наличия конкретного дела или спора. Может инициировать законодательные изменения. (Глава 11.)

ДЕЛА И ДЕЛОПРОИЗВОДСТВО

	Верховный суд Российской Федерации	Конституционный суд Российской Федерации
Дела (по состоянию на 2020 год)	Рассмотрение жалоб на акты нижестоящих судов (в трёхсоставных коллегиях, за исключением 533 дел, рассмотренных Президиумом): Рассмотрено жалоб: 142 133 Проведено заседаний: 2509 Удовлетворено жалоб: 1783	Жалобы граждан: 12 838 Запросы от судов и органов власти: 26 Дела с полными публичными слушаниями и решениями: 50 Дела, рассмотренные в закрытом заседании с вынесением определения: 3154

Дела первой инстанции:

1050 административных дел, плюс около десятка дел других типов.

Руководящие разъяснения пленума: 47
Тематические обзоры практики: 13
Общие обзоры судебной практики: 4

Примечания:

Число дел значительно снизилось по сравнению с предыдущими годами из-за создания новых апелляционных и кассационных судов.

Средняя продолжительность дела:
Для вынесения определения:
2–4 месяца
Для слушания с решением:
8 месяцев

Вероятность полного судебного разбирательства (в отличие от рассмотрения по существу в закрытом заседании или отказа в рассмотрении): низкая.

Вероятность рассмотрения и/или вынесения решения по существу

Вероятность рассмотрения дела в первой инстанции: низкая, из-за ограниченной юрисдикции, но такие случаи не редкость.

Вероятность, что суд примет жалобу к рассмотрению и вынесет решение по существу: низкая (см. приведённые выше числа).

	Верховный суд Российской Федерации	Конституционный суд Российской Федерации
Механизмы отбора дел	Предварительный отбор дел осуществляется юридическим персоналом, затем проводится рассмотрение в трёхсоставных коллегиях судей. Вероятность рассмотрения дела в первой инстанции: низкая из-за ограниченной юрисдикции, но такие случаи не редкость. Вероятность, что суд примет жалобу и вынесет решение по существу: низкая (см. приведённые выше числа).	Предварительный отбор дел осуществляется юридическим персоналом, затем проводится рассмотрение в еженедельных закрытых заседаниях суда, которые часто завершаются вынесением определений. Вероятность полного судебного разбирательства (в отличие от рассмотрения по существу в закрытом заседании или отказа в рассмотрении): низкая.
Использование механизмов альтернативного разрешения споров (АРС)	Не применимо.	Не применимо.

РАСПРЕДЕЛЕНИЕ НАГРУЗКИ

Использование коллегий для рассмотрения дел по существу:

Все ли решения по существу принимаются полным составом суда (иногда называемым «большой коллегией»)?

Принимаются ли некоторые решения меньшими коллегиями или составами судей (известными в некоторых странах как «малые коллегии», а в федеральных апелляционных судах США как «коллегия для рассмотрения дела» в отличие от «коллегии для предварительного отбора дел»)?

Верховный суд разделён на семь коллегий, каждая из которых имеет свою предметную юрисдикцию: административная, гражданская, уголовная, экономическая, военная, дисциплинарная и кассационная. Коллегии рассматривают жалобы на акты нижестоящих судов и решают их по существу. Все судьи входят в состав пленума, который издаёт разъяснения по спорным вопросам законодательства.

До 2010 года Конституционный суд был разделён на две палаты. Каждая из них рассматривала жалобы и запросы относительно различных норм отраслевого законодательства с учётом специализации судей каждой палаты. В 2010 году палаты были упразднены, и с тех пор суд проводит публичные слушания дел только полным составом.

Требование кворума: 2/3 членов суда.

	Верховный суд Российской Федерации	Конституционный суд Российской Федерации
Размер коллегий: Сколько судей входит в коллегию? Различается ли размер коллегий, и если да, то в каких случаях и почему?	Три судьи при рассмотрении апелляционного дела. Все судьи участвуют в работе Пленума. Президиум включает председателя, заместителя председателя и отобранных членов суда.	Не применимо.
Состав коллегий: Фиксированный? Ротационный? Формируется случайным образом?	Каждая коллегия разделена как минимум на три крупных состава до 15 судей, которые формируются каждые три года председателем суда, который также назначает их руководителей. Некоторые коллегии распределяют обязанности между составами по предмету дел, другие — по регионам страны, откуда поступают жалобы.	Не применимо.

На каком основании дела распределяются: а) между полным составом суда и коллегиями (составами)? б) между различными коллегиями (составами)? (Например, по предмету спора? Значимости?)	Глава коллегии формирует рабочий состав из трёх судей для рассмотрения каждого дела, основываясь на специализации и доступности судей в коллегии. Решения по делам подлежат надзорному пересмотру президиумом суда. Пленум суда периодически издаёт авторитетные «разъяснения», чтобы определять русло, в котором нижестоящие суды будут интерпретировать закон.	Не применимо.
Разрешение конфликтов между коллегиями (составами) и внутреннее обязательное действие: Какое обязательное или прецедентное значение имеют решения коллегий (состава): а) для полного состава суда? б) для других коллегий (составов)? Какие механизмы, если таковые имеются, существуют для разрешения разногласий между коллегиями (составами)?	Только разъяснения, изданные Пленумом, являются обязательными для полного состава суда, других коллегий и нижестоящих судов. Прецедент пока формально не признан за рамками конституционного судопроизводства, хотя в 2020 году Верховный суд рекомендовал нижестоящим судам ориентироваться на решения его коллегий. Разногласия между коллегиями или составами практически отсутствуют; если они возникают, то решаются неформально.	Не применимо.

СУДЬИ

	Верховный суд Российской Федерации	Конституционный суд Российской Федерации
Количество	170 (при полностью укомплектованном составе, обычно значительно меньше).	12 (по состоянию на ноябрь 2021 года).
Срок полномочий	Пожизненно до достижения предельного возраста — 70 лет.	Пожизненно до достижения предельного возраста — 70 лет.
Назначение	Советом Федерации после выдвижения Президентом РФ.	Советом Федерации после выдвижения Президентом РФ.
Условия для назначения	Возраст 35 лет и десять лет юридического стажа.	Возраст 40 лет и 15 лет юридического стажа.
Оценка и контроль до назначения	Выдвижение Президентом РФ и утверждение Советом Федерации большинством голосов.	Выдвижение Президентом РФ и утверждение Советом Федерации большинством голосов.
Оценка и контроль после назначения	Проводится подразделениями Администрации Президента и Верховным судом.	Проводится подразделениями Администрации Президента.
Профессиональный опыт до назначения	Карьерные судьи: все. Академические учёные в составе суда отсутствуют, хотя некоторые судьи могут иметь учёные степени и заниматься преподаванием.	Карьерные судьи: 2. Прокуроры: 1. Академические учёные: 9.

Образование	Требуется высшее юридическое образование, некоторые судьи имеют также более высокую степень.	11 из 12 имеют учёные степени (8 докторов наук, 3 кандидата наук).
Демографические данные	Возраст: 50–60 лет. Пол: 1/3 — женщины. Гражданство: РФ. Расовая/этническая принадлежность: данные отсутствуют. Географическое происхождение: данные отсутствуют.	Возраст: 50–60 лет. Пол: 10 мужчин, 2 женщины. Гражданство: РФ. Расовая/этническая принадлежность: 9 русских, 3 других национальности. Географическое происхождение: 3 из Санкт-Петербурга (Ленинграда), 2 из Екатеринбурга (Свердловска), 2 с Дальнего Востока, по 1 из Дагестана, Карелии, Ростова-на-Дону, Ярославля и Москвы.

ПЕРСОНАЛ СУДА

Число сотрудников	Большая часть сотрудников (около 70 % из 1400 работников суда) работает в департаментах или секретариатах отдельных коллегий.	Большая часть сотрудников работает в аналитических отделах Секретариата Суда. Суду выделено до 322 вспомогательных должностей, включая исследовательский персонал и административный персонал, исключая работников по обслуживанию зданий.

	Верховный суд Российской Федерации	Конституционный суд Российской Федерации
Число сотрудников, закреплённых за каждым судьёй	2 (хотя председатели и заместители председателей коллегий могут иметь больше).	3 (иногда меньше).
Число сотрудников, работающих для всех судей совместно	500	150
Профессиональный опыт	Многие имеют учёные степени и ранее работали судьями в нижестоящих судах.	Многие сотрудники имеют учёные степени.
Опыт работы и стаж	Все сотрудники юридического персонала занимают постоянные должности, обычно находясь на среднем этапе своей карьеры, с должностями консультанта или советника. Временных сотрудников-юристов нет.	Все сотрудники юридического персонала занимают постоянные должности, обычно находясь на среднем этапе своей карьеры, с должностями консультанта или советника. Временных сотрудников-юристов нет.
Специализация по знаниям или предмету рассмотрения	Сотрудники, работающие непосредственно с судьями, могут обладать специализированными знаниями, а могут и не обладать ими. Сотрудники аналитического подразделения, как правило, обладают экспертизой в конкретных предметных областях.	Сотрудники, работающие непосредственно с судьями, могут обладать специализированными знаниями, а могут и не обладать ими. Сотрудники аналитического подразделения, как правило, обладают экспертизой в конкретных предметных областях.

Функции и роль в принятии решений по делам	Управление делами, протоколирование судебных заседаний, организация статистики, исследований, связей с общественностью, а также участие в подготовке проектов судебных актов (только помощники судей).	Управление делами, организация статистики, исследований, связей с общественностью и составление проектов судебных актов.

СУДЕБНЫЕ ПРОЦЕДУРЫ

Механизмы получения доказательств	Поступление материалов дела из нижестоящих судов при обжаловании или рассмотрение в первой инстанции.	Судьи-докладчики могут запрашивать мнения у органов государственной власти; до 2021 года допускались amicus curiae заключения.
Устные слушания	Устные слушания обязательны для всех дел. В основном проводятся коллегией из трёх судей.	Устные слушания проводятся только в случае, если вопрос новый и не был охвачен решениями суда в предыдущих делах.
Участие третьих лиц (например, amici curiae)	Участие третьих лиц допускается для граждан или организаций, на права и обязанности которых может повлиять решение. Как правило, amicus briefs (заключения сторонних лиц) не допускаются.	Суд может запрашивать мнения экспертов. Amicus briefs допускались с начала 2000-х годов и официально с 2017 года, но были запрещены в 2021 году.

	Верховный суд Российской Федерации	Конституционный суд Российской Федерации
Полномочия по исправлению нарушений	В гражданских, коммерческих и административных делах может приостанавливать исполнение решения нижестоящего суда.	Может обязать Государственную Думу внести поправки в закон; может обязать другие суды пересмотреть дело.
ХАРАКТЕРИСТИКИ РЕШЕНИЙ		
Типы выносимых решений Указан ли автор правовой позиции?	Только в письменной форме. В решениях указывается автор.	Только в письменной форме. Имя судьи-докладчика указывается, и обычно, но не всегда, именно он пишет решение для суда. Отсутствие индексации по автору решения или сотруднику, ответственному за его публикацию.
Как определяется авторство решений? (Например, по старшинству? Ротация? Назначение старшим членом? По предметной экспертизе?)	Глава коллегии выбирает судью-докладчика из её членов.	Решение пишет судья-докладчик.

Допускаются ли отдельные (совпадающие и/или разногласье) мнения? Если да, то насколько они распространены?	Детализация разделённых решений не предоставляется, а подписанные письменные особые мнения, не публикуются.	Отдельные позиции и особые мнения были разрешены и публиковались до 2020 года. Они встречались в одной шестой части решений. С тех пор они по-прежнему разрешены, но не публикуются и встречаются гораздо реже.
Длина решений	3–20 страниц.	5–25 страниц.
Типы цитируемых источников	Зависит от характера дела. Часто включают ссылки на предыдущие решения высших судов и руководящие разъяснения. Ссылки на иностранное и международное право уменьшились из-за официального сопротивления внешнему влиянию.	Зависит от характера дела. Часто включают ссылки на предыдущие решения высших судов и руководящие разъяснения. Ссылки на иностранное и международное право уменьшились из-за официального сопротивления внешнему влиянию.
Опора на прецеденты	Иногда чётко выражена, но есть тенденция следовать ранее опубликованным решениям без их цитирования.	Значительная, особенно в определениях.
Внешнее обязательное действие: какое обязательное действие имеют решения суда для других судов?	Для других судов обязательны только разъяснения, исходящие от пленума.	Решения служат обязательным прецедентом для других судов.

	Верховный суд Российской Федерации	Конституционный суд Российской Федерации
Распространение и доступность решений (Например, публикуются ли они? Доступны ли онлайн? Бесплатны ли? Переводятся ли?)	Публикуется только малая часть решений, но большинство доступны через интернет (бесплатно через сайт суда и часто через юридические базы данных).	Все постановления и заключения решения публикуются и доступны в Интернете. Некоторые определения доступны на сайте Конституционного Суда (в последние годы их становится больше) и в юридических базах данных.

TRANSНАЦИОНАЛЬНЫЕ ВЛИЯНИЯ

Взаимодействие с зарубежными судами и судьями	Низкое.	Небольшое; активное взаимодействие с судами ближнего зарубежья (например, Казахстана).
Специальные механизмы для изучения иностранного права	Отсутствуют.	Отсутствуют.
Судьи с иностранным образованием	Единицы, если вообще есть.	Отсутствуют.
Использование иностранного права сторонами и/или адвокатами	Иногда (в основном решений Европейского суда по правам человека, по крайней мере до марта 2022 года).	Иногда (в основном решений Европейского суда по правам человека, по крайней мере до марта 2022 года).

Персонал с иностранным образованием	Нет (намеренно).	Нет (намеренно).
Конституционалисты с иностранным образованием в ведущих юридических вузах	До 2020 года на юридических факультетах ведущих вузов работали некоторые конституционалисты с иностранным образованием. Однако их число сократилось после внесения поправок в Конституцию в 2020 году, так как противники этих поправок были уволены или ушли под давлением.	
Ссылки на иностранное право	Редкие	Редкие
Исследования иностранного права	Зависит от предмета спора. Было более распространено до марта 2022 года.	Зависит от предмета спора. Было более распространено до марта 2022 года.
Принятие ссылок на иностранное право и/или его использование	Редкое (ранее было более распространено до марта 2022 года)	Редкое (ранее было более распространено до марта 2022 года)
Конституционные/законодательные положения, касающиеся использования судами иностранного и/или международного права	Отсутствуют	Отсутствуют
Суды/юрисдикции, которые наиболее часто принимаются во внимание	ЕСПЧ (по крайней мере до марта 2022 года)	ЕСПЧ (по крайней мере до марта 2022 года)

Таблица 3. Нижестоящие суды

	ОРГАНИЗАЦИЯ СУДЕБНОЙ СИСТЕМЫ
Структура судебной системы и распределение обязанностей между судами (например, унитарная или федеративная система; иерархическая или координационная; разделение ответственности по правовым и фактическим вопросам)	Иерархическая структура. Все суды являются федеральными, за исключением мировых судов, а также региональных конституционных и уставных судов, упраздняемых к 2023 году. Организационное и финансовое обеспечение деятельности мировых судов лежит на властях субъектов Российской Федерации. Мировые суды применяют федеральное законодательство, а их решения могут быть обжалованы через иерархию федеральных судов.
Сколько уровней образуют суды первой инстанции, апелляции, кассации и надзора?	Суды общей юрисдикции имеют шесть уровней, вершиной которых является Верховный суд. Арбитражные суды имеют четыре уровня, при этом Верховный суд венчает и эту систему. Конституционный суд на данный момент стоит особняком.
Суды, специализированные по регионам	Как в судах общей юрисдикции, так и в арбитражных судах, суды организованы по географическому принципу (районы, регионы, более крупные образования).
Суды, специализированные по предметным областям (например, трудовые суды, коммерческие суды, административные суды)	Арбитражные суды рассматривают споры между юридическими лицами, между государством и юридическими лицами, а также корпоративные споры. Все остальные споры рассматриваются судами общей юрисдикции.

Нагрузка судов и разбивка по типам дел	В 2020 году суды общей юрисдикции рассмотрели 36,6 миллиона дел, из которых 58 % составили гражданские дела, 2 % — уголовные, а оставшиеся 40 % пришлись на различные категории дел с участием государства. В 2020 году арбитражные суды рассмотрели 1,5 миллиона дел, из которых почти 3/4 составляли споры между юридическими лицами, в 20 % дел одной из сторон было государство, остальные дела касались банкротства и других категорий.
Продолжительность типичных дел	Процессуальный кодекс, регулирующий спор, устанавливает предельный срок, в течение которого дело должно быть рассмотрено. Суды соблюдают эти сроки, которые обычно составляют несколько месяцев с момента возбуждения дела перед судом.
Какие дела являются типичными для судов первой инстанции? (Например, уголовные дела? Тяжбы по коммерческим спорам?)	Споры, связанные с жильём и коммунальными услугами, являются наиболее распространённой категорией гражданских дел. Почти все административные дела, инициированные государством, связаны с неуплатой налогов или неисполнением других обязательств перед государством.

Какие другие государственные органы, если таковые имеются, разрешают споры (например, административные органы)? Какие споры рассматриваются этими органами?	Как и в советские времена, прокуратура (орган, осуществляющий уголовное преследование) принимает и рассматривает жалобы граждан на действия государственных должностных лиц и регулярно предписывает этим должностным лицам принимать корректирующие меры. Эта малозатратная процедура действует параллельно с судебным обжалованием административных действий. Любой государственный орган может административно разрешать споры, связанные с его деятельностью (например, налоговые органы), однако их решения подлежат судебному пересмотру.

ХАРАКТЕРИСТИКИ СУДЕЙ

Назначение судей	Кандидаты проходят проверку в Квалификационной коллегии судей. Её рекомендации передаются на рассмотрение в Верховный суд, а затем Президенту РФ, который принимает окончательное решение о назначении.
Квалификационные требования к судьям	Кандидаты проходят проверку в Квалификационной коллегии судей. Её рекомендации передаются на рассмотрение в Верховный суд, а затем Президенту РФ, который принимает окончательное решение о назначении. Все судьи должны иметь высшее юридическое образование и не менее пяти лет юридического стажа. Для некоторых судебных должностей выдвигаются более строгие квалификационные требования.
Использование судебных составов.	Суды первой инстанции рассматривают дела единоличными судьями. Апелляционные инстанции рассматривают дела составом из трёх судей.
Сколько судей рассматривают дело? Как отбираются члены состава?	Как правило, составы ротируются, хотя это может различаться в зависимости от конкретного суда.

Роль аппарата суда в вынесении решений	Судебные помощники участвуют в подготовке проектов судебных решений по гражданским и арбитражным делам, а также в составлении приговоров по уголовным делам.
Как распределяются дела между судьями?	Большинство судов делят судей по специализациям. Формально дела распределяются случайным образом, однако председатели судов и/или руководители специализированных подразделений нередко вмешиваются в процесс распределения.
Роль политики и партийной принадлежности в назначении судей	Партийная принадлежность не играет роли, но влиятельные лица (включая сотрудников правоохранительных органов) могут оказывать влияние на назначения в высшие суды и на руководящие должности.
Роль политики и партийной принадлежности в вынесении решений	Влиятельные лица оказывают давление в небольшом числе дел. (Глава 6.)

СУДЕБНЫЕ ПРОЦЕДУРЫ

Процедуры:	Уголовный процесс: смешанный.
Состязательный, инквизиционный или смешанный процесс?	С 2002 года судебное разбирательство носит состязательный характер, тогда как досудебное производство остаётся неоинквизиционным.
	Гражданский и арбитражный процесс: смешанный.
	Конституция и процессуальные кодексы предписывают состязательность. Однако на практике судьи продолжают контролировать ход судебного разбирательства.

Доказательства и свидетельские показания:	Судьи, как правило, играют ведущую роль в допросе. Стороны, желающие представить свидетелей, должны ходатайствовать об их вызове. Суды отдают предпочтение документальным доказательствам. Перекрёстный допрос разрешён.
Предпочтение отдаётся письменным, устным или обоим видам доказательств? Разрешается ли перекрёстный допрос?	
Адвокаты в суде:	Формального разделения между элитными и неэлитными адвокатами не существует.
Существует ли разделение между элитными и неэлитными адвокатами? В чём заключается это различие?	Обвиняемые, обладающие финансовыми ресурсами, могут нанимать элитных адвокатов.
	Большинство обвиняемых зависит от обычных адвокатов, назначаемых судом или следователем.
	Финансово обеспеченные истцы в гражданских или коммерческих спорах могут нанимать собственных юристов, однако это не обязательно должны быть адвокаты.
Роль непрофессиональных участников:	Уголовный процесс:
Когда и в какой степени в судебный процесс вовлекаются присяжные, народные заседатели и другие непрофессиональные судьи?	Использование в уголовных процессах народных заседателей, работающих в смешанных коллегиях с судьёй, было прекращено в 2004 году. С 2001 года суд присяжных стал доступен в качестве опции для рассмотрения уголовных дел в судах субъектов РФ по всей стране. В 2017 году суды присяжных были распространены на районные суды для ограниченного перечня преступлений.

Как распределяются обязанности между профессиональными судьями и непрофессиональными участниками судебного разбирательства?	Присяжные не только выносят вердикт, но и дают обязательные рекомендации по назначению наказания. Однако вердикты присяжных легко и регулярно обжалуются в вышестоящие суды, где они пересматриваются единолично судьями. Арбитражный процесс: С 2002 года Арбитражный процессуальный кодекс разрешает использование двух арбитражных заседателей для помощи судье первой инстанции по запросу сторон. Списки возможных заседателей разрабатывались каждым арбитражным судом. По закону, каждый заседатель обладает правом голоса при принятии решения по делу. Однако с 2018 года ни в одном деле арбитражных заседателей не привлекали.
Роль экспертов в судебном процессе	Роль экспертов: Судьи имеют право привлекать аккредитованных государством экспертов, если такая экспертиза признаётся необходимой.
Роль государственных юристов (например, государственных обвинителей, прокуратуры) в судебном процессе	Прокуроры обязаны присутствовать на судебных заседаниях и представлять обвинение, основываясь на письменных материалах дела. В неуголовных делах прокуроры могут участвовать по своему усмотрению, если дело затрагивает публичные интересы или необходимо для защиты прав граждан. В некоторых категориях гражданских и административных дел участие прокурора обязательно.

Административные процедуры и их роль	Управление судами осуществляется судебным аппаратом, который подчиняется как председателю суда, так и Судебному департаменту — органу, входящему в систему судебной власти.
Существуют ли возможности для выбора наиболее выгодного суда	Выбор суда возможен, но встречается нечасто. Некоторые компании включают в свои контракты арбитражные оговорки, выбирая арбитражные суды, которые, по их мнению, обладают большей компетентностью. Обладающие достаточными ресурсами заявители в судах общей юрисдикции иногда ищут суды и судей, которых считают более благосклонными.

ХАРАКТЕРИСТИКИ РЕШЕНИЙ

Гражданский и арбитражный процесс:

Насколько распространены письменные решения? Когда требуется письменное решение?	Стороны уведомляются об основном исходе дела на итоговом судебном заседании. Мотивированные судебные решения должны быть предоставлены сторонам во всех случаях в течение пяти дней после этого заседания. До 2016 года копии этих решений в бумажном виде должны были направляться сторонам. С 2016 года размещение решений на сайтах судов стало достаточным. Также в 2016 году закон был изменён, отменив требование о вынесении мотивированных решений в делах, рассматриваемых мировыми судьями, однако стороны могут получить такие решения по запросу судьи.

Уголовный процесс:

	Уголовный процесс:
Указывается ли автор судебного решения?	Все приговоры по уголовным делам должны быть оформлены в письменном виде, включая дела, рассмотренные в особом порядке (аналог процедуры заключения сделки о признании вины). Автор судебного решения указывается.
Как определяется авторство при коллегиальном рассмотрении дела?	Судья, председательствующий в судебном составе, обычно пишет решение. Он также может поручить другому судье из состава подготовить текст решения.
Допускаются ли особые мнения (как поддерживающие решение в резолютивной части, так и несогласные с ней)?	Особые мнения не допускаются.

Таблица 4. Юридическая профессия

ОРГАНИЗАЦИЯ ЮРИДИЧЕСКОЙ ПРОФЕССИИ

Распространённость индивидуальных практикующих юристов и небольших фирм	Индивидуальные практикующие юристы встречаются редко, их доля составляет менее 10 % от общего числа юридических фирм. Большинство фирм (около 2/3) состоят из двух юристов.
Распространённость и размер средних и крупных юридических фирм	Фирмы с численностью более 21 юриста составляют менее 10 % от общего числа юридических фирм. Крупные фирмы чаще всего расположены в Москве и Санкт-Петербурге.
Существует ли разделённая адвокатура (разграничение между судебными адвокатами и другими юристами)?	Все лица, представляющие клиентов в суде (за некоторыми исключениями), должны иметь юридическое образование. Вести уголовные дела могут только адвокаты.
Разделение обязанностей между юристами и неюристами (например, секретарями, писарями)	Лица без законченного юридического образования в ряде случаев не могут быть представителями сторон (см. выше). С точки зрения полномочий представителя в процессе разницы между адвокатами, обычными юристами и неюристами практически нет, но у адвокатов благодаря институту адвокатского запроса больше возможностей для сбора доказательств. Адвокаты и юридические фирмы часто используют младший персонал для технической и аналитической помощи (фотокопирование материалов дела, ведение записей, подборка судебной практики и т. п.), аналогично роли параюристов в США.

ОБЪЁМ РАБОТЫ

Виды юридической деятельности, которыми обычно занимаются индивидуальные юристы и небольшие фирмы	Небольшие фирмы и индивидуальные юристы, как правило, ведут общую практику. Они не могут заниматься уголовными делами, если в их штате нет адвокатов.
Виды юридической деятельности, которыми обычно занимаются крупные фирмы	Крупные юридические фирмы наиболее распространены в Москве и Санкт-Петербурге. Они специализируются на корпоративных вопросах, однако могут выполнять и другие юридические задачи по просьбе ценных клиентов.

ХАРАКТЕРИСТИКИ ЮРИСТОВ

Доступ к юридическим услугам (например, наличие юристов и доступность их услуг)	Юристы широко представлены в крупных городах. Размер их гонораров значительно варьируется. В небольших городах и сельской местности найти юриста сложнее.
Минимальные требования для допуска к профессии	В России юридическая профессия носит фрагментированный характер. Для большинства правовых специальностей (например, прокуроры, следователи, корпоративные юристы, юрисконсульты, государственные юристы) нет обязательных лицензионных требований. Для работы требуется только диплом о высшем юридическом образовании. Три специальности — адвокаты, судьи и нотариусы — имеют дополнительные требования, включая наличие опыта работы и сдачу квалификационного экзамена. (Глава 4.)

Карьерный путь и образовательные квалификации типичного индивидуального юриста или юриста малой фирмы	Адвокаты должны иметь двухлетний опыт работы по юридической специальности или пройти стажировку в адвокатском образовании от года до двух лет, а также сдать экзамен для получения статуса адвоката. Большинство юристов получают юридическое образование очно. Юристы, не являющиеся адвокатами, чаще оканчивают заочные юридические программы.
Карьерный путь и образовательные квалификации типичного юриста крупной фирмы	Крупные юридические фирмы, как правило, набирают выпускников только из наиболее престижных российских юридических вузов. Большинство будущих сотрудников начинают работать в фирме ещё во время обучения и продолжают после окончания вуза. Ассоциированные юристы обучались исключительно очно.
Распространённость юристов с иностранным образованием и/или владеющих английским языком	Юристы, получившие иностранное образование, в основном со степенью магистра права, сосредоточены преимущественно в крупных юридических фирмах. Владение английским языком наиболее распространено среди юристов крупных фирм в Москве и Санкт-Петербурге.

Таблица 5. Стороны судебного разбирательства

ХАРАКТЕРИСТИКИ СТОРОН В СУДЕБНЫХ РАЗБИРАТЕЛЬСТВАХ	
В какой степени бизнес полагается на суды или предпочитает иные механизмы разрешения споров?	Бизнес обращается в суды, когда попытки переговоров оказываются безрезультатными. Компании, заинтересованные в сохранении конфиденциальности, могут выбрать частный арбитраж (третейские суды), однако к медиации прибегают редко.
Общественно значимые судебные разбирательства: Насколько они распространены? Насколько НПО используют судебную систему для продвижения своих целей?	Существует небольшое число НПО и общественно-значимых юридических фирм, которые ведут судебные дела с целью ограничить произвольные действия государства. Как правило, такие иски не приводят к успеху в национальных судах, и до 2022 года истцы затем обращались в ЕСПЧ.
Коллективные иски: существуют ли они? Насколько они распространены?	Допустимы в гражданских делах, если не менее 20 человек имеют общий иск к ответчику. Статистика по количеству коллективных исков не ведётся.
Насколько часто в суды обращаются государственные органы? Кто чаще использует суды — государственные органы или частные лица?	Судебные разбирательства, инициируемые государственными органами, встречаются чаще, чем иски граждан и организаций в судах общей юрисдикции, но, как правило, касаются незначительных вопросов и часто остаются без возражений со стороны ответчиков. В арбитражных судах судебные разбирательства преимущественно инициируются частными субъектами.

Список источников

Библиография

I. На английском языке

Aitkhozina 2021 — Aitkhozina D. Detained and Prosecuted for Defending Protesters in Russia // Human Rights Watch. 2021, 30 January. URL: https://www.hrw.org/news/2021/01/30/detained-and-prosecuted-defending-protesters-russia (дата обращения: 31.08.2022).

Aleksashenko 2018 — Aleksashenko S. Putin's Counterrevolution. Washington, DC: Brookings Institution Press, 2018.

Andrianova 2018 — Andrianova V. The Everyday Experiences of Citizens in Justice of Peace Courts // A Sociology of Justice in Russia, eds Marina Kurkchiyan and Agnieszka Kubal. Cambridge: Cambridge University Press, 2018.

Åslund 1995 — Åslund A. How Russia Became a Market Economy. Washington, DC: Brookings Institution Press, 1995.

Bækken 2019 — Bækken H. Law and Power in Russia: Making Sense of Quasi-Legal Practices. London and New York: Routledge, 2019.

Barnes 2006 — Barnes A. Owning Russia: The Struggle Over Factories, Farms, and Power. Ithaca: Cornell University Press, 2006.

Benesh, Howell 2001 — Benesh S. C., Howell S. E. Confidence in the Courts: A Comparison of Users and Non-Users. Behavioral Sciences & the Law 19 (2), 2001.

Berliner 1957 — Berliner J. S. Factory and Manager in the USSR. Cambridge, MA: Harvard University Press, 1957.

Berman 1963 — Berman H. J. Justice in the U.S.S.R.: An Interpretation of Soviet Law. Cambridge, MA: Harvard University Press, 1963.

Black et al. 2000 — Black B., Kraakman R., Tarasova A. Russian Privatization and Corporate Governance: What Went Wrong? // Stanford Law Review 52 (6), 2000.

Bobek 2008 — Bobek M. The Fortress of Judicial Independence and the Mental Transitions of the Central European Judiciaries // European Public Law 14 (1), 2008.

Bocharov 2021 — Bocharov T. Is There a "Compensation Culture" in Contemporary Russia? The Role of Liability Insurance, Non-Pecuniary Damages, and Legal Profession in Personal Injury Litigation // Oñati Socio-Legal Series 11 (2), 2021.

Bogdanova 2018 — Bogdanova E. Obtaining Redress for Abuse of Office in Russia: The Soviet Legacy and the Long Road to Administrative Justice // Communist and Post- Communist Studies 51 (3), 2018.

Bogdanova 2019 — Bogdanova E. Objectives of Russian Law Schools Today: What Is the "Ideal Jurist?" // International Journal of the Legal Profession 26 (2–3), 2019.

Bogdanova 2021 — Bogdanova E. Complaints to the Authorities in Russia: A Trip between Tradition and Legal Modernization. New York: Routledge, 2021.

Bogush 2017 — Bogush G.Criminalisation of Free Speech in Russia // Europe-Asia Studies 69 (8), 2017.

Bowring 2018 — Bowring B. The Constitutional Court of the Russian Federation and Its 20 Years of Engagement with the European Convention on Human Rights // East European Yearbook on Human Rights 1 (1), 2018.

Brand 2018 — Brand M. Carrot and Stick: How It Was Possible to Raise the Retirement Age in Russia // Russian Analytical Digest, 225, 2018.

Browder 2015 — Browder B. Red Notice: A True Story of High Finance, Murder, and One Man's Fight for Justice. New York: Simon & Schuster, 2015.

Buckley et al. 2022 — Buckley N., Reuter O. J., Rochlitz M. and Aisin A. Staying Out of Trouble: Criminal Cases against Russian Mayors // Comparative Political Studies 55 (9), 2022.

Burbank 1995 — Burbank J. Lenin and the Law in Revolutionary Russia // Slavic Review 54 (1), 1995.

Burbank 1997 — Burbank J. Legal Culture, Citizenship, and Peasant Jurisprudence: Perspectives from the Early Twentieth Century // Reforming Justice in Russia, 1864–1996: Power Culture and the Limits of Legal Order, ed. Peter H. Solomon Jr. Armonk and London: M.E. Sharpe, 1997.

Burnham, Kahn 2008 — Burnham W., Kahn J. Russia's Criminal Procedure Code Five Years Out // Review of Central and East European Law 33 (1), 2008.

Butler 2014 — Butler W. E. Russian Inheritance Law. London: Wildy, Simmonds & Hill Publishing, 2014.

Butler 2021 — Butler W. E. Russian Law and Legal Institutions, 3rd ed. Clark, NJ: Talbot Publishing, 2021.

Conception 1994 — The Conception of Judicial Reform in the RSFSR of 1991 // Statutes and Decisions, 30 (2), 1994.

Coynash 2020 — Coynash H. Russia Makes Third Try on the Same Debunked Charges to Jail Historian of the Soviet Terror for 20 Years // Kharkov Human Rights Group. 2020. URL: https:// khpg.org/en/1605231073 (дата обращения: 31.08.2022).

Crawford 2022 — Crawford J. Ukraine vs Russia: What the European Court of Human Rights Can (and Can't) Do // Justiceinfo.net. 2022. URL: https:// www.justiceinfo.net/en/90187-ukraine-russia-european-court-of-human-rights-can-do.html (дата обращения: 31.08.2022).

Dawisha 2014 — Dawisha K. Putin's Kleptocracy: Who Owns Russia? New York: Simon and Schuster, 2014.

Dolbaum et al. 2021 — Dolbaum J. M., Lallouet M., Noble B. Navalnyi: Putin's Nemesis, Russia's Future. London: Hurst, 2021.

Dougherty et al. 2006 — Dougherty G. W., Lindquist S. A., Bradbury M. D. Evaluating Performance in State Judicial Institutions: Trust and Confidence in the Georgia Judiciary // State and Local Government Review 38 (3), 2006.

Dzmitryieva 2017 — Dzmitryieva A. Case Selection in the Russian Constitutional Court: The Role of Legal Assistants // Laws 6 (3), 2017.

Dzmitryieva 2021 — Dzmitryieva A. Becoming a Judge in Russia: An Analysis of Judicial Biographies // Europe–Asia Studies 73 (1), 2021.

Ellickson 1991 — Ellickson R. Order without Law: How Neighbors Settle Disputes. Cambridge, MA: Harvard University Press, 1991.

Ezzat 2021 — Ezzat A. Law, Exceptional Courts and Revolution in Modern Egypt // Routledge Handbook on Contemporary Egypt, eds Robert Springborg, Amr Adly, Anthony Gorman, Tamir Moustafa, Aisha Saad, Naomi Sakr, and Sarah Smierciak. New York: Routledge, 2021.

Favarel-Garrigues 2015 — Favarel-Garrigues G. A Power Horizontal. The Public–Private Enforcement of Judicial Decisions in Russia // Europe-Asia Studies, Taylor & Francis Journals, vol. 67(4), P. 606-623.

Feifer 1964 — Feifer G. Justice in Moscow. New York: Simon and Schuster, 1964.

Felstiner et al. 1980–1981 — Felstiner W. L. F., Abel R. L., Sarat A. The Emergence and Transformation of Disputes: Naming, Blaming, Claiming // Law and Society Review 15 (3–4), 1980–1981.

Firestone 2008 — Firestone T. Criminal Corporate Raiding in Russia // International Lawyer 42 (2), 2008.

Fishman 2021 — Fishman D. Alexander Shestun, "Spy Mania", Yuliia Galyamina // Institute of Modern Russia. 2021. URL: https://imrussia.org/

en/human-rights/3220-december-2020-alexander-shestun,-%E2%80%9Cspy-mania, %E2%80%9D-yulia-galyamina (дата обращения: 31.08.2022).

Flikke 2016 — Flikke G. Resurgent Authoritarianism: The Case of Russia's New NGO Legislation // Post-Soviet Affairs 32 (2), 2016.

Flikke 2018 — Flikke G. Conflicting Opportunities or Patronal Politics? Restrictive NGO Legislation in Russia 2012– 2015 // Europe–Asia Studies 70 (4), 2018.

Fraenkel 1941 — Fraenkel E. The Dual State: A Contribution to the Theory of Dictatorship, trans. E. A. Shils. New York: Oxford University Press, 1941.

Frank 1999 — Frank S. P. Crime, Cultural Conflict, and Justice in Rural Russia, 1856–1914. Vol. 31. Oakland, CA: University of California Press, 1999.

Frierson 2012 — Frierson C. All Russia Is Burning! A Cultural History of Fire and Arson in Late Imperial Russia. Seattle, WA: University of Washington Press, 2012.

Frye 2021 — Frye T. Weak Strongman: The Limits of Power in Putin's Russia. Princeton, NJ: Princeton University Press, 2021.

Fu 2019 — Fu H. Duality and China's Struggle for Legal Autonomy // China Perspectives 1, 2019.

Fu, Dowdle 2020 — Fu H., Dowdle M. The Concept of Authoritarian Legality: The Chinese Case // Authoritarian Legality in Asia: Formation, Development and Transition, eds Weitseng Chen and Hualing Fu. Cambridge: Cambridge University Press, 2020.

Galanter 1974 — Galanter M. Why the Haves Come Out Ahead: Speculations on the Limits of Legal Change // Law & Society Review 9 (1), 1974.

Galanter 2004 — Galanter M. The Vanishing Trial: An Examination of Trials and Related Matters in Federal and State Courts // Journal of Empirical Legal Studies 1 (3), 2004.

Gallagher, Wang 2011 — Gallagher M. E., Wang Y. Users and Non-Users: Legal Experience and Its Effect on Legal Consciousness // Chinese Justice: Civil Dispute Resolution in Contemporary China, eds Margaret Y.K. Woo and Mary E. Gallagher. Cambridge: Cambridge University Press, 2011.

Gans-Morse 2012 — Gans-Morse J. Threats to Property Rights in Russia: From Private Coercion to State Aggression // Post-Soviet Affairs 28 (3), 2012.

Gel'man 2015 — Gel'man V. Authoritarian Russia: Analyzing Post-Soviet Regime Changes. Pittsburgh, PA: University of Pittsburgh Press, 2015.

Genn, Beinart 1999 — Genn H., Beinart S. Paths to Justice: What People Do and Think about Going to Law. Oxford: Hart Publishing, 1999.

Gessen 2014 — Gessen M. Words Will Break Cement: The Passion of Pussy Riot. New York: Penguin Books, 2014.

Gilbert, Balzer 2012 — Gilbert L., Balzer H. Civil Society // Routledge Handbook of Russian Politics and Society, eds Graeme Gill and James Young. London and New York: Routledge, 2012.

Ginsburg 2008 — Ginsburg T. Administrative Law and the Judicial Control of Agents in Authoritarian Regimes // Rule by Law: The Politics of Courts in Authoritarian Regimes, eds Tom Ginsburg and Tamir Moustafa. Cambridge: Cambridge University Press, 2008.

Ginsburg, Moustafa 2008 — Ginsburg T., Moustafa T. Rule by Law: The Politics of Courts in Authoritarian Regimes. Cambridge: Cambridge University Press, 2008.

Ginsburgs 1985 — Ginsburgs G. The Soviet Judicial Elite: Is It? // Review of Socialist Law 11 (4), 1985.

Goldman 2022 — Goldman A. J. After Being Stuck in Russia, a Director Touches Down in Germany // New York Times. 2022, 21 January. URL: https://www.nytimes.com/2022/01/21/theater/russia-director-serebrennikov-germany.html?searchResultPosition=1 (дата обращения: 31.08.2022).

Gorlizki 1996 — Gorlizki Y. Anti-Ministerialism and the USSR Ministry of Justice, 1953–1956: A Study in Organizational Decline // Europe–Asia Studies 48 (8), 1996.

Gorlizki 1998 — Gorlizki Y. Delegalization in the USSR: Comrades Courts in Retrospect // American Journal of Comparative Law 46 (3), 1998.

Grigoriev 2018 — Grigoriev I. Law Clerks as an Instrument of Court–Government Accommodation under Autocracy: The Case of the Russian Constitutional Court // Post-Soviet Affairs 34 (1), 2018.

Grigoriev 2021 — Grigoriev I.What Changes for the Constitutional Court with the New Russian Constitution?' Russian Politics 6 (1), 2021.

Grossman 1977 — Grossman G. The Second Economy in the USSR // Problems of Communism 26 (5), 1977.

Hale 2015 — Hale H. E. Patronal Politics: Eurasian Regime Dynamics in Comparative Perspective. Cambridge: Cambridge University Press, 2015.

Handelman 1995 — Handelman S. Comrade Criminal: Russia's New Mafiya. New Haven, CT: Yale University Press, 1995.

Hay, Shleifer 1998 — Hay J., Shleifer A. Private Enforcement of Public Laws: A Theory of Legal Reform // American Economic Review 88 (2), 1998.

Hazard et al. 1977 — Hazard J. N., Butler W., Maggs P. The Soviet Legal System: Fundamental Principles and Historical Continuity. 3rd ed. Dobbs Ferry, NY: Oceana, 1977.

Henderson 1999 — Henderson J. Justices of the Peace in Russia // European Public Law 5 (3), 1999.

Hendley 1998a — Hendley K. Growing Pains: Balancing Justice and Efficiency in the Russian Economic Courts'. Temple International and Comparative Law Journal 12 (2), 1998.

Hendley 1998b — Hendley K. Remaking an Institution: The Transition in Russia from State Arbitrazh to Arbitrazh Courts'. American Journal of Comparative Law 46 (1), 1998.

Hendley 1998c — Hendley K. Temporal and Regional Patterns of Commercial Litigation in Post-Soviet Russia'. Post- Soviet Geography and Economics 39 (7), 1998.

Hendley 1999 — Hendley K. Appellate Decision- Making in the Russian Arbitrazh Courts: A Three Year Assessment'. Review of Central and East European Law 24 (4), 1999.

Hendley 2001 — Hendley K. Beyond the Tip of the Iceberg: Business Disputes in Russia', in Assessing the Value of Law in Transition Economies, ed. Peter Murrell. Ann Arbor, MI: University of Michigan Press, 2001.

Hendley 2003 — Hendley K. Reforming the Procedural Rules for Business Litigation in Russia: To What End? // Demokratizatsiya 11 (3), 2003.

Hendley 2004 — Hendley K. Business Litigation in the Transition: A Portrait of Debt Collection in Russia // Law & Society Review 31 (1), 2004.

Hendley 2005 — Hendley K. Accelerated Procedure in the Russian Arbitrazh Courts: A Case Study of Unintended Consequences // Problems of Post-Communism 52 (6), 2005.

Hendley 2007 — Hendley K. Are Russian Judges Still Soviet? An Analysis of the Effort to Introduce Adversarialism to Russian Arbitrazh Courts // Post-Soviet Affairs 23 (3), 2007.

Hendley 2010a — Hendley K. Coping with Uncertainty: The Role of Contracts in Russian Industry During the Transition to the Market // Northwestern Journal of International Law & Business 30 (2), 2010.

Hendley 2010b — Hendley K. Mobilizing Law in Contemporary Russia: The Evolution of Disputes over Home Repair Projects // American Journal of Comparative Law 58 (3), 2010.

Hendley 2012a — Hendley K. Assessing the Role of the Justice-of-the-Peace Courts in the Russian Judicial System // Review of Central and East European Law 37 (4), 2012.

Hendley 2012b — Hendley K. The Unsung Heroes of the Russian Judicial System: The Justice-of-the-Peace Courts // Journal of Eurasian Law 5 (3), 2012.

Hendley 2012c — Hendley K. Who Are the Legal Nihilists in Russia? // Post-Soviet Affairs 28 (2), 2012. P. 149–186.

Hendley 2013a — Hendley K. The Puzzling Non-Consequences of Societal Distrust of Courts: Explaining the Use of Russian Courts // Cornell International Law Journal 56 (3), 2013. P. 517–567.

Hendley 2013b — Hendley K. Too Much of a Good Thing? Assessing Access to Civil Justice in Russia // Slavic Review 72 (4), 2013.

Hendley 2016 — Hendley K. Justice in Moscow? // Post-Soviet Affairs 32 (6), 2016.

Hendley 2017a — Hendley K. Everyday Law in Russia. Ithaca, NY: Cornell University Press, 2017.

Hendley 2017b — Hendley K. Resistance, Indifference or Ignorance? Explaining Russians' Nonuse of Mediation // Ohio State Journal on Dispute Resolution 32 (3), 2017.

Hendley 2018a — Hendley K. Mapping the Career Preferences of Russian Law Graduates // International Journal of the Legal Profession 25 (3), 2018.

Hendley 2018b — Hendley K. A Profile of Russian Law Students: A Comparison of Full-Time versus Correspondence Students // Journal of Legal Education 67 (4), 2018.

Hendley 2018c — Hendley K. To Go to Court or Not? The Evolution of Disputes in Russia // A Sociology of Justice in Russia, eds Marina Kurkchiyan and Agnieszka Kubal. Cambridge: Cambridge University Press, 2018.

Hendley 2020a — Hendley K. Assessing the Potential for Renegades among Russian Millennial Lawyers // Demokratizatsiya: The Journal of Post-Soviet Democratization 28 (1), 2020. P. 143–175.

Hendley 2020b — Hendley K. Continuity or Change? The Role of Gender in Career Preferences for Young Russian Lawyers // Wisconsin International Law Journal 37 (2), 2020.

Hendley 2021a — Hendley K. Do Lawyers Matter in Russia? // Wisconsin Law Review (2), 2021.

Hendley 2021b — Hendley K. Rethinking the Role of Personal Connections in the Russian Labor Market: Getting a Job as a Law Graduate in Russia // Post-Soviet Affairs 37 (3), 2021.

Hendley 2022 — Hendley K. Legal Dualism as a Framework for Analyzing the Role of Law under Authoritarianism // Annual Review of Law and Social Science, 2022.

Hill, Clifford 2013 — Hill F., Clifford G. G. Mr Putin: Operative in the Kremlin. Washington, DC: Brookings Institution Press, 2013.

Human Rights Watch 2019 — Russia: Rights Defender Sentenced to Four-Year Prison Term: Political Prosecution of Memorial's Oyub Titiev Draws to an End // Human Rights Watch. 2019, 18 March. URL: https://www.hrw.org/

news/2019/03/18/russia-rights-defender-sentenced-four-year-prison-term (дата обращения: 31.08.2022).

Human Rights Watch 2020 — Russia: Growing Internet Isolation, Control, Censorship: Authorities Regulate Infrastructure, Block Content // Human Rights Watch. 2020, 18 June. URL: https://www.hrw.org/news/2020/06/18/russia-growinginternet-isolation-control-censorship (дата обращения: 31.08.2022).

Huskey 1997 — Huskey E. Russian Judicial Reform after Communism // Reforming Justice in Russia, 1864–1996: Power, Culture, and the Limits of Legal Order, ed. Peter H. Solomon, Jr. Armonk, NY and London: M.E. Sharpe, 1997.

Ingraham 1979 — Ingraham B. L. Political Crime in Europe: A Comparative Study of France, Germany, and England. Berkeley, CA: University of California Press, 1979.

Jordan 2005 — Jordan P. A. Defending Rights in Russia: Lawyers, the State, and Legal Reform in the Post-Soviet Era. Vancouver: University of British Columbia Press, 2005.

Kahn 2018 — Kahn J. The Richelieu Effect: The Khodorkovsky Case and Political Interference with Justice // A Sociology of Justice in Russia, eds Marina Kurkchiyan and Agnieszka Kubal. Cambridge: Cambridge University Press, 2018.

Kahn 2019 — Kahn J. The Relationship between the European Court of Human Rights and the Constitutional Court of the Russian Federation: Conflicting Conceptions of Sovereignty in Strasbourg and St. Petersburg // European Journal of International Law 30 (3), 2019.

Kahn 2002 — Kahn P. L. The Russian Bailiffs Service and the Enforcement of Civil Judgments // Post-Soviet Affairs 18 (2), 2002.

Kaminskaya 1982 — Kaminskaya D. Final Judgment: My Life as a Soviet Defense Attorney, trans. Michael Glenny. New York: Simon and Schuster, 1982.

Kenworthy et al. 1996 — Kenworthy L., Macaulay S., Rogers J. "The More Things Change...": Business Litigation and Governance in the American Automobile Industry // Law & Social Inquiry 21 (3), 1996.

Khalikova 2020 — Khalikova Y. Constitutional Review and Dissenting Opinions in Nondemocracies: An Empirical Analysis of the Russian Constitutional Court, 1998–2018 // Ekonomicheskaia sotsiologiia 21 (3), 2020.

Knight 2017 — Knight A. A Show Trial in Moscow // New York Review of Books. 2017, 8 September. URL: https://www.nybooks.com/daily/2017/09/08/a-show-trial-in-moscow (дата обращения: 31.08.2022).

Koroteev 2013 — Koroteev K. Are Russian Courts Capable of Creating Precedents? Overcoming Inconsistency in Case Law // Review of Central and East European Law 38 (34), 2013.

Korsunskaya et al. 2019 — Korsunskaya D., Fabrichnaya E., Voronova T. Relentless Rise of Consumer Debt in Russia Fuels Bubble Fears for Some // Reuters. 2019. URL: https://www.reuters.com/article/us-russia-lending/relentless-rise-of-consumer-debt-in-russia-fuels-bubble-fears-for-some-idUSKCN1V50XW (дата обращения: 31.08.2022).

Kovalev 2010 — Kovalev N. Criminal Justice Reform in Russia, Ukraine, and the Former Republics of the Soviet Union: Trial by Jury and Mixed Courts. Lewiston, ID: Edward Mellen Press, 2010.

Kovalev, Nasonov 2021 — Kovalev N., Nasonov S. The Russian Jury Trial: An Ongoing Legal and Political Experiment // Juries, Lay Judges, and Mixed Courts: A Global Perspective, eds Sanja Ivkovic, Shari Diamond, Valerie P. Hans, and Nancy S. Marder. Cambridge: Cambridge University Press.

Kritzer, Voelker 1998 — Kritzer H. M., Voelker J. Familiarity Breeds Respect — How Wisconsin Citizens View Their Courts // Judicature 82 (2), 1998.

Kubal 2019 — Kubal A. Immigration and Refugee Law in Russia: Socio-Legal Perspectives. Cambridge: Cambridge University Press, 2019.

Ledeneva 2006 — Ledeneva A. How Russia Really Works. The Informal Practices that Shaped Post-Soviet Politics and Business. Ithaca, NY and London: Cornell University Press, 2006.

Ledeneva 2013 — Ledeneva A. Can Russia Modernise? Sistema, Power Networks and Informal Governance. Cambridge: Cambridge University Press, 2013.

Ledeneva 2018 — Ledeneva A. The Global Encyclopedia of Informality. London: UCL Press, 2018.

Levy 2007 — Levy C. J. Kasparov Gets 5 Days for Marching // New York Times. 2007, 25 November. URL: https://www.nytimes.com/2007/11/25/world/europe/25russia.html (дата обращения: 31.08.2022).

Maggs et al. 2020 — Maggs P. B., Schwartz O., Burnham W. Law and Legal System of the Russian Federation. 7th ed. Huntington, NY: Juris, 2020.

Maleshin 2017 — Maleshin D. The Crisis of Russian Legal Education in Comparative Perspective // Journal of Legal Education 66 (2), 2017.

Markus 2015 — Markus S. Property, Predation, and Protection: Piranha Capitalism in Russia and Ukraine. New York: Cambridge University Press, 2015.

McCarthy 2015 — McCarthy L. A. Trafficking Justice:How Russian Police Enforce News Laws, from Crime to Courtroom. Ithaca: Cornell University Press, 2015.

Merryman 1985 — Merryman J. H. The Civil Law Tradition: An Introduction to the Legal Systems of Western Europe and Latin America. 2nd ed. Stanford, CA: Stanford University Press, 1985.

Mishina 2012 — Mishina E. Trial by Jury in Russia: Revival and Survival // Institute of ModernRussia. 2012. URL: https://imrussia.org/en/law/186-trial-by-jury-in-russia-revival-and-survival (дата обращения: 31.08.2022).

Mishina 2013 — Mishina E. Russia: Twenty Years of Private Notaries // Institute of Modern Russia. 2013. URL: http://imrussia.org/en/rule-of-law/440-russia-twenty-years-of-private-notaries (дата обращения: 31.08.2022).

Mishina 2015 — Mishina E. The Kremlin's Scorn for Strasbourg // Institute of Modern Russia. 2015. URL: https://imrussia.org/en/law/2388-the-kremlins-scorn-for-strasburg (дата обращения: 31.08.2022).

Moiseeva 2017 — Moiseeva E. Plea Bargaining in Russia: The Role of Defence Attorneys and the Problem of Asymmetry // International Journal of Comparative and Applied Criminal Justice 41 (3), 2017.

Moliterno et al. 2018 — Moliterno J. E., Berdisová L., Čuroš P., Mazúr J. Independence without Accountability: The Harmful Consequences of EU Policy toward Central and East European Entrants // Fordham International Law Journal 42 (2), 2018.

Moscow Times 2023 — Russia Hands Popular Governor 22 Year Prison Sentences // The Moscow Times. 2023, 10 February. URL: https://www.the-moscowtimes.com/2023/02/10/russia-hands-popular-former-governor-22-year-prison-sentence-a80154 (дата обращения: 31.08.2022).

Moustafa 2005 — Moustafa T. A Judicialization of Authoritarian Politics? Paper presented to the Annual Meeting of the American Political Science Association, Washington D.C., 2005.

Moustafa 2014 — Moustafa T. Law and Courts in Authoritarian Regimes // Annual Review of Law and Social Science 10, 2014.

Mustafina 2021 — Mustafina R. Russian Protesters Go to Court: Legal Aid in Trials on Protest-Related Administrative Offenses. Paper presented at Wisconsin Russia Project Virtual Young Scholars Conference, Madison, Wisconsin, 28–29 January, 2021.

Nechepurenko 2020 — Nechepurenko I. After Exposing Corruption in Russian Courts, He's Now in Jail Himself // New York Times. 2020, 27 March. URL: https://www.nytimes.com/2020/03/27/world/europe/russian-corruption-prank-sergei-davydov.html (дата обращения: 31.08.2022).

Nechepurenko, Kramer 2021 — Nechepurenko I., Kramer A. E. Russian Court Orders Prominent Human Rights Group to Shut // New York Times. 2021, 28 December. URL: https://www.nytimes.com/2021/12/28/world/europe/russia-memorial-human-rights.html (дата обращения: 31.08.2022).

Neuberger 1994 — Neuberger J. Popular Legal Culture: The St. Petersburg Mirovoi Sud // Russia's Great Reforms, 1855–1881, eds Ben Ecklof, John

Bushnell, and Larissa Zakharova. Bloomington, IN: Indiana University Press, 1994. P. 132–146.

Oda 1984 — Oda H. Judicial Review of the Administration in the Countries of Eastern Europe // Public Law 29, 1984.

Oda 2020 — Oda H. Russian Arbitration Law and Practice. Oxford: Oxford University Press, 2020.

Open Society Institute EU Accession Monitoring Program. 2001. Monitoring the EU Accession Process: Judicial Independence. Budapest: Central European Press, 2020.

Orlova 2019 — Orlova A. V. The Soft Power of Dissent: The Impact of Dissenting Opinions from the Russian Constitutional Court // Vanderbilt Journal of Transnational Law 52 (3), 2019.

Owen 1991 — Owen T. C. The Corporation under Russian Law, 1800–1917. Cambridge: Cambridge University Press, 1991.

Paneyakh 2014 — Paneyakh E. Faking Performance Together: Systems of Performance Evaluation in Russian Enforcement Agencies and Production of Bias and Privilege // Post-Soviet Affairs 30 (2–3), 2014.

Paneyakh 2016 — Paneyakh E. The Practical Logic of Judicial Decision Making // Russian Politics & Law 54 (2–3), 2016.

Petrov, Naselli 2019 — Petrov N., Naselli J. Understanding Methods of Elite Repression in Russia // Chatham House. 2019, June. URL: https://www.chathamhouse.org/2019/06/understanding-methods-elite-repression-russia (дата обращения: 31.08.2022).

Pils — Pils E. China's Dual State Revival. Manuscript.

Pistor 1996 — Pistor K. Supply and Demand for Contract Enforcement in Russia: Courts, Arbitration and Private Enforcement'. Review of Central and East European Law 22 (1), 1996.

Politkovskaya 2004 — Politkovskaya A. Putin's Russia, trans. Arch Tait. London: Harvill Press, 2004.

Pomerantsev 2014 — Pomerantsev P. Nothing is True and Everything is Possible: The Surreal Heart of the New Russia. New York: Public Affairs, 2014.

Pomeranz 2019 — Pomeranz W. E. Law and the Russian State: Russia's Legal Evolution from Peter the Great to Vladimir Putin. New York: Bloomsbury Academic, 2019.

Pomeranz, Grutbrod 2012 — Pomeranz W., Grutbrod M. The Push for Precedent in Russia's Judicial System // Review of Central and East European Law 27 (1), 2012.

Pomorski 1977 — Pomorski S. State Arbitrazh in the USSR: Development, Functions, Organization // Rutgers — Camden Law Journal 9 (1), 1977.

Pomorski 2001 — Pomorski S. Justice in Siberia: A Case Study of a Lower Criminal Court in the City of Krasnoyarsk // Communist and Post-Communist Studies 34 (4), 2001.

Popova 2012 — Popova M. Politicized Justice in Emerging Democracies: A Study of Courts in Russia and Ukraine. Cambridge: Cambridge University Press, 2012.

Pozdniakov 2016 — Pozdniakov M. The Courts and the Law Enforcement System: The Price of Compromise // Russian Politics & Law 54 (2–3), 2016.

Rapoza 2017 — Rapoza K. Russia's "Darth Vader" Takes on Another Billionaire in Massive Lawsuit // Forbes. 2017, 7 August. URL: https://www.forbes.com/sites/kenrapoza/2017/08/07/russias-darth-vader-takes-on-another-billionaire-in-massive-lawsuit/?sh=1dc0e4083936 (дата обращения: 31.08.2022).

RAPSI 2020 — Russia's Business Ombudsman Negatively Responds to Draft Code of Administrative Offenses // Russian Legal Information Agency. 2020, 4 June. URL: http://rapsinews.com/legislation_news/20200604/305887341.html (дата обращения: 31.08.2022).

Reynolds 1997 — Reynolds S. J. Drawing upon the Past: Jury Trials in Modern Russia // Reforming Justice in Russia, 1864–1996, ed. Peter H. Solomon, Jr. Armonk, NY and London: M.E. Sharpe, 1997.

RFE/RL 2017 — Russian Court Convicts Ukrainian Library Chief of Inciting Hatred // Radio Free Europe/Radio Liberty. 2017. URL: https://www.rferl.org/a/russia-sharina-ukrainian-literature- library-sentencing/28529055.html (дата обращения: 31.08.2022).

RFE/RL 2021a — In Latest Blow to Russian Civil Society, Court Orders Closure of Memorial Rights Center // Radio Free Europe/Radio Liberty. 2021. URL: https://www.rferl.org/a/russia-memorial-right-center/31631125.html (дата обращения: 31.08.2022).

RFE/RL 2021b — Russian Ombudsman Ends Campaign to Repatriate Foreign-Based Businesspeople // Radio Free Europe/Radio Liberty. 2021. URL: https://www.rferl.org/a/russia-repatriate-russian-london-list/31356066.html (дата обращения: 31.08.2022).

Rochlitz et al. 2020 — Rochlitz M., Kazun A., Yakovlev A. Property Rights in Russia after 2009: From Business Capture to Centralized Corruption? // Post-Soviet Affairs 36 (5–6), 2020.

Rottman et al. 2003 — Rottman D. B., Hansen R., Mott N., Grimes L. Perceptions of the Courts in Your Community: The Influence of Experience, Race and Ethnicity, Final Report // National Center for State Courts. 2003. URL: https://www.ncjrs.gov/pdffiles1/nij/grants/201302.pdf (дата обращения: 31.08.2022).

РЛМИ HSE — Russian Longitudinal Monitoring Survey of HSE. Distributed by Higher School of Economics and ZAO 'Demoscope' together with Carolina Population Center, University of North Carolina at Chapel Hill, NC and the Institute of Sociology RAS. URL: http://www.cpc.unc.edu/projects/rlms-hse (дата обращения: 31.08.2022).

Salzman, Ramsey 2013 — Salzman R., Ramsey A. Judging the Judiciary: Understanding Public Confidence in Latin American Courts // Latin American Politics and Society 55 (1), 2013.

Sakwa 2009 — Sakwa R. The Quality of Freedom: Khodorkovsky, Putin, and the Yukos Affair. Oxford: Oxford University Press, 2009.

Sakwa 2010 — Sakwa R. The Dual State in Russia'. Post-Soviet Affairs 26 (3), 2010. P. 185–206.

Sakwa 2014 — Sakwa R. Putin and the Oligarch: The Khodorkovsky–Yukos Affair. London: I.B. Tauris, 2014.

Schwartz 2000 — Schwartz H. The Struggle for Constitutional Justice in Post-Communist Europe. Chicago, IL: University of Chicago Press, 2000.

Schwartz, Sykiainen 2012 — Schwartz O., Sykiainen E. Judicial Independence in the Russian Federation // Judicial Independence in Transition, ed. Anja Seibert-Fohr. Berlin, Heidelberg: Springer, 2012.

Semukhina 2020 — Semukhina O. The Decriminalization of Domestic Violence in Russia // Demokratizatsiya 28 (1), 2020.

Shapiro 1981 — Shapiro M. Courts: A Comparative and Political Analysis. Chicago, IL: University of Chicago Press, 1981.

Sharlet 1977 — Sharlet R. Stalinism and Soviet Legal Culture // Stalinism: Essays in Historical Interpretation, ed. Robert C. Tucker. New York: Norton, 1977.

Sharlet 1978 — Sharlet R. The New Soviet Constitution of 1977. Analysis and Text. Brunswick, OH: King's Court Communications, 1978.

Shelley 1987 — Shelley L. The Structure and Function of Soviet Courts', in The Distinctiveness of Soviet Law, ed. Ferdinand J.M. Feldbrugge. Dordrecht: Martinus Nijhoff, 1987.

Shepeleva, Novikova 2014 — Shepeleva O., Novikova A. The Quality of Legal Education in Russia: The Stereotypes and the Real Problems // Russian Law Journal 2 (1), 2014.

Skoblik 2022 — Skoblik K. Coping with the Undesired Consequences of Jury Reform: How Does the Russian Criminal Justice System Control an Acquittals. URL: https://opo.iisj.net/index.php/osls/article/view/1355 (дата обращения: 31.08.2022).

Smith 1997 — Smith G. B. The Struggle over the Procuracy // Reforming Justice in Russia, 1864–1996: Power, Culture, and the Limits of Legal Order, ed. Peter H. Solomon, Jr. Armonk, New York and London: M. E. Sharpe, 1997.

Solomon 1981 — Solomon P. H., Jr. Criminalization and Decriminalization in Soviet Criminal Policy, 1917–1941 // Law & Society Review 16 (1), 1981.

Solomon 1987 — Solomon P. H., Jr. The Case of the Vanishing Acquittal: Informal Norms and the Practice of Soviet Criminal Justice'. Soviet Studies 39 (4), 1987.

Solomon 1990 — Solomon P. H., Jr. The U.S.S.R. Supreme Court: History, Role, and Future Prospects // American Journal of Comparative Law. 38 (1), 1990.

Solomon 1992 — Solomon P. H., Jr. Soviet Politicians and Criminal Prosecutions: The Logic of Party Intervention // Cracks in the Monolith: Party Power in the Brezhnev Era, ed. James R. Millar. Armonk, NY: M.E. Sharpe, 1992.

Solomon 1996 — Solomon P. H., Jr. Soviet Criminal Justice under Stalin. Cambridge: Cambridge University Press, 1996.

Solomon 1997 — Solomon P. H., Jr. Courts and Their Reform in Russian History // Reforming Justice in Russia, 1864– 1996, ed. Peter H. Solomon, Jr. Armonk, NY: M.E. Sharpe, 1997.

Solomon 2002 — Solomon P. H., Jr. Putin's Judicial Reform // East European Constitutional Review, 11 (1–2), 2002.

Solomon 2003 — Solomon P. H., Jr.The New Justices of the Peace in the Russian Federation: A Cornerstone of Judicial Reform? // Demokratizatsiya 11 (3), 2003.

Solomon 2004a — Solomon P. H., Jr. Courts in Russia: Independence, Power, and Accountability // Judicial Integrity, ed. Andras Sajo. Leiden and Boston, MA: Martinus Nijhoff, 2004.

Solomon 2004b — Solomon P. H., Jr. Judicial Power in Russia: Through the Prism of Administrative Justice // Law & Society Review 38 (3), 2004.

Solomon 2005a — Solomon P. H., Jr. The Criminal Procedure Code of 2001: Will It Make Russian Justice More Fair? // Ruling Russia: Law, Crime and Justice in a Changing Society, ed. William Pridemore. Lanham, MD: Rowan and Littlefield, 2005.

Solomon 2005b — Solomon P. H., Jr. Threats of Judicial Counterreform in Putin's Russia // Demokratizatsiya 13 (3), 2005.

Solomon 2007a — Solomon P. H., Jr. Courts and Judges in Authoritarian Regimes // World Politics 60 (1), 2007.

Solomon 2007b — Solomon P. H., Jr. Informal Practices in Russian Justice: Probing the Limits of Post-Soviet Reform // Russia, Europe, and the Rule of Law, ed. Ferdinand Feldbrugge. Leiden and Boston, MA: Martinus Nijhoff, 2007.

Solomon 2008a — Solomon P. H., Jr. Assessing the Courts in Russia: Parameters of Progress under Putin // Demokratizatsiya 16 (1), 2008.

Solomon 2008b — Solomon P. H., Jr. Judicial Power in Authoritarian States: The Russian Experience // Rule by Law: The Politics of Courts in Authoritarian Regimes, eds Tom Ginsburg and Tamir Moustafa. Cambridge: Cambridge University Press, 2008. P. 261–282.

Solomon 2008c — Solomon P. H., Jr. Law in Public Administration: How Russia Differs // Journal of Communist Studies and Transition Politics 24 (1), 2008. P. 115–135.

Solomon 2008d — Solomon P. H., Jr. Military Justice in Russia: Issues and Questions // The Journal of Power Institutions in Post-Soviet Societies 8 URL: https://journals.openedition.org/pipss/1893

Solomon 2010 — Solomon P. H., Jr. Improving Russian Justice with Foreign Assistance: Model Courts and the Tactical Approach // Governance 23 (3), 2010.

Solomon 2012a — Solomon P. H., Jr. Plea Bargaining Russian Style // Demokratizatsiya 20 (3), 2012.

Solomon 2012b — Solomon P. H., Jr. The Accountability of Judges in Post Communist States: From Bureaucratic to Professional Accountability // Judicial Independence in Transition, ed. Anja Seibert-Fohr. Berlin and Heidelberg: Springer, 2012. P. 909–935.

Solomon 2013a — Solomon P. H., Jr. Courts, Law and Policing under Medvedev: Many Reforms, Modest Change, New Voices // Russia after 2012, eds Larry Black and Michael Johns. London: Routledge, 2013.

Solomon 2013b — Solomon P. H., Jr. Criminalisation, Decriminalisation and Post-Communist Transition: The Case of the Russian Federation // Building Justice in Post-Transition Europe? Processes of Criminalisation within Central Eastern European Societies, eds Kay Goodall, Margaret Malloch, and Bill Munro. London and New York: Routledge, 2013.

Solomon 2014 — Solomon P. H. Jr. The Unexpected Demise of Russia's High Arbitrazh Court and the Politicization of Judicial Reform // Russian Analytical Digest 147 (17), 2014.

Solomon 2015a — Solomon P. H., Jr. Law and Courts in Authoritarian States // International Encyclopedia of the Social & Behavioral Sciences, ed. James B.B. Wright. 2nd ed. Vol. 13. Oxford: Elsevier, 2015.

Solomon 2015b — Solomon P. H., Jr. Post-Soviet Criminal Justice: The Persistence of Distorted Neo-Inquisitorialism // Theoretical Criminology 19 (2), 2015.

Solomon 2018 — Solomon P. H., Jr. Accusatorial Bias in Russian Criminal Justice // A Sociology of Justice in Russia, eds Marina Kurkchiyan and Agnieszka Kubal. Cambridge: Cambridge University Press, 2018.

Solomon, Foglesong 2000 — Solomon P. H. Jr., Foglesong T. S. Courts and Transition in Russia: The Challenge of Judicial Reform. New York: Routledge, 2000.

Thaman 2007 — Thaman S. C. The Nullification of the Russian Jury: Lessons for Jury-Inspired Reform in Eurasia and Beyond. The Rising Tide: Citizen Participation in Legal Decision Making: A Cross-Cultural Perspective // Cornell International Law Journal 40 (2), 2007.

Titaev, Shkliaruk 2016 — Titaev K., Shkliaruk M. Investigators in Russia: Who Creates Practice in the Investigation of Criminal Cases? // Russian Politics & Law 54 (2–3), 2016.

Tompson 2005 — Tompson W. Putting Yukos in Perspective // Post-Soviet Affairs 21 (2), 2005.

Trochev 2004 — Trochev A. Less Democracy, More Courts: A Puzzle of Judicial Review in Russia // Law & Society Review 38 (3), 2004.

Trochev 2006 — Trochev A. Judicial Selection in Russia: Towards Accountability and Centralization // Appointing Judges in an Age of Judicial Power: Critical Perspectives from Around the World, eds Kate Malleson and Peter H. Russell. Toronto: University of Toronto Press, 2006. P. 375–394.

Trochev 2008 — Trochev A. Judging Russia: Constitutional Court in Russian Politics, 1990–2006. Cambridge: Cambridge University Press, 2008.

Trochev 2009 — Trochev A. All Appeals Lead to Strasbourg? Unpacking the Impact of the European Court of Human Rights on Russia // Demokratizatsiya 17 (2), 2009.

Trochev 2012 — Trochev A. Suing Russia at Home // Problems of Post-Communism 59 (5) (September–October), 2012.

Trochev, Solomon 2018 — Trochev A., Solomon P. H., Jr. Authoritarian Constitutionalism in Putin's Russia: A Pragmatic Constitutional Court in a Dual State // Communist and Post-Communist Studies 51 (3), 2018.

Tyler 1990 — Tyler T. R. Why Do People Obey the Law? New Haven, CT: Yale University Press, 1990.

Udalova, Vlasova 2021 — Udalova N., Vlasova A. Intellectual Property in Russia. Abingdon: Routledge, 2021.

van den Berg 1985 — van den Berg G. P. The Soviet System of Justice: Figures and Policy. Dordrecht: Martinus Nijhoff, 1985.

van der Vet 2021 — van der Vet F. Spies, Lies, Trials, and Trolls: Political Lawyering against Disinformation and State Surveillance in Russia // Law & Social Inquiry 46 (2), 2021.

van der Vet, Lyytikäinen 2015 — van der Vet F., Lyytikäinen L. Violence and Human Rights in Russia: How Human Rights Defenders Develop Their Tactics in the Face of Danger, 2005– 2013 // International Journal of Human Rights 19 (7), 2015.

Varese 2001 — Varese F. The Russian Mafia: Private Protection in a New Market Economy. Oxford: Oxford University Press, 2001.

Volkov, Dzmitryieva 2015 — Volkov V., Dzmitryieva A. Recruitment Patterns, Gender, and Professional Subcultures of the Judiciary in Russia // International Journal of the Legal Profession 22 (2), 2015.

Wagner 1976 — Wagner W. Tsarist Legal Policies at the End of the Nineteenth Century: A Study in Inconsistencies // Slavonic and East European Review 54(3), 1976.

Wagner 1994 — Wagner W. Marriage, Property and Law in Late Imperial Russia. Oxford: Clarendon Press, 1994.

Weiss 2013 — Weiss M. Rights in Russia: Navalny and the Opposition // World Affairs (176), 2013.

Whiting, Ma 2021 — Whiting S. H., Ma X. Validating Vignette Designs with Real-World Data: A Study of Legal Mobilization in Response to Land Grievances in Rural China // China Quarterly 246, 2021.

World Prison Brief 2021 — Russian Federation // World Prison Brief. 2021. URL: https://www.prisonstudies.org/country/russian-federation (дата обращения: 31.08.2022).

Wortman 1976 — Wortman R. The Development of a Russian Legal Consciousness. Chicago, IL: University of Chicago Press, 1976.

Wortman 2005 — Wortman R. Russian Monarchy and the Rule of Law: New Considerations of the Court Reform of 1864'. Kritika: Explorations in Russian and Eurasian History 6 (1) (Winter), 2005.

Yaffa 2020 — Yaffa J. Between Two Fires: Truth, Ambition, and Compromise in Putin's Russia. New York: Tim Duggan Books, 2020.

Yakovlev 1996 — Yakovlev A. M. Striving for Law in a Lawless Land: Memoirs of a Russian Reformer. Armonk, NY: M.E. Sharpe, 1996.

Zavisca 2003 — Zavisca J. Contesting Capitalism at the Post-Soviet Dacha: The Meaning of Food Cultivation for Urban Russians // Slavic Review 62 (4), 2003.

II. На русском языке

АПИ 2019 — Судебная статистика РФ. Уголовное судопроизводство: Общие показатели по категориям дел 2016–19 // Агенство правовой информации. 2019. URL: http://stat.xn7sbqk8achja.xnp1ai/stats/ug/t/11/s/1 (дата обращения: 25.08.2021).

Аптекарь 2020 — Аптекарь П. Уроки дела Ивана Голунова // Ведомости. 2020, 7 июня. URL: https://www.vedomosti.ru/opinion/articles/2020/06/07/832099-uroki-golunova (дата обращения: 31.08.2022).

Артамонов 2020 — Артамонов М. Пермский краевой суд изменил реальный срок на условный для фигуранта дела о кукле Путина Александра Шабарчина // Звезда. 2020. URL: https://zvezda.ru/news/5dcb39f8b3a5 (дата обращения: 31.08.2022).

Ахтырко 2022 — Ахтырко А. «Отбыл половину наказания». С Кирилла Серебренникова сняли судимость // Gazeta.ru. 2022, 28 марта. URL: https://www.gazeta.ru/social/2022/03/28/14675701.shtml (дата обращения: 31.08.2022).

Банников 1974 — Банников С. Верховный суд СССР и совершенствование советского законодательства // Верховный суд СССР. Статьи и очерки о деятельности за 1924–1974 / под ред. Л. Н. Смирнова. Москва, 1974. URL: https://wysotsky.com/0009/523.htm#03 (дата обращения: 25.08.2021).

Бевзенко 2020 — Бевзенко Р. П. В. Крашенинников объясняет, почему он хочет спрятать особые мнения судей КС от общества // Закон.ру Блог П. В, Крашенинникова. 2020, 19 октября. URL: https://zakon.ru/blog/2020/10/19/pv_krasheninnikov_obyasnyaet_pochemu_on_hochet_spryatat_osobye_mneniya_sudej_ks_ot_obschestva (дата обращения: 25.08.2021).

Бекбулатова 2018 — Бекбулатова Т. Коллега говорил: «Ты не судья, ты правозащитник». Интервью конституционного судьи Анатолия Кононова. Он протестовал против решений в пользу государства — и ушел из КС // Медуза. 2018, 28 ноября. URL: https://meduza.io/feature/2018/11/28/kollega-govoril-ty-ne-sudya-ty-pravozaschitnik (дата обращения: 31.08.2022).

Белоусов 2012 — Белоусов А. Стороны больше доверяют судьям, чем сами себе // Закон. 2012. Вып. 3.

Беспалов, Беспалова 2013 — Беспалов Ю. Ф., Беспалова А. Ю. Дела о наследовании: некоторые спорные вопросы правоприменения. Москва: Проспект, 2013.

Бойко 2020 — Бойко Д. За кражу конька оштрафуют на 17 тысяч. С 1 июля в Украине вводится понятие «проступок». Что такое? // Страна. ua. 2020. URL: https://strana.today/news/276157-uholovnyj-prostupok-v-ukraine-s-1ijulja-vstupili-izmenenija-v-uku.html (дата обращения: 31.08.2022).

Бочаров 2017 — Бочаров Т. Такая Россия: Как работает в суде телефонное право, 2017 // Такие дела. 2017, апрель. URL: https://takiedela. ru/2017/04/takaya-rossiya-nezavisinui-sydia (дата обращения: 31.08.2022).

Бочаров и др. 2016 — Бочаров Т., Волков В., Дмитриева А., Титаев К., Четверникова И., Шклярук М. Диагностика работы судебной системы в сфере уголовного судопроизводства и предложения по её реформированию. Часть 1 / Институт проблем правоприменения; Европейский институт в Санкт-Петербурге; Комитет гражданских инициатив. Санкт-Петербург, 2016. URL: https://enforce.spb.ru/images/Issledovanya/court_re-form_IRL_4_KGI_web.pdf (дата обращения: 25.08.2021).

Бочаров и др. 2018 — Бочаров Т., Волков В., Воскобитова Л., Дмитриева А., Смола А., Титаев К., Цветков И. Предложения по совершенствованию судебной системы в Российской Федерации и изменения нормативных актов в целях их реализации / Институт проблем правоприменения; Европейский институт в Санкт-Петербурге; Центр стратегических разработок. Москва, 2018. URL: https://enforce.spb.ru/images/Products/reports/Report_Justice_System_Preview.pdf (дата обращения: 02.09.2021).

Бунин 2021 — Бунин О. Новая уголовная клевета — опасность для сплетников // Закон.ру. Блог Бунина. 2021, 8 января. URL: https://zakon. ru/blog/2021/1/8/novaya_ugolovnaya_kleveta__opasnost_i_dlya_spletnikov (дата обращения: 31.08.2022).

Бурков 2010 — Бурков А. Конвенция о защите прав человека в судах России. Москва: Walters Kluwer, 2010.

Вараксин 2021 — Вараксин М. Глава дисциплинарной коллегии ВС научил судей вести себя в соцсетях // Pravo.ru. 2021. URL: https://pravo. ru/story/229432 (дата обращения: 31.08.2022).

Варывдин 2020 — Варывдин М. Работа следователя в чём-то похожа на искусство: Заместитель председателя СКР о расследовании громких уголовных дел // Коммерсант. 2020. URL: https://www.kommersant.ru/doc/4604555 (дата обращения: 31.08.2022).

Ващенко 2018 — Ващенко В. Юрист не нужен: Вузам досталось за гуманитариев // Gazeta.ru. 2018, 29 января. URL: https://www.gazeta.ru/social/2018/01/29/11629591.shtml?updated (дата обращения: 31.08.2022).

Веретенникова 2021 — Веретенникова К. Депутаты нашли себе место в истории. Госдума ужесточает наказание за реабилитацию нацизма //

Коммерсант. 2021. URL: https://www.kommersant.ru/doc/4683665 (дата обращения: 31.08.2022).

Верховный Суд 2016 — О судебной практике применения законодательства, регулирующего вопросы дисциплинарной ответственности судей. Постановление Пленума ВС РФ 13, 14 Апреля 2016 // Консультант. URL: http://www.consultant.ru/document/cons_doc_LAW_196812 (дата обращения: 24.08.2022).

Верховный Суд 2017а — Обзор судебной практики по рассмотрению Дисциплинарной коллегией Верховного Суда РФ административных дел о привлечении судей к дисциплинарной ответственности в 2016 году // ВС РФ https://www.vsrf.ru/documents/all/16153 (дата обращения: 28.07.2021).

Верховный Суд 2017б — Обзор судебной практики по вопросам, возникающих при рассмотрении дел о защите избирательных прав и права на участие в референдуме граждан РФ (утв. Президиумом Верховного Суда РФ 20 декабря) // ВС РФ URL: http://www.vsrf.ru/documents/thematics/26261 (дата обращения: 25.08.2021).

Верховный Суд 2019а — Обзор судебной практики по рассмотрению Дисциплинарной коллегией административных дел о привлечении судей к дисциплинарной ответственности в 2017–2018 гг. и первом полугодии 2019 г. // Garant.ru. 2019. https://www.garant.ru/products/ipo/prime/doc/73944880 (дата обращения: 18.12.2021).

Верховный Суд 2019б — Обзор судебной статистики о судах общей юрисдикции и мировых судей в 2019 году // Cdep.ru. 2019. URL: http://www.cdep.ru/index.php?id=80 (дата обращения: 31.08.2022).

Верховный Суд 2020 — Вячеслав Лебедев сделал подробный доклад о судебной защите прав потребителей // ВС РФ. 2020. URL: https://www.vsrf.ru/press_center/mass_media/29236 (дата обращения: 31.08.2022).

Взгляд 2015 — Прокуратура исключила «итальянский след» в деле Гайзера // Yandex.ru. 2015, 24 декабря. URL: https://yandex.ru/turbo/vz.ru/s/news/2015/12/24/ 785724.html (дата обращения: 31.08.2022).

Википедия 2020 — Юрченко, Василий Алексеевич // Википедия. URL: https://ru.wikipedia.or/wiki/Iurchenko_Vasilii_Alekseevich (дата обращения: 25.08.2021).

Волков и др. 2010 — Волков В., Титаев К., Панеях Э. Произвольная активность правоохранительных органов в сфере борьбы с экономической преступностью. Аналитическая записка // Институт проблем правоприменения. 2010. URL: https://enforce.spb.ru/products/policy-memo/1701–2010-yanvar (дата обращения: 31.08.2022).

Волков и др. 2015 — Волков В., Дмитриева А., Поздняков М., Титаев К. Российские судьи: социологическое исследование профессии. Москва: Норма, 2015.

Воронов 2020 — Воронов К. Экс-губернатор возьмёт деньгами. Василий Юрченко осудил компенсацию за прекращённое дело // Коммерсант. 2020. URL: https://www.kommersant.ru/doc/4291750 (дата обращения: 31.08.2022).

ВЦИОМ 2017 — Кредитная история // ВЦИОМ. 2017. URL: https://wciom.ru/analytical-reviews/analiticheskii-obzor/kreditnayaistoriya (дата обращения: 31.08.2022).

Выжутович 2019 — Выжутович В. Что может суд присяжных? Тема с социологом Екатериной Ходжаевой // Российская газета. 2019. URL: https://rg.profkiosk.ru/744426 (дата обращения: 31.08.2022).

Глинкин 2020 — Глинкин К. Верховный Суд тренируется быть гуманным // Ведомости. 2020, 14 октября. URL: https://www.vedomosti.ru/politics/articles/2020/10/ 14/843320-verhovnii-sud-treniruetsya-bit-gumannim (дата обращения: 31.08.2022).

Голованов 2019 — Голованов Р. Задержание Михаила Абызова: что делал экс-министр, обвиняемый в коррупции, в команде Чубайса и правительства // Комсомольская правда. 2019. URL: https://www.kp.ru/daily/26958/4012320/ (дата обращения: 31.08.2022).

Гололобов 2020 — Гололобов Д. Раз нет Конституции, нет и кафедры // Ведомости. 2020, 26 августа. URL: https://www.vedomosti.ru/opinion/articles/2020/08/ 26/837888-konstitutsii-kafedri (дата обращения: 31.08.2022).

Голубкова 2021 — Голубкова М. Брат в ударе: КС РФ предписал изменить закон о домашнем насилии // Российская газета. 2021. URL: https://rg.profkiosk.ru/886752 (дата обращения: 31.08.2022).

Гончарук 2022 — Гончарук Д. Сенаторы назначали Андрея Бушева судьёй Конституционного Суда // Российская газета. 2022, 8 июня. URL: https://rg.ru/2022/06/08/senatory-naznachili-andreia-busheva-sudej-konstitucionnogo-suda.html (дата обращения: 31.08.2022).

Горбуз и др. 2010 — Горбуз А., Краснов М., Мишина Е., Сатаров Г. Трансформация российской судебной власти. Опыт комплексного анализа. Санкт-Петербург: Норма, 2010.

Давлятчин 2020 — Давлятчин И. ВС подробно рассказал, за что российских судей лишали мантии // Legal.Report. 2020. URL: https://legal.report/vs-podrobno-rasskazal-za-chto-rossijskih-sudej-lishali-mantij (дата обращения: 31.08.2022).

Давлятчин 2021 — Давлятчин И. Путин настроил «резидентский фильтр» для увольнения судей // Legal Report. 2021. URL: https://legal.report/putin-nastroil-prezidentskij-filtr-dlya-uvolneniya-sudej (дата обращения: 31.08.2022).

Дзядко, Краевская 2012 — Дзядко Ф., Краевская Л. Юлия Сазонова. Бывший мировой судья // Большой город. 2012, 18 мая. URL: http://old.bg.ru/society/yuliya_sazonova_byvshiy_mirovoy_sudya-10985/ (дата обращения: 31.08.2022).

Дмитриева, Савельев 2018 — Дмитриева А., Савельев Д. Источники пополнения судейского корпуса РФ и роль аппарата суда // Институт проблем правоприменения. 2018. URL: https://enforce.spb.ru/images/infographics/IRL_judiciary_of_Russian_Federation.pdf (дата обращения: 31.08.2022).

Добровольская 1964 — Добровольская Т. Верховный суд СССР. Москва: Юридическая литература, 1964.

Дробина 2021 — Дробина И. «Прокурор: Ой, да преступления не было и нет». Федеральный судья рассказал «Новой» о том, как его вынуждали посадить невиновного и скрыть подлог следствия // Новая газета. 2021, 16 ноября. URL: https://novayagazeta.ru/articles/2021/11/16/prokuror-oi-da-prestupleniia-ne-bylo-i-net (дата обращения: 31.08.2022).

Доклад бизнес-омбудсмена 2020а — Силовики решили защитить бизнес от самих себя через ограничение оперативных мероприятий // Бизнес-омбудсмен. 2020. URL: http://ombudsmanbiz63.ru/446-siloviki-reshili-zashchitit-biznes-ot-samikh-sebya-cherez-ogranichenie-operativnykh-meropriyatij (дата обращения: 31.08.2022).

Доклад бизнес-омбудсмена 2020б — Уполномоченный при Президенте РФ по защите прав предпринимателей: Приложение к докладу Президента РФ // Бизнес-омбудсмен. 2020. URL: http://doklad.ombudsmanbiz.ru/doklad_2020.html (дата обращения: 25.08.2021).

Дульнева 2021 — Дульнева М. Первый вернувшийся в Россию бизнесмен из «списка Титова» получил 4,5 года за особо крупное мошенничество // Forbes. URL: https://www.forbes.ru/newsroom/biznes/437183-pervyy-vernuvshiysyav-rossiyu-biznesmen-iz-spiska-titova-poluchil-45-goda-za (дата обращения: 31.08.2022).

Егоров 2020 — Егоров И. Погасил ущерб: начался суд по делу экс-главы Хабаровского края Виктора Ишаева // Российская газета. 2020, 8 декабря. URL: https://rg.ru/2020/12/08/reg-dfo/nachalsia-sud-po-delu-eks-gubernatora-habarovskogo-kraia-viktora-ishaeva.html (дата обращения: 31.08.2022).

Елаев 2020 — Елаев А. Уставные суды: В чём проблема? // Zakon.ru. Блог А. Елаева. 2020, 18 ноября. URL: https://zakon.ru/blog/2020/11/18/ ustavnye_sudy_v_chyom_problema (дата обращения: 25.08.2021).

Елков, Черняк 2013 — Елков И., Черняк И. Квартирный вопрос // Российская газета. 2013, 4 июля. URL: http://rg.ru/2013/07/04/socio.html (дата обращения: 31.08.2022).

Енютина 2003 — Енютина Г. Коррупция в судебных органах // Организованная преступность, терроризм и коррупция. Криминологический ежеквартальный альманах. Вып. 1. Москва: Юрист, 2003.

Жилин 2015 — Жилин И. От лесопилки до офшоров: Как ОПС губернатора Гайзера пилило в Коми доли немалые // Новая газета. 2015. URL: https://novayagazeta.ru/inquests/70037.html (дата обращения: 31.08.2022).

Зорькин 2010 — Зорькин В. Предел уступчивости // Российская газета. 2010, 29 октября. URL: https://rg.ru/2010/10/29/zorkin.html (дата обращения: 31.08.2022).

Иванов 2011 — Иванов А. Суды России нуждаются в независимости от других ветвей власти // Русская редакция Deutsche Welle. 2011. URL: https://www.dw.com/ru (дата обращения: 31.08.2022).

Иванов 2013 — Иванов А. Глава ВАС дал судьям советы, как распознавать рейдерство в суде // Pravo.ru. 2013. URL: https://pravo.ru/news/ view/83209 (дата обращения: 31.08.2022).

Иванова 2011 — Иванова Л. Предложения по повышению доступности правосудия для малоимущих и социально незащищённых граждан — участников гражданского процесса. Москва: ООО «Имформполиграф», 2011.

Известия 2021 — Сбежавшая экс-судья Хахалева оставила в РФ недвижимость на 300 млн рублей // Известия. 2021, 28 декабря. URL: https:// iz.ru/1270594/2021–12–28/sbezhavshaia-eks-sudia-khakhaleva-ostavila-v-rf-nedvizhimost-na-300-mln-rublei (дата обращения: 31.08.2022).

Интеллектуал 2019 — Новые апелляционные и кассационные суды с 2019 // Интеллектуал. 2019. URL: https://9610717.ru/novosti/novye-sudy-s-2019 (дата обращения: 24.08.2021).

Интерфакс 2020 — Глава управления ФСИН: Доля наказаний, альтернативных лишению свободы, превысила 70 % // Интерфакс. 2020. URL: https://www.interfax.ru/interview/720461 (дата обращения: 31.08.2022).

ИППП 2022 — Подача жалоб в ЕСПЧ после исключения России из Совета Европы // Институт права и публичной политики. 2022. URL: https://ilpp.ru/echr_denunciation (дата обращения: 31.08.2022).

Казун и др. 2015 — Казун А., Ходжаева Е., Яковлев А. Адвокатское сообщество России // Институт проблем правоприменения. 2015. URL: https://publications.hse.ru/mirror/pubs/share/folder/63yi0dib3n/direct/168101336.pdf (дата обращения: 31.08.2022).

Кашанин и др. 2020 — Кашанин А. В., Козырева А. Б., Курносова Н. А., Малов Д. В., Чураков В. Д. Экономическое правосудие в Российской Федерации 2014–2018 // Центр развития современного права. 2020. URL: http://црсп.рф/wp-content/uploads/2020/05/Экономическое-правосудие-в-2014-2018-e.pdf (дата обращения: 24.08.2021).

Клеандров 2001 — Клеандров М. Арбитражные суды Российской Федерации. Москва: Юрист, 2001.

Клеандров 2019 — Клеандров М. Судейский корпус России: Совершенствование механизма формирования. Москва: Норма Инфра-М, 2019.

Клепицкий 2020 — Клепицкий И. Судебный штраф как альтернатива уголовной ответственности // Lex Russica 73 (12), 2020.

Комаров 2019 — Комаров А. Коррупция в системе судов РФ. Современное состояние и пути воздействия // Финэксперт. 2019. URL: http://www.finexg.ru/korrupciya-v-sisteme-sudov-rf-sovremennoe-sostoyanie-i-puti-vozdejstviya (дата обращения: 31.08.2022).

Комитет по борьбе с коррупцией 2013 — «Россия: Коррупция в судах». Независимый доклад «Чистые руки» // Комитет по борьбе с коррупцией. 2013. URL: https://dinsk-kbk.livejournal.com (дата обращения: 31.08.2022).

Коммерсантъ 2016 — Чем заканчивались уголовные дела против губернаторов: история вопроса // Коммерсант. 2016. URL: https://www.kommersant.ru/doc/3023134 (дата обращения: 31.08.2022).

Коммерсантъ 2019 — Путин призвал прокуроров решительно реагировать на нарушения прав предпринимателей // Коммерсант. 2019. URL: https://www.kommersant.ru/doc/3916483 (дата обращения: 31.08.2022).

Коммерсантъ 2022 — Россия выходит из Международной ассоциации прокуроров из-за «русофобии» // Коммерсант. 2022. URL: https://www.kommersant.ru/doc/5271201 (дата обращения: 31.08.2022).

Комракова 2019 — Комракова А. Черный список судей: кому, как и зачем? // Vc.ru. 2019. URL: https://vc.ru/legal/85819-chernyy-spisok-sudey-komu-kak-izachem (дата обращения: 13.08.2022).

Кондратьева 2018a — Кондратьева И. Отфильтровали: почему кандидаты в судьи не проходят президентскую комиссию // Pravo.ru. 2018. URL: https://pravo.ru/story/204155 (дата обращения: 31.08.2022).

Кондратьева 2018б — Кондратьева И. ВККС подвела итоги работы за 2017 год // Pravo.ru. 2018, 24 апреля. URL: https://pravo.ru/news/202008 (дата обращения: 31.08.2022).

Кондратьева 2020а — Кондратьева И. Глава ВККС назвал причины отказов судьям в рекомендации на должность // Pravo.ru. 2020. URL: https://pravo.ru/news/225990/?desc_search= (дата обращения: 31.08.2022).

Кондратьева 2020б — Кондратьева И. ВККС разъяснила, могут ли председатели судов инициировать дисциплинарное производство // Pravo.ru. 2020. URL: https://pravo.ru/news/226003 (дата обращения: 31.08.2022).

Кононов 2017 — Кононов А. Особое мнение судьи Кононова: особые мнения судьи Конституционного суда РФ 1992–2009. Москва: Кучково поле, 2017.

Конституционный Суд 2020 — Информационно-аналитический отчёт об исполнении решений Конституционного Суда РФ, принятых в ходе осуществления конституционного судопроизводства, в 2020 // КС РФ. 2020. URL: http://www.ksrf.ru/ru/Info/Maintenance/Documents/Report_2020.pdf (дата обращения: 31.08.2022).

Копелевич 2019 — Копелевич И. Кудрин: Судебную реформу, которую предложил ЦСР, на 75 % положили под сукно // Business FM. 2019, 6 июня. URL: https://www.bfm.ru/news/416128 (дата обращения: 31.08.2022).

Корня 2015 — Корня А. Верховный Суд предлагает фактически упразднить суды присяжных, считают в СПЧ // Ведомости. 2015, 29 июня. URL: https://www.vedomosti.ru/politics/articles/2015/06/29/598384-verhovnii-sud-predlagaet-fakticheski-uprazdnit-sudi-prisyazhnih-schitayut-v-spch (дата обращения: 31.08.2022).

Корня 2022 — Корня А. Самовыражение в форме отставки: Судья Конституционного Суда сложил полномочия // Коммерсант. 2022. URL: https://www.kommersant.ru/doc/5582684 (дата обращения: 31.08.2022).

Корня, Астапенко 2019 — Корня А., Астапенко А. Минюст: Дополнительная защита бизнеса от давления силовиков не нужна // Ведомости. 2019, 5 апреля. URL: https://www.vedomosti.ru/politics/articles/2019/04/05/798456-minyust-dopolnitelnaya-zaschita-biznesa-davleniya (дата обращения: 31.08.2022).

Корня, Прокопенко 2017 — Корня А., Прокопенко А. Эксперты Алексея Кудрина готовят для Кремля план судебной реформы // Ведомости. 2017, 13 марта. URL: https://www.vedomosti.ru/politics/articles/2017/03/13/680829-kudrina-plan-sudebnoi-reformi (дата обращения: 31.08.2022).

Корня, Рожкова 2022 — Корня А., Рожкова Е. Совет да нелюбовь: как Россия перестала быть Европой // Коммерсант. 2022. URL: https://www.kommersant.ru/doc/5269636 (дата обращения: 31.08.2022).

Коробка 2021 — Коробка Е. Больше расходов и своя тайна: что даёт статус адвоката // Pravo.ru. 2021. URL: https://pravo.ru/story/231137/?desc_tv_7= (дата обращения: 31.08.2022).

Козлова 2020 — Козлова Н. След и следствие: Александр Бастрыкин рассказал о самых громких расследованиях последнего времени // Российская газета. 2020. URL: https://rg.profkiosk.ru/829803 (дата обращения: 31.08.2022).

Коновалов 2021 — Коновалов А. Закон об иностранных агентах-физлицах и права человека. Почему ряд положений вызывает серьёзные сомнения с точки зрения соответствия ст. 6 ЕКПЧ // Адвокатская газета. 4 марта, 2021.

Кряжкова 2022 — Кряжкова О. Российский Конститутивный Суд в 2021 году. Реформирован, чтобы не меняться? // Сравнительное конституционное обозрение. 2022. Вып. 31 (3).

Кривцев 2020 — Кривцев Э. Виктор Момотов откровенно рассказал о независимости судебной власти РФ // Legal Report. 2020. URL: https://legal.report/viktor-momotov-otkrovenno-rasskazal-o-nezavisimosti-sudebnoj-vlasti-rf (дата обращения: 31.08.2022).

Кудрявцев 1975 — Кудрявцев В. Эффективность правосудия и устранение судебных ошибок. Москва: ИГПАН, 1975.

Куликов 2015 — Куликов В. Звонили, ваша честь? Верховный суд России предаст гласности попытки надавить на судей звонками и письмами // Российская газета. 2015, 18 августа. URL: https://rg.ru/2015/08/18/vsrf.html (дата обращения: 31.08.2022).

Куликов 2020а — Куликов В. Глава Минюста предложил провести повторное обсуждение проекта нового КоАП // Российская газета. 2020, 29 мая. URL: https://rg.ru/2020/05/29/glava-miniusta-predlozhil-provesti-povtornoe-obsuzhdenie-proekta-novogo-koap.html (дата обращения: 31.08.2022).

Куликов 2020б — Куликов В. Наказание не испугает. В новом КоАП будет снижены штрафы для малого бизнеса // Российская газета. 2020, 1 сентября. URL: https://rg.ru/2020/09/01/v-novom-koap-budut-snizheny-shtrafy-dlia-malogo-biznesa.html (дата обращения: 31.08.2022).

Куликов 2020в — Куликов В. Приговор без спешки. Признание перестало быть царицей доказательств // Российская газета.2020. URL: https://rg.profkiosk.ru/875142 (дата обращения: 31.08.2022).

Куликов 2020г — Куликов В. Следственный комитет возбудил одиннадцатое за год дело по реабилитации нацизма // Tjournal. 2020. URL: https://web.archive.org/web/20220906141708/; https://tjournal.ru/stories/194469-sledstvennyy-komitet-vozbudil-odinnadcatoe-za-god-delo-po-reabilitacii-nacizma (дата обращения: 31.08.2022).

Куликов 2022 — Куликов В. Ассоциация юристов России предлагает создать аналог ЕСПЧ // Российская газета. 2022, 27 апреля. URL: https://rg.ru/2022/04/27/associaciia-iuristovrossii-predlagaet-sozdat-analog-espch.html (дата обращения: 31.08.2022).

Куторжевский 2020 — Куторжевский С. Следственный комитет возбудил одиннадцатое за год дело по реабилитации нацизма // Tjournal. 2020. URL: https://web.archive.org/web/20220906141708/; https://tjournal.ru/stories/194469-sledstvennyy-komitet-vozbudil-odinnadcatoe-za-god-delo-po-reabilitacii-nacizma (дата обращения: 31.08.2022).

Кузнецова 2021 — Кузнецова Е. Борьба за историю. Почему ликвидировали «Мемориал» // Коммерсан. 2021, 29 декабря. URL: https://www.rbc.ru/politics/29/12/2021/61cc56019a79470ec40737e1 (дата обращения: 31.08.2022).

Ламова, Черных 2020 — Ламова Е., Черных А. Правозащитники написали свой КоАП: Мемориал направил Минюсту замечания к проекту кодекса // Коммерсант. 2020. URL: https://www.kommersant.ru/doc/4274730 (дата обращения: 31.08.2022).

Ларина 2023 — Ларина А. Пригожин: пять тысяч заключённых закончили контракт с ЧВК «Вагнер» И были помилованы // Коммерсант. 2023. URL: https://www.kommersant.ru/doc/5899568 (дата обращения: 31.08.2022).

Лебедев 2009 — Выступление Председателя Верховного Суда Российской Федерации Лебедева В. М. // VII Всероссийский съезд судей. 2009. URL: https://ssrf.ru/siezd-sudiei/858?ysclid=m81q6d6xgf487751635 (дата обращения: 31.08.2022).

Лебедев 2020 — Лебедев В. Осуждению не подлежит // Российская газета. 2020, 13 октября. URL: https://rg.ru/2020/10/13/glava-verhovnogo-suda-predlagaem-vnesti-v-zakon-poniatie-ugolovnyj-prostupok.html (дата обращения: 31.08.2022).

Левада-Центр 2007 — Доверие институтам власти // Левада-Центр. 2007, 8 апреля. URL: https://www.levada.ru/2007/04/08/doverie-institutam-vlasti-4 (дата обращения: 31.08.2022).

Левада-Центр 2008 — Отношение к судебной системе // Левада-Центр. 2008. URL: https://bd.fom.ru/report/cat/power/pow_jus/d082322 (дата обращения: 31.08.2022).

Левада-Центр 2021 — Доверие общественным институтам // Левада-Центр. 2021, 6 октября. URL: https://www.levada.ru/2021/10/06/doverie-obshhestvennym-institutam (дата обращения: 31.08.2022).

Лившиц 1989 — Лившиц Р. Право и закон в социалистическом правовом государстве // Советское государство и право. 1989. Вып. 3.

Лукьянова 2001 — Лукьянова Е. Значение Конституции СССР 1977 г. в развитии источников российского государственного права // Государство и право. 2001. Вып. 4.

Машкин 2021 — Машкин С. Сергей Фургал готовится к суду присяжных // Коммерсант. 2021. URL: https://www.kommersant.ru/doc/4712834 (дата обращения: 31.08.2022).

Медиазона 2023 — После объявления мобилизации суды начали массово давать отсрочки от исполнения наказания тем, кто согласился воевать в Украине // Медиазона. 2023, 2 марта. URL: https://zona.media/news/2023/03/02/verstka (дата обращения: 31.08.2022).

Meduza 2020 — В Москве задержан аудитор Счетной Палаты Михаил Мень // Meduza. 2020, 18 ноября. URL: https://meduza.io/feature/2020/11/18/v-moskve-zaderzhan-auditor-schetnoy-palaty-mihail-men (дата обращения: 31.08.2022).

Мельникова 2020 — Мельникова А. В России число осуждённых за госизмену, шпионаж и экстремизм выросло почти в 10 раз с 2007 года // Znak. 2020, 28 августа. URL: https://www.znak.com/2020–08–28/v_rossii_chislo_osuzhdennyh_za_gosizmenu_shpionazh_i_ekstremizm_vyroslo_pochti_v_10_raz_s_2007_goda (дата обращения: 31.08.2022).

Министерство юстиции 2021 — Мониторинг правоприменения решения Конституционного Суда РФ // Минюст. 2021. URL: https://minjust.gov.ru/ru/pages/monitoring-pravoprimeneniya-reshenij-konstitucionnogo-suda-rossijskoj-federacii (дата обращения: 31.08.2022).

Минкин 2020 — Минкин А. Зампред Верховного суда выступил как на рынке // Московский Комсомолецу 2020, 13 февраля. URL: https://www.mk.ru/politics/2020/02/13/zampred-verkhovnogo-suda-vystupil-kak-na-rynke.html (дата обращения: 31.08.2022).

Миронова, Юришина 2022 — Миронова С., Юришина Е. Россия и Совет Европы: путь длиной в 26 лет. Доклад о том, что произошло в эти годы и почему членство в СЕ было важным для России // Институт права и публичной политики. 2022. URL: http://reports.ilpp.ru/russia-coe-echr (дата обращения: 31.08.2022).

Мировые судьи Санкт-Петербурга — Отчёты о деятельности мировых судей 2008–2020 // Мировые судьи Санкт-Петербурга. URL: https://mirsud.spb.ru/otchety (дата обращения: 24.08.2021).

Мишина 2010 — Мишина Е. Многоликие российские юристы. Какого это — быть юристом? Москва: Фонд «Либеральная миссия», 2010.

Митюков 2005 — Митюков М. Судебный конституционный надзор 1924–1933 гг.: вопросы истории, теории и практики. Москва: Формула права, 2005.

Моисеева 2015 — Моисеева Е. Заочные юридические фабрики // Ведомости. 2015, 23 сентября. URL: https://www.vedomosti.ru/opinion/articles/2015/09/23/ 609977-zaochnie-yuridicheskie-fabriki (дата обращения: 31.08.2022).

Морщакова 2005 — Морщакова Т. Контрреформа: Угроза и реальность // Сравнительное конституционное обозрение. 2005.

Морщакова 2016 — Морщакова Т. Сейчас любой местный чиновник может заказать судье решение // Pravo.ru. 2016. URL: https://pravo.ru/news/view/132613 (дата обращения: 31.08.2022).

Морщакова 2020 — Морщакова Т. Судья КС в отставке Тамара Морщакова прокомментировала поправки о запрете публиковать особые мнения членов суда // Адвокатская улица. 2020. URL: https://advstreet.ru/interview/u-sudi-ks-ostanetsya-odin-sposob-obelitsya-uyti-v-otstavku (дата обращения: 31.08.2022).

Мухаметшина 2021 — Мухаметшина Е. Суд оштрафовал «Радио Свобода» на 11 млн рублей по 40 административным делам // Ведомости. 2021, 10 февраля. URL: https://www.vedomosti.ru/society/articles/2021/02/10/857477-radio-svoboda (дата обращения: 31.08.2022).

Нагорная 2021 — Нагорная М. Конституционный суд отказался от института amicus curiae // Адвокатская газета. 2021. URL: https://www.advgazeta.ru/novosti/konstitutsionnyy-sud-otkazalsya-ot-instituta-amicus-curiae (дата обращения: 31.08.2022).

Нестеренко 2021 — Нестеренко Д. Не все юристы одинаково полезны. Москва: Проспект, 2021.

Нефёдова, Демурина 2020 — Нефёдова А., Демурина Г. Суд вынес первый приговор по делу об участии в нежелательной организации // РБК. 2020, 11 февраля. URL: https://www.rbc.ru/society/11/02/2020/5e42bc319a79473e46044737 (дата обращения: 31.08.2022).

Никитинский 2006 — Никитинский Л. Бизнесмен, который трижды не виноват // Новая газета. 2006, 2 марта. URL: https://novayagazeta.ru/articles/2006/03/02/ 29979-biznesmen-kotoryy-trizhdy-ne-vinovat (дата обращения: 31.08.2022).

Никитинский 2008 — Никитинский Л. Тайна совещательной комнаты. Санкт-Петербург: Астрель-СПб, 2008.

Никулин, Серебрякова 2016 — Никулин П., Серебрякова Р. Последний звонок. От вашего имени давались указания судьям // Такие дел. 2016, март. URL: https://takiedela.ru/2016/03/posledniy-zvonok (дата обращения: 31.08.2022).

Новиков 2015 — Новиков Д. Судебная система России: Коррупция, взятки и круговая порука // The Insider. 2015. URL: https://theins.ru/korrupciya/2810 (дата обращения: 31.08.2022).

Осипова 2021 — Осипова С. Очень серый кардинал. Портрет неприметного чекиста, преследующего историка Юрия Дмитриева // Проект Медиа. 2021. URL: https://www.proekt.media/portrait/anatoliy-seryshev/ (дата обращения: 31.08.2022).

Осипова, Апухтина 2021 — Осипова С., Апухтина Ю. Исследование о том, как власти начали репрессии против митингующих // Проект Медиа. 2021. URL: https://www.proekt.media/research/statistika-arestov-mitingi (дата обращения: 31.08.2022).

ОВД-Инфо 2022a — Antiwar Prosecutions: An OVD-Info Guide // ОВД-Инфо. 2022, 7 апреля. URL: https://ovd.news/news/2022/04/07/antiwar-prosecutions-ovd-info-guide (дата обращения: 31.08.2022).

ОВД-Инфо 2022б — Сводка антивоенных репрессий. Пять месяцев войны // ОВД-Инфо. 2022. URL: https://data.ovdinfo.org/svodka-antivoennih-sobytiy-iyl-2022 (дата обращения: 31.08.2022).

Панеях и др. 2018 — Панеях Э., Титаев К., Шклярук М. Траектория уголовного дела: Институциональный анализ . Санкт-Петербург: Издательство Европейского университета в Санкт-Петербурге, 2018. URL: https://eupress.ru/uploads/files/IPP-181_card.pdf (дата обращения: 31.08.2022).

Петров И. 2022 — Петров И. Верховный Суд РФ признал украинский нацполк «Азов» террористической организацией // Российская газета. 2022, 2 августа. URL: https://rg.ru/2022/08/02/verhovnyj-sud-rf-priznal-ukrainskij-nacpolk-azov-terroristicheskoj-organizaciej.html (дата обращения: 31.08.2022).

Петров Н. 2017 — Петров Н. Методы репрессии отрабатываются в регионах // Ведомости. 2017, 6 сентября. URL: https://www.vedomosti.ru/opinion/articles/2017/ 09/06/732503-metodi-repressii (дата обращения: 31.08.2022).

Полетаев 2019 — Полетаев В. Реестр уменьшился. Верховный Суд ликвидировал три партии // Российская газета. 2019, 18 июня. URL: https://rg.ru/2019/06/18/verhovnyj-sud-rf-likvidiroval-tri-partii.html (дата обращения: 31.08.2022).

Попова 2005 — Попова А. Правда и милость да царствуют в судах (Из истории реализации судебной реформы 1864 г.). Рязань: Поверенный, 2005.

Правилова 2000 — Правилова Е. Законность и права личности: административная юстиция в России (вторая половина XIX в. — октябрь 1917 г.). Санкт-Петербург: Образование-Культура, 2000.

Пушкарская 2015 — Пушкарская А. Сделки с правосудием проверят дважды: в Конституционном Суде и Госдуме // Коммерсант. 2015. URL: https://www.kommersant.ru/doc/2754089 (дата обращения: 31.08.2022).

Пушкарская 2016 — Пушкарская А. Судам общей юрисдикции готовят новую вертикаль. ВС предлагает реформировать их по аналогии с арбитражными // Коммерсант. 2016. URL: https://www.kommersant.ru/doc/3138328 (дата обращения: 31.08.2022).

Пушкарская 2017 — Пушкарская А. В деле ЮКОСа появилось особое мнение. Судья Владимир Ярославцев считает, что КС вышел за пределы своей компетенции // Коммерсант. 2017. URL: https://www.kommersant.ru/doc/3200190 (дата обращения: 31.08.2022).

Пушкарская 2018 — Пушкарская А. Судебный квартал не освоил средства. Строительство резиденции Верховного Суда до сих пор не началось // Коммерсант. 2018. URL: https://www.kommersant.ru/doc/3750966 (дата обращения: 31.08.2022).

Пушкарская 2020 — Пушкарская А. Обет молчания и пожизненное сенаторство. Как реформируют Конституционный Суд России // Русская служба Би-би-си. 2020. URL: https://www.bbc.com/russian/news-54611424 (дата обращения: 31.08.2022).

Радченко и др. 2010 — Радченко В., Новикова Е., Федотов А. Концепция модернизации уголовного законодательства в экономической сфере. Москва: Либеральная миссия, 2010.

Разумный 2022 — Разумный Е. Конституционный Суд покинул одно из объединений европейских судов // Ведомости. 9 марта, 2022.

Разумов 2019 — Разумов С. ФСБ против судей: Юрист Карамзин попал в жернова Фемиды // Профиль. 2019. URL: https://profile.ru/society/fsb-protiv-sudej-yuristkaramzin-popal-v-zhernova-femidy-180945 (дата обращения: 31.08.2022).

РАПСИ 2020 — Москалькова предложила ввести в УК понятие «уголовный проступок» // РАПСИ. 2020, 23 января. URL: http://rapsinews.ru/human_rights_protection_news/20200123/305363149.html (дата обращения: 31.08.2022).

РБК 2022 — Дело Абызова // РБК. 2022. URL: https://www.rbc.ru/story/5c9a58ee9a7947e1e1355470 (дата обращения: 31.08.2022).

Ремесло 2014 — Ремесло И. Коррупция в судах: Взгляд практикующего юриста // Эхо Москвы. Блог Ильи Ремесло. 2014.. URL: https://echo.msk.ru/blog/iremeslo/1343678-echo (дата обращения: 31.08.2022).

РИА Новости 2020 — Уголовные дела против губернаторов и экс-губернаторов в 2011–2020 годах // РИА Новости. 2020, 9 июля. URL: https://ria.ru/20200709/1574089034.html (дата обращения: 31.08.2022).

РЭНБИ 2018 — Кадровые гонки на должность председателя Волгоградского областного суда // РЭНБИ. 2018. URL: https://rnbee.ru/post-wall/kadrovye-gonki-na-dolzhnost-predsedatelja-volgogradskogo-oblastno-go-suda (дата обращения: 31.08.2022).

Рогов 2020 — Рогов К. Деконструкция Конституции: Что нужно и что не нужно менять в российском основном законе. Москва: Либеральная миссия — экспертиза, 2020.

Романец 2021 — Романец Ю. Обобщение практики применения квалификационными коллегиями судей законодательства о привлечении судей к дисциплинарной ответственности // Высшая квалификационная коллегия. 2021. URL: https://web.archive.org/web/20220121035511/http://www.vkks.ru/publication/176/ (дата обращения: 31.08.2022).

Романова А., Тополь 2018 — Романова А., Тополь А. Суды получат ускорение без перестройки // New Times. 2018. URL: https://newtimes.ru/articles/detail/149100 (дата обращения: 31.08.2022).

Романова О. 2011 — Романова О. Бутырка. Москва: Астрель, 2011.

Роскомнадзор 2022 — Роскомнадзор // Википедия. URL: https://ru.wikipedia.org/wiki/Роскомнадзор (дата обращения: 31.08.2022).

Росинфостат 2021 — Статистика преступности в России по Росстату // Росинфостат. 2021. URL: https://rosinfostat.ru/prestupnost/ (дата обращения: 31.08.2022).

Рожкова и др. 2020 — Рожкова Е., Дюрягина К., Макутина М. Одиннадцать судей Конституции: Рабочая группа определила состав КС // Коммерсант. 2020. URL: https://www.kommersant.ru/doc/4242932 (дата обращения: 31.08.2022).

Румянцев 2020 — Румянцев О. О разгроме кафедры конституционного и муниципального права Высшей школы экономики (Заявление членов и друзей Конституционного клуба) // Эхо Москвы. Блог О. Румянцева. 2020. URL: https://vk.com/wall9572096_2221 (дата обращения: 31.08.2022).

Рузанова 2016 — Рузанова Н. Начать с чистого листа // Российская газета. 2016. URL: https://rg.profkiosk.ru/499076 (дата обращения: 31.08.2022).

Савельев 2021 — Савельев Д. Аналогичная правовая позиция. Отсылки к другим делам в текстах судебных актов арбитражных судов // Институт проблем правоприменения. 2021. URL: https://enforce.spb.ru/products/policy-memo/7499-analiticheskaya-zapiska-analogichnaya-pravovaya-pozitsiya-otsylki-k-drugim-delam-v-tekstakh-sudebnykh-aktov-arbitrazhnykh-sudov-d-savelev (дата обращения: 31.08.2022).

Самохина 2002 — Самохина Е. Шаг навстречу предпринимателям // Руссика Известия — Закон. 1 октября, 2002.

Семёнов 2020 — Семёнов И. «Пропаганда есть просто в радуге». За что могут оштрафовать по закону о гей-пропаганде? // Такие дела. 2020, 19 июля. URL: https://takiedela.ru/news/2020/07/19/shtraf-za-radugu (дата обращения: 31.08.2022).

Сергеев Н., Баранов 2015 — Сергеев Н. Баранов В. Александр Бастрыкин принял донос к производству. Следственный комитет расследует подделки депутатского запроса и письма суди // Коммерсант. 2015. URL: https://www.kommersant.ru/doc/2800402 (дата обращения: 31.08.2022).

Сергеев С. 2019 — Сергеев С. Борис Титов исключает предпринимателей из преступного сообщества. Бизнес-омбудсмен просит скорректировать статью УК // Коммерсант. 2019. URL: https://www.kommersant.ru/doc/3915473 (дата обращения: 31.08.2022).

Сергеев С. 2020 — Сергеев С. Сёстрам Хачатурян добавили три тома. Дополнительное расследование дела об убийстве не изменило версии следствия // Коммерсант. 2020. URL: https://www.kommersant.ru/doc/4396917 (дата обращения: 31.08.2022).

Сергеев С. 2021а — Сергеев С. Нефтяник помог следственному рекорду // Коммерсант. 2021. URL: https://www.kommersant.ru/doc/5099039 (дата обращения: 31.08.2022).

Сергеев С. 2021б — Сергеев С. С Анатолия Локтионова сняли подсудимость // Коммерсант. 2021. URL: https://www.kommersant.ru/doc/4640290 (дата обращения: 31.08.2022).

Сидорович 2021 — Сидорович О. Судьям были и будут интересны качественные и профессиональные экспертные заключения // Коммерсант. 2021. URL: https://www.kommersant.ru/doc/4701961 (дата обращения: 31.08.2022).

Симонов 2020 — Какие изменения ждут судебную систему, если президентские поправки вступят в силу // Юрист. 2020, 18 марта.

Скоромойников 2021 — Скоромойников В. Экс-главе Хабаровского края Виктору Ишаеву вынесли приговоры за растрату // Комсомольская правда. 18 февраля, 2021.

Совет Федерации 2013 — О состоянии законодательства в РФ: Мониторинг исполнения решений Конституционного Суда РФ. Доклад за 2012 г. // Council.gov. 2013. URL: http://council.gov.ru/media/files/41d46c1fc3101477f975.pdf (дата обращения: 31.08.2022).

Соковнин 2016 — Соковнин А. Арест предпринимателей запрещён в последней инстанции. Верховный Суд усилил защиту прав обвиняемых в экономических преступлениях // Коммерсант. 2016. URL: https://www.kommersant.ru/doc/3144094 (дата обращения: 31.08.2022).

Соколов 2019 — Соколов А. Госкорпорация Правосудие, часть 2. Исследование о том, кто в России судьи // Проект Медиа. 2019. URL: https://www.proekt.media/research/nezavisimost-sudey (дата обращения: 31.08.2022).

Соломон 1998/2008 — Соломон П. Советская юстиция при Сталине, М.: РОССПЭН, 1998/2000.

Соломон 2003 — Соломон П. Судебная власть в России: сквозь призму административной юстиции // Конституционное право: восточноевропейское обозрение, 2003, №3 (44). С. 108–124.

Соломон 2004 — Соломон П. Уголовно-процессуальный кодекс 2001 года: сделает ли он российское правосудие более справедливым? // Сравнительное конституционное обозрение, 2004, №4 (49). С. 191–205.

Соломон 2005 — Соломон П. Угроза судебной контрреформы в России // Сравнительное конституционное обозрение, 2005, №3 (52). С. 50–60.

Соломон 2008 — Соломон П. Суды и судьбы при авторитарных режимах // Сравнительное конституционное обозрение, 2008, №3 (64).

Соломон 2012 — Соломон П. Сделка с правосудием в России: особый порядок судебного разбирательства» / Как судьи принимают решения: эмпирические исследования права. М.: Статут, 2012. С. 156–176.

Соломон 2013 — Соломон П. Уголовное преследование и регулирование бизнеса: прекращение российской исключительности и культивирование верховенства права // Верховенство права как фактор экономики / под ред. Е. В. Новикова и др. Москва: Мысль, 2013.

Старилов 2001 — Старилов Ю. Административная юстиция: теория, история, перспективы. Москва: Норма, 2001.

Старилов 2012 — Старилов Ю. Административная юстиция в России // Lex Russica. 2012. Вып. 25 (1).

Старилов 2016 — Старилов Ю. От главного редактора журнала // Журнал административного судопроизводства. 2016. Вып. 1.

Сутормин 2020 — Сутормин Н. Преимущества и недостатки группового иска // Государство и право. 2020. Вып. 7.

ТАСС 2017 — Случаи привлечения к уголовной ответственности высокопоставленных чиновников РФ. Досье // ТАСС. 2017. URL: https://tass.ru/Info/4332566 (дата обращения: 31.08.2022).

ТАСС 2019 — Бюджет судебной системы России за 20 лет вырос почти в 30 раз // ТАСС. 2019. URL: https://tass.ru/ekonomika/7252193 (дата обращения: 31.08.2022).

Титаев 2020 — Титаев К. Норма и практика в уголовной политике: Разрывы и дисбалансы. Аналитический обзор // Институт проблем правоприменения. 2020. URL: https://enforce.spb.ru/images/analit_zapiski/criminal_policy_block.pdf (дата обращения: 16.03.2023).

Титаев, Шклярук 2016 — Титаев К., Шклярук М. Российский следователь. Призвание, профессия, повседневность. М.:Норма, 2016.

Трубилина 2018 — Трубилина М. Судья, покончивший с собой из-за обвинений в убийстве, признан виновным во взяточничестве // Legal Report. 2018. URL: https://legal.report/sudya-pokonchivshij-s-soboj-iz-za-obvinenij-v-ubijstve-priznan-vinovnym-vo-vzyatochnichestve (дата обращения: 31.08.2022).

Федеральная палата адвокатов 2021 — Отчёт о деятельности Совета Федеральной палаты адвокатов Российской Федерации за период с апреля 2019 года по апрель 2021 года // Федеральная палата адвокатов. 2021. URL: https://fparf.ru/documents/fpa-rf/the-documents-of-the-council/otchet-soveta-federalnoy-palaty-advokatov-rf-za-period-s-aprelya-2019-g-po-aprel-2021-g/ (дата обращения: 31.08.2022).

ФОМ 2008 — Отношение к судебной системе // Фонд Общественное Мнение. 2008. URL: https://bd.fom.ru/report/cat/power/pow_jus/d082322 (дата обращения: 31.08.2022).

ФОМ 2020 — Работа судов и судей // Фонд Общественное Мнение. 2020. URL: https://fom.ru/Bezopasnost-i-pravo/14459 (дата обращения: 31.08.2022).

Фохт 2019 — Фохт Е. Протеже Чубайса, коллега Медведева, друг Дворковича. Кого затронет дело Михаила Абызова? // Русская служба Би-би-си. 2019. URL: https://www.bbc.com/russian/features-47712281 (дата обращения: 31.08.2022).

Хендли 2011 — Хендли К. Обращение в суд в современной России: возникновение и развитие конфликтов, связанных с ремонтом квартиры / Право и правоприменение в России: междициплинарные исследования. СПб.: Статут, 2011.

Хендли 2012 — Хендли К. Об использовании судебной системы в России / Как судьи принимают решения: эмпирические исследования права. М.: Статут, 2012. С. 267–325

Хендли 2013 — Хендли К. Системный анализ правового нигилизма в России» // Верховенство права как фактор экономики». М.: Мысль, 2013. С. 293–316.

Ходжаева 2016 — Ходжаева Е. Стигма «карманный адвокат» в дискурсивной борьбе представителей юридической профессии в России // Социология власти. 2016. Вып. 28 (3).

Ходжаева 2019 — Ходжаева Е. Манёвр системы. Почему в России стали реже судить в особом порядке // РБК. 2019, 25 октября. URL: https://www.rbc.ru/opinions/politics/25/10/2019/5db15da79a79471f76972 da9 (дата обращения: 31.08.2022).

Ходжаева 2021а — Ходжаева Е. Наказывают ли судьи подсудимого за выбор суда с участием присяжных? Свидетельства недавней реформы в России // Закон. 2021. Вып. 12. С. 92–101.

Ходжаева 2021б — Ходжаева Е. Суды с участием присяжных в 2018–2020 годах. Статистическая справка // Институт проблем правоприменения. 2021. URL: https://enforce.spb.ru/products/other-publications/ 7480-statisticheskaya-spravka-sudy-s-uchastiem-prisyazhnykh-v-2018–2020- godakh-2 (дата обращения: 31.08.2022).

Ходжаева 2022 — Ходжаева Е. Суды с участием присяжных в 2018–2021 годах. Статистическая справка по итогам трёх лет после реформы // Институт проблем правоприменения. 2022. URL: https://enforce.spb.ru/chronicle/news/7619-statisticheskayaspravka-sudy-s-uchastiem-prisyazhnykh-v-2018–2021-godakh (дата обращения: 31.08.2022).

Чаленко 2022 — Челенко А. Хитрый план. Иностранным наёмникам в Донецке вынесут смертные приговоры, но не расстреляют // Ukraina.ru. 2022, 9 июня. URL: https://ukraina.ru/exclusive/20220609/1034127130.html (дата обращения: 31.08.2022).

Шварц 2021а — Шварц О. Динамика развития правового регулирования деятельности адвокатов и судебная практика (март 2020 — март 2021) // Институт права и публичной политики. 2021. URL: http://adv-defence.ilpp.ru/2021 (дата обращения: 31.08.2022).

Шварц 2021b — Шварц О. Резюме фокус-групповых дискуссий 12 и 17 декабря 2021 года // Манускрипт. 2021.

Шварц, Исаков 2020 — Шварц О. Исаков В. «Тернистый путь» становления российской адвокатуры: защита профессиональных прав адвокатов // Институт права и публичной политики. 2020. URL: https://advdefence.ilpp.ru (дата обращения: 31.08.2022).

Эхо Москвы 2015 — Суд присяжных. Новый поворот. Тамара Морщакова и Сергей Пашин в эфире радио Эхо Москвы // Эхо Москвы. В круге света. 2015, 9 декабря. URL: https://echo.msk.ru/programs/sorokina/1672692-echo (дата обращения: 31.08.2022).

Яковлев 2003 — Яковлев В. По коммерческим делам // Отечественные записки. 2003. Вып. 2 (11).

BBC 2022 — Судья, который шёл против системы. Кем был Анатолий Кононов для российского КС // BBC. 2022. URL: https://www.bbc.com/russian/news-62564380 (дата обращения 31 августа 2022)

Lenta.ru 2022 — Слушания по иску о признании украинского «Азова» террористическим снова отложили // Lenta.ru. 2022, 26 мая. URL: https://lenta.ru/news/2022/05/26/azovv (дата обращения: 31.08.2022).

Mgorsk.ru 2022 — В Москве рассмотрели жалобу челябинского судьи, заявившего о травле // Mgorsk.ru. 2022, 14 апреля. URL: https://mgorsk.ru/text/gorod/2022/ 04/14/71253701 (дата обращения: 31.08.2022).

Politcom 2020 — Дело Серебренникова. Культура и власть // Politcom.ru. 2020. URL: http://politcom.ru/23868.html (дата обращения: 31.08.2022).

V1.Ru 2019 — Жаловалась на давление экс-председателя: судья разбилась насмерть при падении из окна в Волгограде // V1.Ru. 2019, 11 июля. URL: https://v1.ru/text/incidents/2019/07/11/66157924 (дата обращения: 31.08.2022).

Znak 2021 — Заранее виновен. Как судью Долгова привлекали к ответственности за нарушения трудовой дисциплины. Репортаж // Znak.com. 2021, 17 декабря. URL: https://www.znak.com/2021–12–17/kak_sudyu_dolgova_privlekali_k_otvetstvennosti_za_narusheniya_trudovoy_discipliny_reportazh (дата обращения: 31.08.2022).

Юридические источники

I. Конституции

На английском языке:

Constitution 2020 — Constitution of the Russian Federation' (with amendments from 1 July 2020), in Appendix to Peter B. Maggs, Olga Schwartz, and William Burnham, Law and Legal System of the Russian Federation, 7th ed. Huntington, NY: Juris, 2020.

На русском языке:

Конституция 2002 — Конституция Российской Федерации. Официальный текст (от 12 декабря 1993). Москва: Норма, 2002.

II. Кодексы

На английском языке:

Civil Code of the Russian Federation as in Effect on 1 January 2020 [GK], trans. and copy righted Peter B. Maggs and Alexei N. Zhiltsov.

Code of Administrative Court Proceedings of the Russian Federation' (March 2015, with amendments as of February 2017) 51: 2 and 3.

На русском языке:

АПК — Арбитражный процессуальный кодекс Российской Федерации № 95–ФЗ, 24 июля 2002, с изменениями по 10 января 2021 // Консультант. URL: http://www.consultant.ru/document/cons_doc_LAW_37800 (дата обращения: 31.08.2022).

ГПК — Гражданский процессуальный Кодекс Российской Федерации № 138–ФЗ, 14 ноября 2002, с изменениями по 1 февраля 2022 // Консультант. URL: http://www.consultant.ru/document/cons_doc_LAW_39570 (дата обращения: 31.08.2022).

КАС — Кодекс административного судопроизводства Российской Федерации № 21–ФЗ, 8 марта 2015, с изменениями по 10 января 2022 // Консультант. URL: http://www.consultant.ru/document/cons_doc_LAW_176147 (дата обращения: 31.08.2022).

КоАП — Кодекс Российской Федерации об административных правонарушениях № 195–ФЗ, 30 декабря 2001, с изменениями по 28 января 2022 // Консультант. URL: https://www.consultant.ru/cons/cgi/online.cgi?from=3834400&req=doc&rnd=eFHVOg&base=LAW&n=408096#IcYzzxSCGRtSS5zv1 (дата обращения: 31.08.2022).

УПК — Уголовно-процессуальный Кодекс Российской Федерации № 174–ФЗ, 18 декабря 2001, с изменениями по 30 декабря 2021 // Консультант. URL: https://www.consultant.ru/cons/cgi/online.cgi?from=3834330&req=doc&rnd=eFHVOg&base=LAW&n=405616#TlL00ySqSXHddcIo (дата обращения: 24.08.2021).

УК — Уголовный кодекс Российской Федерации № 63–ФЗ, 13 июня 1996, с изменениями по 28 января 2022 // Консультант. URL: http://www.consultant.ru/document/cons_doc_LAW_10699 (дата обращения: 31.08.2022).

III. Законы, законопроекты и нормативные акты

Ведомости 2020 — Законопроект о ликвидации региональных конституционных судов проходит Госдуму // Ведомости. 17 ноября, 2020.

Об альтернативной процедуре урегулирования споров с участием посредника (процедура медиации) № 193–ФЗ, 27 июля 2010, с изменениями по 26 июля 2019 // Консультант. URL: http://www.consultant.ru/document/cons_doc_LAW_103038 (дата обращения: 31.08.2022).

Об органах судейского сообщества № 30–ФЗ, 14 марта 2002 // Консультант. URL: http://www.consultant.ru/document/cons_doc_LAW_35868 (дата обращения: 31.08.2022).

О Верховном Суде Российской Федерации № 3–ФЗК, 5 февраля 2014, с изменениями по 25 октября 2019 // Консультант. URL: http://www.consultant.ru/document/cons_doc_LAW_158641 (дата обращения: 31.08.2022).

О внесении изменений в статью 11 Закона Российской Федерации «О статусе судей в Российской Федерации» и Федеральный закон «О мировых судьях в Российской Федерации в части уточнения срока полномочии мирового судьи» № 63–ФЗ, 5 апреля 2021 // Российская газета. URL: https://rg.ru/2021/04/09/polnomochiya-dok.html (дата обращения: 31.08.2022).

О внесении изменений в УК РФ и статьи 31 и 151 УПК РФ № 32–ФЗ, 4 марта 2022 // Российская газета. URL: https://rg.ru/documents/2022/03/09/armiya-dok.html (дата обращения: 31.08.2022).

О Конституционном Суде Российской Федерации [Закон о КС] № 1–ФКЗ, 21 июля 1994, с изменениями по 1 июля 2021 // Консультант. URL: http://www.consultant.ru/document/cons_doc_LAW_4172 (дата обращения: 31.08.2022).

О мировых судьях в Российской Федерации № 188–ФЗ, 17 декабря 1998, с изменениями по 1 июля 2021 // Консультант. URL: http://www.consultant.ru/document/cons_doc_LAW_21335 (дата обращения: 31.08.2022).

О статусе судей в Российской Федерации № 3132–1, 26 июня 1992, с изменениями по 30 декабря 2020 // Консультант. URL: https://www.

consultant.ru/cons/cgi/online.cgi?req=doc&ts=155451744204805409412022
646&cacheid=C6D0C2B251329009D7199CFF739BB029&mode=splus&bas
e=LAW&n=370308&rnd=E0A341F110ABC77B8DB5B2B39C8540D7#1xm
44vizequ (дата обращения: 31.08.2022).

О судебной системе Российской Федерации № 1–ФЗК, 31 декабря
1996, с изменениями по 8 декабря 2020. URL: http://www.consultant.ru/
document/cons_doc_LAW_12834 (дата обращения: 31.08.2022).

Регламент Конституционного Суда Российской Федерации. Принят
в пленарном заседании 24 января 2011. URL: http://www.ksrf.ru:80/ru/
Info/LegalBases/Reglament/Pages/default.aspx (дата обращения:
31.08.2022).

Стандарт осуществления адвокатом защиты в уголовном судопроизводстве. Принят VIII Всероссийским съездом адвокатов, 20 апреля
2017. URL: https://fparf.ru/documents/fpa-rf/documents-of-the-congress/
standard-implementation-of-a-defence-counsel-in-criminal-proceedings
(дата обращения: 31.08.2022).

IV. Перечень решений Конституционного Суда Российской Федерации[1]

1992 Постановление № П-РЗ-I от 13 марта, Постановление №9-П от
30 ноября
1995 Постановление № 10-П от 31 июля
1996 Постановление № 10-П от 22 апреля

---

[1] Англоязычные резюме постановлений, а иногда и их полные тексты доступны на веб-сайте Конституционного суда Российской Федерации (КС РФ).
См. ежегодные списки по ссылке: http://www.ksrf.ru/en/Decision/Judgments/
Pages/default.aspx. Некоторые решения также можно найти в журнале пере-
водов «Statutes and Decisions». Для первых лет работы Суда (1992–1995) см.
тома 30: 3–6 и 31: 4–5. Другие тома, содержащие переводы постановлений
и определений КС РФ, включают 35–38 (1999–2002), 41 (2005) и 43 (2008).
Полные тексты постановлений на русском языке (а также некоторых определений) доступны на веб-сайте КС РФ через поисковую систему. Большинство решений также можно найти в выпусках через один-два дня после их
вынесения на страницах «Российской газеты» и в различных юридических
базах данных, таких как ГАРАНТ, КонсультантПлюс и др. Все постановления
КС РФ (и некоторые определения), начиная с 2013 года, легко доступны на
интернет-портале правовой информации: http://publication.pravo.gov.ru/
SignatoryAuthority/court

1997 Постановление № 1-П от 24 января

2005 Постановление № 13-П от 21 декабря

2009 Определение № 187-О-О от 15 января

2013 Постановление № 27-П от 6 декабря

2014 Определение 1567 от 17 января, Постановление №6-П от 19 марта, Постановление № 10-П от 8 апреля

2016 Постановление № 12-П от 19 апреля

2017 Постановление № 1-П от 19 января

2019 Постановление № 39-П от 10 декабря

V. Перечень решений Европейского суда по правам человека

ECHR, Case of Konstantin Markin v. Russia, Appl. no. 30078/06, Chamber (first section) judgment of 7 October 2010; later Grand Chamber judgment, 22 March 2012.

ECHR, Case of Anchugov & Gladkov v. Russia, Appl. no. 11157/04 and 15152/05, judgment of 9 December 2013.

ECHR, Case of OAO Neftania Kompaniia Yukos v. Russia, Appl. no. 14902/04, judgment of 15 December 2014.

ECHR, Case of Ecodefense and Others v. Russia, Appl. nos 9988/13 and 60 others, judgment of 14 June 2022

Предметно-именной указатель

Оглавление

Научное издание

Кэтрин Хендли, Питер Х. Соломон — младший
СУДЕБНАЯ СИСТЕМА РОССИИ

Подписано в печать 31.07.2025.
Формат издания 60 × 90 $^1/_{16}$. Усл. печ. л. 00,0.
Тираж 200 экз.

Academic Studies Press
1577 Beacon Street, Brookline, MA 02446 USA
https://www.academicstudiespress.com